左传

[春秋] 左丘明 著

叶农 译注

花城出版社

中国·广州

图书在版编目（CIP）数据

左传 /（春秋）左丘明著；叶农译注. -- 广州：花城出版社，2024.7
　　ISBN 978-7-5749-0154-4

Ⅰ.①左… Ⅱ.①左… ②叶… Ⅲ.①《左传》 Ⅳ.① K225.04

中国国家版本馆 CIP 数据核字（2024）第 101180 号

出 版 人：张　懿
项目统筹：陈宾杰　蔡　安
责任编辑：李珊珊
责任校对：梁秋华
技术编辑：凌春梅　林佳莹

书　　名	左传
	ZUO ZHUAN
出版发行	花城出版社
	（广州市环市东路水荫路 11 号）
经　　销	全国新华书店
印　　刷	天津睿和印艺科技有限公司
	（天津市武清区大碱厂镇国泰道 8 号）
开　　本	880 毫米 × 1230 毫米　32 开
印　　张	14
字　　数	360,000 字
版　　次	2024 年 7 月第 1 版　2024 年 7 月第 1 次印刷
定　　价	49.80 元

如发现印装质量问题，请直接与印刷厂联系调换。
购书热线：020-37604658　37602954
花城出版社网站：http://www.fcph.com.cn

目　录

隐　公

隐公元年……………………………………… 001

隐公三年……………………………………… 008

隐公六年……………………………………… 011

桓　公

桓公五年……………………………………… 014

桓公六年……………………………………… 017

桓公十一年…………………………………… 021

桓公十二年…………………………………… 023

桓公十三年…………………………………… 024

桓公十五年…………………………………… 026

桓公十六年…………………………………… 027

庄　公

庄公九年……………………………………… 030

庄公十年……………………………………… 032

庄公十二年…………………………………… 034

庄公十四年…………………………………… 036

闵　公

闵公二年……………………………………… 040

僖 公

僖公二年…………………………… 042
僖公四年…………………………… 044
僖公五年…………………………… 051
僖公六年…………………………… 058
僖公十四年………………………… 061
僖公十五年………………………… 062
僖公二十二年……………………… 076
僖公二十三年……………………… 080
僖公二十四年……………………… 088
僖公二十七年……………………… 102
僖公二十八年……………………… 106
僖公三十年………………………… 125
僖公三十二年……………………… 128
僖公三十三年……………………… 131

文 公

文公元年…………………………… 138
文公二年…………………………… 140
文公十二年………………………… 143
文公十八年………………………… 147

宣 公

宣公二年…………………………… 151
宣公三年…………………………… 157

宣公四年……………………………………… 159

宣公十二年……………………………………… 160

成　公

成公二年………………………………………… 191

成公三年………………………………………… 202

成公九年………………………………………… 206

成公十年………………………………………… 211

成公十三年……………………………………… 216

成公十六年……………………………………… 227

襄　公

襄公三年………………………………………… 245

襄公四年………………………………………… 249

襄公九年………………………………………… 253

襄公十年………………………………………… 259

襄公十一年……………………………………… 270

襄公十八年……………………………………… 275

襄公二十三年…………………………………… 286

襄公二十六年…………………………………… 297

襄公二十八年…………………………………… 306

襄公二十九年…………………………………… 313

昭　公

昭公元年………………………………………… 324

昭公六年……………………………… 340
昭公七年……………………………… 345
昭公十七年…………………………… 351
昭公二十三年………………………… 355
昭公二十五年………………………… 359
昭公二十七年………………………… 369
昭公三十年…………………………… 375
昭公三十一年………………………… 378

定　公

定公三年……………………………… 382
定公四年……………………………… 385
定公五年……………………………… 394
定公九年……………………………… 400
定公十三年…………………………… 403
定公十四年…………………………… 406

哀　公

哀公元年……………………………… 408
哀公八年……………………………… 415
哀公十一年…………………………… 420
哀公十二年…………………………… 429
哀公十三年…………………………… 433

隐　公

隐公元年

初①，郑武公娶于申②，曰武姜③。生庄公及共叔段④。庄公寤生⑤，惊姜氏，故名曰寤生，遂恶之。爱共叔段，欲立之。亟请于武公⑥，公弗许。

【注释】

①初：从前，是表追叙前事的副词。

②郑武公：郑国国君，姬姓名掘突（亦作滑突），在位二十七年（前770—前744）。郑，春秋时国名，故地在今河南新郑市一带。申：国名，姜姓，故城在今河南南阳市。

③武姜：武是郑武公的谥号，姜是母家姓。

④庄公：郑庄公，名寤生，在位四十三年（前743—前701）。共叔段：段出奔共，排行第二，名段，故称共叔段。

⑤寤生：难产。

⑥亟：屡次，多次。

【译文】

当初，郑武公在申国娶妻，名叫武姜，生了郑庄公和共叔段。郑庄公难产，使姜氏惊恐，所以取名叫"寤生"，于是姜氏厌恶他，而喜欢共叔段，想要立他为太子，多次向郑武公请求，郑武公不允许。

左传

及庄公即位，为之请制①。公曰："制，岩邑也②，虢叔死焉③，佗邑唯命④。"请京⑤，使居之，谓之京城大叔⑥。

【注释】

① 制：地名，故城在今河南荥阳市汜水镇，一名虎牢。
② 岩邑：险邑，谓地势险要。邑，城市，大曰都，小曰邑。
③ 虢叔：当为虢仲的后人。虢，此指东虢，国名，地在今河南荥阳市。周文王弟虢仲的封地。
④ 唯命："唯命是从"的省称。
⑤ 京：地名，故城在今河南荥阳市东南。
⑥ 大叔：大，同"太"，古人用太字，本指其位列之在前，叔段之称太叔，以其为庄公之第一个弟弟。

【译文】

等到郑庄公即位为君，姜氏为共叔段请求制地作为封邑。郑庄公说："制是个险要的地方，虢叔就死在那里。其他都邑则唯命是从。"姜氏就请求京城，郑庄公就让共叔段住在那里，大家称他为京城太叔。

祭仲曰①："都城过百雉②，国之害也。先王之制：大都不过叁国之一③，中五之一④，小九之一。今京不度⑤，非制也⑥，君将不堪⑦。"公曰："姜氏欲之，焉辟害⑧？"对曰："姜氏何厌之有⑨？不如早为之所⑩，无使滋蔓⑪，蔓难图也。蔓草犹不可除，况君之宠弟乎？"公曰："多行不义，必自毙⑫，子姑待之⑬。"

【注释】

① 祭（zhài）仲：郑大夫，执政大臣，又称祭足，祭仲足。祭，地名，当为今河南中牟县之祭亭。祭为其食邑，故称祭仲。

② 都城：此指都邑的城墙。雉：计算城墙面积的单位。城墙长一丈、高一丈为一堵，三堵为雉，则雉指长三丈、高一丈。

③ 叁国之一：指国都的三分之一。国，国都。叁，同"三"。

④ 中五之一：谓中等都邑为国都的五分之一。中，指中都，承上"大都"省"都"字。下"小"指"小都"。

⑤ 不度：犹言不合法度。度，法度，用作动词，合法度。

⑥ 制：成法，准则。

⑦ 堪：能承当或忍受。

⑧ 焉：疑问代词，何，安，哪里。辟：同"避"，逃避。

⑨ 何厌之有："有何厌"的倒置。厌，饱，满足，通"餍"。之，宾语前置的标志，无义。

⑩ 所：处所，地方。该句即及早处置之义。

⑪ 蔓：蔓草，此处指事情像蔓草一样蔓延发展。

⑫ 毙：仆倒，跌交，即失败之义。

⑬ 姑：且，副词。

【译文】

祭仲对郑庄公说："都邑的城墙超过三百丈，就是国家的祸害。先王的制度，大都邑的城墙不超过国都的三分之一，中等都邑的城墙不超过国都的五分之一，小都邑不超过九分之一。现在京城的城墙不合法度，不是先王的制度，君主你将忍受不了它。"郑庄公说："姜氏想要这样，哪里能逃避祸害呢？"祭仲回答说："姜氏哪里会有饱足呢？不如早点为他安置个处所，不要让他滋长蔓延，蔓延开来就难以图谋了。蔓草尚且不能锄除，何况是君主你宠爱的弟弟呢？"郑庄公说："他多做不合道义的事，必然会自己跌倒，你姑且等待着吧!"

既而大叔命西鄙、北鄙贰于己①。公子吕曰②:"国不堪贰,君将若之何?欲与大叔,臣请事之;若弗与,则请除之。无生民心③。"公曰:"无庸④,将自及。"大叔又收贰以为己邑,至于廪延⑤。子封曰⑥:"可矣,厚将得众。"公曰:"不义不昵⑦,厚将崩。"

【注释】

①既而:犹言不久。鄙:边区,边境。贰:两属,意谓既臣属于庄公,也臣属于共叔段。

②公子吕:郑大夫。

③生民心:使民产生疑心。

④庸:用。

⑤廪延:地名,在今河南延津县东北。

⑥子封:公子吕之字。

⑦昵:亲近。杜预注以为不义于君,不亲于兄。一说,昵当作䵒,粘连之义,犹今言不义则不能团结其众。

【译文】

不久,太叔命令西部和北部边境既听郑庄公的命令,也听他自己的命令。公子吕说:"国家承受不了两面听命的情况,君主你将怎么处置呢?你想把国家让与太叔,臣下就去侍奉他;如果不给他,就请除掉他,不要让老百姓产生疑心。"郑庄公说:"用不着,他会自己惹祸。"太叔又收取两属于己的边邑作为自己的封邑,并且势力扩大到了廪延。子封说:"可以了,势力雄厚就会得到民众。"郑庄公说:"不合道义就不能得到民众,势力雄厚反而将会崩溃。"

大叔完聚①，缮甲兵②，具卒乘③，将袭郑。夫人将启④之。公闻其期，曰："可矣！"命子封帅车二百乘以伐京⑤。京叛大叔段，段入于鄢⑥，公伐诸鄢。五月辛丑，大叔出奔共⑦。

隐公

【注释】

① 完：坚牢，加固。谓加固城郭。聚：谓聚积粮食。
② 缮：修理。甲兵：甲胄兵器。
③ 具：准备。卒乘：指兵士。步兵曰卒，车兵曰乘。
④ 启：开，谓开城门。
⑤ 乘：古代称兵车，四马一车为一乘。
⑥ 鄢：地名，在今河南鄢陵县西北。
⑦ 共：地名，即今河南辉县市。

【译文】

太叔加固了城墙，聚积了粮食，修理了兵器装备，准备了士兵车乘，将要偷袭郑国的都城，夫人将打开城门迎接。郑庄公听到了起事的日期，说："可以了。"就命令子封率领战车二百乘攻打京城，京城人背叛了太叔段，太叔段逃入鄢，郑庄公又在鄢攻打他。五月辛丑那天，太叔段又逃跑到了共国。

书曰："郑伯克段于鄢①。"段不弟②，故不言弟；如二君，故曰克；称郑伯，讥失教也③：谓之郑志④。不言出奔，难之也⑤。

【注释】

① 克：战胜。
② 不弟：言不像弟弟。一说，弟读作"悌"，弟顺从兄。

③失教：兄有教弟之责，庄公于弟不加教诲而养成其恶，故曰失教。

④郑志：郑庄公的意愿。谓郑庄公养成其罪，意在除掉弟弟，故云。

⑤难之：出奔为有罪之词。若书段出奔共，则有专罪段之嫌，其实庄公亦有罪，故难于下笔书"出奔"。

【译文】

《春秋》记载说："郑伯在鄢战胜段。"太叔段不像弟弟，所以不说段是郑庄公弟弟；两兄弟如同两个国君，所以说是战胜。称郑庄公的爵位"郑伯"，是讥讽他教诲有缺失，说这件事是郑庄公蓄意制造的。不说段"出奔"，是难于下笔的缘故。

遂置姜氏于城颍①，而誓之曰："不及黄泉②，无相见也。"既而悔之。颍考叔为颍谷封人③，闻之，有献于公，公赐之食，食舍肉④。公问之。对曰："小人有母，皆尝小人之食矣，未尝君之羹⑤，请以遗之⑥。"公曰："尔有母遗，繄我独无⑦！"颍考叔曰："敢问何谓也？"公语之故，且告之悔。对曰："君何患焉？若阙地及泉⑧，隧而相见⑨，其谁曰不然？"公从之。公入而赋："大隧之中，其乐也融融！"姜出而赋："大隧之外，其乐也洩洩⑩！"遂为母子如初。

【注释】

①城颍：地名，当在今河南临颍县西北。

②黄泉：地下之泉。二句犹言不死不相见。

③颍考叔:人名。颍谷:地名,在今河南登封市西南。封人:官名,镇守封疆的官。封,疆界、界域。
④舍(shě):置,谓放置一旁。
⑤羹:肉汁。此指肉。
⑥遗(wèi):馈赠,给予。
⑦繄(yī):语助词,无义。
⑧阙地:掘地。
⑨隧:隧道。用作动词,掘隧道。
⑩洩(yì)洩:舒畅和乐貌。

【译文】

于是郑庄公就将姜氏安置在城颍,对她发誓说:"不到九泉之下就不相见了。"不久他又感到后悔。颍考叔当时正做颍谷镇守封疆的官。听到这件事,就献给郑庄公一些物品。郑庄公就赐他吃饭。吃饭时他把肉放在一旁。郑庄公问他不吃肉的缘故,他说:"小人有母亲,全都尝过小人的食物,却未曾尝过君主的肉食,请求让我带给她吃。"郑庄公说:"你有母亲可送,我却偏偏没有。"颍考叔说:"大胆问一声,这是什么意思?"郑庄公告诉他其中缘故,并且告诉他自己后悔。颍考叔回答说:"君主你担什么心呢?如果掘地到泉水,在隧道里相见,谁会说这不对呢?"郑庄公听从了他的意见。郑庄公进入隧道中赋诗说:"进入宽大隧道中,欢欣和美乐无穷。"姜氏走出隧道,赋诗说:"走出宽大隧道外,舒畅和乐心中快。"于是母子关系就如同从前一样。

君子曰①:"颍考叔,纯孝也②,爱其母,施及庄公③。《诗》曰:'孝子不匮④,永锡尔类⑤。'其是之谓乎⑥!"

【注释】

①君子曰：为作者对所记历史事件的评论意见，后世史书中的"论""赞"等即起源于此。

②纯：纯一，完美。

③施（yì）：延及。引诗见《诗经·大雅·既醉》。

④匮：竭尽。

⑤锡：赐予。尔：你。

⑥是之谓："谓是"的倒置，言说的就是此事。

【译文】

君子说："颖考叔是纯一的孝子。爱他自己的母亲，还延伸到了郑庄公。《诗经》中说：'孝子的孝心永无完结，永远可以赐予你的同类。'说的就是这样的情况吧！"

隐公三年

卫庄公娶于齐东宫得臣之妹①，曰庄姜，美而无子，卫人所为赋《硕人》也②。又娶于陈③，曰厉妫④，生孝伯⑤，早死。其娣戴妫生桓公⑥，庄姜以为己子。

【注释】

①卫庄公：卫国国君，名扬，卫武公之子，在位二十三年（前757—前735）。东宫：太子所居之宫，也指太子。得臣：人名，齐庄公的太子，当是未得立而死，故齐庄公死，继立者为齐僖公。

②《硕人》：《诗经·卫风》篇名。

③ 陈：国名，妫（guī）姓。周初封舜之后妫满于陈，国在今河南周口及安徽亳州一带。
④ 厉妫：厉，谥号。妫，母家姓。
⑤ 孝伯：人名，卫庄公之子，厉妫所生。
⑥ 戴妫：戴，谥号。妫，母家姓。桓公：卫桓公，卫国国君，名完，卫庄公之子，戴妫所生，在位十六年（前734—前719）。

【译文】

卫庄公娶了齐国太子得臣的妹妹为妻，叫庄姜，美貌却没有生儿子，卫国人为她写了《硕人》这首诗。卫庄公又在陈国娶妻，叫作厉妫，生了孝伯，很小就死了。厉妫的妹妹名叫戴妫的，生了卫桓公。庄姜把他当作自己的儿子抚养。

公子州吁①，嬖人之子也②，有宠而好兵③。公弗禁，庄姜恶之。石碏谏曰④："臣闻爱子，教之以义方⑤，弗纳于邪。骄、奢、淫、泆⑥，所自邪也⑦。四者之来，宠禄过也⑧。将立州吁，乃定之矣，若犹未也，阶之为祸⑨。夫宠而不骄，骄而能降⑩，降而不憾⑪，憾而能眕者鲜矣⑫。且夫贱妨贵，少陵长，远间亲，新间旧，小加大⑬，淫破义，所谓六逆也。君义，臣行，父慈，子孝，兄爱，弟敬，所谓六顺也。去顺效逆，所以速祸也⑭。君人者将祸是务去⑮，而速之，无乃不可乎！"弗听。其子厚与州吁游⑯，禁之，不可。桓公立，乃老⑰。

【注释】

① 公子州吁：人名，卫庄公之子。
② 嬖（bì）人：宠爱的人，指卫庄公宠爱的姬妾。嬖，亲幸，贱而得幸曰嬖。
③ 兵：兵器。此指武事。
④ 石碏（què）：人名，卫大夫。
⑤ 义方：做人的正道。方，道。
⑥ 泆（yì）：放荡，放纵。孔颖达疏云："骄谓恃己陵物，奢谓夸矜僭上，淫谓嗜欲过度，泆谓放恣无艺。"
⑦ 所自邪：犹言"邪所自"。
⑧ 禄：俸禄，官吏的俸给。
⑨ 阶：阶梯，名词用作动词，成为阶梯，有导致、诱导的意思。
⑩ 能降：谓能安于地位下降。
⑪ 憾：仇恨，怨恨。
⑫ 眕（zhěn）：克制。鲜（xiǎn）：少。
⑬ 加：侵凌。
⑭ 速：招致。
⑮ 祸是务去："务去祸"的倒置。
⑯ 厚：人名，石碏之子。
⑰ 老：告老辞官。

【译文】

　　公子州吁是卫庄公宠幸的姬妾的儿子，得到卫庄公的宠爱而喜好军事，卫庄公不加禁止。庄姜讨厌州吁。石碏劝谏卫庄公说："我听说宠爱儿子，就应教导他为人的正道，不要让他走上邪路。骄纵、奢侈、违法、放荡，这是走上邪路的缘由。这四种邪恶行为之所以发生，是因为宠幸和俸禄太过分了。如果将立州吁为太子，那就确定下来。如果还不确定下来，就会导致祸乱。宠爱而不骄纵，骄纵而能降低地位，地位降低而不怨恨，有怨恨而能够克制的人是少有的。并且卑贱的人妨害尊贵的人，年少的侵凌年长的，疏远的人离间亲近的人，新进的人离间旧有的人，弱小的人欺凌强大的人，淫邪破坏道义，这是所说的六种悖逆。国君行事得宜，臣下奉行不悖，父亲慈爱，儿子孝顺，兄长友爱，弟弟恭敬，这是所说的六种顺应。去掉顺应而效法悖逆，这就是招致祸乱的原因。做君主的人，将要竭尽全力去掉祸乱，却反而去招致它，这恐怕不可以吧！"卫庄公不听从。石碏的儿子石厚跟州吁交往，石碏阻止他，不肯听从。卫桓公即位，石碏就告老辞官。

隐公六年

五月庚申，郑伯侵陈，大获①。往岁，郑伯请成于陈，陈侯不许。五父谏曰②："亲仁善邻，国之宝也。君其许郑。"陈侯曰："宋、卫实难③，郑何能为？"遂不许。

【注释】

① 大获：谓虏获甚多。
② 五父：人名，名佗，即陈侯陈桓公之弟。
③ 实：是，用于动宾倒装的结构助词。难：忧患。

【译文】

五月庚申那一天，郑伯侵袭陈国，俘获甚多。前些年，郑伯请求跟陈国讲和，陈侯不允许。五父劝谏说："亲近仁人，善待邻国，这是国家的重要措施。你还是答应郑国吧！"陈侯说："我们只管担心宋国和卫国吧，郑国能对我们做什么？"于是不允许。

君子曰："善不可失，恶不可长，其陈桓公之谓乎！长恶不悛①，从自及也②。虽欲救之，其将能乎？《商书》曰③：'恶之易也④，如火之燎于原，不可乡迩⑤，其犹可扑灭⑥？'周任有言曰⑦：'为国家者，见恶如农夫之务去草焉，芟夷蕴崇之⑧，绝其本根，勿使能殖⑨，则善者信矣⑩。'"

【注释】

① 悛（quān）：悔改。

② 从：跟随，随即。

③《商书》：《尚书》的一部，收集商代文告，故云。下引文见《尚书·盘庚》。

④ 易：延，蔓延。

⑤ 乡：读作"向"，趋向，接近。迩：近。

⑥ 其：岂，难道之义。

⑦ 周任：人名，古之良史。

⑧ 芟（shān）：除草。夷：割草，锄草。蕴：通"蕴"，聚积。崇：积聚。

⑨ 殖：生长，繁殖。

⑩ 善者：语义双关，既指嘉谷，又指善人。信：读作"伸"，伸张，舒展。

【译文】

　　君子说："善事不可丢失，坏事不可助长，说的就是陈桓公吧！助长坏事而不悔改，跟着就会祸及自身，即使想要挽救它，这还能够做得到吗？《商书》说：'坏事的蔓延，像大火在原野里燃烧，不可以靠近，难道还能够扑灭？'周任有话说：'治理国家和家室的人,见到坏事,就要像农夫竭力除去杂草一样,要拔去它,锄掉它,把它堆积起来,断绝它的草荑草根,要使它不能够繁殖,那么好的东西就可以伸展了。'"

隐公

桓 公

桓公五年

王夺郑伯政①,郑伯不朝。

秋,王以诸侯伐郑,郑伯御之②。王为中军;虢公林父将右军③,蔡人、卫人属焉;周公黑肩将左军④,陈人属焉。

【注释】

① 王:周桓王。郑伯:郑庄公。
② 御:抵御,抵抗。
③ 虢公林父:虢公名林父,周王卿士。
④ 周公黑肩:周桓公名黑肩,此时代郑伯为卿士。

【译文】

周王剥夺了郑伯的官职,郑伯不再朝见周王。

秋,周王率领诸侯讨伐郑国,郑伯出兵抵御他。周王亲自统率中军,虢公林父率领右军,蔡军、卫军隶属于他;周公黑肩率领左军,陈军隶属于他。

郑子元请为左拒以当蔡人、卫人①,为右拒以当陈人,曰:"陈乱②,民莫有斗心,若先犯之,必奔。王卒顾之,必乱。蔡、卫不枝③,固将先奔。既而萃于王卒④,可以集事⑤。"从之。

【注释】

①子元：郑庄公子公子突之字。拒：方形阵势。当：同"挡"，抵挡，阻挡。

②陈乱：指前陈桓公死，于是陈佗杀太子免而代立事。

③枝：同"支"，支撑，支持。

④萃：集中，聚积。

⑤集：成。

【译文】

郑国的公子元请求设置左方阵来抵挡蔡军、卫军，设置右方阵来抵挡陈军，说："陈国刚发生动乱，民众没有人有斗志，假如首先进犯它，一定会奔逃。周王的士卒看到这种情况，必定会混乱，蔡军、卫军不能支撑，就会首先奔逃。接着集中我军攻打周王的军队，可以成就战事。"郑伯听从了他的建议。

曼伯为右拒①，祭仲足为左拒②，原繁、高渠弥以中军奉公③，为鱼丽之陈④，先偏后伍⑤，伍承弥缝⑥。战于繻葛⑦，命二拒曰："旝动而鼓⑧。"蔡、卫、陈皆奔，王卒乱，郑师合以攻之。王卒大败。祝聃射王中肩⑨，王亦能军。祝聃请从之⑩。公曰："君子不欲多上人⑪，况敢陵天子乎⑫！苟自救也，社稷无陨，多矣。"

夜，郑伯使祭足劳王⑬，且问左右。

【注释】

①曼伯：郑庄公子太子忽之字。

②祭仲足：《隐公元年》篇中之祭仲，郑大夫。

③原繁、高渠弥：当皆为郑大夫。

④鱼丽之陈：阵势名。陈，同"阵"。

⑤先偏后伍：杜预注云："《司马法》：车战二十五乘为偏，以车居前，以伍次之，承偏之陈而弥缝阙漏也。五人为伍。此盖鱼丽陈法。"

⑥承：继承，继续。弥缝（fèng）：补救缺失。弥，弥补。缝，缝隙，缺失。

⑦繻（xū）葛：长葛，郑地，当在今河南长葛市东北。

⑧旝（kuài）：大将所执以指挥号令军队的旗帜。鼓：用作动词，击鼓进攻。

⑨祝聃：人名。中（zhòng）：射中。

⑩从之：指追逐之。

⑪上人：在人之上，凌驾于别人之上。

⑫陵：同"凌"，欺凌，侵犯，凌驾。

⑬劳（lào）：慰劳，慰问。

【译文】

曼伯率领右方阵，祭仲足率领左方阵，原繁、高渠弥率领中军拱卫郑伯，摆列了名叫鱼丽的阵势，前列偏，后列伍，伍弥补偏的缝隙，在繻葛开战。郑伯命令左右两个方阵说："看到帅旗挥动，就击鼓进攻。"蔡军、卫军、陈军都奔逃了，周王的军队也混乱了，郑国军队集中进攻它，周王的军队也大败了。祝聃射周王射中了肩膀，周王也还能指挥队伍。祝聃请求追击他。郑庄公说："君子不想太多地凌驾在别人之上，何况胆敢欺凌天子呢！假如能救助自己，国家没有颠覆，这就足够了。"

夜晚，郑伯派遣祭足去慰劳周王，并且问候周王的左右随从。

桓公六年

楚武王侵随①，使薳章求成焉②，军于瑕以待之③。随人使少师董成④。

【注释】

①楚武王：楚国国君熊通，熊昫蚡（fén）冒之弟，蚡冒死，杀蚡冒之子而代主，在位五十一年（前740—前690）。随：国名，姬姓，西周初封，地在今湖北随州市。

②薳章：指芄（wěi）章，蚡冒之子，王子无钩，食邑于芄，故以命氏。成：讲和。

③军：用作动词，驻军。瑕：随国地名，在今湖北随县境。

④少师：官名，为辅导太子的官。董：督，犹今言主持。

【译文】

楚武王侵袭随国，先派薳章去求和，驻军在瑕地等待他。随国派遣少师来主持和谈。

斗伯比言于楚子曰①："吾不得志于汉东也②，我则使然。我张吾三军而被吾甲兵③，以武临之④，彼则惧而协以谋我⑤，故难间也⑥。汉东之国随为大，随张必弃小国，小国离，楚之利也。少师侈⑦，请羸师以张之⑧。"熊率且比曰⑨："季梁在⑩，何益？"斗伯比曰："以为后图，少师得其君⑪。"王毁军而纳少师。

【注释】

①斗伯比：人名，斗氏，芈姓，若敖之后。伯比：若敖子，令

尹子文之父。楚子：楚武王。

② 汉东：指汉水以东地区。汉，水名，源出陕西宁强县，流经陕西南部、湖北西北部和中部，至武汉市入长江。

③ 张（zhàng）：骄傲自大。此为炫耀、扩张的意思。被（pī）：披坚甲，执利兵，即整顿军备的意思。

④ 临：本指居高处朝向低处的意思，此指凌驾、欺凌。

⑤ 协：合，并力。

⑥ 间（jiàn）：离间，间隙。

⑦ 侈：张大，骄傲。

⑧ 羸（léi）：弱。用作动词，使弱，示弱。

⑨ 熊率且比：人名，楚大夫。

⑩ 季梁：随国的贤者。

⑪ 得其君：谓得到他君主的信任。

【译文】

斗伯比对楚武王说："我们在汉东地区不能达到我们的目的，是我们自己使它变成这样的。我们扩大军队，整顿军备，用武力来凌驾他们，他们就会恐惧，同心合力来对付我们，所以难以离间他们。在汉东地区的国家中，随国是大国，随国骄傲自大，就必然抛弃小国。小国离心，就是楚国得利。少师这个人很骄傲，请君主使我军装出疲弱的样子，来使他更加骄傲自大。"熊率且比说："有季梁存在，这样有什么好处？"斗伯比说："这是为以后打算，少师将得到他的君主信任。"楚王就故意把军队弄得很乱来接待少师。

少师归，请追楚师，随侯将许之。季梁止之曰："天方授楚①，楚之羸，其诱我也，君何急焉？臣闻小之能敌大也，小道大淫。所谓道，忠于民而信于神也。上思利民，忠也；祝史正辞②，信也。今民馁而君逞欲③，祝史矫举以祭④，臣不知其可也。"

【注释】

① 方：正，副词。授：给予，谓给予保佑。

② 祝史：官名，主持祭祀时祈祷的官。正辞：端正祝辞，谓不虚称君美。

③ 逞欲：谓力图满足其欲望以快己意。逞，快心，称愿。

④ 矫举：诈称功德。矫，假托，诈称。

【译文】

少师回去以后，请求追击楚军，随侯也将答应他。季梁阻止随侯说："老天爷正在保佑楚国，楚军的疲弱，是引诱我们的。君主您何必如此急迫呢？臣下我听说小国之所以能抵御大国，是小国有道义而大国太过度。所谓道义就是对老百姓尽心尽力办事而对神明有诚信。在上位的人思考着如何对民众有利，就是忠；祝史端正祝辞不欺骗神明，就是信。现在民众饥饿而君主却尽情满足个人欲望，祝史诈称功德来祭祀，臣下我不知道有什么好处。"

公曰："吾牲牷肥腯①，粢盛丰备②，何则不信？"对曰："夫民，神之主也。是以圣王先成民而后致力于神。故奉牲以告曰，'博硕肥腯③'，谓民力之普存也，谓其畜之硕大蕃滋也，谓其不疾瘯蠡也④，谓其备腯咸有也⑤。奉盛以告曰，'洁粢丰盛'，谓其三时不害而民和年丰也⑥。奉酒醴以告曰，'嘉栗旨酒⑦'，谓其上下皆有嘉德而无违心也。所谓馨香，无谗慝也⑧。故务其三时，修其五教⑨，亲其九族⑩，以致其禋祀⑪。于是乎民和而神降之福，故动则有成。今民各有心，而鬼神乏主，君虽独丰，其何福之有？君姑修政而亲兄弟之国，庶免于难⑫。"随侯惧而修政，楚不敢伐。

【注释】

① 牲牷：指祭祀用的完整的毛色纯一的牛。腯（tú）：肥。
② 粢盛（zīchéng）：盛在祭器内以供祭祀的谷物。
③ 博硕：大，巨大。
④ 瘯蠡（cùlí）：六畜的皮肤病。
⑤ 咸：皆，都。
⑥ 三时：谓春、夏、秋三季，此皆务农之时。
⑦ 嘉：善。栗：借作㓚，清，洁。旨：美。
⑧ 谗：说别人坏话。慝（tè）：邪恶，恶念。
⑨ 五教：指父义，母慈，兄友，弟恭，子孝。
⑩ 九族：杜预注云："九族谓外祖父、外祖母、从母子及妻父、妻母、姑之子、姊妹之子、女之子并己之同族，皆外亲有服而异者也。"一说，指自高祖至玄孙为九族。
⑪ 禋祀：洁祀。
⑫ 庶：幸，表希冀之词。

【译文】

随侯说："我祭祀用的牛很肥壮，祭祀用的谷物很丰富完备，哪一点不能取信于神呢？"季梁回答说："民众是神明的主人。因此，圣明的帝王首先成就民众而后才尽力奉祀神灵。所以献上牺牲并祝告说：'牲口硕大肥壮。'这是说民众的财力普遍富足，是说他的牲畜肥大而繁殖生长，是说它没有疾病，是说它全都肥壮并备有各种品种。献上盛在祭器里的谷物并祝告说：'洁净的谷物盛得很满。'这就是说他不妨碍春、夏、秋三个农忙季节，民众和睦而收成很好。献上甜酒并祝告说：'美好清洁而味醇的酒。'这就是上上下下都有美德而无邪恶之心。所谓祭品芳香，是说献祭品的人没有听信谗言和邪恶的念头。所以致力于农忙季节，修明各种教化，亲近各个亲族，用这些来举行祭祀。于是民众和睦，神明也降给他福泽，所以一举一动都能成功。现在民众各有异心，鬼神缺乏主人，君主您虽然独自一个人享受丰盛，哪里能有福泽？君主您姑且修明政事，亲近兄弟般的同姓国家，幸而能免除灾难。"随侯害怕了，就修明政事，楚国就不敢来进攻了。

桓公十一年

楚屈瑕将盟贰、轸①。郧人军于蒲骚②，将与随、绞、州、蓼伐楚师③。莫敖患之④。斗廉曰⑤："郧人军其郊，必不诫⑥，且日虞四邑之至也⑦。君次于郊郢以御四邑⑧。我以锐师宵加于郧⑨，郧有虞心而恃其城⑩，莫有斗志。若败郧师，四邑必离。"莫敖曰："盍请济师于王⑪？"对曰："师克在和，不在众。商、周之不敌⑫，君之所闻也。成军以出，又何济焉？"莫敖曰："卜之。"对曰："卜以决疑，不疑何卜？"遂败郧师于蒲骚，卒盟而还⑬。

【注释】

① 屈瑕：楚武王子公子瑕，食采邑于屈，因称屈瑕，后人以为氏，即屈氏。贰：国名，在今湖北广水应山街道。轸：国名，在今湖北应城市西。

② 郧（yún）：国名，在今湖北安陆市一带。蒲骚：郧国地名，在今湖北应城市西北。

③ 绞：国名，在今湖北十堰市郧阳区西北。州：国名，即今湖北监利市东州陵城。蓼：国名，在今河南唐河县西南。

④莫敖：楚国官名，即司马，掌管军政和军赋。

⑤斗廉：楚大夫。

⑥诫：同"戒"，警戒，防备。

⑦虞：候望。四邑：指随、绞、州、蓼四国。

⑧次：驻军，凡驻军三宿以上为次。郊郢：地名，当为今湖北钟祥市郢州故城。

⑨宵：夜晚。

⑩虞心：盼望四国援兵之心。城：指蒲骚城。

⑪济：益，增加。

⑫商：指商纣王。周：指周武王。不敌：不对等，不相等。此言商纣王兵多，周武王兵少，两者不相对等。然周武王卒灭商纣王。

⑬卒：终于，最终。

【译文】

楚国的屈瑕将与贰国、轸国缔结盟约。郧人驻军在蒲骚，将跟随国、绞国、州国、蓼国进攻楚国军队。莫敖很担心这件事。斗廉说："郧人驻军在他们的郊野，一定不会防备，并且每天候望随、绞、州、蓼四国的到来。您驻军在郊郢来抵御随、绞、州、蓼四国，我率领精锐部队晚上袭击郧国，郧国有盼望四周援兵的想法而又凭仗着他们的城墙，没有战斗的勇气。假如打败了郧国军队，随、绞、州、蓼四国也一定离散。"莫敖说："何不向楚王请求增加军队？"斗廉回答说："军队打胜仗在于和睦团结，不在人数众多。商纣王、周武王兵力的不相对等，这是您知道的。组成军队已经出发，又哪里用得着增加呢？"莫敖说："还是占卜一下吧。"斗廉回答说："占卜是用来决断疑难的。既然没有疑难又占卜什么呢？"于是楚国在蒲骚打败郧国军队，终于跟贰、轸二国缔结了盟约回来了。

桓公十二年

楚伐绞，军其南门。莫敖屈瑕曰："绞小而轻，轻则寡谋，请无扞采樵者以诱之①。"从之。绞人获三十人②。明日，绞人争出，驱楚役徒于山中③。楚人坐其北门而覆诸山下④，大败之，为城下之盟而还⑤。

伐绞之役，楚师分涉于彭⑥。罗人欲伐之⑦，使伯嘉谍之⑧，三巡⑨，数之⑩。

【注释】

① 扞（hàn）：保卫。采樵者：打柴的人。
② 人：指楚之采樵者。
③ 役徒：服役的徒众，即楚之采樵者。
④ 覆：伏兵。诸：之于的合音词。
⑤ 城下之盟：敌军兵临城下被胁迫而签订的盟约。古人视为奇耻大辱。
⑥ 彭：水名，后名筑水，今名南河，源出湖北房县西南。
⑦ 罗：国名，熊姓，在今湖北宜城市西。
⑧ 伯嘉：罗国大夫。谍：侦察，刺探敌情。
⑨ 巡：遍。
⑩ 数（shǔ）：计数，计算。

【译文】

楚国进攻绞国，驻军在他们的南门。莫敖屈瑕说："绞国地小而人轻浮，轻浮就少有谋略，请不要保卫砍柴的人，用来引诱他们。"楚国听从了他的计谋。绞国人捕获了三十个砍柴的人。第二天，绞国人争抢着出城，在山中驱赶楚国砍柴的人，楚国人坐在北门等待，在山下埋伏下伏兵，大败绞军，签订了城下之盟才回去。

在进攻绞国的这次战役中，楚国军队分兵渡过彭水。罗国人想要进攻他们，派遣伯嘉来侦察敌情，把楚军的人数数了三遍。

桓公十三年

十三年春，楚屈瑕伐罗，斗伯比送之。还，谓其御曰①："莫敖必败。举趾高②，心不固矣。"遂见楚子曰："必济师。"楚子辞焉③。入告夫人邓曼④。邓曼曰："大夫其非众之谓⑤，其谓君抚小民以信⑥，训诸司以德⑦，而威莫敖以刑也⑧。莫敖狃于蒲骚之役⑨，将自用也⑩，必小罗⑪。君若不镇抚⑫，其不设备乎。夫固谓君训众而好镇抚之⑬，召诸司而劝之以令德⑭，见莫敖而告诸天之不假易也⑮。不然，夫岂不知楚师之尽行也？"楚子使赖人追之⑯，不及。

【注释】

① 御：御者，驾车的人。
② 举趾：同"举止"，举动，行为。
③ 辞：推辞，谓拒绝斗伯比的请求。
④ 邓曼：邓国女子，曼姓。
⑤ 大夫：指斗伯比。非众之谓："非谓众"的倒置。犹言不在师之多少。
⑥ 抚：安抚，抚慰。
⑦ 诸司：各种官员。
⑧ 威：震惊，慑服。

⑨ 狃（niǔ）：习以为常，不复在意。蒲骚之役：见《桓公十一年》篇。
⑩ 自用：自以为是，独断专行。
⑪ 小罗：以罗为小，轻视罗国。
⑫ 镇抚：镇定安抚。
⑬ 夫（fú）：那，他称代词。此代指斗伯比。固：本来，副词。
⑭ 令德：美德。
⑮ 假易：犹言宽纵。
⑯ 赖人：指在楚国做官的赖国人。赖，国名，在今湖北随县东北。

【译文】

十三年春，楚国的屈瑕攻打罗国，斗伯比送他出发。回来时对他的车夫说："莫敖一定会失败。他的举止行为很高傲，心意不坚固了。"他于是去见楚子，说："一定要增派兵力。"楚子婉拒了他的意见。楚子进入宫中告诉了他的夫人邓曼。邓曼说："大夫斗伯比大概不是说兵力的多少。他是说君主您应该用诚信来安抚小老百姓，用恩德来训导各种官吏，而用刑罚来威慑莫敖。莫敖已经习惯了在蒲骚的那次战役，将会自以为是，一定会轻视罗国。君主您假如不镇定安抚，他将不设卫防备的！大夫斗伯比本来就是说君主您应该训导民众而好好地镇定安抚他们，召集各种官吏而用美好的恩德来鼓励他们，见到莫敖而告诉他老天爷是不会宽纵人的。如果不是这样，大夫斗伯比难道不知道楚军都全部出发了？"楚子派在楚国做官的赖国人去追赶莫敖，没能赶上。

莫敖使徇于师曰①："谏者有刑。"及鄢②，乱次以济③。遂无次，且不设备。及罗，罗与卢戎两军之④。大败之。莫敖缢于荒谷⑤，群帅囚于冶父以听刑⑥。楚子曰："孤之罪也⑦。"皆免之。

【注释】

① 徇（xùn）：对众宣令。

② 鄢：水名。源出湖北保康县西南，流经南漳、宜城入汉水。

③ 次：编列，按次序排列。济：渡水，过河。

④ 卢戎：国名，妫姓，在今湖北南漳县东北。两军之：谓由两面夹击之。军，用作动词，攻击。

⑤ 缢：吊死，勒死。荒谷：地名，在今湖北江陵县西。

⑥ 冶父：地名，在今湖北江陵县南。听刑：听候楚王的处罚。

⑦ 孤：古代帝王自称的谦辞。《老子》："侯王自称孤、寡、不谷。"

【译文】

莫敖派人在军队中宣令说："敢于进谏的人要受惩罚。"到达鄢水，队列乱糟糟地渡过了河，于是队列就没有了编次，并且不设卫防备。到达罗国，罗军与卢戎两面夹击他，把他打得大败。莫敖在荒谷上吊自杀了。其他将帅自己囚禁在冶父来听候楚王的惩罚。楚王说："这是我的罪过。"全都赦免了他们。

桓公十五年

祭仲专①，郑伯患之②，使其婿雍纠杀之③。将享诸郊④，雍姬知之⑤，谓其母曰："父与夫孰亲？"其母曰："人尽夫也，父一而已。胡可比也⑥？"遂告祭仲曰："雍氏舍其室而将享子于郊⑦，吾惑之，以告。"祭仲杀雍纠，尸诸周氏之汪⑧。公载以出⑨,曰:"谋及妇人,宜其死也。"

【注释】

① 专:专权,专擅,谓个人把持政权。
② 郑伯:指郑厉公。
③ 雍纠:郑大夫。
④ 享:通"飨",以酒食款待人。
⑤ 雍姬:雍纠之妻。姬,指其母家姓。
⑥ 胡:何,疑问代词。
⑦ 舍:弃。子:古代对男子的尊称,犹今言您。
⑧ 尸:用作动词,陈尸,以尸体示众。汪:池。
⑨ 公:指郑厉公。出:出奔,逃往国外。

【译文】

祭仲把持政权。郑厉公很是厌恨此事,就叫祭仲的女婿雍纠去杀了他。雍纠将在郊外宴请祭仲。雍纠的妻子雍姬知道了此事,就告诉她的母亲说:"父亲与丈夫哪个最亲?"她的母亲说:"男人都可以是丈夫,父亲却只有一个,哪里可以相比?"雍姬就告诉祭仲说:"姓雍的舍弃在他家却在郊外宴请您,我有些疑虑,特来告知。"祭仲就杀了雍纠,将他的尸体陈列在姓周的人家的池边示众。郑厉公就用车子装载着雍纠的尸体出逃,说:"跟妇人去谋划,死得活该!"

桓公十六年

初,卫宣公烝于夷姜①,生急子②,属诸右公子③。为之娶于齐,而美,公取之④,生寿及朔,属寿于左公子⑤。

《左传》

夷姜缢⑥。宣姜与公子朔构急子⑦。公使诸齐⑧，使盗待诸莘⑨，将杀之。寿子告之，使行⑩。不可，曰："弃父之命，恶用子矣⑪？有无父之国则可也。"

【注释】

① 卫宣公：卫庄公之子，名晋，在位十九年（前718—前700）。烝：以下淫上曰烝。夷姜：卫庄公妾，卫宣公庶母。

② 急子：一名伋。

③ 属（zhǔ）：通嘱，托付。右公子：名职。

④ 取：通"娶"，娶妻。

⑤ 左公子：名泄。

⑥ 缢：吊颈而死，勒死。

⑦ 宣姜：卫宣公夫人，齐女。宣，其夫之谥。姜，母家姓。构：罗织陷害。

⑧ 公：指卫宣公。

⑨ 莘：地名，当在今山东莘县北。

⑩ 行：此谓逃跑。

⑪ 恶（wū）：何，疑问代词。

【译文】

当初，卫宣公和他的庶母私通，生了急子，卫宣公把急子嘱托给右公子。为他娶齐国女子为妻，这个女子长得很美，卫宣公就自己娶了她，生了寿和朔，把寿嘱托给左公子。夷姜上吊自杀了。宣姜和公子朔罗织罪名诬陷急子。卫宣公就派急子出使到齐国，让盗贼在莘地等待他，打算杀掉他。寿子把这个阴谋告诉了急子，要他逃跑。急子认为不可以，说："丢弃父亲的命令，哪里还用得着儿子？有没有父亲的国家那才可以逃去。"

及行，饮以酒，寿子载其旌以先①，盗杀之。急子至，曰："我之求也②。此何罪？请杀我乎！"又杀之。二公子故怨惠公③。十一月，左公子泄、右公子职立公子黔牟④。惠公奔齐。

【注释】

① 旌：古代旗帜的一种。缀旄牛尾于竿头，下有五彩析羽，用以指挥或开道。

② 我之求："求我"的倒置。

③ 二公子：指右公子与左公子。惠公：指公子朔。急子及寿子被杀后，卫宣公立公子朔为太子。卫宣公死后，太子朔立，是为卫惠公。立三年后出逃，出逃十年后复入，前后共在位二十一年（前699—前697、前686—前669）。

④ 公子黔牟：卫宣公之子，太子急子之弟。在位十年（前696—前687）。

【译文】

等到急子临行，寿子让他喝醉酒，寿子就用车载着急子的旗帜先走了，盗贼就杀掉了他。急子赶到，说："他们要杀的人是我，这人有什么罪，请杀了我吧！"盗贼又杀了他。左、右两位公子因此怨恨卫惠公。十一月，左公子泄与右公子职立了公子黔牟做国君，卫惠公就逃跑到齐国去了。

庄 公

庄公九年

秋，师及齐师战于乾时①，我师败绩②，公丧戎路③，传乘而归④。秦子、梁子以公旗辟于下道⑤，是以皆止⑥。

【注释】

①乾时：地名，齐地，在今山东青州市境内。
②我：指鲁国。《左传》是鲁国史书，故称鲁为我。败绩：大败。
③公：指鲁庄公。戎路：兵车。丧戎路谓丢弃兵车逃跑。
④传乘：转乘他车。一说传乘是一种轻便的车。此用作动词，乘轻便的车。
⑤秦子、梁子：皆人名，为鲁庄公戎车之御者及戎右。
⑥止：俘获，俘虏。

【译文】

秋，我国（鲁国）军队和齐国军队在乾时开战。我国军队被打得大败。鲁庄公丢掉兵车，转乘其他车回国。秦子、梁子拿着鲁庄公的旗躲避在小道上，因此都被俘获。

鲍叔帅师来言曰①："子纠，亲也②，请君讨之③。管、召④，仇也⑤，请受而甘心焉⑥。"乃杀子纠于生窦⑦，召忽

死之。管仲请囚，鲍叔受之，及堂阜而税之⑧。归而以告曰："管夷吾治于高傒⑨，使相可也⑩。"公从之。　　庄公

【注释】

① 鲍叔：指鲍叔牙。

② 亲：子纠为齐桓公之兄，故曰亲。

③ 讨：诛，杀。

④ 管、召：管夷吾、召忽。

⑤ 仇：管仲曾射中齐桓公的带钩，齐桓公差一点被射死，故曰仇。

⑥ 甘心：称心，快意。谓亲手杀掉他们而使自己快意。

⑦ 生窦：地名，当在今山东菏泽市北。

⑧ 堂阜：齐地，在今山东蒙阴县西北。税：释放，解脱。

⑨ 高傒：齐国上卿。齐国高氏为齐太公六世孙文公赤的儿子公子高的后代，世为齐国上卿。高傒即公子高之孙，以祖父字为氏。

⑩ 相（xiàng）：官名，相当于后世的宰相。名词活用作动词，"为相"。

【译文】

鲍叔牙率领军队来鲁国说："公子纠是齐侯亲兄弟，请君主把他杀了；管夷吾、召忽是仇人，请把他们交给我们，让我们称心快意。"于是鲁国在生窦杀了子纠，召忽自杀了。管仲请求拘禁自己，鲍叔牙接受了，走到堂阜就释放了他。回到齐国就告诉齐桓公说："管夷吾比高傒更有治国的才能，使他做辅佐的大臣是可以的。"齐桓公就听从了鲍叔牙的意见。

庄公十年

十年春，齐师伐我。公将战，曹刿请见①。其乡人曰："肉食者谋之②，又何间焉③？"刿曰："肉食者鄙④，未能远谋。"乃入见。

问："何以战？"公曰："衣食所安⑤，弗敢专也⑥，必以分人。"对曰："小惠未遍，民弗从也。"公曰："牺牲玉帛⑦，弗敢加也，必以信⑧。"对曰："小信未孚⑨，神弗福也。"公曰："小大之狱，虽不能察，必以情⑩。"对曰："忠之属也⑪，可以一战，战则请从。"

【注释】

① 曹刿：人名，鲁国一位没有权势的人物。
② 肉食者：做大官的人。
③ 间（jiàn）：参与其间。
④ 鄙：浅陋。
⑤ 所安：安逸的东西。
⑥ 专：专有，独自享有。
⑦ 牺牲：祭祀时所用的牛、羊、猪。玉帛：瑞玉和缯帛，祭祀时用的珍贵祭品。
⑧ 信：信实，诚实。
⑨ 孚：信用。一说孚借作覆，覆盖、遍及的意思。
⑩ 情：实，实际情况。
⑪ 忠：尽己之谓忠，即尽心办事的意思。

【译文】

十年春，齐国军队进攻我国。鲁庄公打算迎战，曹刿请求进见。他的同乡人说:"有当官的人谋划这件事,你又何必参与其间呢?"曹刿说:"当官的人眼光短浅,不能考虑长远。"于是就进入宫中进见鲁庄公。

庄公

曹刿询问说:"您凭什么打好这一仗?"鲁庄公说:"衣食等使人安逸的东西,不敢独自享受,一定拿来分给别人。"曹刿回答说:"小恩小惠不能周遍,民众不会跟从的。"鲁庄公说:"祭祀用的牲口和瑞玉缯帛,不敢随意增加,一定据实以告。"曹刿回答说:"小小的诚实不能取得广泛的信任,神不会降予福泽。"鲁庄公说:"大大小小的狱讼案件,虽然不能一一洞察明白,但一定依据实情裁决。"曹刿回答说:"这是尽心尽力为民众办事的一类,可以用来打好这一仗了。如果作战,我请求跟随您前去。"

公与之乘。战于长勺①。公将鼓之②。刿曰:"未可。"齐人三鼓,刿曰:"可矣。"齐师败绩。公将驰之③。刿曰:"未可。"下,视其辙④,登轼而望之⑤,曰:"可矣。"遂逐齐师。

既克,公问其故。对曰:"夫战,勇气也。一鼓作气,再而衰,三而竭。彼竭我盈,故克之。夫大国,难测也,惧有伏焉。吾视其辙乱,望其旗靡⑥,故逐之。"

【注释】

① 长勺:鲁国地名,在今山东曲阜东。
② 鼓:用作动词,击鼓进军。
③ 驰:驱车追赶。
④ 辙:车轮碾出的痕迹。
⑤ 轼:车前的横木,供扶手用。
⑥ 靡(mǐ):倒。

【译文】

鲁庄公就跟他同乘一辆战车。战争在长勺展开。鲁庄公将要击鼓进攻。曹刿说:"不可以。"齐人击鼓了三次。曹刿说:"可以了。"齐军大败。鲁庄公准备驱车追赶。曹刿说:"不可以。"下车,细看齐军战车碾出的车痕,登上车前横木瞭望齐军,说:"可以了。"于是追击齐军。

已经打了胜仗,鲁庄公问那样作战的缘故。曹刿回答说:"作战靠的是勇气。第一次击鼓振作勇气,第二次击鼓勇气就衰退了,第三次击鼓勇气就竭尽了。他们的勇气竭尽而我们的勇气振作充盈,所以战胜了他们。大国是难以推测的,恐怕有伏兵。我察看他们的车轮印子已经杂乱,瞭望他们的旗子已经倒下,所以才追击他们。"

庄公十二年

十二年秋,宋万弑闵公于蒙泽①。遇仇牧于门②,批而杀之③。遇大宰督于东宫之西④,又杀之。立子游⑤。群公子奔萧⑥。公子御说奔亳⑦。南宫牛、猛获帅师围亳⑧。

【注释】

① 宋万:指南宫长万。闵公:宋闵公,宋国国君,名捷,宋庄公子,在位十年(前691—前682)。蒙泽:地名,在今河南商丘市北。

② 仇牧:人名,宋大夫。

③ 批:反手击。

④ 大宰:太宰,官名,简称宰。督:人名,华氏,名督。东

宫：诸侯媵妾所居之宫，又称小寝。
⑤子游：宋国公子，不知为何公之子。
⑥萧：附庸国，子姓，当在今安徽萧县西北。
⑦亳（bó）：地名，在今河南商丘市北。
⑧南宫牛：宋万之弟。猛获：人名，宋万的党羽。

【译文】

十二年秋，宋万在蒙泽杀了宋闵公。在门口遇见仇牧，反手一击打死了他，在东宫的西面遇见太宰华督，又杀了他。立了子游做国君。所有公子逃跑到萧，公子御说逃跑到亳，南宫牛、猛获率领军队包围了亳。

冬十月，萧叔大心及戴、武、宣、穆、庄之族以曹师伐之①。杀南宫牛于师，杀子游于宋，立桓公②。猛获奔卫；南宫万奔陈，以乘车辇其母③，一日而至。

宋人请猛获于卫，卫人欲勿与。石祁子曰④："不可。天下之恶一也，恶于宋而保于我，保之何补？得一夫而失一国，与恶而弃好，非谋也。"卫人归之。亦请南宫万于陈，以赂。陈人使妇人饮之酒，而以犀革裹之⑤，比及宋⑥，手足皆见⑦。宋人皆醢之⑧。

【注释】

①萧叔大心：萧本宋邑，因叔大心讨南宫万有功，宋封以萧使为附庸国。叔，其人的排行。大心，其人之名。戴、武、宣、穆、庄：宋戴公、宋武公、宋宣公、宋穆公、宋庄公，皆宋国国君。族：家族，宗族，指上述国君的后代。

②桓公：宋桓公，宋国国君，名御说，在位三十一年（前

681—前651）。
③ 乘车：乘人之车。辇：拉车。此当是南宫万自己拉车。
④ 石祁子：人名，卫大夫。
⑤ 犀革：犀牛皮。
⑥ 比（bǐ）：犹言等到。
⑦ 见：同"现"。言宋万有力，能破犀牛皮使手足出现在外。
⑧ 醢（hǎi）：将人剁成肉酱的酷刑。

【译文】

冬十月，萧叔大心和宋戴公、宋武公、宋宣公、宋穆公、宋庄公的宗族率领曹国军队讨伐宋万及其党羽，在亳地军中杀了南宫牛，在宋都杀了子游，立了宋桓公为国君。猛获逃跑到卫国；南宫万逃跑到陈国，用乘人的车拉着他的母亲，一天就到达了。

宋国人到卫国请求送回猛获，卫国人打算不给。石祁子说："不可以。天下的坏人都是一样的。在宋做了坏事而在卫国却得到保护，保护他有什么好处？得到一个人而失去一个国家，结交一个坏人而丢弃一个友好国家，不是好打算。"卫国人把猛获送回了宋国。宋国又用财货到陈国请求送回南宫万。陈国人让女人把南宫万灌醉，用犀牛皮把他包裹起来，等到到达宋国，南宫万的手足已经挣破犀牛皮而露在外面了。宋国人把他们（指猛获和南宫万）都剁成了肉酱。

庄公十四年

郑厉公自栎侵郑①，及大陵②，获傅瑕③。傅瑕曰："苟舍我，吾请纳君。"与之盟而赦之。六月甲子，傅瑕杀郑子及其二子而纳厉公④。

　　初,内蛇与外蛇斗于郑南门中,内蛇死。六年而厉公入。公闻之⑤,问于申繻曰:"犹有妖乎?"对曰:"人之所忌,其气焰以取之⑥,妖由人兴也。人无衅焉⑦,妖不自作。人弃常则妖兴⑧,故有妖。"

【注释】

①郑厉公自栎侵郑:郑厉公出奔及居栎事,详见《桓公十五年》篇。栎,地名,今河南禹州市。

②大陵:郑地,当在今新密至新郑(时郑国国都)之间。

③傅瑕:郑大夫。

④郑子:指子仪。鲁桓公十八年,祭仲到陈国迎接郑子立他为国君。无谥号,故称郑子。

⑤公:指鲁庄公。

⑥气焰:火始燃烧之势,比喻人的气势。

⑦衅:瑕隙,缝隙。

⑧常:常道,常规。

【译文】

　　郑厉公从栎地侵袭郑国国都,到达大陵,俘虏了傅瑕。傅瑕说:"如果放了我,我请求设法使你回国做君主。"郑厉公跟他订了盟约就赦免了他。六月甲子那一天,傅瑕杀了郑子和他的两个儿子,接纳郑厉公回国做君主。

　　当初,在郑国国都的南门中门内的蛇与门外的蛇相斗,内蛇被咬死。六年之后郑厉公就回国了。鲁庄公听到这件事,就向申繻询问说:"还是有妖孽作祟吗?"申繻回答说:"人所顾忌的事,是由他的气势决定的。妖孽是由于人才产生的,人没有缝隙可乘,妖孽不会自己发生。人丢弃了常道,那么妖孽就会出现,所以才有妖孽。"

厉公入，遂杀傅瑕。使谓原繁曰："傅瑕贰，周有常刑，既伏其罪矣①。纳我而无二心者，吾皆许之上大夫之事，吾愿与伯父图之②。且寡人出，伯父无里言③；入④，又不念寡人，寡人憾焉。"对曰："先君桓公命我先人典司宗祏⑤。社稷有主而外其心，其何贰如之？苟主社稷，国内之民其谁不为臣？臣无二心，天之制也。子仪在位十四年矣，而谋召君者，庸非贰乎⑥？庄公之子犹有八人，若皆以官爵行赂、劝贰而可以济事⑦，君其若之何？臣闻命矣。"乃缢而死。

【注释】

① 伏：伏罪，服罪，受到应有的刑罚。
② 伯父：指原繁。
③ 里言：纳我之言。一说以国内情况告于在外之厉公。
④ 入：谓自蔡入居于栎。
⑤ 典司：主管，掌管。宗祏（shí）：宗庙中藏神主的石室。
⑥ 庸：岂，难道，表反话的副词。
⑦ 济事：成事。

【译文】

郑厉公回到郑国，就杀了傅瑕。他派人告诉原繁说："傅瑕有二心，周王朝有规定的刑罚，他已经得到应有的惩罚了。接纳我回国而没有二心的人，我都答应他们上大夫的职位，我愿意和伯父一起来商议这件事。并且我逃亡在国外，伯父你没有接纳我回国的言辞；我回国住在栎，你又不思念我，我对这种情况很不满意。"原繁回答说："先君郑桓公命令我的先人主管宗庙里放神主的石室。国家有君主，却把自己的心向着在外的人，那还有什么二心能像这样呢？假如做了一国的君主，国内的民众，哪个不是臣下！臣下没有二心，这是老天爷的规定。子仪在君位已经十四年了，而谋划召君主你回国的人,难道就不是有二心吗?郑庄公的儿子还有八个人活着,假如都用官爵行贿赂来鼓励二心就可以成就事业,那君主你怎么对付这种情况呢?我已经听到命令了。"就吊颈而死了。

庄公

闵 公

闵公二年

  冬十二月,狄人伐卫。卫懿公好鹤①,鹤有乘轩者②。将战,国人受甲者皆曰③:"使鹤,鹤实有禄位,余焉能战!"公与石祁子玦④,与宁庄子矢⑤,使守,曰:"以此赞国⑥,择利而为之。"与夫人绣衣,曰:"听于二子⑦。"渠孔御戎⑧,子伯为右⑨,黄夷前驱⑩,孔婴齐殿⑪。及狄人战于荧泽⑫,卫师败绩,遂灭卫。卫侯不去其旗,是以甚败。狄人囚史华龙滑与礼孔以逐卫人⑬。二人曰:"我,大史也,实掌其祭。不先,国不可得也。"乃先之。至则告守曰⑭:"不可待也⑮。"夜与国人出。狄入卫,遂从之,又败诸河。

【注释】

  ① 卫懿公:卫国国君,名赤,卫惠公之子,在位八年(前668—前661)。

  ② 轩:大夫以上所乘的四面有遮蔽的车。

  ③ 国人:居住在城邑内的人,即自由民。受甲:古代兵甲藏于国家,有兵事则颁发,事毕,仍须缴还。

  ④ 玦:有缺口的环形玉佩。

  ⑤ 宁庄子:名速。

  ⑥ 赞:助,辅佐。

⑦ 二子：指石祁子、宁庄子。
⑧ 戎：戎车，兵车。
⑨ 右：车右。
⑩ 前驱：前锋，先驱。
⑪ 殿：后军，断后。
⑫ 荥泽：此荥泽当在黄河之北。
⑬ 史：太史，官名。
⑭ 守：指石祁子与宁庄子。
⑮ 不可待：犹言不可御。

【译文】

冬十二月，狄人进攻卫国。卫懿公喜爱鹤，鹤能乘坐大夫以上级别才能坐的有遮蔽的车子。将要开战了，被授予兵甲的国人都说："使鹤去作战，鹤确实有俸禄有爵位，我们怎么能作战！"卫懿公给石祁子一块珏玉，给宁庄子一支箭，让他们守卫国都，说："用这个来辅助国家，选择有利的事情去做。"给他夫人一件刺绣的衣服，说："听从他们两位。"渠孔为卫懿公驾驭戎车，子伯为车右，黄夷做先锋，孙婴齐做后军，跟狄人在荥泽开战，卫军大败，狄人灭亡了卫国。卫侯没有去掉他的旗帜，所以败得很惨。狄人囚禁了太史华龙滑和礼孔来追赶卫国人。他们两个人说："我们是卫国的太史，执掌祭祀。不让我们先回去，国都你们是得不到的。"狄人就让他们先回去。回去就告诉守城的人说："不可以抵御了。"夜晚就和国都的人一道撤退出来。狄人就进入卫都，于是追击卫军，又在黄河边打败了他们。

僖 公

僖公二年

晋荀息请以屈产之乘与垂棘之璧①，假道于虞以伐虢②。公曰："是吾宝也。"对曰："若得道于虞，犹外府也③。"公曰："宫之奇存焉④。"对曰："宫之奇之为人也，懦而不能强谏⑤，且少长于君，君昵之，虽谏，将不听。"乃使荀息假道于虞，曰："冀为不道⑥，入自颠舲⑦，伐鄍三门⑧。冀之既病⑨，则亦唯君故。今虢为不道，保于逆旅⑩，以侵敝邑之南鄙⑪。敢请假道以请罪于虢⑫。"虞公许之，且请先伐虢。宫之奇谏，不听，遂起师。

夏，晋里克、荀息帅师会虞师伐虢，灭下阳⑬。先书虞，贿故也。

【注释】

①荀息：晋大夫。屈产之乘：屈地出产的马。屈，北屈，晋邑，在今山西吉县东北，出产良马。垂棘：地名，在今山西长治市潞城区北，出产美玉。

②假道：借路通过。虞：国名，姬姓，在今山西平陆县东北。晋在虞北，虞在虢北，故晋伐虢，必须经过虞国。

③外府：犹言外库。古代收藏宝藏财货的地方叫府，收藏兵甲战车的地方叫库。

④宫之奇：人名，虞国贤臣。
⑤懦：懦弱，畏怯软弱。强（qiǎng）谏：下对上力进忠言。
⑥冀：国名，在今山西河津市东北。
⑦颠𫐄（líng）：虞地，即虞坂，在今山西平陆县西北。
⑧郠：虞地，在今山西平陆县东北。三门：谓郠邑的三座城门。一说，地名。
⑨病：困苦，损害。言晋助虞伐冀，已使冀受到损伤。
⑩保：保护，依靠。一说，小城曰保，即今之碉堡。用作动词，以逆旅作碉堡。逆旅：客舍，旅馆。谓虢人以客舍为巢穴，出则侵，入则保。
⑪敝邑：古人对自己国家的谦称。
⑫敢：犹言冒昧，表谦敬的副词。请罪：犹言问罪。
⑬下阳：虢邑，在今山西平陆县东北。

【译文】

晋国的荀息请求用屈地出产的四匹马与垂棘出产的玉璧，向虞国借道去攻打虢国。晋献公说："那是我们的宝物呀。"荀息回答说："假如从虞国得到通过的道路，那就如同放在外库。"晋献公说："有宫之奇存在着呢。"荀息回答说："宫之奇的为人，懦弱而不能坚决谏阻，并且从小就在虞君那里长大，虞君亲近他。即使劝阻，虞君也不会听从。"晋献公就派荀息去向虞国借道，说："冀国不讲道义，从颠𫐄进入虞国，攻打虞国郠邑的三座城门。冀国既已受到损伤，那也只是为了君主您的缘故。现在虢国不讲道义，躲藏在客舍里，来侵犯我国的南部边界。冒昧请求借路通过去向虢国问罪。"虞公就答应了晋国的请求，并且请求先去攻打虢国。宫之奇劝阻，不听从，于是就起兵。

夏，晋国的里克、荀息率领军队会合虞军攻打虢国，灭掉了下阳。《春秋》首先记载虞国，这是因为虞国接受了贿赂。

僖公四年

四年春，齐侯以诸侯之师侵蔡①。蔡溃，遂伐楚。楚子使与师言曰②："君处北海③，寡人处南海④，唯是风马牛不相及也⑤。不虞君之涉吾地也⑥，何故？"管仲对曰："昔召康公命我先君大公曰⑦：'五侯九伯⑧，女实征之⑨，以夹辅周室⑩。'赐我先君履⑪，东至于海，西至于河，南至于穆陵⑫，北至于无棣⑬。尔贡包茅不入⑭，王祭不共⑮，无以缩酒⑯，寡人是征⑰。昭王南征而不复⑱，寡人是问。"对曰："贡之不入，寡君之罪也，敢不共给？昭王之不复，君其问诸水滨。"师进，次于陉⑲。

【注释】

①诸侯之师：《春秋》记载说："四年春，王正月，公会齐侯、宋公、陈侯、卫侯、郑伯、许男、曹伯侵蔡。"知参与这次战争的有鲁、齐、宋、陈、卫、郑、许、曹等国。

②楚子：指楚成王。

③北海：此泛指北方边远地区。

④南海：此亦泛指南方边远地区。

⑤风马牛不相及：言两国相距辽远，纵使牛马走散，也不会相混，比喻边境从无纠纷。风，走散，一说，谓牛马牝牡相诱而相逐。

⑥不虞：不料。虞，料想，揣测。

⑦召康公：周成王时太保召公奭。大公：太公望，齐国的始封君姜尚，以辅佐周武王伐纣有功，封于齐。

⑧五侯：指公、侯、伯、子、男五等诸侯。九伯：九州之方

伯，即各州诸侯之长。

⑨ 女：同"汝"，对称代词，你。

⑩ 夹辅：在左右辅佐。周室：指周王室，即周王朝。

⑪ 履：鞋，引申为足迹所至的地区，即能够征伐的范围。

⑫ 穆陵：地名，在楚境内，今湖北麻城市西北有穆陵山，疑即此地。

⑬ 无棣：地名，在今山东无棣县北。

⑭ 包：包裹，束。一说，包当作苞，丛生曰苞。茅：菁茅，楚地的特产植物。苞茅是楚国向周王进贡的贡品。

⑮ 共：同"供"，供给。

⑯ 缩：借作滫（xǔ），滤去酒糟。古代用苞茅滤去酒糟以供祭祀。

⑰ 征：追究，问罪。

⑱ 昭王：周昭王，西周时的周王。复：返回。

⑲ 陉（xíng）：山名，在今河南漯河市郾城区南。

【译文】

四年春，齐侯率领诸侯的军队侵袭蔡国，蔡军溃败，于是攻打楚国。楚王派使者对诸侯军队说："君主居住在北方，我居住在南方，纵使牛马走散也不会相混，没有料想君主会来到我的国土，这是什么缘故？"管仲回答说："过去召康公命令我们的先君太公说：'五等诸侯，九州方伯，你都可以征伐他们，以在左右辅佐周王室。'赐给我们先君征伐所至的范围，东面到达大海，西面到达黄河，南面到达穆陵，北面到达无棣。你们要进贡的包茅没有进贡，周王的祭祀不能供给，没有什么用来过滤酒糟，我这就来追究。周昭王南行到楚国就没有回去，我这就来责问。"使者回答说："贡品没有进贡，这是我们君主的罪过，怎么敢不来供给？周昭王没有回去，君主还是到水边去责问好了。"诸侯军向前推进，驻扎在陉地。

左传·

夏，楚子使屈完如师①。师退，次于召陵②。齐侯陈诸侯之师，与屈完乘而观之。齐侯曰："岂不谷是为③？先君之好是继④。与不谷同好，如何？"对曰："君惠徼福于敝邑之社稷⑤，辱收寡君⑥，寡君之愿也。"齐侯曰："以此众战，谁能御之？以此攻城，何城不克？"对曰："君若以德绥诸侯⑦，谁敢不服？君若以力，楚国方城以为城⑧，汉水以为池⑨，虽众，无所用之。"屈完及诸侯盟。

【注释】

① 屈完：楚大夫。如：往。
② 召陵：地名，在今河南漯河市东。
③ 不谷是为："为不谷"的倒置。不谷，古代侯王自称的谦辞，犹言不善。谷是粮食，可以养人，因此有善的意思。
④ 先君之好是继："继先君之好"的倒置。
⑤ 惠：表敬副词，犹言给予恩惠。徼（yāo）：同"邀"，求。社稷：社神和稷神，即土神和谷神。
⑥ 辱：表敬副词，犹言屈尊。寡君：对自己国君的谦称。
⑦ 绥：安抚。
⑧ 方城：山名，在今河南叶县，连绵七八百里。一说，指春秋时楚国所筑长城，北起今河南方城县北，南至今泌阳县东北。
⑨ 汉水：水名，为长江最大支流。池：护城河。

【译文】

夏，楚王派屈完来到诸侯军中，诸侯军后退，驻扎在召陵。齐侯陈列诸侯的军队，和屈完一道乘着车去检阅。齐侯说："这难道是为了我个人？他们是为了继续先君的友好关系。你们跟我们共同友好，怎么样？"屈完回答说："君主惠顾给我国的土神和谷神求福，屈尊收留我们君主，这正是我国君主的愿望。"齐侯说："用这样的军队来作战,哪个能够抵御他们?用这样的军队去攻打城邑,哪个城邑攻不下?"屈完回答说:"君主如果用德行安抚诸侯,诸侯哪个敢不服?君主假若用武力,那么楚国用方城山作为城墙,汉水作为护城河,即使军队众多,也没有使用它的地方。"屈完和诸侯订立了盟约。

陈辕涛涂谓郑申侯曰①:"师出于陈、郑之间,国必甚病。若出于东方,观兵于东夷②,循海而归③,其可也。"申侯曰:"善。"涛涂以告,齐侯许之。申侯见,曰:"师老矣④,若出于东方而遇敌,惧不可用也。若出于陈、郑之间,共其资粮屝屦⑤,其可也。"齐侯说⑥,与之虎牢。执辕涛涂。

秋,伐陈,讨不忠也。

【注释】

① 辕涛涂:人名,陈大夫。申侯:郑大夫。
② 观兵:显示兵力以威慑敌方。东夷:古代华夏族对东方诸氏族的通称。
③ 循:遵循,沿着。
④ 老:衰落,疲乏。师久为老。
⑤ 资粮:钱财粮草。屝屦(fèijù):草鞋。草曰屝,麻曰屦。
⑥ 说:同"悦",喜悦,高兴。

【译文】

陈国的辕涛涂对郑国的申侯说:"军队取道经过陈国和郑国之间,陈、郑两国一定会很困苦,假若取道东方,向东夷显示兵威,沿着大海回去,那是可以的。"申侯说:"很好。"辕涛涂就把这个意见告诉了齐侯,齐侯也答应了。申侯去拜见齐侯,说:"军队已经疲乏了，如果从东方走而遇到敌人，恐怕这样的军队不能打仗。如果取道陈、郑两国之间，由两国供给军队的粮草军鞋，那就行了。"齐侯很高兴，就赐予他虎牢，拘捕了辕涛涂。

秋，攻打陈国，讨伐他们的不忠心。

许穆公卒于师①，葬之以侯，礼也。凡诸侯薨于朝会②，加一等；死王事③，加二等。于是有以衮敛④。

冬，叔孙戴伯帅师⑤，会诸侯之师侵陈。陈成⑥。归辕涛涂⑦。

【注释】

① 许穆公：许国国君，男爵。
② 朝会：朝聘会见。
③ 王事：此指征伐。许男死于为周王伐楚，即死王事，可加二等。《孟子·万章下》云："天子一位，公一位，侯一位，伯一位，子、男同一位。凡五等。"许穆公以男爵而得侯礼，是加二等。
④ 衮：衮衣，古代帝王及上公祭宗庙所穿的礼服。敛：借作殓，给死者穿着入棺。许男以侯礼葬，不用衮衣，此谓公、侯之加等者，可以用衮衣殓尸。
⑤ 叔孙戴伯：指公孙兹，叔牙之子。
⑥ 成：媾和，讲和。
⑦ 归辕涛涂：陈服罪，故归其大夫。

【译文】

许穆公死在军队，用侯礼来安葬他，这是合乎礼制的。凡是诸侯在朝聘会见时死了，丧礼就提高一等；为周王的征伐而死，丧礼就提高二等。于是有用衮衣来殡殓的。

冬，叔孙戴伯率领军队，会合诸侯的军队去侵袭陈国。陈国讲和，就把辕涛涂放了回来。

初，晋献公欲以骊姬为夫人，卜之，不吉；筮之，吉。公曰："从筮。"卜人曰："筮短龟长①，不如从长。且其繇曰②：'专之渝③，攘公之羭④。一薰一莸⑤，十年尚犹有臭⑥。'必不可。"弗听。立之，生奚齐。其娣生卓子。

【注释】

① 筮短龟长：杜预注云："物生而后有象，象而后有滋，滋而后有数。龟象筮数，故象长数短。"谓占卜先有象，后有数，故筮短龟长。

② 繇（zhòu）：通"籀"，卦兆的占辞。

③ 渝：变。谓专宠则生变。

④ 攘：盗窃，夺取。羭（yú）：美。此处指代太子申生。

⑤ 薰：香草，如芝兰之类。莸：水草名，其味恶臭。

⑥ 尚犹有臭：比喻善易消，恶难除。尚犹，即犹，还。

【译文】

当初，晋献公打算以骊姬为夫人，用龟占卜，不吉利；用蓍草占卜，吉利。晋献公说："听从蓍草占卜的结果。"占卜的人说："蓍草占卜常不灵验，龟壳占卜常灵验，不如听从灵验的。并且它的繇辞说：'专宠就会心生不良，将要盗走您肥美的羊。香兰臭草放一起，十年还会有臭气。'一定不可以。"晋献公不听从，就立了骊姬为夫人，生了奚齐，她的妹妹生了卓子。

及将立奚齐，既与中大夫成谋①，姬谓大子曰："君梦齐姜②，必速祭之。"大子祭于曲沃，归胙于公③。公田④，

僖公

左传

姬置诸宫六日。公至，毒而献之。公祭之地[5]，地坟[6]；与犬，犬毙；与小臣[7]，小臣亦毙。姬泣曰："贼由大子[8]。"大子奔新城[9]。公杀其傅杜原款。或谓大子："子辞[10]，君必辩焉[11]。"大子曰："君非姬氏，居不安，食不饱。我辞，姬必有罪。君老矣，吾又不乐[12]。"曰："子其行乎？"大子曰："君实不察其罪，被此名也以出，人谁纳我？"十二月戊申，缢于新城。姬遂谮二公子曰："皆知之。"重耳奔蒲，夷吾奔屈。

【注释】

① 中大夫：官职等级名，大夫分上、中、下三个等级。此指支持骊姬的宫中大臣。成谋：犹言定计，计谋已定。

② 齐姜：太子申生亡母。

③ 胙：祭祀的酒肉。

④ 田：打猎。

⑤ 祭：古人将饮必先祭。

⑥ 坟：谓土凸起如坟。

⑦ 小臣：官名，即内小臣，宫中执役的太监。

⑧ 贼：害，阴谋。大子：太子，指太子申生。

⑨ 新城：曲沃。新为太子城之，故又名新城。

⑩ 辞：谓用言辞辩解。

⑪ 辩：同"辨"，辨明真相。

⑫ 吾又不乐：谓君不乐，吾亦不能乐。一说，我又不能使君快乐。

【译文】

等到将要立奚齐为太子，已经与中大夫定下了计谋，骊姬告诉太子申生说："君主梦见了齐姜，一定要赶快祭祀她。"太子在曲沃祭了齐姜，把祭祀的酒肉送给晋献公。晋献公打猎去了，骊姬将酒肉在宫中放置了六天。晋献公回来了，骊姬放上毒药就进献给晋献公。晋献公把它丢在地上祭祷，地凸起来；给狗吃，狗死了；给小臣吃，小臣也死了。骊姬哭着说："阴谋是从太子那里来的。"太子就逃回新城。晋献公就杀了他的师傅杜原款。有人告诉太子说："你去辩解，君主必定会辨明此事的真相。"太子说："君主没有姬姬的，坐不安稳，吃不下饭。我去辩解，姬姬的必定有罪。君主已经老了，我又不乐意这样做。"那人说："你就逃走吧！"太子说："君主真的不会查明这罪责，背着杀父的恶名来出逃，别人哪一个会接纳我？"十二月戊申那一天，太子在新城上吊死了。骊姬于是谗害两位公子说："他们都参与了这件事。"重耳逃跑到蒲地，夷吾逃跑到了屈。

僖公五年

晋侯使以杀大子申生之故来告①。初，晋侯使士蔿为二公子筑蒲与屈②，不慎，置薪焉。夷吾诉之。公使让之③。士蔿稽首而对曰④："臣闻之，无丧而戚⑤，忧必仇焉⑥。无戎而城⑦，仇必保焉。寇仇之保，又何慎焉？守官废命不敬，固仇之保不忠，失忠与敬，何以事君？《诗》云⑧：'怀德惟宁，宗子惟城⑨。'君其修德而固宗子，何城如之？三年将寻师焉⑩，焉用慎？"

【注释】

① 杀大子申生之故来告：《春秋》书曰："五年春，晋侯杀其世

子申生。"杀申生在四年，记在五年，是根据晋国的报告。

②二公子：指公子重耳与公子夷吾。

③让：责备。

④稽首：旧时所行的跪拜礼。行跪拜礼时，头至地。一说，两手拱至地，头至手，不触及地。

⑤戚：忧。

⑥仇：相应。

⑦戎：兵戎，战争。

⑧《诗》：指《诗经》。下引诗见《诗经·大雅·板》。

⑨宗子：宗族子弟。此指公子重耳与公子夷吾。一说，指嫡子，谓太子申生。

⑩寻：用，使用。

【译文】

晋侯派使者把杀了太子申生的缘故来鲁国报告。当初，晋侯使士蒍为两位公子修筑蒲地和屈地的城墙，修筑得不牢固，城墙里放置了柴草。夷吾将此事告知了晋献公，晋献公派人责备士。士叩头回答说："我听说，没有丧事而忧愁，忧愁就必定来跟它做伴；没有兵事而修筑城墙，仇敌就一定会据有为乱。被敌人占据，又何必牢固呢？担任官职而废弃君主的命令，这是不敬；巩固仇敌的占据，这是不忠。失去了忠和敬，还凭什么来侍奉君主？《诗经》说：'心里藏着德行就是安宁，有宗族的子弟就是金城。'君主只要修好德行并巩固宗族子弟的地位，什么城墙能像这个坚固？三年之后就会对它用兵，哪里用得着牢固？"

退而赋曰："狐裘龙茸①，一国三公，吾谁适从②？"及难，公使寺人披伐蒲③。重耳曰："君父之命不校④。"乃徇曰⑤："校者吾仇也。"逾垣而走⑥。披斩其袪⑦，遂出奔翟⑧。

【注释】

① 狐裘：狐皮制的皮衣。尨（méng）茸：皮毛纷乱貌。
② 适（dí）：主，专主。
③ 披：寺人名。一名勃鞮。
④ 校：较量，抵御。
⑤ 徇：向众宣示。
⑥ 垣：矮墙。
⑦ 袪：袖口。
⑧ 翟：通"狄"，我国古代北方地区民族名。

【译文】

他退了出来就写诗说："狐皮袍子蓬蓬松松，一国有了三位主公，我该向谁专心听从？"等到祸难发生，晋献公使寺人披去攻打蒲地。公子重耳说："君主和父亲的命令不能抵抗。"就向众人宣示说："抵抗的人就是我的仇人。"他就翻越过矮墙逃跑，寺人披砍断了他的袖口，他就逃跑到了狄人那里。

晋侯复假道于虞以伐虢。宫之奇谏曰："虢，虞之表也①。虢亡，虞必从之。晋不可启②，寇不可玩③，一之谓甚，其可再乎？谚所谓'辅车相依④，唇亡齿寒'者，其虞、虢之谓也⑤。"

【注释】

① 表：外，外表。
② 启：开。谓开导其野心。
③ 寇：敌军。玩：轻慢，轻忽。
④ 辅车：颊辅与牙床，比喻相依之物。辅，通"䶴"，颊辅。车，指牙床。一说，辅，车两旁的挡板。大车载物必用辅支持，故

车与辅有相依的关系。

⑤虞、虢之谓:"谓虞、虢"的倒置。

【译文】

晋侯再一次向虞国借路去攻打虢国。宫之奇劝阻说:"虢国是虞国的外面屏障,虢国灭亡,虞国必定跟着它灭亡。晋国的扩张野心不可开导,敌国军队不可轻慢。借一次就可以说过分了,哪里还可以再一次出借呢?俗话说'颊辅和牙床互相依靠,嘴唇破了牙齿就寒冷',这说的就是虢国和虞国的关系。"

公曰:"晋,吾宗也①,岂害我哉?"对曰:"大伯、虞仲②,大王之昭也③。大伯不从④,是以不嗣。虢仲、虢叔⑤,王季之穆也⑥,为文王卿士⑦,勋在王室,藏于盟府⑧。将虢是灭⑨,何爱于虞?且虞能亲于桓、庄乎⑩?其爱之也,桓、庄之族何罪?而以为戮⑪,不唯逼乎⑫?亲以宠逼⑬,犹尚害之,况以国乎?"

【注释】

①宗:同宗,晋国、虞国都是姬姓的诸侯国。

②大伯:太伯,和虞国的始封君虞仲,都是太王的儿子。

③大王:太王,周文王的祖父。昭:古代宗庙制度,始祖的神位居中,子在左,称为昭;子之子在右,称为穆。周以后稷为始祖,太王为后稷第十二代孙故为穆;其子太伯、虞仲、王季都为昭。

④大伯不从:太王欲立王季为嗣,太伯知之,逃至荆蛮,未随从太王,故曰不从。

⑤虢仲、虢叔:皆为王季之子。虢仲封东虢,就是郑国灭掉的制邑。虢叔封西虢,虢公即其后代。

⑥ 王季：太王之子，周文王之父。穆：王季是太王之子，为昭，故其子为穆。
⑦ 文王：周文王。
⑧ 盟府：掌管保存盟书的官府。古代策勋之时，必有誓词。策勋的策文和誓词，皆须收藏在盟府。
⑨ 将虢是灭："将灭虢"的倒置。
⑩ 桓、庄：桓叔、庄伯。桓叔，晋文侯子，始封于曲沃，称曲沃桓叔，桓叔生庄伯，庄伯生晋武公，晋武公生晋献公，则庄伯为晋献公之祖，桓叔为曾祖。
⑪ 以为戮：晋献公用士䓵计谋，尽杀群公子。事见《庄公二十五年》篇。
⑫ 唯：只，仅，副词。
⑬ 宠逼：亲近而又造成威胁。

僖公

【译文】

虞公说："晋国是我国的同宗，难道会危害我国吗？"宫之奇回答说："太伯、虞仲是太王的儿子，太伯没有跟从太王，所以没有继承他的君位。虢仲、虢叔是王季的儿子，做过周文王的卿士，对周王室有功勋，策勋的策文和誓词收藏在盟府。晋国打算消灭虢国，对虞国又有什么爱惜的呢？并且虞国能够比桓叔、庄伯还亲近吗？关于对他们的亲近，桓叔、庄伯的族人有什么罪过？晋献公却都把他们消灭掉，不只是因为他们对晋献公有威胁吧？亲近的人因为受宠而造成威胁，还要杀害他们，何况我们是一个国家呢？"

公曰："吾享祀丰洁，神必据我①。"对曰："臣闻之，鬼神非人实亲②，惟德是依③。故《周书》曰④：'皇天无亲⑤，惟德是辅。'又曰：'黍稷非馨，明德惟馨⑥。'又曰：'民不易物⑦，惟德繄物⑧。'如是，则非德，民不知，神不享矣。

055

神所冯依⑨，将在德矣。若晋取虞而明德以荐馨香⑩，神其吐之乎？"弗听，许晋使。宫之奇以其族行，曰："虞不腊矣⑪，在此行也，晋不更举矣。"

【注释】

① 据：依，安。
② 非人实亲："非亲人"的倒置。
③ 惟德是依："惟依德"的倒置。
④《周书》：《尚书》中的周代文告。下引文见《尚书·蔡仲之命》，属伪古文。
⑤ 皇天：天，后时常与"后土"并用，合称天地。
⑥ 馨：远闻的香气。此二句见伪古文《尚书·君陈》。
⑦ 易物：改变祭物。物，指祭祀的物品。
⑧ 繄：犹是。此二句亦见伪古文《尚书·旅獒》，原作"人不易物，惟德其物"。
⑨ 冯依：凭依，凭仗依靠。
⑩ 荐：进，献。
⑪ 腊：祭名。岁终祭众神之名。

【译文】

虞公说："我祭祀的祭品丰盛而洁净，神灵必定保佑我。"宫之奇回答说："我听说，鬼神并不亲近人，只是依从德行。所以《周书》说：'伟大的老天爷没有私亲，只辅助有德行的人。'又说：'祭祀的黍稷不算芳香，只有德行才香飘四方。'又说：'人不能更换祭祀的物品，只有德行才是祭祀的祭品。'像这样，那么没有德行，民众就不团结，神灵就不享用。神灵凭仗依靠的东西，就在德行了。假如晋国夺取了虞国，而修明德政，进献芳香的祭品，神灵还会吐掉吗？"虞公不听从，答应了晋国的使者。宫之奇率领他的族人走了，说："虞国过不了腊祭了，晋国只需要这一次行动，不用再出兵了。"

僖公

八月甲午，晋侯围上阳①。问于卜偃曰："吾其济乎？"对曰："克之。"公曰："何时？"对曰："童谣云：'丙之晨②，龙尾伏辰③，均服振振④，取虢之旂⑤。鹑之贲贲⑥，天策焞焞⑦，火中成军⑧，虢公其奔。'其九月、十月之交乎。丙子旦，日在尾，月在策，鹑火中，必是时也。"

【注释】

① 上阳：虢国国都，在今河南三门峡市陕州区东南。

② 丙之晨：丙日的早晨。

③ 龙尾：苍龙七宿中的尾宿。伏：隐伏看不见。辰：日月相会为辰。

④ 均服：黑色的戎服。古代戎服，均为黑色，君臣上下无别，故曰均服。一说，均，当作袀，戎服，黑色。振振（zhēn）：盛貌。

⑤ 旂（qí）：有铃以号令部众的旗，即指挥旗。获旂为获胜的标志。

⑥ 鹑：鹑火，南方七宿（井、鬼、柳、星、张、翼、轸）称朱鸟七宿。其中的柳、星、张三宿称为鹑火。此指柳宿。贲（bēn）贲：状柳宿之形。天策：傅说星。

⑦ 焞（tūn）焞：昏暗无光貌。

⑧ 火：指鹑火。中：指某星宿出现南方。成军：勒兵整旅，指发动战争。

【译文】

八月甲午那一天，晋侯包围了上阳。他向卜偃询问道："我们能成功吗？"卜偃回答说："能攻克它。"晋献公说："什么时候？"卜偃回答说："童谣说：'丙日的清晨，苍龙的尾宿隐藏在日月相会时，统一的军装整齐洁净，夺取了虢国的指挥旗。鹑火光彩飞扬，天策星昏暗无光，鹑火出现在南方，军队整好了行装，虢公就要逃亡。'那大概是九月、十月相交的时候吧。丙子日的早晨，日在尾宿，月在天策星，鹑火出现在南方，一定在这个时候。"

冬十二月丙子朔①，晋灭虢，虢公丑奔京师②。师还，馆于虞③，遂袭虞，灭之，执虞公及其大夫井伯④，以媵秦穆姬⑤。而修虞祀，且归其职贡于王。

故书曰："晋人执虞公。"罪虞，且言易也。

【注释】

① 朔：农历每月初一，称朔。
② 丑：虢公名。
③ 馆：止宿，寓舍。
④ 井伯：人名，虞大夫。
⑤ 媵：作为陪嫁的奴隶。秦穆姬：秦穆公夫人，晋献公女。

【译文】

冬十二月初一丙子那一天，晋国灭掉了虢国，虢公丑逃亡到了京城。晋军回国。止宿在虞，就袭击虞国，灭掉了它。晋国人抓获了虞公和他们的大夫井伯，把井伯作为秦穆姬陪嫁的奴隶，继续祭祀虞国的祖先，也继续向周王进贡虞国进贡的贡品。

所以《春秋》记载说："晋国人抓获了虞公。"这是归罪于虞国，并且说明太容易了。

僖公六年

六年春，晋侯使贾华伐屈①。夷吾不能守，盟而行。将奔狄，郤芮曰[②]："后出同走[③]，罪也。不如之梁[④]。梁近秦而幸焉[⑤]。"乃之梁。

僖公

【注释】

① 贾华：晋大夫，为右行大夫。
② 郤（xì）芮：《史记·晋世家》作冀芮，晋大夫。冀，其食邑。
③ 后出同走：前有公子重耳已奔狄。
④ 之：往。梁：国名，嬴姓，伯爵。
⑤ 幸：谓梁国为秦国所亲幸。并且有秦穆姬在，将来可以求入。

【译文】

六年春，晋侯使贾华攻打屈。公子夷吾不能守卫，和屈人订立了盟约就出走，想要逃跑到狄人那里去，郤芮说："我们后逃跑却跟重耳跑到同一个地方，这是有罪的。不如去梁国。梁国靠近秦国又得秦国的亲幸。"就逃到了梁国。

夏，诸侯伐郑[①]，以其逃首止之盟故也[②]。围新密[③]，郑所以不时城也[④]。

秋，楚子围许以救郑。诸侯救许，乃还。

冬，蔡穆侯将许僖公以见楚子于武城[⑤]。许男面缚衔璧[⑥]，大夫衰绖[⑦]，士舆榇[⑧]。楚子问诸逢伯[⑨]，对曰："昔武王克殷，微子启如是[⑩]。武王亲释其缚，受其璧而祓之[⑪]。焚其榇，礼而命之，使复其所。"楚子从之。

059

【注释】

① 诸侯伐郑：《春秋》记载说："公会齐侯、宋公、陈侯、卫侯、曹伯伐郑，围新城。"知参与这次战争的有鲁、齐、宋、陈、卫、曹等国。

② 逃首止之盟：鲁僖公五年，诸侯盟于首止，郑伯逃归。

③ 新密：指新城，在今河南商丘市西南。此新城为郑新筑之城。

④ 不时城：不是兴土功的季节筑城。郑国逃盟，惧诸侯讨伐，故以非土功之时城。

⑤ 蔡穆侯：蔡国国君，名肸（xī），在位二十九年（前674—前646）。将：携带，带领。许僖公：许国国君。楚子：指楚成王。武城：地名，在今河南南阳市北。

⑥ 许男：许国男爵，故称许男。面缚：缚手于后唯见其面。一说，"面"借为"偭"，背，谓反其手而缚之于背。衔璧：古代国君死，口含玉，故战败出降者衔璧以示国亡当死。

⑦ 衰绖（cuīdié）：古代丧服。先穿丧服，表示其君将被杀。

⑧ 士：官名，其位次于大夫。舆：抬，负荷。榇（chèn）：棺材，棺木。

⑨ 逢伯：楚大夫。

⑩ 微子启：殷帝乙之子，商纣王庶兄，名启。因数谏纣不听，去国。周灭商，称臣于周。周公旦封微子于宋，为宋国的始祖。

⑪ 祓（fú）：古代除灾祈福的仪式。

【译文】

夏，诸侯攻打郑国，因为它逃离在首止的那次结盟。诸侯们包围了新密，这就是郑国在不兴土木的季节筑城的原因。

秋，楚成王包围许国来救援郑国。诸侯去援救许国，楚军就撤了回去。

冬，蔡穆侯带领许僖公到武城去见楚成王。许男两手向后反绑着，口含着玉璧，大夫穿着丧服，士抬着棺木。楚成王向逢伯询问这件事。逢伯回答说："从前周武王战胜商纣王，微子启就是这样做的。周武王亲自解了他的捆绑，接受了他的玉璧，并举行了除灾祈福的仪式，烧掉了他们的棺材，给以礼遇而命令他，使他恢复原有的地位。"楚成王听从了逢伯的意见。

僖公十四年

冬，秦饥，使乞籴于晋，晋人弗与。庆郑曰①："背施无亲，幸灾不仁②，贪爱不祥③，怒邻不义④。四德皆失，何以守国？"虢射曰⑤："皮之不存，毛将安傅⑥？"庆郑曰："弃信背邻，患孰恤之？无信患作，失援必毙，是则然矣。"虢射曰："无损于怨而厚于寇，不如勿与。"庆郑曰："背施幸灾，民所弃也。近犹仇之，况怨敌乎？"弗听。退曰："君其悔是哉！"

【注释】

① 庆郑：人名，晋大夫。
② 幸：庆幸。
③ 贪爱：贪恋所爱的财物。
④ 怒邻：使邻国怒，惹怒邻国。
⑤ 虢射：晋大夫。
⑥ 傅：通"附"，附着。此二句皮以比喻所许秦城，毛以比喻籴。意谓既背弃了秦国的施与，为怨已深，虽与之粟，犹毛之无皮，无所附着，即不赞成与粟于秦。

【译文】

冬，秦国发生饥荒，派使者到晋国乞求购买粮食，晋国人不肯给。庆郑说："背弃别人的施舍，就没有人亲近；庆幸别人的灾害，这是不仁爱；贪恋所爱的财物，这是不吉祥；惹怒邻国，这不合道义。四种德行都有缺失，凭什么来守护国家？"虢射说："皮都不存在了，毛还附着在哪里？"庆郑说："抛弃诚信，背叛邻国，有了忧患谁来同情你？没有诚信，忧患就会发生；失去支援，必定会败坏。就是这样的情况了。"虢射说："对于怨恨没有减损，而对于敌人大有好处，不如不要给予。"庆郑说："背弃别人的施与，庆幸别人的灾害，这是民众所厌弃的。近旁的人还仇视你，何况是怨恨你的敌人呢？"晋惠公不听从。庆郑退了出来，说："君主是要后悔这件事的。"

僖公十五年

晋侯之入也①，秦穆姬属贾君焉②，且曰："尽纳群公子③。"晋侯烝于贾君，又不纳群公子，是以穆姬怨之。晋侯许赂中大夫，既而皆背之。赂秦伯以河外列城五④，东尽虢略⑤，南及华山⑥，内及解梁城⑦，既而不与。晋饥，秦输之粟⑧；秦饥，晋闭之籴⑨，故秦伯伐晋。

【注释】

①晋侯：指晋惠公。入：谓回到晋国。骊姬之乱，夷吾奔梁，晋献公死。里克杀奚齐、卓子。夷吾重赂秦以求入。于是秦穆公送他回国，立为晋君。

②秦穆姬：秦穆公夫人，晋献公女，太子申生之同母姊妹。贾

君：太子申生之妃。一说，晋献公之次妃。

③群公子：晋献公有子九人，申生、奚齐、卓子皆已死，夷吾已立为晋君，其余尚有重耳等五人。

④河外：指黄河以南及以西地区。列城：众城。列，众多。

⑤虢：国名，此指西虢，其地在今河南灵宝市一带。略：边界。

⑥华（huà）山：山名，五岳中的西岳，在今陕西华阴市境内。

⑦内：河内，指黄河以东地区。解梁城：在今山西临猗西南。

⑧秦输之粟：事在鲁僖公十三年。

⑨晋闭之籴：事在鲁僖公十四年。

【译文】

晋侯在回晋国的时候，秦穆姬嘱托他照顾贾君，并且说："全部召回那些公子。"晋侯与贾君通奸，又不召回那些流亡的公子，因此秦穆姬怨恨他。晋侯答应馈赠在国内的大夫财货，回国以后都背弃了这些诺言。答应送给秦伯的黄河以南以西的五座城，东面到虢国边境的尽头，南面到达华山，黄河以北到达解梁城，回国以后都赖账不给。晋国饥荒，秦国运送来粮食；秦国饥荒，晋国不准卖粮食给他们，所以秦伯攻打晋国。

卜徒父筮之①，吉。涉河，侯车败。②诘之③，对曰："乃大吉也，三败必获晋君④。其卦遇蛊☷☷⑤，曰：'千乘三去⑥，三去之余⑦，获其雄狐⑧。'夫狐蛊⑨，必其君也。蛊之贞⑩，风也⑪；其悔⑫，山也⑬。岁云秋矣⑭，我落其实而取其材⑮，所以克也。实落材亡，不败何待？"

僖公

【注释】

①卜徒父：秦国的卜官，名徒父。

②涉河，侯车败：此指卜筮所预示的卦象，言秦军渡过黄河，晋侯之车覆败，故曰吉。

③诘：追问，详细询问。

④三败：打败他们三次。

⑤蛊☷：《周易》卦名。

⑥千乘：本指一千辆兵车，引申为大国诸侯的代称。此代指秦国。去：同"驱"，驱驰，犹言进军。

⑦余：后。

⑧雄狐：比喻晋惠公。以上三句是卦辞，今《周易》没有这三句，杜预以为"此所言盖卜筮书杂辞"。

⑨狐蛊：犹言雄狐。

⑩贞：内卦，即下卦。蛊卦的下卦是巽卦。

⑪风：《周易·说卦》："巽为风。"

⑫悔：外卦，即上卦。蛊卦的上卦是艮卦。

⑬山：《周易·说卦》："艮为山。"

⑭云：句中助词，无实义。秋：果实山材成熟的季节。

⑮落其实而取其材：巽为内卦，自秦言之，代表本国；艮为外卦，代表晋国。巽为风，艮为山，秋天里风吹过山上，故有落实取材的象征意义。

【译文】

掌占卜的名叫徒父的为这次战争筮了一卦，大吉大利，渡过黄河，晋侯的车子颠覆毁坏。秦穆公询问详细情况。卜徒父回答说："是非常吉利，打败他们三次必定虏获晋君。那卦遇到的是蛊卦。说：'能出千辆兵车的大国三次驰驱，三次驰驱之余，捕获了那只雄狐。'那雄狐必定是他们的君主。蛊卦的内卦是风，外卦是山。季节已经到了秋天了，我们吹落他们的果实而取得他们的木材，这就是能战胜的原因。果实吹落了，木材丢失了，不失败还等待什么呢？"

三败及韩①。晋侯谓庆郑曰："寇深矣②，若之何？"对曰："君实深之，可若何？"公曰："不孙③。"卜右④，庆郑吉，弗使。步扬御戎⑤，家仆徒为右⑥，乘小驷⑦，郑入也⑧。庆郑曰："古者大事⑨，必乘其产⑩，生其水土而知其人心，安其教训而服习其道⑪，唯所纳之⑫，无不如志⑬。今乘异产以从戎事，及惧而变⑭，将与人易⑮。乱气狡愤⑯，阴血周作⑰，张脉偾兴⑱，外强中干⑲。进退不可，周旋不能⑳，君必悔之。"弗听。

【注释】

① 韩：地名，在今山西河津市与万荣县之间。
② 深：深入。
③ 孙：同"逊"，谦虚，恭敬。
④ 右：指车右。
⑤ 步扬：晋国公族，姬姓，郤氏之后，食采于步，因以为氏。
⑥ 家仆徒：晋大夫。
⑦ 小驷：马名。
⑧ 入：纳，贡纳，献纳。
⑨ 大事：此指战争。
⑩ 其产：指自己国家出产的马。
⑪ 服习：犹言熟习，习惯。道：道路。
⑫ 纳：犹言驱使。
⑬ 志：意志，心意。
⑭ 变：改变常态。

⑮ 易：犹异，言与人的意图相反。
⑯ 乱气：喘气节奏混乱。言马一受刺激便紧张起来而呼吸失去节奏。狡愤：狡戾而愤懑，言暴戾愤怒而不听使唤。
⑰ 阴血：犹言体内的血液。周作：遍身动作，犹言血液循环过分急促。
⑱ 张脉：胀起的血管。偾（fèn）兴：膨胀起来。偾，动，亢奋。
⑲ 中干：内心虚弱无力。
⑳ 周旋：运转，旋转。

【译文】

晋国打了三个败仗，退到了韩地，晋侯问庆郑："敌人深入了，怎么办？"庆郑回答说："实在是君主您让他们深入的，能怎么样呢？"晋惠公说："太放肆无礼了！"占卜车右，庆郑吉利，晋侯不用他。步扬驾驭战车，家仆徒做车右。乘坐的小驷马，是郑国贡纳来的。庆郑说："古代参加战争，必定乘坐本国出产的马，出生在自己的水土，了解自己主人的心意，安于它主人的调教，习惯熟悉那里的道路，随你怎样驱使它，没有不顺心如意。现在用别国出产的马驾车来从事战争，等到受到惊吓而改变常态，将跟人的意图相反，呼吸混乱而暴戾愤怒，血液循环急促，血脉偾起膨胀，外表强大而内心虚弱，不可进退，不能旋转，君主必定会后悔的。"晋惠公不听从。

九月，晋侯逆秦师①，使韩简视师②，复曰："师少于我，斗士倍我。"公曰："何故？"对曰："出因其资③，入用其宠④，饥食其粟，三施而无报，是以来也。今又击之，我怠秦奋，倍犹未也。"公曰："一夫不可狃⑤，况国乎？"遂使请战，曰："寡人不佞⑥，能合其众而不能离也，君若不还，无所逃命。"秦伯使公孙枝对曰:"君之未入,寡人惧之;入而未定列⑦,犹吾忧也;苟列定矣,敢不承命。"韩简退曰:"吾幸而得囚⑧。"

僖公

【注释】

① 逆:迎。
② 韩简:晋大夫。视师:探视秦国兵力的强弱。
③ 出因其资:夷吾奔梁,是因梁近于秦,可以向它求援。
④ 入用其宠:指由秦国护送回国。
⑤ 狃:狎,犹言轻慢。
⑥ 不佞:犹言不才。
⑦ 定列:犹言定位,指君位安定。
⑧ 幸而得囚:庆幸能被俘虏。意谓晋军战必败,自己可能战死。

【译文】

九月,晋侯迎击秦军。晋侯使韩简去视察敌军,韩简回来汇报说:"军队比我们少,敢战的士兵多于我们数倍。"晋惠公说:"这是什么缘故?"韩简回答说:"我们出逃凭借他们的资助,我们回国利用了他们的宠幸,我们饥荒吃了他们的粮食,三次施与却没有报答,因此他们才来到这里。现在又要攻击他们,我们懈怠,秦军奋发,恐怕士气相差一倍还不止呢。"晋献公说:"一个普通人还不可被轻视,何况一个国家呢?"于是派使者去请战,说:"我不才,只能集合部众而不能遣散,你们假若不回去,我没有地方逃避命令。"秦伯使公孙枝回答说:"你还未回国,我害怕;你回国了还未安定君位,我还是担忧;假如君位安定了,哪里敢不接受您的命令?"韩简退出来说:"我能被俘虏就万幸了。"

左传·

　　壬戌，战于韩原，晋戎马还泞而止[1]。公号庆郑[2]。庆郑曰："愎谏违卜[3]，固败是求[4]，又何逃焉？"遂去之。梁由靡御韩简，虢射为右，辂秦伯[5]，将止之[6]。郑以救公误之，遂失秦伯。秦获晋侯以归。晋大夫反首拔舍从之[7]。秦伯使辞焉[8]，曰："二三子何其戚也？寡人之从君而西也。亦晋之妖梦是践[9]，岂敢以至[10]？"晋大夫三拜稽首曰："君履后土而戴皇天，皇天后土实闻君之言，群臣敢在下风[11]。"

【注释】

① 还泞：回旋于泥泞之中。还，同"旋"，旋转。

② 号（háo）：呼叫。

③ 愎（bì）谏：不纳谏言。愎，任性，固执。

④ 固败是求："固求败"的倒置。

⑤ 辂："迓"（yà），遇到，迎击。

⑥ 止：虏获。

⑦ 反首：披散头发向下垂着。拔舍：茇舍，拔除野草即露宿野外，不求安适。

⑧ 辞：好言安抚。

⑨ 妖梦是践："践妖梦"的倒置。妖梦，指鲁僖公十年狐突遇申生鬼魂事，事详见该年传。践，实现，实行。

⑩ 以：同"已"，太。至：甚，过分。

⑪ 敢在下风：此为谦辞。言秦伯在上，群臣在下，顺风吹来的言辞都听清楚了。下风，风之下，人在风下，闻语倍切，故曰在下风。

【译文】

　　壬戌那一天，秦、晋在韩原开战，晋君的战马陷在泥淖里回旋而出不来。晋惠公大声呼唤庆郑。庆郑说："不听劝谏，违背占卜，本来是自求失败，又何必逃脱呢？"就离开了他。梁由靡给韩简驾车，虢射做车右，迎击秦伯，将要抓获他。庆郑用援救晋惠公的事耽误了他们，就失去抓获秦伯的机会，秦国反而俘获了晋侯回去了。晋国的大夫披头散发，拔草露宿地跟从着晋侯。秦伯派人好好安抚他们，说："你们这几位为什么这么忧伤呢？我跟从你们的君主西归，也不过实践晋国的那个怪异的梦，哪里敢做得太过分呢？"晋国大夫拜了三拜，叩头说："您踩着大地而顶戴着青天，上天下地实在都听到了您说的话，我们这些臣下都在顺风之下听得很清楚的。"

穆姬闻晋侯将至，以大子罃、弘与女简璧登台而履薪焉①，使以免服衰绖逆②，且告曰："上天降灾，使我两君匪以玉帛相见③，而以兴戎。若晋君朝以入④，则婢子夕以死；夕以入，则朝以死。唯君裁之⑤。"乃舍诸灵台⑥。

【注释】

　　①大子罃（yīng）：太子罃，即后来的秦康公。弘：太子罃之弟。简璧：罃、弘的姊妹。履薪：堆积柴薪而履居其上，表示将要自焚。

　　②免（wèn）：古代丧服之一。古人服丧时，脱帽扎发，用布缠头。

　　③匪：同"非"，不是。玉帛：古代诸侯会盟朝聘馈赠的礼品。玉，圭璋之属。帛，束帛。

　　④朝以入："以朝入"。以，于，在。下"夕以死""夕以入""朝以死"皆同。

　　⑤裁：决断，考虑。

　　⑥舍：安置，安排。灵台：西周台名，在西安市鄠邑区。一说，为秦之灵台，非西周之灵台。此指把晋惠公安置在灵台。

【译文】

秦穆姬听说晋侯将要到来,就率领太子䓨、公子弘和女儿简璧登上台而踩着柴薪,派人拿孝带丧服去迎接,并且告诉说:"老天爷降下灾祸,使我们两国君主不是用玉帛相见,而是用发动战争相见。假若晋君在早上回国。那么婢子我在晚上就死;在晚上回国,那么就在早晨去死。希望你考虑此事。"秦穆公就把晋惠公安置在灵台。

大夫请以入。公曰:"获晋侯,以厚归也。既而丧归,焉用之?大夫其何有焉①?且晋人戚忧以重我②,天地以要我③。不图晋忧,重其怒也;我食吾言④,背天地也。重怒难任⑤,背天不祥,必归晋君。"公子絷曰⑥:"不如杀之,无聚慝焉⑦。"子桑曰⑧:"归之而质其大子,必得大成⑨。晋未可灭而杀其君,只以成恶。且史佚有言曰⑩:'无始祸,无怙乱⑪,无重怒。'重怒难任,陵人不祥。"乃许晋平⑫。

【注释】

① 何有:犹言有何益。
② 重我:谓使我重视。一说重当为动,感动我。
③ 要(yāo)我:约束我。要,约束。
④ 食吾言:违背我的诺言。
⑤ 任:当,担当。
⑥ 公子絷(zhí):秦穆公之子。
⑦ 聚慝:聚恶。杜预注云:"恐夷吾归,复相聚为恶。"
⑧ 子桑:指公孙枝。
⑨ 大成:大大有利的媾和。一说,好的结果。
⑩ 史佚:西周初年的史官。

⑪ 怙：恃。谓恃人之乱以为己利。
⑫ 平：讲和。

僖公

【译文】

　　大夫请求带晋惠公回国。秦穆公说："俘获晋侯，是用来荣耀回军，结果却带着丧事回来。哪里用得着？大夫们又能得到什么呢？并且晋国人用忧伤来使我重视，用天地来约束我。不考虑晋国的忧伤是加重他们的愤怒，我违背自己的诺言是背弃天地。加重愤怒难以承担，违背天意不会吉祥，必定归还晋国君主。"公子絷说："不如杀了他，不要使坏人聚积。"子桑说："送他回去而用他们的太子做人质，必得到一个大为有利的媾和。晋国还没有灭掉却杀了他们的君主，只会造成很坏的结果。并且史佚有言说：'不要开始祸难，不要依赖动乱，不要加重愤怒。'加重愤怒难以承担，欺侮别人不会吉祥。"秦穆公就答应了晋国的媾和。

　　晋侯使郤乞告瑕吕饴甥①，且召之。子金教之言曰②："朝国人而以君命赏③，且告之曰：'孤虽归，辱社稷矣。其卜贰圉也④。'"众皆哭。晋于是乎作爰田⑤。吕甥曰："君亡之不恤⑥，而群臣是忧，惠之至也。将若君何？"众曰："何为而可？"对曰："征缮以辅孺子⑦，诸侯闻之，丧君有君，群臣辑睦⑧，甲兵益多，好我者劝，恶我者惧，庶有益乎⑨！"众说。晋于是乎作州兵⑩。

【注释】

① 郤乞：晋大夫。瑕吕饴甥：瑕甥，晋大夫。
② 子金：瑕吕饴甥的字。
③ 朝国人：使国人朝。
④ 卜：谓用占卜来决定。贰圉：谓立圉为君。贰，副，辅佐。

071

圉：晋惠公太子，名圉。

⑤爱田：改易田制，以税收赏赐群臣。一说，赏众以田，易其疆畔。一说，以田土赏众人，变更旧的田土所有制，即解放农奴，取消公田，把土地分给农民，收取实物地租。爱，易。

⑥君亡之不恤："君不恤亡"的倒置。亡，出亡，指晋惠公被秦国俘虏。恤，忧。

⑦孺子：小子，拟用做君位继承者的人。此指晋惠公的太子圉。

⑧辑睦：和睦团结。辑，和。

⑨庶：或许，大概。

⑩州兵：改革兵制，组织地方武装力量。州，周代民户编制，二千五百家为州。

【译文】

晋侯使郤乞告诉瑕吕饴甥，并且召唤他。子言教给郤乞说道："使国都的人朝见，用君主的命令赏赐他们，并且告诉他们说：'我虽然回来，国家却受了侮辱。你们用占卜来辅佐太子圉为君。'"众人听了都哭了。于是晋国开始改易田制，以税收赐予群臣。吕甥说："君主不顾惜流亡在国外，却忧虑我们这些臣子，这是惠爱的极点。我们将把君主怎么处置呢？"众人说："我们要怎样做才行呢？"吕甥回答说："征收赋税、修理兵甲来辅佐孺子。诸侯听到这种情况，失去了一个君主，又有了一个君主。所有臣下都团结和睦，甲仗兵器更加多了。喜欢我们的人得到鼓舞，厌恶我们的人产生畏惧，这大概是有好处的吧！"众人听了很高兴，晋国于是开始有地方武装。

初，晋献公筮嫁伯姬于秦①，遇归妹☳☱之睽☲☱②。史苏占之曰③："不吉。其繇曰④：'士刲羊⑤，亦无衁也⑥。女承筐，亦无贶也⑦。西邻责言⑧，不可偿也⑨。归妹之睽，犹无相也⑩。'震之离⑪，亦离之震，为雷为火⑫，为嬴败姬⑬，车说其輹⑭，火焚其旗，不利行师，败于宗丘⑮。归妹睽孤⑯，寇张之弧⑰，侄其从姑⑱，六年其逋⑲，逃归其国，而弃其家⑳，明年其死于高梁之虚㉑。"

僖公

【注释】

① 伯姬：晋献公之女，出嫁于秦，即秦穆公夫人。
② 归妹☷☳：《周易》卦名，兑☱下震☳上。之：往，变作。睽☰☱：《周易》卦名，兑☱下离☲上。
③ 史苏：晋国掌卜筮的官，名苏。
④ 繇：同爻，指《周易·归妹》上六爻辞。今本《周易·归妹》上六爻辞云："女承筐，无实；士刲羊，无血。"文字与此稍有不同。
⑤ 刲（kuī）：刺，割。
⑥ 衁（huāng）：血。
⑦ 贶：赐，此指收藏。
⑧ 西邻：此指秦国。秦国在今陕西省，在晋国之西，故称西邻。
⑨ 偿：报答，此指应付，对答。
⑩ 相：助。"归妹"是"少女出嫁"的意思，"睽"是乖离的意思。女子出嫁而有乖离之兆，自然对母家没有帮助。
⑪ 震之离：归妹是兑下震上，睽是兑下离上。"归妹之睽"即等于"震变离"。
⑫ 为雷为火：震为雷，离为火。
⑬ 嬴：秦国的姓。姬：晋国的姓。雷火代表晋国，是火气太盛的象征；火盛是女子嫁后不利母家的预兆，所以说为嬴败姬。
⑭ 说："脱"的假借字。輹：车轴。车脱轴和下句火焚旗都是

073

打败仗的征兆。

⑮ 宗丘：即韩原的别名。

⑯ 归妹睽孤：谓少女出嫁而与母家乖离孤绝。

⑰ 弧：弓。言敌人要进攻自己。

⑱ 侄其从姑：指晋惠公太子圉入秦为质事。秦穆姬为晋太子圉的姑母。

⑲ 逋（bū）：逃走。指太子圉为质于秦六年后逃归晋国。

⑳ 弃其家：指太子圉在秦娶秦穆公女怀嬴为妻，他逃回国时，怀嬴留在秦国，未一同逃归。

㉑ 死于高梁之虚：指太子圉立为晋怀公后在第二年即被晋文公杀死在高梁。高梁，晋邑，当在今山西临汾市东北。虚，同"墟"，大丘。以上为史苏占筮的繇辞，不见今《周易》，所述悉与后来的事实相符合，实则是后人附会而追述的。

【译文】

当初，晋献公为嫁伯姬到秦国而筮了一卦。遇到了归妹卦变为睽卦。史苏占了这一卦说："不吉利。那繇辞说：'男士刺羊，不见血浆；女子拿筐，也是瞎忙。西边邻国责备的话语，我没有理由可以应答。归妹卦变成了睽卦，还是没人能够帮忙。'震卦变作离卦，也就是离卦变作震卦。'是雷霆，是烈火，是嬴姓国打败姬姓国的暗示。战车脱去了车轴，烈火焚烧了军旗。不利于作战行师，战败在那宗丘。嫁女乖离孤独，敌人张开了弓弩，侄儿跟随着姑母，六年之后逃上归途。逃回了他的国家，却丢弃了他的老婆。第二年就死在高梁的山坡。'"

及惠公在秦，曰："先君若从史苏之占，吾不及此夫①。"韩简侍，曰："龟，象也；②筮，数也。③物生而后有象，象而后有滋④，滋而后有数。先君之败德⑤，及可数乎⑥？

史苏是占,勿从何益?《诗》⑦曰:'下民之孽⑧,匪降自天,傅沓背憎⑨,职竞由人⑩。'"

【注释】

① 夫(fú):语气助词,此表示不肯定的语气。

② 龟,象也:用火灼龟甲,显现出裂纹以占卜吉凶。象即指裂纹的形象。

③ 筮,数也:以蓍草占卜,是用数目来预测吉凶的。

④ 滋:滋生,演变。

⑤ 先君:指晋献公。

⑥ 及可数:"数可及"的倒置,意谓这不是象数所产生的。

⑦《诗》:下引诗见《诗经·小雅·十月之交》。

⑧ 孽:灾祸。

⑨ 傅沓:聚在一起就纷纷议论。傅,聚。沓,随便乱讲话。背憎:相背则彼此憎恨。

⑩ 职竞:职,主;竞,力。言专力为此者皆由人。

【译文】

等到晋惠公被俘在秦国,说:"先君假如听从了史苏的占筮,我或许就不会落到这个地步呢。"韩简侍立在身边,说:"龟是形象,筮是数字。事物产生之后才有形象,有了形象之后才能滋长,滋长以后才有数字。先君败坏的德行,难道是象数产生出来的吗?史苏的这个占卜,即使不听从,又有什么益处呢?《诗经》说:'下民的灾祸,不是从天上降下,聚在一起有说有笑,转过背去就彼此仇恨,都是由人来决定。'"

僖公二十二年

楚人伐宋以救郑。宋公将战，大司马固①谏曰："天之弃商久矣②，君将兴之，弗可赦也已③。"弗听。

冬十一月己巳朔，宋公及楚人战于泓④。宋人既成列，楚人未既济⑤。司马曰："彼众我寡，及其未既济也，请击之。"公曰："不可。"既济而未成列，又以告。公曰："未可。"既陈而后击之⑥，宋师败绩。公伤股，门官歼焉⑦。

【注释】

① 大司马：官名。固：公孙固，宋庄公之孙。一说，大司马，即司马子鱼。固，坚决。
② 商：指宋。商是宋的先代。
③ 赦：赦免。言违天之罪，不可赦免。
④ 泓：水名，在今河南柘城县北。
⑤ 既：尽。
⑥ 陈：布成阵势。
⑦ 门官：守门者，行师则在君左右。一说，军帅。

【译文】

楚国人攻打宋国来援救郑国。宋襄公将要迎战，大司马公孙固劝阻说："老天爷抛弃我们宋国已经很久了，您想要复兴它，这是违背天意而不可赦免的啊！"宋襄公不听从。

冬十一月己巳那一天是初一，宋公和楚人在泓水边作战。宋军已经排好队列，楚军还没有全部渡过河。司马说："他们人多我们人少，趁着他们还未全部渡过河，请攻击他们。"宋公说："不可以。"楚人已全部渡过河，但还未排成队列，司马又来报告。宋公说："不可以。"已经列好阵势而后攻击他们，宋军被打得大败。宋襄公被刺伤了大腿，门官也被打死了。

僖公

国人皆咎公①。公曰："君子不重伤②，不禽二毛③。古之为军也④，不以阻隘也⑤。寡人虽亡国之余⑥，不鼓不成列⑦。"子鱼曰："君未知战。勍敌之人隘而不列⑧，天赞我也。阻而鼓之，不亦可乎？犹有惧焉。且今之勍者，皆吾敌也。虽及胡耇⑨，获则取之，何有于二毛？明耻教战⑩，求杀敌也，伤未及死，如何勿重？若爱重伤，则如勿伤；爱其二毛，则如服焉。三军以利用也⑪，金鼓以声气也⑫，利而用之，阻隘可也，声盛致志⑬，鼓儳可也⑭。"

【注释】

① 咎：责备，归罪。
② 不重伤：对已受伤的敌人不再加以伤害。
③ 禽：同"擒"，擒拿。二毛：两种颜色的头发，指头发花白的老年人。
④ 为军：治军、行军之道。
⑤ 以阻隘：凭借险阻要隘去阻击敌人。
⑥ 亡国之余：宋是殷商之后，商已被周武王灭亡，故曰亡国之余。
⑦ 鼓：用作动词，击鼓进攻。
⑧ 勍敌之人：劲强的敌人。勍，同"劲"。
⑨ 胡耇（gǒu）：老年人。
⑩ 明耻：懂得耻辱。作战以屈敌为耻。
⑪ 以利用：为利而用。
⑫ 金鼓：古代行军作战发布进退号令的两种乐器。以声气：以

声音鼓舞士气。

⑬致志：振作士气。

⑭儳（chán）：阵列不整。

【译文】

　　国都里的人都归罪宋襄公。宋襄公说："君子作战不再伤害已受伤的人，不捉拿头发花白的老人。古代人行军打仗，不凭借险阻要隘来阻击敌人。我虽然是亡了国的殷商后裔，不进攻没有列成队列的敌人。"子鱼说："君主不懂得打仗。强大的敌人，遇到阻隘不能列队，这是老天爷佑助我们，凭借险阻攻击他们，不也是可以的吗？还恐怕打不赢呢。并且现在的强敌，都是我们的敌人，即使碰到老年人，只要能俘获就俘虏他们，对头发花白的人又有何区别？阐明耻辱，教人作战，只要求多杀敌人。伤还没有致死，怎么能不再伤害？如果爱惜受伤的人就应当不去伤害他；爱惜头发花白的人，就应该顺服他们。三军是根据有利来使用的，金鼓是用声音来鼓舞士气的。有利就使用它，凭借险阻要隘是可以的。声音壮盛来振作士气，攻击没有列队的敌人是可以的。"

　　丙子晨，郑文夫人芈氏、姜氏劳楚子于柯泽①。楚子使师缙示之俘馘②。君子曰："非礼也。妇人送迎不出门，见兄弟不逾阈③，戎事不迩女器④。"

　　丁丑，楚子入享于郑，九献⑤，庭实旅百⑥，加笾豆六品⑦。享毕，夜出，文芈送于军⑧，取郑二姬以归⑨。叔詹曰⑩："楚王其不没乎⑪！为礼卒于无别，无别不可谓礼，将何以没？"诸侯是以知其不遂霸也⑫。

【注释】

　　①郑文：郑文公，郑国国君，名踕，在位四十五年（前672—

前628）。柯泽：郑地，未详所在。

②师缙：名叫缙的乐官。师，乐官。俘：所得的俘虏。馘（guó）：所截获的耳朵。古代战时，对所杀死的敌人，割其左耳以为凭证。

③阈：门限。

④戎事：战争的用品。女器：妇女用的器具。

⑤九献：献酒九次，帝王宴请上公的礼仪。

⑥庭实：庭中所陈列的礼品。旅：陈列。百：凡百品，极言其礼品之多。

⑦笾（biān）豆：皆古代礼器。笾，古代祭祀宴享时用以盛果脯等的竹编食器。豆，古代食器，木制，形似高足盘。六品：指有六种食物。

⑧文芈：指郑文夫人芈氏，楚女。芈，母家姓。

⑨二姬：指姬姓二女。郑国姬姓。

⑩叔詹：郑大夫。

⑪没：通"殁"，死亡。言不得善终。

⑫遂：终，成。

【译文】

丙子那一天早晨，郑文公的夫人芈氏、姜氏在柯泽慰劳楚子。楚子使名叫缙的乐师把战俘和截获的耳朵给她们看。君子说："这是不合礼制的。妇人送人迎接不出房门，见弟兄不越过门槛，战争的物品不靠近妇女的用品。"

丁丑那一天，楚子进入郑都接受宴席款待，郑伯行了献酒九次的礼仪。庭中的礼品陈列有上百种，外加竹篮、木盘盛的食物有六样。设宴完毕，晚上才出城，郑文公夫人芈氏送到军中。楚子取了两个姬姓的女子带了回去。叔詹说："楚王大概不会好死吧！举行礼仪却以男女无别告终。男女无别不可以说合乎礼制，将凭什么得到善终？"诸侯从这些事情上知道楚王不能完成霸业。

079

左传·

僖公二十三年

晋公子重耳之及于难也①，晋人伐诸蒲城②。蒲城人欲战，重耳不可，曰："保君父之命而享其生禄③，于是乎得人。有人而校④，罪莫大焉。吾其奔也。"遂奔狄。从者狐偃、赵衰、颠颉、魏武子、司空季子⑤。狄人伐廧咎如⑥，获其二女：叔隗、季隗⑦，纳诸公子。公子取季隗，生伯儵、叔刘；以叔隗妻赵衰，生盾。将适齐⑧，谓季隗曰："待我二十五年，不来而后嫁。"对曰："我二十五年矣，又如是而嫁，则就木焉⑨。请待子。"处狄十二年而行。

【注释】

① 及于难：指晋太子申生被骊姬谗死之难。
② 蒲城：蒲，在今山西隰（xí）县，重耳据守的地方。
③ 保：倚仗，凭借。生禄：养生的禄邑。
④ 校：同"较"，较量，对抗。
⑤ 狐偃：字子犯，亦称舅犯，狐突之子。赵衰：字子馀。魏武子：名犨（chōu）。司空季子：亦名胥臣。当时从者还有狐毛、贾佗等多人，仅举此五人，是因为他们贤能而有大功。
⑥ 廧咎（qiánggāo）如：狄族的别种。
⑦ 叔隗（wěi）、季隗：叔、季为排行。隗，姓。
⑧ 适：往，去。
⑨ 就木：装进棺材。木，棺椁。

【译文】

晋公子重耳遇到祸难的时候，晋国人到蒲城来攻打他。蒲城的人想要应战，重耳不同意，说："倚仗君主兼父亲的命令而享受着他的养生的禄邑,于是得到人们的拥戴。有了拥戴的人就去与君父较量,罪过没有比这个还大的。我还是逃跑吧!"就逃跑到了狄人那里,跟从的人有狐偃、赵衰、颠颉、魏武子、司空季子。狄人攻打廧咎如,抓获了廧咎如的两个女儿:叔隗、季隗,就把她们送给公子。公子娶了季隗,生了伯儵、叔刘;把叔隗嫁给赵衰,生了赵盾。将要到齐国去,公子告诉季隗说:"等待我二十五年,二十五年之内我还没有来,而后你就改嫁。"季隗回答说:"我已经二十五岁了,又过二十五年才改嫁,我要进棺材了。我请求一直等待你。"公子重耳在狄人那里待了十二年就走了。

过卫,卫文公不礼焉。出于五鹿①,乞食于野人,野人与之块②,公子怒,欲鞭之。子犯曰:"天赐也③。"稽首,受而载之。

【注释】

①五鹿:卫地,在今河南濮阳东北。
②块:土块。
③天赐:土块象征土地,是建立国家的预兆,故曰天赐。

【译文】

经过卫国,卫文公不以公子的礼仪接待他。从五鹿经过,向乡村的人讨饭吃,乡里人给了公子土块,公子很生气,想要鞭打他。子犯说:"这是老天爷的恩赐。"叩了个头,接受了土块把它放在车子上装着。

及齐,齐桓公妻之①,有马二十乘②,公子安之。从者以为不可。将行,谋于桑下。蚕妾在其上③,以告姜氏。姜氏杀之,而谓公子曰:"子有四方之志,其闻之者,吾杀之矣。"公子曰："无之。"姜曰："行也。怀与安④，实败名。"
公子不可。姜与子犯谋⑤，醉而遣之⑥，醒，以戈逐子犯。

【注释】

① 妻（qì）：以女嫁人。
② 二十乘：八十匹。马四匹为一乘。
③ 蚕妾：采桑叶养蚕的女奴隶。
④ 怀与安：怀恋享受，安于现状。
⑤ 姜：指姜氏，重耳妻，齐女。
⑥ 遣：使行，打发走。

【译文】

到了齐国，齐桓公嫁女儿给他，有马八十匹，公子安于这种生活，跟从的人认为不可以这样。他们将要动身离去，在桑树下商议。一个养蚕的女奴隶在那桑树上采桑叶，把此事告诉了姜氏，姜氏杀了那女奴隶，并且告诉公子说："你有奔走于四方的远大志向，那听到这消息的人我已经把她杀了。"公子说："没有这种事。"姜氏说："走吧！怀恋安逸，安于现状，确实败坏人的名声。"公子不同意走。姜氏就跟子犯谋划，把他灌醉酒就送他走了。公子酒醒了，拿起戈就追赶子犯。

及曹，曹共公闻其骈胁①，欲观其裸。浴，薄而观之②。僖负羁之妻曰③："吾观晋公子之从者，皆足以相国。若以相，夫子必反其国④。反其国，必得志于诸侯。得志于诸侯而诛无礼，曹其首也。子盍蚤自贰焉⑤！"乃馈盘飧⑥，置璧焉。公子受飧反璧。

【注释】

① 曹共公：曹国国君，名襄，曹昭公子，在位三十五年（前652—前618）。骈胁：腋下肋骨连成一片。

② 薄：迫近。

③ 僖负羁：曹大夫。

④ 夫子：那位先生。

⑤ 盍："何不"的合音词。蚤：同"早"。贰：两样，不一样。

⑥ 盘飧：一盘晚餐。飧，晚饭。

【译文】

到了曹国，曹共公听说公子的肋骨连接在一起，想看看他的裸体。公子洗澡的时候，迫近去观看他。僖负羁的妻子说："我看到晋公子的那些跟随的人，都足够用来辅助一个国家。假如用他们做辅助，那位先生必定能返回晋国，返回晋国，一定会在诸侯之间得展其志向，在诸侯间得展其志向就惩罚那些无礼的人，曹国是第一个。您为什么不早一点表示和他们不一样呢？"僖负羁就送去一盘晚餐，放了一块璧玉。公子接受了晚餐，退回了璧玉。

及宋，宋襄公赠之以马二十乘。

及郑，郑文公亦不礼焉。叔詹谏曰①："臣闻天之所启②，人弗及也。晋公子有三焉，天其或者将建诸③，君其礼焉！男女同姓④，其生不蕃⑤。晋公子，姬出也⑥，而至于今，一也。离外之患⑦，而天不靖晋国⑧，殆将启之⑨，二也。有三士足以上人而从之⑩，三也。晋、郑同侪⑪，其过子弟，固将礼焉，况天之所启乎？"弗听。

【注释】

① 叔詹：郑大夫。

②所启：所开导的人，所赞助的人。

③诸："之乎"的合音词。

④男女同姓：古代同姓不婚。古人认为男女同姓，其子孙将不昌盛。

⑤蕃：生息，繁殖。

⑥姬出：姬姓的女子所生。据《庄公二十八年》篇，重耳母为大戎狐姬。

⑦离：同"罹"，遭遇。外：指逃亡在外。

⑧靖：安定。指奚齐、卓子被杀，晋惠公不得民心，故曰不靖。

⑨殆：庶几，大概。

⑩三士：据《国语》，指狐偃、赵衰和贾佗。上人：在人之上，超过一般人。

⑪侪（chái）：辈，地位相等。

【译文】

到了宋国，宋襄公把八十匹马赠送给他。

到了郑国，郑文公也不以礼接待。叔詹劝阻说："我听说天老爷所开导辅助的人，一般人是赶不上的。晋公子有三件不寻常的事，老天爷或许将使他有所建树吧。君主还是礼遇他吧！男女结婚同姓，他们的生育必不昌盛，晋公子是姬姓女子所生，却活到了现在，这是第一件。遭遇了逃亡在外的祸患，可老天爷并不使晋国安定，大概是要启导他吧！这是第二件。有三位贤士足够居人之上却跟随着他，这是第三件。晋国、郑国是地位相等的国家，他的子弟经过，本来就要以礼接待，何况是老天爷所开导的人呢？"郑文公不听从。

及楚，楚子飨之①，曰："公子若反晋国，则何以报不谷？"对曰："子女玉帛则君有之②，羽毛齿革则君地生焉③。其波及晋国者④，君之余也，其何以报君？"曰："虽然⑤，何以报我？"对曰："若以君之灵，得反晋国，晋、楚治兵，遇于中原，其辟君三舍⑥。若不获命⑦，其左执鞭弭⑧、右属櫜鞬⑨，以与君周旋⑩。"

【注释】

① 楚子：指楚成王。

② 子女：指男女奴隶。

③ 羽：鸟羽，翡翠、孔雀之类的鸟的羽毛。毛：兽毛，如旄牛尾之类。齿：象牙。革：牛皮、犀皮等。

④ 波及：流及。

⑤ 虽然：即使如此。虽，即使。然，这样，代词。

⑥ 三舍：九十里。三十里为一舍。古代行师一宿为一舍，日行三十里，故以三十里为一舍。

⑦ 不获命：得不到退兵的命令。

⑧ 鞭：马鞭。弭：没有缘饰的弓，不加装饰的弓。这里泛指弓。

⑨ 属（zhǔ）：着，用手摸着。櫜（gāo）：盛箭的袋子。鞬（jiàn）：盛弓的袋子。

⑩ 周旋：打交道，此为较量的意思。

【译文】

到了楚国，楚成王设宴款待他，说："公子假若回到晋国，那么你拿什么来报答我？"公子回答说："男女奴隶、瑞玉缣帛，那是君主你都有的；鸟羽旄牛、象牙皮革，那是君主的土地都出产的。那流动到晋国的，是君主的剩余，我拿什么来报谢君主？"楚成王说："即使如此，你拿什么报答我？"晋公子回答："假若托君主的洪福，能够返回晋国。晋国、楚国演习军事，在广阔的原野相遇，我就回避君主九十里，假若得不到退兵的命令，那我就左手拿着马鞭箭弓，右手拿着箭袋和弓袋，来跟君主较量一番。"

子玉请杀之①。楚子曰："晋公子广而俭②，文而有礼③。其从者肃而宽④，忠而能力⑤。晋侯无亲，外内恶之。吾闻姬姓，唐叔之后⑥，其后衰者也，其将由晋公子乎！天将兴之，谁能废之？违天必有大咎。"乃送诸秦。

【注释】

① 子玉：成得臣，官至令尹。
② 广：指志向远大。俭：俭约。一说俭借作检，检束，律己甚严。
③ 文：文雅。言举止文雅。
④ 肃：敬，态度严肃。宽：宽厚。指待人宽厚。
⑤ 能力：能尽力。
⑥ 唐叔：晋国的始祖，周武王子。

【译文】

子玉请求杀了他。楚成王说："晋公子志向远大而生活节俭，举止文雅而有礼貌；那些跟随他的人态度严肃而待人宽厚，忠心耿耿而办事尽力。晋侯没有亲人，国内国外的人都厌恶他。我听说姬姓国家，唐叔的后代是会最后衰落的，大概是由于有晋公子的缘故吧！老天爷要兴盛他，谁能够废掉他？违背天意，必定有大灾祸。"就送他到秦国去了。

秦伯纳女五人，怀嬴与焉①。奉匜沃盥②，既而挥之③。怒曰："秦、晋匹也④，何以卑我⑤！"公子惧，降服而囚⑥。他日，公享之⑦。子犯曰："吾不如衰之文也⑧。请使衰从。"公子赋《河水》⑨，公赋《六月》⑩。赵衰曰："重耳拜赐。"公子降⑪，拜，稽首，公降一级而辞焉。衰曰："君称所以佐天子者命重耳，重耳敢不拜？"

【注释】

①怀嬴：晋怀公之妻嬴氏，太子圉逃归晋国时，她留在秦国，现又配给重耳。

②奉：同"捧"。匜（yí）：盛水器。沃：浇水。盥：洗沐。

③既：完毕。挥：挥手使去，指重耳洗手后挥怀嬴使去。一说，指重耳挥去手上余水使干。

④匹：匹偶，对手。此指地位对等。

⑤卑我：以我为卑，即轻视我的意思。

⑥降服：脱去礼服。囚：谓自己拘囚以向怀嬴请罪。

⑦公：指秦穆公。

⑧衰：指赵衰。文：指言辞的文采，即长于外交辞令。

⑨赋：春秋时外交活动中指定篇名，使乐上演奏，以表达选诗者的意志，称为赋诗言志。《河水》：杜预注云："河水，逸诗。义取河水朝宗于海。海喻秦。"一说，"河"字是"沔"字之误。《沔水》是《诗经·小雅》篇名。篇首"沔彼流水，朝宗于海"，意谓满满的流水，归向大海，比喻晋国人士归向秦国。

⑩《六月》：《诗经·小雅》篇名。篇首"六月栖栖，戎车既饬"，言六月里急急忙忙，兵车已经准备好。此诗是歌颂尹吉甫辅佐周宣王北伐获胜的诗。秦穆公隐以重耳比尹吉甫，预祝他必能归晋，并勉励他辅佐周王以成功业。

⑪降：下阶。

【译文】

秦伯送给公子五个美女，怀嬴也在其中。她捧着盛水器浇水给重耳洗手，洗完了重耳挥手叫她走，怀嬴生气说："秦国、晋国是地位相等的国家，你凭什么轻视我？"公子害怕了，脱去上衣，自己拘囚去请罪。有一天，秦穆公宴请公子。子犯说："我不如赵衰擅长外交辞令，请使赵衰随从。"宴会上，公子赋了《河水》那首诗，秦穆公赋了《六月》那首诗。赵衰说："重耳拜谢恩赐。"公子就走下台阶，拜了拜，叩了头，秦穆公走下一级台阶辞谢表示不敢当。赵衰说："君主把颂扬尹吉甫辅佐周天子的诗篇来教导重耳，重耳岂敢不拜谢？"

僖公二十四年

二十四年春，王正月，秦伯纳之，不书，不告入也。及河，子犯以璧授公子，曰："臣负羁绁从君巡于天下①，臣之罪甚多矣。臣犹知之，而况君乎？请由此亡②。"公子曰："所不与舅氏同心者③，有如白水④。"投其璧于河。济河，围令狐⑤，入桑泉⑥，取臼衰⑦。二月甲午，晋师军于庐柳⑧。秦伯使公子絷如晋师，师退，军于郇⑨。辛丑，狐偃及秦、晋之大夫盟于郇。壬寅，公子入于晋师。丙午，入于曲沃⑩。丁未，朝于武宫⑪。戊申，使杀怀公于高梁。不书，亦不告也。

【注释】

① 羁：马笼头。绁（xiè）：马缰绳。
② 亡：逃亡，逃往别国。
③ 所：若，假设连词，多用于誓词。舅氏：指狐偃，即子犯。

重耳母大戎狐姬，狐偃是舅父。

④白水：河水，言有河水为证。此为誓词中常用的语言。

⑤令狐：地名，在今山西临猗县西。

⑥桑泉：地名，在今山西运城市盐湖区解州镇西。

⑦白衰（cuī）：地名，在今山西运城市盐湖区解州镇东南。

⑧晋师：指晋怀公的军队。庐柳：地名，在今山西临猗县境内。

⑨郇：地名，今山西临猗县西南。

⑩曲沃：地名，在今山西闻喜县东北，晋文公高祖曲沃桓叔的始封地。

⑪武宫：晋文公祖父晋武公的祠庙。

【译文】

二十四年春，周历正月，秦伯用武力送重耳回国。《春秋》没有记载，是因为晋国没有报告他回国了。到达黄河，子犯把玉璧送给公子，说："我肩负着马笼头、马缰绳跟随您在天下巡行，臣下我的罪过很多了，臣下我自己还知道，何况是君主您？我请求从此逃亡。"公子说："如果我不跟舅父同心的话，有这河水之神为证。"说完就把玉璧投入黄河里。渡过黄河，包围了令狐，进入桑泉，夺取了白衰。二月甲午那一天，晋国的军队驻扎在庐柳。秦伯派公子絷到晋军中去。军队撤退，驻扎在郇。辛丑那一天，狐偃和秦国、晋国的大夫在郇地结盟。壬寅那一天，公子重耳进入晋军。丙午那一天，进入曲沃。丁未那一天，在晋武公的祠庙里朝见群臣。戊申那一天，派人在高梁杀了晋怀公。《春秋》没有记载，也是因为晋国没有向鲁国报告。

吕、郤畏逼①，将焚公宫而弑晋侯②。寺人披请见③，公使让之，且辞焉，曰："蒲城之役，君命一宿，女即至。

僖公

·左传·

其后余从狄君以田渭滨，女为惠公来求杀余，命女三宿，女中宿至④。虽有君命，何其速也？夫袪犹在，女其行乎！"对曰："臣谓君之入也，其知之矣。若犹未也，又将及难。君命无二，古之制也。除君之恶，唯力是视⑤。蒲人、狄人，余何有焉⑥？今君即位，其无蒲、狄乎⑦？齐桓公置射钩而使管仲相⑧，君若易之，何辱命焉⑨？行者甚众，岂唯刑臣⑩。"公见之，以难告。

【注释】

①吕、郤：吕甥、郤芮，皆晋惠公的旧臣。逼：指重耳的迫害。

②公宫：晋文公的宫殿。晋侯：指晋文公，即重耳。

③寺人披：曾奉晋献公之命至蒲城杀重耳的宦官。寺人，宦官。披，其名。

④中宿：第二天晚上。

⑤唯力是视："唯视力"的倒置，只看有多大力量，意谓竭尽全力。

⑥余何有焉：意谓心中没有蒲人、狄人的分区。何有，"有何"的倒置。

⑦蒲、狄：指像蒲和狄那样的反对派。

⑧置射钩：齐桓公和公子纠争夺君位时，管仲奉子纠之命射齐桓公，射中带钩。置，放弃，不顾。

⑨辱：表敬副词，犹言屈尊。命：指晋文公"女其行乎"的命令。

⑩刑臣：受过刑的臣，寺人披自称。

【译文】

吕甥、郤芮等旧臣害怕受到逼迫，准备焚烧晋文公的宫殿杀掉晋侯。寺人披请求见晋文公,晋文公使人斥责他,并且拒绝接见,对寺人披说:"蒲城那次战役,君主命令你住宿一晚,你立即来了。那以后我跟随狄人的君主在渭水边打猎,你按晋惠公要求来杀我,君主命令你三个晚上到达,你第二个晚上就到达了。即使有君主的命令,为什么要这么快呢?那只斩断的袖管还在,你还是走吧!"寺人披回答说:"我以为君主这次回国,已经懂得为君主的道理了。假如还不懂得,又将要遇到灾难。对君主的命令没有二心,这是从古以来的制度。除去君主讨厌的人,只看自己有多大的力量,蒲人、狄人,对我来说有何关系呢?现在君主即位为君,就没有像蒲人、狄人那样的反对派了吗?齐桓公放弃射中带钩的仇怨而使管仲做宰相,君主假若改变这种做法,何必屈尊下驱逐令呢?要逃走的人还有很多,难道只是我这受过刑的臣子!"晋文公接见了他,他把吕甥、郤芮的阴谋报告了晋文公。

僖公

三月,晋侯潜会秦伯于王城①。己丑晦②,公宫火,瑕甥、郤芮不获公,乃如河上,秦伯诱而杀之。晋侯逆夫人嬴氏以归。秦伯送卫于晋三千人③,实纪纲之仆④。

【注释】

① 王城:秦地,在今陕西大荔东。

② 晦:农历每月的最后一天,月大为三十日,月小为二十九日。

③ 卫:警卫。

④ 纪纲之仆:得力之仆,有办事能力的干练的仆人。

【译文】

三月,晋侯暗地里在王城会见秦伯。己丑那一天是这个月的最后一天,晋文公的宫殿起火了。瑕甥、郤芮没有找到晋文公,就来

・左传・

到黄河边上,秦伯引诱他们并把他们杀了。晋侯把夫人嬴氏接了回来。秦伯送给晋国警卫人员三千人,都是些办事得力的干练人员。

初,晋侯之竖头须①,守藏者也②。其出也③,窃藏以逃,尽用以求纳之。及入,求见,公辞焉以沐④。谓仆人曰:"沐则心复,心复则图反⑤,宜吾不得见也。居者为社稷之守,行者为羁绁之仆,其亦可也,何必罪居者?国君而仇匹夫⑥,惧者甚众矣。"仆人以告,公遽见之⑦。

【注释】

① 竖:小臣,未成年的仆人。头须:小臣名。
② 守藏:保管财物。藏,库藏,储存东西的地方。
③ 其出:指晋公子重耳逃亡。
④ 沐:洗头。
⑤ 图反:想法就相反,所图谋反于正常。图,图谋,谋划。
⑥ 匹夫:庶人,平民。
⑦ 遽:急,立即。

【译文】

当初,晋侯的小臣头须,是仓库保管员。晋侯出逃,他盗窃了仓库的财物逃跑,全部用来寻求接纳晋侯回国的办法。等到晋侯回国,他要求觐见。晋文公以正洗头来推辞。头须对仆人说:"洗头就心脏反复,心脏反复,想法就相反,我不能觐见是应该的。居住在国内的人是守卫国家社稷,跟随在外奔走的人是扛马笼头马缰绳的仆人,那应该都是需要的,何必加罪给居住国内的人?做了国君而跟平民百姓结仇,害怕的人就太多了。"仆人把他的话告诉了晋文公,晋文公立即接见了他。

092

僖公

狄人归季隗于晋而请其二子①。文公妻赵衰，生原同、屏括、楼婴。赵姬请逆盾与其母②，子余辞③。姬曰："得宠而忘旧，何以使人？必逆之。"固请，许之。来，以盾为才，固请于公，以为嫡子，而使其三子下之，以叔隗为内子而己下之④。

【注释】

① 请其二子：请示如何处理那两个儿子。二子，指重耳与季隗所生的两个儿子伯儵、叔刘。一说：请之者，请留于狄。

② 赵姬：晋文公嫁给赵衰的女儿。盾：赵盾，赵衰与叔隗所生的儿子。

③ 子余：赵衰的字。

④ 内子：嫡妻。

【译文】

狄人把季隗送回晋国，并请示晋文公如何安置他的两个儿子。晋文公嫁女儿给赵衰，生了原同、屏括、楼婴三个儿子。赵姬请求迎回赵盾和他的母亲。赵衰辞谢此事。赵姬说："得到新宠就忘记旧好，凭什么去使唤别人？一定接他们回来。"赵姬坚决请求，赵衰答应了。他们回来了，赵姬认为赵盾有才干，向晋文公坚决请求，以他为嫡子，而使自己的三个儿子居于赵盾之下，以叔隗为嫡妻，而自己居于她之下。

晋侯赏从亡者，介之推不言禄①，禄亦弗及。推曰："献公之子九人，唯君在矣②。惠、怀无亲③，外内弃之。天未绝晋，必将有主。主晋祀者，非君而谁？天实置之，而二三子以为己力，不亦诬乎？窃人之财，犹谓之盗，况贪天之功以为己力乎？下义其罪④，上赏其奸，上下相蒙，难与处矣！"其母曰："盍亦求之，以死谁怼⑤？"对曰："尤而效之⑥，罪又甚焉，且出怨言，不食其食。"其母曰："亦使知之若何？"对曰："言，身之文也。身将隐，焉用文之？是求显也⑦。"其母曰："能如是乎？与女偕隐。"遂隐而死。晋侯求之，不获，以绵上为之田⑧，曰："以志吾过⑨，且旌善人⑩。"

【注释】

① 介之推：重耳的从亡之臣，姓介名推，之是语助词。

② 君：指重耳，即晋文公。

③ 惠、怀：指晋惠公夷吾与晋怀公圉。

④ 下：指在下位的人。义其罪：以其罪为义。把罪过当作正义。

⑤ 怼：怨恨。

⑥ 尤：过错。用作意动词，以为尤，指责的意思。

⑦ 显：显达，为了出名。

⑧ 绵上：地名，在今山西介休市南、沁源县西北的介山（一名绵山）之下。田：祭祀的田。

⑨ 志：记，标识。

⑩ 旌：表扬。

【译文】

晋侯犒赏跟随逃亡的人，介之推不说爵禄，爵禄也没有轮到他。介之推说："晋献公有九个儿子，只有君主在世了。晋惠公、晋怀公没有亲近的人，国内、国外的人都抛弃了他们，老天爷不灭绝晋国，必定将有君主。主管晋国祭祀的人，不是君主又是谁呢？实在是老天爷建置他，而你们这些人却认为是你们自己的力量，不也太欺骗人了吗？盗窃别人的财物，还把他叫作盗贼，何况贪有老天爷的功劳认为是自己的力量呢？在下位的人以罪过为正义，在上位的人奖赏奸邪的人，上位的人与下位的人互相蒙骗，难以和他们相处在一起了。"他的母亲说："何不也去请求奖赏，这样死了埋怨谁去？"介之推回答说："指责他们却又效法他们，罪过又比他们更厉害了。并且已经发出怨言，不吃他们的俸禄。"他母亲说："也使他们知道这件事，怎么样？"介之推回答说："语言是自身的文饰。自身都将要隐居，哪里还用得着文饰呢？这是寻求显达。"他母亲说："能够像这样吗？我跟你一道去隐居。"于是隐居一直到死。晋侯寻找他们没有找着，就把绵上作为他们祭祀的田，说："以此来记住我的过错，并且表彰好人。"

郑之入滑也①，滑人听命。师还，又即卫。郑公子士、泄堵俞弥帅师伐滑②。王使伯服、游孙伯如郑请滑③。郑伯怨惠王之入而不与厉公爵也④，又怨襄王之与卫、滑也⑤，故不听王命而执二子。王怒，将以狄伐郑。

【注释】

①入滑：郑入滑在鲁僖公二十年。

②郑公子士：郑文公子。泄堵俞弥：疑为泄堵寇，郑大夫。事见《僖公二十年》篇。

③伯服、游孙伯：皆周大夫。请滑：为滑请命，劝郑不伐滑。

④厉公：郑文公父郑厉公。周惠王被王子颓赶出成周，郑厉公与虢叔护送他回京师，杀了王子颓。周惠王只给郑厉公后之鞶带而与虢公爵，郑伯由是始恶于王。

⑤与卫、滑：帮助卫、滑。指助卫请滑。

【译文】

郑国攻入滑国的时候，滑国人听从命令。郑军回去，滑国又靠拢卫国。郑国的公子士、泄堵俞弥率领军队攻打滑国。周王派伯服、游孙伯到郑国请求不要攻打滑国。郑伯怨恨周惠王回到成周时不给郑厉公酒器爵，又怨恨周襄王袒护卫国、滑国，所以不听从周王的命令，而拘留了伯服、游孙伯二人。周王很生气，打算用狄人去攻打郑国。

富辰谏曰①："不可。臣闻之，大上以德抚民②，其次亲亲以相及也③。昔周公吊二叔之不咸④，故封建亲戚以蕃屏周⑤。管蔡郕霍，鲁卫毛聃，郜雍曹滕，毕原酆郇，文之昭也⑥。邘晋应韩，武之穆也⑦。凡蒋邢茅胙祭，周公之胤也⑧。召穆公思周德之不类⑨，故纠合宗族于成周而作诗⑩，曰：'常棣之华⑪，鄂不韡韡⑫，凡今之人，莫如兄弟⑬。'其四章曰：'兄弟阋于墙⑭，外御其侮。'⑮如是，则兄弟虽有小忿，不废懿亲⑯。今天子不忍小忿以弃郑亲，其若之何？

【注释】

① 富辰：周大夫。

② 大上：太上，德行最高的人。以德抚民：指一视同仁而无亲疏的分别。

③ 亲亲以相及：指先亲其所亲，然后以渐相及而至疏远的人。

④ 吊：伤。二叔：指管叔、蔡叔。一说，指夏、商二代的末世。叔，末。咸：和。此指管叔、蔡叔以殷武庚举行叛乱，最后被周公镇压下去。

⑤ 封建：分封土地以建立诸侯国。蕃屏：保护。蕃，通"藩"，篱笆；屏，屏风，皆为拱卫屏蔽之物，引申作为动词，有保护之义。

⑥ 文之昭：指以上十六国皆周文王的儿子的封国。
⑦ 武之穆：指以上四国都是周武王的儿子的封国。
⑧ 周公之胤：指以上六国皆周公的子嗣的国家。胤，嗣。
⑨ 召穆公：周卿士，名虎，召康公之后。召，采地，今陕西岐山县西南，旧有召亭，即其地。类：善。
⑩ 成周：西周的东都洛邑，在今河南洛阳市。周厉王之时，周德衰微，兄弟道缺，召穆公于东都纠合宗族而作诗。
⑪ 常棣：木名，今名小叶杨。落叶乔木，高达三十余米。华：今"花"字。
⑫ 鄂：同"萼"，环列花朵外部的叶状薄片。不：同"柎"（fū），花足，花萼的基部。韡（wěi）韡：光明貌。
⑬ 莫如兄弟：孔颖达疏云："华鄂相覆而光明，犹兄弟相顺而荣显，然则凡今时之人，恩亲无如兄弟之厚也。"
⑭ 阋（xì）：争斗，争讼。
⑮ 这几句诗见《诗经·小雅·常棣》。
⑯ 懿亲：懿美之亲。懿，美。

【译文】

富辰劝阻说："不可以。我听说德行最高的人用恩德安抚民众，次一等的人亲近亲人以逐渐推及疏远的人。从前周公伤痛管叔、蔡叔的不和睦，所以分封土地建立诸侯来护卫周王室。管、蔡、郕、霍、鲁、卫、毛、聃、郜、雍、曹、滕、毕、原、酆、郇，都是周文王的儿子。邢、晋、应、韩，都是周武王的儿子。凡、蒋、邢、茅、胙、祭，都是周公的后代。召穆公忧虑周王朝德行的衰落，所以召集宗族的人到成周并作诗，说：'常棣的花儿，花朵开放多么鲜艳，凡是现在的人，没有谁能像兄弟般亲善。'它的第四章说：'兄弟们在墙内争斗很残酷，对外却又协同抵御外侮。'像这样，即使兄弟间有点小怨愤，却不废弃美好的亲人。现在您天子不能忍耐小的怨愤而丢弃郑国这样的亲属，又能把它怎么办呢？

左传·

"庸勋亲亲①，昵近尊贤②，德之大者也。即聋从昧③，与顽用嚚④，奸之大者也。弃德崇奸，祸之大者也。郑有平、惠之勋⑤，又有厉、宣之亲⑥，弃嬖宠而用三良⑦，于诸姬为近⑧，四德具矣⑨。耳不听五声之和为聋⑩，目不别五色之章为昧⑪，心不则德义之经为顽，口不道忠信之言为嚚，狄皆则之⑫，四奸具矣⑬。周之有懿德也，犹曰'莫如兄弟'，故封建之。其怀柔天下也，犹惧有外侮，扞御侮者莫如亲亲，故以亲屏周。召穆公亦云。今周德既衰，于是乎又渝周、召以从诸奸⑭，无乃不可乎？民未忘祸⑮，王又兴之，其若文、武何⑯？"

【注释】

① 庸勋：用其有功。庸，用。一说庸，酬，谓于有功者酬之。亲亲：亲其亲族。

② 昵近：亲近诸侯之近者。

③ 即：就，接近。昧：昏暗。此指昏暗的人。

④ 顽：愚妄。此指愚妄的人。嚚（yín）：奸诈，言而无信。

⑤ 平、惠之勋：平，周平王。惠，周惠王。杜预注云："平王东迁，晋、郑是依；惠王出奔，虢、郑纳之，是其勋也。"

⑥ 厉、宣之亲：厉，周厉王。宣，周宣王。杜预注云："郑始封之祖桓公友，周厉王之子，宣王之母弟。"此指亲亲。

⑦ 用三良：指用叔詹、堵叔、师叔三人。此谓尊贤。

⑧ 于诸姬为近：指郑桓公为周司徒，郑武公、郑庄公为周卿士，在姬姓诸国中最为亲近。

⑨ 四德：指庸勋、亲亲、昵近、尊贤四者。

⑩ 五声：指宫、商、角、徵、羽五声。

⑪ 五色：指青、赤、黄、白、黑五种颜色。

⑫ 则：法，效法。
⑬ 四奸：指聋、昧、顽、嚚四种奸邪。
⑭ 周、召：周公，召公。
⑮ 民未忘祸：鲁庄公十九年有王子颓之乱，鲁僖公十一年有王子带召狄叛周之乱，故曰民未忘祸。
⑯ 其若文、武何：言这样做将废文武之功。文，指周文王。武，指周武王。

【译文】

"任用有功的人，亲近亲人，接近亲近的人，尊敬贤能的人，这是德行中的大德。靠近耳聋的人，跟从昏暗的人，赞许愚蠢的人，任用奸诈的人，这是奸邪中的大奸。抛弃德行，崇尚奸邪，这是灾祸中的大灾祸。郑国有辅助周平王、周惠王的功勋，又有周厉王、周宣王的亲属关系，它舍弃宠幸的人而任用三位贤良的人，在姬姓的诸侯中关系最为亲近，四种德行都具备了。耳朵听不懂五声的唱和叫作耳聋，眼睛不能辨别五色的文彩叫作昏昧，思想不能效法德义的法则叫作顽固，嘴里不说忠信的话叫作奸诈。狄人都效法了这些，四种奸邪都具备了。周王室在有美好德行的时候，还是说'没有谁能像兄弟亲近'，所以分封土地建立诸侯国。他慑服了整个天下，还害怕有外部的侵侮，捍卫抵御外部侵侮的办法，没有比亲近亲人还好的，所以用亲属来护卫周王室。召穆公也是这样说的。现在周王室的德行已经衰落，而在这时又改变周公、召公的做法，来跟随那些奸邪的人，恐怕不可以吧？民众没有忘记王室经历的灾难，君王您又把它挑动起来，我们又怎么能废弃周文王、周武王的功业呢？"

王弗听，使颓叔、桃子出狄师①。

夏，狄伐郑，取栎②。王德狄人，将以其女为后。富辰谏曰："不可。臣闻之曰：'报者倦矣，施者未厌。'狄固贪惏③，王又启之，女德无极，妇怨无终，狄必为患。"王又弗听。

【注释】

① 颓叔、桃子：皆周大夫。

② 栎：地名，今河南禹州市。

③ 惏：同"婪"，贪。

【译文】

周襄王不听从，派颓叔、桃子出动狄军。

夏，狄人攻打郑国，夺取了栎地。周襄王感激狄人，准备把狄人的女儿立为王后。富辰劝阻说："不可以。我听说：'报答的人已经厌倦了，施恩的人却没有满足。'狄人本来就贪得无厌，大王您又去引导他们。妇人的德行没有止境，妇人的怨恨没有终了。狄人必定会成为祸患。"周襄王又不听从。

初，甘昭公有宠于惠后①，惠后将立之，未及而卒。昭公奔齐，王复之，又通于隗氏②。王替隗氏③。颓叔、桃子曰："我实使狄，狄其怨我。"遂奉大叔，以狄师攻王。王御士将御之④。王曰："先后其谓我何⑤？宁使诸侯图之⑥。"王遂出。及坎欿⑦，国人纳之。

秋，颓叔、桃子奉大叔，以狄师伐周，大败周师，获周公忌父、原伯、毛伯、富辰。王出适郑，处于氾⑧。大叔以隗氏居于温⑨。

【注释】

①甘昭公：王子叔带，周惠王之子，周襄王之弟。甘，其食邑，在今河南洛阳市南。惠后：周惠王的王后。

②隗氏：周襄王所立狄后。

③替：废。

④御士：侍御之士。《周礼》：王之御士十二人。

⑤先后：指惠后。言诛太叔，违背惠后的意愿。

⑥宁：宁肯。

⑦坎欿（kǎn）：地名，在今河南巩义市东南。

⑧氾：地名，在今河南襄城县南，以周襄王尝出居于此，故名襄城。

⑨温：地名，在今河南温县西南。

【译文】

当初，甘昭公得到惠后的宠爱，惠后打算立他为王太子，没有来得及就死了。甘昭公就逃亡到了齐国。周襄王召唤了他回来，他又跟王后隗氏通奸。周襄王就废掉了隗氏。颓叔、桃子说："实在是我们指使狄人，狄人大概会怨恨我们。"于是拥戴甘昭公，率领狄军攻打周襄王。周王侍御的武士打算抵御他们，周襄王说："死去的太后将会说我什么呢？宁肯让诸侯想办法对付他。"周襄王就出走，到了坎欿，国都的人又把他接了回来。

秋，颓叔、桃子拥戴甘昭公，率领狄军攻打周王室，把周王室的军队打得大败，俘虏了周公忌父、原伯、毛伯、富辰。周襄王出走到了郑国，居住在氾地，甘昭公带着隗氏居住在温地。

僖公二十七年

楚子将围宋，使子文治兵于睽①，终朝而毕②，不戮一人。子玉复治兵于蒍③，终日而毕，鞭七人，贯三人耳④。国老皆贺子文⑤，子文饮之酒。蒍贾尚幼⑥，后至，不贺。子文问之，对曰："不知所贺。子之传政于子玉，曰：'以靖国也。'靖诸内而败诸外，所获几何？子玉之败，子之举也。举以败国，将何贺焉？子玉刚而无礼，不可以治民。过三百乘，其不能以入矣。苟入而贺，何后之有⑦？"

【注释】

①子文：斗谷於菟。睽：楚邑，今不详所在。

②终朝：自旦至食时。

③子玉：成得臣，时为令尹。蒍：楚邑，今亦不详所在。

④贯：以箭穿耳。

⑤国老：致仕的卿大夫。贺子文：祝贺子文举子玉为令尹为得其人。

⑥蒍贾：字伯嬴，孙叔敖之父。

⑦何后之有："有何后"的倒置。言那时再贺，还不算晚，现在则为时尚早。

【译文】

楚子将要包围宋国，使子文在睽地进行军事演习，一个早上就结束，没有惩罚一个人。子玉又在蒍地进行军事演习，一整天才结束，鞭打了七个人，用箭穿了三个人的耳朵。元老们都祝贺子文，子文就设酒款待他们。蒍贾还年幼，最后到达，不祝贺。子文问他，他回答说："不知道祝贺什么。您把政事移交给子玉，说：'用这个来安定国家。'您安定了内部却在外部吃败仗,那得到的有多少?子玉的失败,是您荐举的结果,荐举却使国家失败,那还祝贺什么呢?子玉刚直而无礼仪,不可以治理民众。率领兵车超过三百乘,大概就不能率领它们回来了。假如回来了再祝贺,哪里会太晚呢?"

僖公

冬,楚子及诸侯围宋,宋公孙固如晋告急①。先轸曰②:"报施救患③,取威定霸,于是乎在矣。"狐偃曰:"楚始得曹而新昏于卫④,若伐曹、卫,楚必救之,则齐、宋免矣⑤。"于是乎蒐于被庐⑥,作三军⑦,谋元帅。赵衰曰:"郤縠可。臣亟闻其言矣。说礼乐而敦诗书。诗书,义之府也。礼乐,德之则也。德义,利之本也。《夏书》曰:'赋纳以言⑧,明试以功,车服以庸⑨。'君其试之。"乃使郤縠将中军,郤溱佐之⑩;使狐偃将上军,让于狐毛⑪,而佐之;命赵衰为卿,让于栾枝、先轸⑫。使栾枝将下军,先轸佐之。荀林父御戎⑬,魏犫为右⑭。

【注释】
① 公孙固:宋庄公之孙。
② 先轸:晋下军之佐,又叫原轸。
③ 报施:报宋襄公赠马二十乘的施与。
④ 新昏:新婚,指楚成王新娶卫女。
⑤ 齐、宋免:去年楚使申叔侯戍谷以逼齐,今年楚围宋。
⑥ 蒐(sōu):阅兵,治兵。被庐:地名,今不详所在。
⑦ 作三军:鲁庄公十六年,王使虢叔命曲沃伯晋武公以一军为晋侯。鲁闵公元年,晋献公作二军。今晋文公又增一军,共三军。
⑧ 赋纳:取纳。赋,取。一说,为"敷"之借字,遍。谓遍加采纳。

103

⑨ 庸：酬谢，谓赐之车服以酬谢其功。古时官阶不同，车服亦不同。上引三句见今《尚书·益稷》。

⑩ 郤溱：晋大夫，郤至之先。

⑪ 狐毛：狐偃之兄。毛、偃皆狐突之子。

⑫ 栾枝：栾宾之孙，栾共叔之子。

⑬ 荀林父：中行桓子。

⑭ 魏犨：魏武子。

【译文】

冬，楚子和诸侯包围了宋国。宋国的公孙固到晋国去报告情况紧急。先轸说："报答恩施，援救患难，取得威望，成就霸业，就在这一次了。"狐偃说："楚国刚刚得到曹国，又新近娶了卫国女子为妻。假如我们攻打曹国、卫国，楚国必定去援救他们，那么齐国、宋国就免于被攻打了。"晋国于是在被庐检阅军队，建立了三个军，商议元帅的人选。赵衰说："郤縠可以。我多次听过他说的话了。他喜爱礼乐而崇尚诗书。诗书是道义的府库，礼乐是德行的法则，德和义是利益的根本。《夏书》说：'全面采纳他说的话，明确地用事情加以考验，用车马衣服作为酬谢。'君主您试试他吧！"于是郤縠统帅中军，郤溱辅佐他；使狐偃统帅上军，他让给狐毛，而自己辅佐他；任命赵衰做卿，让给栾枝、先轸。就使栾枝统帅下军，先轸辅佐他。荀林父驾驭兵车，魏犨做车右。

晋侯始入而教其民，二年，欲用之。子犯曰："民未知义，未安其居。"于是乎出定襄王①，入务利民，民怀生矣②，将用之。子犯曰："民未知信，未宣其用。"于是乎伐原以示之信③。民易资者不求丰焉④，明征其辞⑤。公曰："可矣乎？"子犯曰："民未知礼，未生其共⑥。"于是乎大蒐以示之礼⑦，作执秩以正其官⑧，民听不惑而后用之。出谷戍⑨，释宋围⑩，一战而霸，文之教也⑪。

僖公

【注释】

① 出定襄王：鲁僖公二十五年晋文公纳周襄王。
② 怀生：安于生计，安居乐业。
③ 伐原：鲁僖公二十五年晋侯伐原，退一舍以示信。
④ 易资：以货物易资财，即做买卖。
⑤ 明征其辞：明定契卷，明码实价。
⑥ 共：同"恭"，谓少长恭敬之心。
⑦ 大蒐：指于被庐进行军事活动。
⑧ 执秩：官名。执，主；秩，爵位。谓主管爵位的官。
⑨ 出谷戍：去年，楚师伐齐，取谷，楚申公叔侯成之。明年，楚子使申叔去谷。
⑩ 释宋围：明年，又使子玉去宋。
⑪ 文：指晋文公。

【译文】

晋侯刚刚回到国内就教导民众，过了两年，就想要使用他们。子犯说："民众还不遵道义，还没有安定于他们的职业。"于是对外安定了周襄王，对内专力于便利百姓，民众安居乐业了，将要使用他们。子犯说："民众还不懂得诚信，还没有明确他们的作用。"于是攻打原地来让百姓看到诚信。民众做买卖交易不贪图暴利，都明码实价。晋文公说："可以了吗？"子犯说："民众还不懂得礼节，还不懂得恭敬尊长。"于是大规模检阅军队来让百姓看到礼节，建立执掌爵位的官吏来订正官职，民众听到事情都明白事理而无疑虑而后使用他们。赶走谷地的楚国驻军，解除宋国的包围，一次战争就称霸诸侯，这都是晋文公教化的结果。

105

僖公二十八年

　　二十八年春，晋侯将伐曹，假道于卫①，卫人弗许。还，自南河济②。侵曹伐卫。正月戊申，取五鹿。

　　二月，晋郤縠卒。原轸将中军，胥臣佐下军③，上德也④。

【注释】

　　①假道：借道通过。曹在卫东，晋在卫西，晋攻曹，必须向卫国借道通行。

　　②自南河济：从南河渡过黄河。南河，即南津，亦谓之棘津、济津、石济津，在河南淇县之南，延津县之北，河道今已堙塞。

　　③胥臣：司空季子。

　　④上德：崇尚德行。上，同"尚"，崇尚，注重。

【译文】

　　二十八年春，晋侯将要攻打曹国，向卫国借道通过，卫国人不允许，就回军，从南河渡过黄河。侵犯曹国，攻打卫国，正月戊申那一天，夺取了五鹿。

　　二月，晋国的郤縠死了。原轸统帅中军，胥臣辅佐下军。这是崇尚德行。

　　晋侯、齐侯盟于敛盂①。卫侯请盟，晋人弗许。卫侯欲与楚，国人不欲，故出其君以说于晋②。卫侯出居于襄牛③。

　　公子买戍卫④，楚人救卫，不克。公惧于晋，杀子丛以说焉⑤。谓楚人曰："不卒戍也。"

【注释】

　　①敛盂：卫地，今河南濮阳县东南有敛盂聚，即此地。

②说：同"悦"。取悦，讨好。一说，读如字，解说。
③襄牛：卫地，即今河南睢县。
④公子买：鲁大夫。卫楚联姻，鲁与楚同盟，故戍卫。
⑤子丛：公子买字。

僖公

【译文】

晋侯、齐侯在敛盂结盟。卫侯请求参加盟会，晋国人不允许。卫侯想要结好楚国，国内的人不想，所以赶走他们的国君，来讨好晋国。卫侯出逃居住在襄牛。

公子买戍守卫国。楚国人来援救卫国，没有战胜。鲁僖公害怕晋国了，就杀了子丛来讨好晋国，而告诉楚国人说："他没有戍守满期就想撤退（所以杀了他）。"

晋侯围曹，门焉①，多死，曹人尸诸城上②，晋侯患之，听舆人之谋曰③："称舍于墓④。"师迁焉，曹人凶惧⑤，为其所得者棺而出之。因其凶也而攻之。三月丙午，入曹。数之⑥，以其不用僖负羁而乘轩者三百人也⑦，且曰："献状⑧。"令无入僖负羁之宫而免其族，报施也⑨。魏犨、颠颉怒曰："劳之不图⑩，报于何有⑪？"爇僖负羁氏⑫。魏犨伤于胸，公欲杀之而爱其材，使问，且视之。病，将杀之。魏犨束胸见使者曰："以君之灵，不有宁也？"距跃三百⑬，曲踊三百⑭。乃舍之。杀颠颉以徇于师，立舟之侨以为戎右⑮。

【注释】

①门：用作动词，攻打城门。
②尸：陈列。
③舆人：役卒，众人。谋后"曰"字当为衍文。

④称：言，说，主语是舆人之谋。舍于墓：谓迁居到墓地，表示将要挖掘坟墓。

⑤凶：通"恟"，扰攘恐惧的意思。一说，通"哅"，哅哅，喧哗之声。

⑥数（shǔ）：责问。

⑦不用僖负羁：指不听僖负羁的劝告。事见《僖公二十三年》篇。轩：大夫所乘的车。此言曹国虽小，却滥封官职，大夫竟有三百人之多。

⑧献状：意谓令其说明有何功德而获禄位。

⑨报施：报公子重耳在卫时僖负羁盘飧置璧的施与。

⑩劳之不图："不图劳"的倒置。言不考虑我们的功劳。魏犨、颠颉皆从亡者，而晋作三军时，郤縠、郤溱、栾枝、先轸皆非从亡者。而魏犨仅得为车右，颠颉地位可能更低，故二人有怨愤。

⑪报于何有："何有于报"的倒置。意谓还谈什么报答。

⑫爇（ruò）：焚烧。

⑬距跃：直跃向上，犹今之跳高。百：励。谓距跃三次，勉励为之。一说，百同拍，指拊合两手，言合掌三次。

⑭曲踊：曲身耸跳，犹今之跳远。

⑮舟之侨：虢国旧臣，鲁闵公二年奔晋。立之为右，以代魏犨，魏犨被免职。

【译文】

晋侯包围曹国，进攻城门，死人很多。曹国人把尸体陈列在城墙上。晋侯为此事担忧。听役卒们的谋划，称："驻扎到曹国人的墓地去。"军队就往墓地迁移，曹国人就扰乱恐惧，为他们所得到的尸体，用棺材盛着送出城来。晋国人趁着他们的扰乱就攻击他们。三月丙午那一天，攻入曹国，责数他的罪过，因为他不听僖负羁的劝告，而且有乘轩车的大夫三百人，并且说："出具功状！"下令不要进入僖负羁的家中，而赦免他们的族人。魏犨、颠颉生气地说：

"不考虑别人的劳苦，还管什么报答？"就放火烧了僖负羁的家族。魏犨伤了胸部，晋文公想杀了他，又爱惜他的才能，派人去慰问，并且看看他的伤势。如果病伤很重，将要杀了他。魏犨缚住胸出来会见使者说："托君主的洪福，我不是很安宁吗？"勉励向上跳了几次，向前也勉励跳了几次。晋文公就放过了他，杀了颠颉在军中宣示，立舟之侨做了兵车的车右。

宋人使门尹般如晋师告急①。公曰："宋人告急，舍之则绝，告楚不许。我欲战矣，齐、秦未可，若之何？"先轸曰："使宋舍我而赂齐、秦，借之告楚。我执曹君而分曹、卫之田以赐宋人。楚爱曹、卫，必不许也。喜赂怒顽②，能无战乎？"公说，执曹伯③，分曹、卫之田以畀宋人④。

【注释】

① 门尹般：宋大夫。
② 喜赂怒顽：喜得宋国之赂，又怒楚国的顽固。
③ 曹伯：指曹共公。
④ 畀（bì）：给予。

【译文】

宋国人派门尹般到晋军报告危急。晋文公说："宋国人来报告危急，舍弃他们不管就会断绝关系，向楚国人请求退兵又不会答应，我们想开战，齐国、秦国不同意。此事怎么办？"先轸说："使宋人舍弃我们，而去送财物给齐国、秦国，凭借他们去请求楚国撤兵。我们拘捕曹国君主，而分了曹国、卫国的田来赐予宋国人。楚国人爱惜曹国、卫国，必定不答应齐国、秦国。齐国、秦国喜欢宋国的财物，又恼怒楚国的顽固，能够不参战吗？"晋文公很高兴，就拘捕了曹伯，分了曹国、卫国的田给予宋国人。

左传·

楚子入居于申,使申叔去谷,使子玉去宋,曰:"无从晋师①。晋侯在外十九年矣,而果得晋国。险阻艰难,备尝之矣;民之情伪②,尽知之矣。天假之年③,而除其害。天之所置,其可废乎?《军志》④曰:'允当则归⑤。'又曰:'知难而退。'又曰:'有德不可敌。'此三志者⑥,晋之谓矣。"

子玉使伯棼请战⑦,曰:"非敢必有功也,愿以间执谗慝之口⑧。"王怒,少与之师,唯西广、东宫与若敖之六卒实从之⑨。

【注释】

①从:进逼。

②情伪:真假。

③假:借,给予。年:寿命。晋文公回国时已六十六岁,此时已七十岁了。

④《军志》:古代的兵书。

⑤允当:公平得当。

⑥三志:这三条记载。

⑦伯棼(fén):楚大夫斗越椒。

⑧间执:堵住。谗慝:搬弄是非的人,指蔿贾。蔿贾曾批评子玉,说他必打败仗。

⑨西广:广是楚军部队的名称。西广等于说右路军。东宫:指太子宫中的卫队。若敖:楚国先祖的名号,用作特种部队的名称。卒:一百人。

【译文】

楚子回国,住在申地,使申叔离开谷地,使子玉离开宋国,说："不要进逼晋军。晋侯流亡在国外十九年了，而最终得到晋国。他各种险阻艰难，都尝遍了；人事的真伪，全都知晓了。老天爷给予他高寿，又除去了他的祸害；老天爷扶持的人，哪里可以废弃呢？《军志》说：'公平恰当就回军。'又说：'知道难办就撤退。'又说：'有德行的人不可以抵挡。'这三条记载，说的就是晋国。"子玉派伯棼去向楚王请求作战，说："不敢说一定会有战功，只希望找个机会堵住那些说我坏话的人的口。"楚王生气了，少给予他军队，只有西广、东宫卫队和若敖特种部队的六百人跟随他去。

子玉使宛春告于晋师曰①："请复卫侯而封曹，臣亦释宋之围。"子犯曰："子玉无礼哉！君取一②，臣取二③，不可失矣。"先轸曰："子与之。定人之谓礼，楚一言而定三国④，我一言而亡之。我则无礼，何以战乎？不许楚言，是弃宋也，救而弃之，谓诸侯何？楚有三施⑤，我有三怨⑥，怨仇已多，将何以战？不如私许复曹、卫以携之⑦，执宛春以怒楚，既战而后图之。"公说，乃拘宛春于卫，且私许复曹、卫。曹、卫告绝于楚。

【注释】

① 宛春：楚大夫。
② 取一：谓取得释宋之围一项好处。
③ 取二：取得复卫侯且封曹两项利益。
④ 定三国：使卫、曹、宋得到安定。
⑤ 三施：对卫、曹、宋都有恩惠。
⑥ 三怨：指对卫、曹、宋三国都结下仇怨。
⑦ 携：离，间离。谓间离曹、卫和楚国的关系。

【译文】

  子玉使宛春告诉晋军说:"请你们恢复卫君的地位并重新建立曹国,我也就解了宋国的包围。"子犯说:"子玉真无礼啊。君主只取得一项利益,臣下却取得两项利益,这个机会不可以丧失了。"先轸说:"您答应他吧!安定人就叫作有礼。楚国人一句话安定了三个国家,我们一句话就灭亡了他们;我们就无礼了,凭什么去作战?不答应楚国人的话,就是抛弃宋国;援救它却抛弃它,怎么向诸侯解释?楚国有三项施与,我却有三个仇怨,怨恨仇敌太多,将凭什么去作战?不如私下里答应恢复曹国、卫国来离间他们的关系,拘留宛春来激怒楚国,打完仗之后再考虑他们的事。"晋文公很高兴,就把宛春拘留在卫国,并且私下里答应恢复曹国、卫国,曹国、卫国就宣告和楚国断绝关系。

  子玉怒,从晋师。晋师退。军吏曰:"以君辟臣,辱也。且楚师老矣①,何故退?"子犯曰:"师直为壮,曲为老。岂在久乎?微楚之惠不及此②,退三舍辟之,所以报也。背惠食言③,以亢其仇④,我曲楚直。其众素饱⑤,不可谓老。我退而楚还,我将何求?若其不还,君退臣犯,曲在彼矣。"退三舍。楚众欲止,子玉不可。

【注释】

  ① 老:指士气低落不振。
  ② 微:无,没有。晋文公逃亡时,得到楚国的礼遇和支持。
  ③ 食言:违背诺言。晋文公在楚国时曾答应"避君三舍"。
  ④ 亢:捍御,保护。其:指楚国。仇:指宋国。言晋国去保护楚国的仇敌宋国。一说,亢同"抗",谓抵御仇敌,指抵抗楚国。
  ⑤ 素:向来。饱:谓给养充足,吃得很饱。一说,指士气

饱满。

【译文】

子玉很生气，进逼晋师，晋军撤退。军吏说："君主回避臣下，是耻辱。并且楚军疲倦不堪了，为什么要撤退？"子犯说："军队嘛，理直就士气壮盛，理亏就士气低落，哪里在待的时间长久？没有楚国的恩惠，我们到不了今天的地位，后退九十里回避他们，用来报答他们的恩施。背弃恩惠，违背诺言，又保护他们的仇敌，我们理亏了，楚国人理直了。他们部队向来粮食饱足，不可以说是士气低落。我们撤退，楚国人回去了，我们还追求什么呢？假如他们不回去，君主后撤，臣下进犯，理亏就在他们那里了。"后退了九十里。楚国的将士想要停止进攻，子玉不同意。

夏四月戊辰，晋侯，宋公，齐国归父、崔夭，秦小子憖次于城濮①。楚师背酅而舍②，晋侯患之，听舆人之诵③，曰："原田每每④，舍其旧而新是谋⑤。"公疑焉。子犯曰："战也。战而捷，必得诸侯。若其不捷，表里山河⑥，必无害也。"公曰："若楚惠何？"栾贞子曰⑦："汉阳诸姬⑧，楚实尽之。思小惠而忘大耻，不如战也。"晋侯梦与楚子搏，楚子伏己而盬其脑⑨，是以惧。子犯曰："吉。我得天，楚伏其罪，吾且柔之矣⑩。"

【注释】

① 宋公：指宋成公。国归父、崔夭：皆齐大夫。小子憖（yìn）：秦穆公之子。城濮：卫地，今山东鄄城县南有临濮故城，即其地。

② 酅（xī）：城濮附近的地名，一个险要的丘陵地带。舍：驻军。

③ 诵：不配合乐曲的歌辞。
④ 原田：高田。每每：草盛貌。
⑤ 新是谋："谋新"的倒置，谓舍弃旧的，谋划新的。
⑥ 表里山河：外表有山，内里有河。
⑦ 栾贞子：栾枝，晋国的下军将。
⑧ 汉阳诸姬：指在汉水北岸的姬姓国家。水北曰阳。
⑨ 盬（gǔ）：吸取。
⑩ 柔：用作动词，柔服。以上几句是子犯编造出来打消晋文公顾虑的话。

【译文】

夏四月戊辰那一天，晋侯，宋公，齐国的国归父、崔夭，秦国的小子憗驻扎在城濮。楚军背靠鄏地驻扎着，晋侯为此担忧，听到役卒的歌谣说："高田里野草长得很茂密，舍弃旧的而寻求新的。"晋文公心中疑惑不定。子犯说："打吧！打仗打赢了，必定获得诸侯；假如打不赢，晋国外表有山，内里有河，必定没有危害。"晋文公说："把楚国的恩惠怎么办？"栾贞子说："汉水北岸的那些姬姓诸侯国，楚国把它们实际上都吞并了。想到小的恩惠而忘了大的耻辱，不如还是打的好。"晋侯梦见与楚子搏斗，楚子伏在自己身上并吸取自己的脑汁，因此害怕。子犯说："吉利！我得到老天爷的照看，楚国已经服罪了，并且我们柔服了他了。"

子玉使斗勃请战①，曰："请与君之士戏，君冯轼而观之②，得臣与寓目焉③。"晋侯使栾枝对曰："寡君闻命矣。楚君之惠未之敢忘④，是以在此。为大夫退，其敢当君乎？既不获命矣⑤，敢烦大夫谓二三子，戒尔车乘⑥，敬尔君事，诘朝将见⑦。"

【注释】

① 斗勃：楚大夫。
② 冯轼：靠着车前的横木。冯，同"凭"，倚靠。轼，车前横木。
③ 得臣：成得臣，即令尹子玉。这是斗勃代子玉说的话。
④ 未之敢忘："未敢忘之"的倒置。
⑤ 不获命：谓不获和平解决的命令。
⑥ 戒：准备好。
⑦ 诘朝：明天早晨。

【译文】

子玉派斗勃到晋军宣战，说："请求与君主的士兵进行一场角力的游戏，君主您靠在车前横木上观看，我可以参与一起观看。"晋侯派栾枝回答说："我们君主已经听到你们的命令了。楚君的恩惠，我们从没有胆敢忘记，因此就后退到了这里。为大夫您都后退，哪里敢面对你们的君主呢？既然得不到和平解决的命令，胆敢烦劳大夫您，告诉你们的几位将领，准备好你们的车辆，严肃对待你们君主的大事，明天早晨将要见个高下。"

晋车七百乘，韅、靷、鞅、靽①。晋侯登有莘之虚以观师②，曰："少长有礼③，其可用也。"遂伐其木以益其兵。己巳，晋师陈于莘北④，胥臣以下军之佐当陈、蔡⑤。子玉以若敖之六卒将中军，曰："今日必无晋矣。"子西将左⑥，子上将右⑦。胥臣蒙马以虎皮，先犯陈、蔡。陈、蔡奔，楚右师溃。狐毛设二旆而退之⑧。栾枝使舆曳柴而伪遁⑨，楚师驰之。原轸、郤溱以中军公族横击之⑩。狐毛、狐偃以上军夹攻子西，楚左师溃。楚师败绩。子玉收其卒而止，故不败。

晋师三日馆谷⑪,及癸酉而还。甲午,至于衡雍⑫,作王宫于践土⑬。

【注释】

① 韅(xiǎn)、靷(yǐn)、鞅、靽(bàn):指马身上的皮甲、缰绳、笼头之类。在背叫韅,在胸叫靷,在腹叫鞅,在足叫靽。这是形容晋军装备整齐。

② 有莘:国名,在今山东曹县。虚:同"墟",旧城址。

③ 少长:指上级、下级。

④ 莘北:指城濮。

⑤ 胥臣:晋军的下军佐。佐:辅佐,副帅。陈、蔡:陈国、蔡国,楚国的盟国。

⑥ 子西:楚军司马斗宜申。

⑦ 子上:斗勃。

⑧ 旆(pèi):大旗。

⑨ 舆:车。用作动词,用车子拖。

⑩ 公族:直属国君的军队。

⑪ 馆谷:用作动词,住敌军的军营,吃敌军的粮食。

⑫ 衡雍:郑地,在今河南郑州市东北、原阳县西南。

⑬ 践土:郑地,在今河南荥阳市。

【译文】

晋国的战车七百辆,装备齐全。晋侯登上有莘国的旧城址,来检阅军容,说:"年少的年长的排列有礼让,大概可以使用了。"于是砍下树木来增加兵器。己巳那一天,晋军在莘北摆开阵势。胥臣率领下军的一部分抵挡陈国、蔡国,子玉率领若敖特种部队的六百人统帅中军,说:"今天必定会没有晋国了。"子西统帅左路军,子上统帅右路军。胥臣用虎皮蒙着马,先攻击陈国、蔡国,陈国、蔡国军队逃跑了，楚军的右路军溃散了。狐毛竖起两面大旗向后退却，栾枝也用车子拉着柴枝扬起尘土假装逃跑，楚军驱车追赶他，原轸、郤溱率领中军的直属国君的部队拦腰横击楚军。狐毛、狐偃率领上军夹攻子西，楚军的左路军溃败了。楚军打了败仗，子玉及早收住他的部队停止作战，所以中军没有失败。

晋军有三天都住在楚军军营，吃着楚军的粮食，到癸酉那一天才撤军回国。甲午那一天，到达衡雍。在践土建筑了周王的宫殿。

僖公

乡役之三月①，郑伯如楚致其师②，为楚师既败而惧，使子人九行成于晋③。晋栾枝入盟郑伯。五月丙午，晋侯及郑伯盟于衡雍。丁未，献楚俘于王，驷介百乘④，徒兵千⑤。郑伯傅王⑥，用平礼也⑦。己酉，王享醴，命晋侯宥⑧。

【注释】

①乡：同"向"，不久以前。

②郑伯：指郑文公。致其师：把他的军队交出来听候使用。

③子人九：郑大夫。姓子人，名九。行成：求和。

④驷介：四匹披甲的马所驾的战车。介，甲，用作动词，披甲。

⑤徒兵：步兵。

⑥傅：相，赞礼的人。用作动词，担任赞礼的人。

⑦用平礼：指周襄王用周平王接待晋文侯的礼仪来接待晋文公。平，指周平王。

⑧宥：通"侑"，劝人饮酒进食，这里指敬酒。

【译文】

在这次战役的三个月以前，郑伯到楚军中把军队交给楚军指挥。为了楚国已经战败而恐惧，派子人九向晋国求和。晋国的栾

左传

枝进入郑国跟郑伯盟誓。五月丙午那一天，晋侯和郑伯在衡雍结盟。丁未那一天，把楚国的俘获献给周王：披甲的战马拉着的战车一百辆，步兵一千人。郑伯宾赞周王，用周平王接待晋文侯的礼仪。己酉那一天，周王用醴酒设宴招待晋文公，又命令晋侯向自己回敬酒。

王命尹氏及王子虎、内史叔兴父策命晋侯为侯伯①，赐之大辂之服②，戎辂之服③，彤弓一④，彤矢百⑤，玈弓矢千⑥，秬鬯一卣⑦，虎贲三百人⑧。曰："王谓叔父⑨，敬服王命，以绥四国⑩，纠逖王慝⑪。"晋侯三辞，从命，曰："重耳敢再拜稽首，奉扬天子之丕显休命⑫。"受策以出，出入三觐⑬。

【注释】

① 尹氏及王子虎：皆周王卿士。内史：周王室掌管策命的官。策命：以简策书写王命，即用书面命令。策，竹简。侯伯：诸侯的领袖。

② 大辂（lù）：天子祭祀时所乘的车。服：指乘大辂时的服饰。乘大辂时以冕（指冠上用羽为饰）为服。

③ 戎辂：兵车。乘兵车时以韦弁（熟牛皮所制的冠）为服。周襄王所赐的车服是包括车马的装饰和乘车时穿的衣服在内的。

④ 彤弓：红色弓。

⑤ 彤矢：红色箭。

⑥ 玈（lú）弓矢：黑色的弓和箭。

⑦ 秬鬯（jùchàng）：黑黍米酿造的香酒。秬，黑黍。鬯，香酒。卣（yǒu）：古代盛酒的器具。

⑧ 虎贲（bēn）：勇士，指天子的侍卫。

⑨叔父：周天子对同姓诸侯的通称，且不论行辈。
⑩四国：四方诸侯之国。
⑪纠逖（tì）：检举和疏远。慝：恶，指坏人。
⑫丕：大，伟大。显：明，光明。休：美，美好。
⑬觐：古代诸侯朝见天子叫觐。

僖公

【译文】

周王派尹氏、王子虎、内史叔兴父，用策书命令晋侯做诸侯之长，赐予他大辂车和乘车的礼服，兵车和乘车的礼服，红色弓一张，红色箭一百支，黑色的弓箭各一千，黑黍米酿造的香酒一坛，勇猛卫士三百人，说："周王告诉叔父，严肃地服从周王的命令，来安抚四方诸侯国，检举疏远周王身边的坏人。"晋侯推辞了三次，才听从周王的命令，说："我重耳拜两拜叩个头，来接受宣扬天子的伟大、光明、美好的命令。"接受策书就退了出来。前后出进朝见了三次。

卫侯闻楚师败，惧，出奔楚，遂适陈，使元咺奉叔武以受盟①。癸亥，王子虎盟诸侯于王庭②，要言曰③："皆奖王室④，无相害也。有渝此盟，明神殛之⑤，俾队其师⑥，无克祚国⑦，及而玄孙⑧，无有老幼。"君子谓是盟也信，谓晋于是役也，能以德攻。

【注释】

①元咺：卫大夫。奉：辅佐。叔武：卫成公的兄弟，这时主持国政。
②王庭：周王居住的地方。
③要言：约言，立下誓言。
④奖：扶助。

119

⑤ 殪（jí）：杀死。
⑥ 俾（bǐ）：使。队：同"坠"，丧失。
⑦ 克：能。祚：享有。
⑧ 而：同"尔"，你，对称代词。

【译文】

卫侯听到楚师战败，害怕了，向楚国逃奔，路过到了陈国，派元咺辅佐叔武来接受盟约。癸亥那一天，王子虎在周王的住处盟誓诸侯，立了誓言说："都要扶助周王室，不要互相损害。有人变更这个盟誓，英明的神灵要杀死他，使他的军队丧失，不能够享有国家，一直到你们的玄孙，不分老幼。"君子以为这次盟誓守信用，以为晋国在这次战役中能用有德的军队去攻打不正义的军队。

初，楚子玉自为琼弁玉缨①，未之服也②。先战，梦河神谓己曰："畀余，余赐女孟诸之麋③。"弗致也。大心与子西使荣黄谏④，弗听。荣季曰："死而利国，犹或为之，况琼玉乎？是粪土也，而可以济师，将何爱焉⑤？"弗听。出，告二子曰⑥："非神败令尹，令尹其不勤民⑦，实自败也。"既败，王使谓之曰："大夫若入，其若申、息之老何⑧？"子西、孙伯曰："得臣将死，二臣止之曰：'君其将以为戮。'"及连谷而死⑨。晋侯闻之而后喜可知也，曰："莫余毒也已⑩！吕臣实为令尹⑪，奉己而已⑫，不在民矣。"

【注释】

① 琼弁（biàn）：用琼玉装饰的冠。弁，冠名。玉缨：用玉做的冠上下垂的穗子。一说，琼弁，马冠，在马鬣毛前，以琼玉饰之，故曰琼弁。缨即马鞅，马颈之革，饰之以玉，故曰玉缨。

②未之服:"未服之"的倒置。

③孟诸:古代的沼泽,宋地,在今河南商丘市附近。麇:同"湄",水边地,水草相交接之处。

④大心:子玉之子,即孙伯。荣黄:楚臣,即荣季。

⑤爱:爱惜,吝啬。

⑥二子:指大心与子西。

⑦勤民:为民事勤劳尽力。

⑧老:父老。

⑨连谷:楚地,今不详所在。

⑩莫余毒:"莫毒余"的倒置。毒,害。

⑪吕臣:楚大夫,即叔伯。

⑫奉己:保全自己。

【译文】

当初,楚国的子玉制作了一顶装饰有琼玉的冠并垂着玉穗子,还没有戴。开战之前,梦见河神告诉自己说:"把冠给予我,我赐给你孟诸泽旁边的土地。"他不肯给。大心与子西派荣黄去劝阻,他不听从。荣季说:"死了对国家有利,或许还要去做它,何况是琼玉呢?这不过如粪土一般,却可以用来成就军队,你又何必爱惜它呢?"也不听从。荣季退出来,告诉大心与子西二人说:"不是神灵要使令尹失败,令尹他不肯为民事勤劳,实在是自取失败。"已经打了败仗,楚王派人告诉他说:"大夫假如回来,你怎么面对申、息两地的父老?"子西、孙伯说:"成得臣打算死,是我们二人阻止他,说:'君主大概将会惩罚你。'"到达连谷子玉就自杀了。晋侯听到他死了而后才喜形于色,说:"没有人危害我们了。吕臣必为令尹,他只保全自己罢了,不会为民众考虑了。"

或诉元咺于卫侯曰①:"立叔武矣。"其子角从公②,公使杀之。喧不废命,奉夷叔以入守。六月,晋人复卫侯。宁武子与卫人盟于宛濮③,曰:"天祸卫国,君臣不协,以及此忧也。今天诱其衷,使皆降心以相从也④。不有居者,谁守社稷?不有行者,谁扞牧圉⑤?不协之故,用昭乞盟于尔大神以诱天衷⑥。自今日以往,既盟之后,行者无保其力⑦,居者无惧其罪。有渝此盟,以相及也⑧。明神先君,是纠是殛⑨。"国人闻此盟也,而后不贰。

【注释】

①诉:谮,诬陷。
②其子角:指元咺之子名角。
③宁武子:名俞,卫大夫。宛濮:地名,在今河南长垣市西南。
④降心:抑制心志,犹今言放弃成见。
⑤牧圉:放养牛马。养牛曰牧,养马曰圉。引申指外出诸侯所带的财产。
⑥天衷:内心的天理。
⑦保其力:谓恃其功而轻视人。保,恃,凭仗。力,功劳。
⑧相及:生恶念以相及。
⑨纠:纠察,检举。

【译文】

有人向卫侯诬陷元咺说:"他立叔武做国君了。"元咺的儿子元角跟随卫成公,卫成公使人杀了他。元咺并没有因此就废弃使命,辅佐叔武回国摄理政事。六月,晋人恢复卫侯的君位,宁武子跟卫国人在宛濮结盟,说:"老天爷给卫国降下灾祸,君臣不和睦一致,以致得到这种忧患。现在老天爷引发我们内心的天理,使我们都放弃成见而互相听从。如果没有在国内的人,谁来守卫国家?如果没有跟随行走的人，谁来捍卫外出诸侯所带的财产？因为不和睦一致的缘故，因此明白地乞求你们这些伟大的神明来引发我们内心的天理，从今日以后，已经盟誓之后，跟随出行的人不要凭仗他们的功劳，居住国内的人不要害怕他们的罪过。有人破坏了这个盟誓，灾祸就要降临到他头上。英明的神灵和先代的君主，就来检举，就来惩罚。"国都的人听到这个盟誓，而后没有二心。

卫侯先期入①，宁子先，长牂守门②，以为使也，与之乘而入。公子歂犬、华仲前驱③。叔武将沐，闻君至，喜，捉发走出④，前驱射而杀之。公知其无罪也，枕之股而哭之⑤。歂犬走出，公使杀之，元咺出奔晋。

【注释】

① 先期：在约定的日期之前。
② 长牂（zāng）：卫大夫，时为卫的守门。
③ 歂犬、华仲：二人为卫侯之前驱。
④ 捉发：不及束之以手握而出。捉，握。
⑤ 枕之股：枕之于股，将尸体枕在大腿上。

【译文】

卫侯在约定的日期之前就回国了，宁子又赶在卫侯之前，长牂正在看守城门，以为他是卫侯的使者，就跟他一道乘车进入。公子歂犬、华仲作为先遣部队，叔武将要洗头，听说君主来了，很高兴，用手握住头发就走了出来，先遣部队一箭就射死了他。卫成公知道他是无罪的，就把他枕在大腿上哭他。歂犬逃走出去，卫成公使人杀了他。元咺逃往晋国。

城濮之战，晋中军风于泽①，亡大旆之左旃②。祁瞒奸

左传·

命③，司马杀之④，以徇于诸侯。使茅筏代之。师还。壬午，济河。舟之侨先归，士会摄右⑤。秋七月丙申，振旅⑥，恺以入于晋⑦。献俘授馘，饮至大赏⑧，征会讨贰⑨。杀舟之侨以徇于国，民于是大服。君子谓："文公其能刑矣，三罪而民服⑩。《诗》云：'惠此中国，以绥四方⑪。'不失赏刑之谓也。"

【注释】

① 风于泽：在泽中遇大风。风用作动词，遇风。

② 亡：丢失。大旆之左旃(zhān)：前军之左旃。旃，用大赤色帛所制的不加画饰的旗。

③ 奸：犯，谓触犯军令。

④ 司马：官名，军中掌管军法的官。

⑤ 士会：士𦭜之孙，成伯之子，食邑于随、范，又称随会、范会。摄：暂理，代理。

⑥ 振旅：整顿部队。兵入曰振旅。旅，众。

⑦ 恺：通"凯"，凯旋，得胜归来。

⑧ 饮至：在宗庙里设宴慰劳。

⑨ 征会：征召诸侯以会于温。讨贰：讨伐有二心的人，指下文执卫成公与讨许。

⑩ 三罪：指杀颠颉、祁瞒、舟之侨。

⑪ 这两句诗见《诗经·大雅·劳民》。

【译文】

城濮的那次战役，晋国的中军在沼泽里遇到大风，丢失了中军左边的大旗，祁瞒触犯了军令，司马就杀了他，并在诸侯间示众，使茅筏代替他。军队往回走，壬午那一天，渡过黄河。舟之侨先回去了，士会摄理车右。秋七月丙申那一天，整顿队伍，得胜回来进入晋国。献了生俘,数了死俘,在宗庙里设宴庆贺,大规模犒赏。征召诸侯会见,惩治有二心的人,杀了舟之侨在国内示众,民众于是非常心服。君子认为晋文公能够正确使用刑罚了,加罪三人而民众心悦诚服。《诗经》说:"施惠这些中原诸侯国,来安抚四方各国。"这就是惩罚、奖励没有失误。

僖公三十年

九月甲午,晋侯、秦伯围郑,以其无礼于晋①,且贰于楚也②。晋军函陵③,秦军氾南④。

佚之狐言于郑伯曰⑤:"国危矣,若使烛之武见秦君⑥,师必退。"公从之。辞曰:"臣之壮也,犹不如人,今老矣,无能为也已。"公曰:"吾不能早用子,今急而求子,是寡人之过也。然郑亡,子亦有不利焉。"许之。

【注释】

① 无礼于晋:指公子重耳出亡时经过郑,郑文公不加礼遇的事。

② 贰于楚:指城濮之战前夕,郑伯如楚致其师的事。

③ 函陵:郑地,在今河南新郑市北。

④ 氾南:氾水之南。氾指东氾水,在今河南中牟县南。此水早已干涸。

⑤ 佚之狐:郑大夫。

⑥ 烛之武:郑大夫。

左传

【译文】

九月甲午那一天,晋侯、秦伯包围郑国,因为它对晋文公没有礼遇,并且对楚国有二心。晋军驻扎在函陵,秦军驻扎在氾水以南。

佚之狐告诉郑伯说:"国家危急了!假若使烛之武去见秦国君主,他的军队必定撤退。"郑文公听从了他的意见。烛之武推辞说:"我在壮年的时候,还不如别人;现在老了,更不能有所作为了。"郑文公说:"我不能早点任用你,现在有了危急又来求你,这是我的过错。然而郑国灭亡了,对你也有不利的地方啊!"烛之武答应了。

夜缒而出①,见秦伯,曰:"秦、晋围郑,郑既知亡矣。若亡郑而有益于君,敢以烦执事②。越国以鄙远③,君知其难也,焉用亡郑以陪邻④?邻之厚,君之薄也。若舍郑以为东道主⑤,行李之往来⑥,共其乏困⑦,君亦无所害。且君尝为晋君赐矣⑧,许君焦、瑕⑨,朝济而夕设版焉⑩,君之所知也。夫晋,何厌之有⑪?既东封郑⑫,又欲肆其西封⑬,若不阙秦,将焉取之?阙秦以利晋,唯君图之。"秦伯说,与郑人盟,使杞子、逢孙、扬孙戍之⑭。乃还。

【注释】

① 缒(zhuì):用绳缚住身体,从城墙上吊下来。

② 执事:指办事人员,实指秦穆公本人。不敢指斥尊者,犹言左右、阁下、足下之类。

③ 鄙:边鄙,边界。用作动词,以为边界。远:用作名词,远方的国家,指郑国。秦在西,郑在东,晋国在两国之间,故曰远。

④ 陪:增益,加强。邻:邻国,指晋国。

⑤东道主：东方道路上的主人。
⑥行李：行人，即后世所说的外交使节。
⑦乏困：犹言不足，指资粮的缺乏。
⑧为晋君赐：有赐于晋君，指秦穆公曾纳晋惠公夷吾事。一说，言前此晋惠公曾许赂秦穆公以求纳。
⑨焦、瑕：二邑名，故址在今河南三门峡市陕州区附近。
⑩济：渡河，指渡过黄河回国。设版：指设版筑城，准备守城。版，通"板"，筑城墙的夹板。
⑪何厌之有："有何厌"的倒置。
⑫封：封疆，疆界。用作动词，作为疆界。
⑬肆：扩张。
⑭杞子、逢孙、扬孙：三人皆秦大夫。

【译文】

夜晚他用绳子缚住身体从城墙吊了下去，见到秦穆公说："秦国、晋国包围郑国，郑国已经知道会灭亡了！假如灭亡郑国而对君主有利，怎敢冒昧地拿这件事情来麻烦您？越过一个国家而把远处的国家作为边界，君主是知道它的难处的。哪里用得着灭亡郑国来加强您的邻国呢？邻国的加强就是君主您的削弱。假若放弃郑国用来作为贵国东方道路的居停主人，外交使节的往来，供给他们资粮的不足，这对君主没有害处。并且君主您曾经对晋君有过恩赐，他们也答应过您焦、瑕二地，可他们早晨渡过黄河回国，晚上就设板筑城墙了，这是君主知道的事情。晋国有什么满足？既已在东边把郑国作为疆土，又想扩张西边的疆土，假如不损害秦国，将到哪里去取得？损害秦国来加强晋国，希望君主好好考虑这件事。"秦伯很高兴，跟郑国缔结了盟约，还派杞子、逢孙、扬孙守卫郑国，就回去了。

子犯请击之,公曰:"不可。微夫人之力不及此①。因人之力而敝之②,不仁。失其所与③,不知。以乱易整④,不武。吾其还也。"亦去之。

【注释】

①微:无。夫人:那人,指秦穆公。晋文公靠秦穆公以军事力量支持才得以回晋国为君主。

②敝之:使之敝,伤害他。敝,败。

③所与:与国,同盟国,指秦国。

④乱:互相攻打。整:步调一致。

【译文】

子犯请求攻击秦军。晋文公说:"不可以。没有那个人的帮助我到不了今天的地位。凭借了别人的力量又去伤害他,这不仁爱;失去了一个同盟,这不明智;用互相攻击来取代步调一致,这不勇武。我们还是回去吧!"也撤军离开了郑国。

僖公三十二年

冬,晋文公卒。庚辰,将殡于曲沃①,出绛②,柩有声如牛③。卜偃使大夫拜,曰:"君命大事。将有西师过轶我④,击之,必大捷焉。"杞子自郑使告于秦,曰:"郑人使我掌其北门之管⑤,若潜师以来,国可得也。"穆公访诸蹇叔⑥,蹇叔曰:"劳师以袭远,非所闻也。师劳力竭,远主备之⑦,无乃不可乎!师之所为,郑必知之。勤而无所⑧,

必有悖心⑨。且行千里，其谁不知？"公辞焉。

【注释】

① 殡：停柩待葬。曲沃：今山西闻喜县，晋国祖坟所在地。
② 绛：晋国国都，故城在今山西翼城县东。
③ 柩：已装有尸体的棺材。
④ 过轶：越过。轶，本指后车超过前车，此为突过的意思。
⑤ 管：锁钥。
⑥ 蹇叔：秦上大夫，元老大臣。
⑦ 远主：指郑国。
⑧ 勤：辛劳，劳苦。无所：无所得，没有好结果。
⑨ 悖：悖逆，怨恨。

【译文】

三十二年冬，晋文公死了。庚辰那一天，将要停柩待葬到曲沃。走出绛都，棺材内有声音像牛叫。卜偃使大夫跪拜，说："君主命令我们战事，将有西邻的军队突过我国，攻击它，必定大获全胜。"杞子从郑国派人到秦国报告说："郑国人让我们掌管北门的锁匙，假若暗地里派军队前来，这个国家可以取得。"秦穆公将此事向蹇叔询问。蹇叔说："使军队劳苦去袭击远方国家，是我没有听说过的事。军队劳苦，力量枯竭，远国的君主有了准备，恐怕不可以吧！我们军队的所作所为，郑国必定知道。辛劳而无有收获，必定有悖逆怨恨之心，并且行走千里，哪个会不知道？"秦穆公拒绝了他的意见。

召孟明、西乞、白乙①，使出师于东门之外。蹇叔哭之，曰："孟子②，吾见师之出而不见其入也。"公使谓之曰："尔何知？中寿③，尔墓之木拱矣④。"蹇叔之子与师，哭而

左传

送之，曰："晋人御师必于殽⑤。殽有二陵焉⑥：其南陵，夏后皋之墓也⑦；其北陵，文王之所辟风雨也。必死是间，余收尔骨焉。"秦师遂东。

【注释】

① 孟明、西乞、白乙：指秦军将领百里孟明视、西乞术、白乙丙。

② 孟子：孟明。

③ 中寿：指六七十岁。

④ 拱：两手合拢。

⑤ 殽：同"崤"，山名，在今河南洛宁县北，西北接三门峡市陕州区，东接渑池县。

⑥ 二陵：崤山有南北二山，相距三十五里，称二崤。山上有峻坡，下临绝涧，山路奇险，不能容两车并进。

⑦ 夏后皋：夏代君王，名皋，夏后桀的祖父。

【译文】

召来孟明、西乞、白乙，派他们把军队带到东门的外边，蹇叔哭着，说："孟先生，我能看到军队的出发却看不到它的返回了。"秦穆公派人告诉蹇叔说："你懂得什么？如果你只有六七十岁的寿命，你墓上的树都有一围了。"蹇叔的儿子参加了军队，蹇叔哭着送走他，说："晋国人抵御我们的军队必定在崤山，崤山有两座山陵，那南陵是夏后皋的坟墓所在地，那北陵是周文王躲避风雨的地方。你必定死在这两山之间，我会来收拾你的尸骨。"秦国军队于是向东出发了。

僖公三十三年

三十三年春，秦师过周北门①，左右免胄而下②。超乘者三百乘③。王孙满尚幼④，观之，言于王曰："秦师轻而无礼⑤，必败。轻则寡谋，无礼则脱⑥。入险而脱，又不能谋，能无败乎？"及滑⑦，郑商人弦高将市于周⑧，遇之。以乘韦先⑨，牛十二犒师，曰："寡君闻吾子将步师出于敝邑，敢犒从者。⑩不腆敝邑⑪，为从者之淹⑫，居则具一日之积⑬，行则备一夕之卫。"且使遽告于郑⑭。

【注释】

① 周北门：指周王朝京都洛邑的北门。

② 左右：战车的御者在中，左右指御者两旁的武士。胄：头盔。下：下车步行，表示对周王的敬礼。

③ 超乘者：一跃而上车的人。一跃而上是无礼举动。

④ 王孙满：周襄王之孙，名满。

⑤ 轻：轻狂放肆。

⑥ 脱：脱略，指粗心大意。

⑦ 滑：国名，姬姓。其地在今河南滑县。

⑧ 市：用作动词，进行贸易，做生意。

⑨ 乘韦：四张熟牛皮。先：古人送礼，有先后，礼物的质量是先轻后重。

⑩ 吾子：对人的敬爱的称呼，犹言我的先生。步师：行军。从者：跟从的人，实指秦军将帅，不敢斥指尊者，故指从者而言。

⑪ 腆：丰厚，富有。

⑫ 淹：停留，耽搁。

⑬ 积：指每天消耗的米、菜、薪、饲料等物资。

⑭遽：驿车。古代有紧急公文，每过一驿，换马一次，快速传递。这里用作状语，指用驿车急速报告。

【译文】

三十三年春，秦军经过周王朝国都洛邑的北门，战车左右两侧的武士脱去头盔下车，但有三百辆战车的武士上车时一跃而上。王孙满还年幼，看到这种情况，告诉周王说："秦军轻率而没有礼貌，必定失败。轻率就少谋略，没有礼貌就粗心大意，进入危险境地而粗心大意，又不能谋划，能够不失败吗？"秦师到达滑国，郑国的商人弦高将要去周王朝国都洛阳做买卖，遇上了秦军。他就先送了四张熟牛皮，然后拿十二头牛去犒劳秦军，说："我们君主听说先生您将要行军经过我们国家，胆敢来犒劳您的随从人员。我们的国家不富有，为了您的随从人员的停留，居住就准备好一天的物资供应，出行就做好一个晚上的警卫。"并且派人乘驿站的快车赶快向郑国报告。

郑穆公使视客馆，则束载、厉兵、秣马矣①。使皇武子辞焉②，曰："吾子淹久于敝邑，唯是脯资饩牵竭矣③。为吾子之将行也，郑之有原圃④，犹秦之有具囿也⑤。吾子取其麋鹿以闲敝邑⑥，若何？"杞子奔齐，逢孙、扬孙奔宋。孟明曰："郑有备矣，不可冀也⑦。攻之不克，围之不继，吾其还也。"灭滑而还。

【注释】

①束载：捆好行李装在车上。厉兵：磨好兵器。厉，借作砺，磨。秣马：喂饱马匹。此皆战前的准备工作。

②皇武子：郑大夫。

③脯：干肉。资：同"粢"，粮食。饩（xì）：已宰杀的牲畜。

牢：未宰杀的牲畜。竭：尽。

④ 原圃：郑国的兽苑（供打猎用），在今河南中牟县西北。

⑤ 具囿：秦国的供打猎用的兽苑，在今陕西宝鸡市凤翔区境内。

⑥ 麋：似鹿而大。闲：使闲，得到休息。

⑦ 冀：希望。

【译文】

郑穆公派人到客馆里去看，他们都捆好装好行李，磨好了兵器，喂饱了战马了。郑穆公派皇武子去辞谢他们，说："先生们停留在我国很久了，这就使干肉粮食死活牲口等各种物资都用完了。为了先生们将要出发，郑国有原圃就如同秦国有具囿，先生们自己去猎取一些麋和鹿，来使我们能休息一下，怎么样？"杞子逃跑到齐国，逢孙、扬孙逃跑到了宋国。孟明说："郑国已经有准备了，没有希望了。攻打它打不下，包围它没有后继，我们还是回去吧！"秦军灭掉滑国就回军了。

齐国庄子来聘①，自郊劳至于赠贿②，礼成而加之以敏③。臧文仲言于公曰："国子为政，齐犹有礼，君其朝焉。臣闻之，服于有礼，社稷之卫也。"

【注释】

① 国庄子：指国归父，齐国上卿。

② 郊劳：使者至受聘国的近郊，受聘国的国君派卿穿朝服用束锦慰劳。这是聘礼的开始。赠贿：聘事已经结束，客人将走，住在郊外，国君又派卿赠给礼物。这是聘礼的结束。

③ 敏：谓对事情处理得审慎而恰当。

【译文】

齐国的国庄子来鲁国聘问,从到郊外慰劳迎接到赠送财货送行,聘问的礼仪很成功而处事又审慎恰当。臧文仲告诉鲁僖公说:"国子执掌政权,齐国还有礼制,君主还是去朝见吧!我听说,顺从有礼制的国家,这是国家的保障。"

晋原轸曰:"秦违蹇叔,而以贪勤民①,天奉我也。奉不可失,敌不可纵。纵敌患生,违天不祥。必伐秦师。"栾枝曰:"未报秦施而伐其师,其为死君乎②?"先轸曰:"秦不哀吾丧而伐吾同姓③,秦则无礼,何施之为④?吾闻之,一日纵敌,数世之患也。谋及子孙,可谓死君乎?"遂发命,遽兴姜戎⑤。子墨衰绖⑥,梁弘御戎⑦,莱驹为右⑧。夏四月辛巳,败秦师于殽,获百里孟明视、西乞术、白乙丙以归。遂墨以葬文公。晋于是始墨。

【注释】

① 勤民:使民众劳苦。
② 死君:指晋文公。
③ 同姓:指郑国。晋国、郑国同为姬姓国。
④ 何施之为:"为何施"的倒置,犹言这还算什么施恩。
⑤ 姜戎:姜姓的戎,是秦晋之间的一个部族,和晋国友好。
⑥ 子:指晋文公之子晋襄公。因晋文公尚未安葬,故称子。墨:黑色。衰:孝服,本应是白色,因行军作战穿显得不吉利,故把孝服染成黑色。绖:麻的腰带,束孝服用。
⑦ 梁弘:晋大夫。
⑧ 莱驹:晋大夫。

僖公

【译文】

晋国的原轸说:"秦穆公违背蹇叔的劝阻,而因贪心使民众劳苦,这是老天爷帮助我们。老天的帮助不可失去,敌人不可放纵。放纵敌人就要产生忧患,违背天意就不吉祥。必定要攻打秦军。"栾枝说:"我们还没有报答秦国施与的恩惠,却要攻打他的军队,难道是忘了已死去的国君吗?"先轸说:"秦国不哀悼我们的丧事,却攻打我们的同姓国,秦国就没有礼,还算什么施恩?我听说,一天放纵敌人,就是几代人的灾患。我们的谋划想到了子孙,可以说是忘了死去的君主吗?"于是发布命令,赶快发动姜戎,孝子穿着黑色的丧服,系着黑色麻腰带,梁弘驾驭战车,莱驹做车右。夏四月辛巳那一天,在崤山打败了秦军,捕获百里孟明视、西乞术、白乙丙,把他们带回来,于是晋襄公穿黑色孝服安葬了晋文公,晋国从此就开始用黑色孝服。

文嬴请三帅①,曰:"彼实构吾二君②,寡君若得而食之,不厌,君何辱讨焉?使归就戮于秦,以逞寡君之志③,若何?"公许之。先轸朝,问秦囚。公曰:"夫人请之,吾舍之矣。"先轸怒曰:"武夫力而拘诸原,妇人暂而免诸国④。堕军实而长寇仇⑤,亡无日矣。"不顾而唾⑥。公使阳处父追之⑦,及诸河,则在舟中矣。释左骖⑧,以公命赠孟明。孟明稽首曰:"君之惠,不以累臣衅鼓⑨,使归就戮于秦,寡君之以为戮,死且不朽。若从君惠而免之,三年将拜君赐。"

【注释】

① 文嬴:晋文公夫人,秦穆公女,晋襄公嫡母。三帅:指百里孟明视、西乞术、白乙丙,秦军的统帅。
② 构:挑拨,离间。

135

③ 逞：快。用作使动词，有满足的意思。

④ 妇人：指文嬴。国母而称之为妇人，忘其尊卑，是怒极的表现。暂：短时间，仓促之间。

⑤ 堕（huī）：同"隳"，即毁，毁坏，消耗。军实：军用辎重。一说指战果，即所获秦军三帅。

⑥ 不顾：指不顾君臣的礼仪。唾：吐唾沫，极写先轸怒而失礼之状。

⑦ 阳处父：晋大夫。

⑧ 左骖：左边的骖马。古代驾车四马，中间两匹夹辕，称辕马。左右两匹称骖马。

⑨ 累臣：犹言囚臣，俘虏之臣，此孟明等自指。衅鼓：杀人以血涂鼓。古代有衅祭的仪式。

【译文】

　　文嬴请求赦免秦国的三位统帅，说："实在是他们离间我们两国的君主，我们君主假如得到他们，恨不得吃了他们，您何必屈尊去惩罚他们呢？让他们回到秦国去接受杀戮，来满足我国君主的心意，怎么样？"晋襄公答应了她的请求。先轸朝见晋襄公，询问秦国的俘虏，晋襄公说："夫人为他们说情，我放走他们了。"先轸生气了，说："战士们出力在原野里抓住他们，一个妇人就一下子从国都里赦免了他们，消耗军用物资而助长敌寇，亡国就没有几天了！"他不顾一切就吐了口唾沫。晋襄公派阳处父去追赶他们，他们已经在船上了。阳处父解下左侧骖马假装晋襄公的命令赠送给孟明。孟明叩了个头，说："君主的恩惠，不用我们这些被俘虏的臣子的血来涂在鼓上，使我们回到秦国去接受惩罚，我们君主把我们杀了，那我们死了也永远不忘大恩。假若因你们君主的恩惠而赦免我们，三年之后，我们将来拜谢君主的恩赐。"

秦伯素服郊次①，乡师而哭曰："孤违蹇叔以辱二三子，孤之罪也。不替孟明②，孤之过也。大夫何罪？且吾不以一眚掩大德③。"

僖公

【注释】

①素服：凶服，丧服。郊次：住在郊外等待。

②替：废，废除，中止。此言"我没有中止孟明攻郑的命令"。此为秦穆公语。一说，指没有撤掉孟明的职务。则此为作者的叙述语。二说皆可通。

③眚（shěng）：本指眼翳，引申作小过失的意思。

【译文】

秦伯穿着白色丧服住在郊外，面对着军队哭着说："我违背蹇叔的劝阻，而使你们几位受到耻辱，这是我的罪过。没有中止孟明攻郑的军令，这是我的过错。大夫有何罪过？并且我不会因为一点小缺点就掩盖大的德行。"

文 公

文公元年

　　初，楚子将以商臣为大子①，访诸令尹子上。子上曰："君之齿未也②，而又多爱，黜乃乱也。楚国之举③，恒在少者④。且是人也，蜂目而豺声，忍人也，不可立也。"弗听。

　　既又欲立王子职而黜大子商臣⑤。商臣闻之而未察，告其师潘崇曰："若之何而察之？"潘崇曰："享江芈而勿敬也⑥。"从之。江芈怒曰："呼⑦，役夫⑧！宜君王之欲杀女而立职也。"告潘崇曰："信矣。"潘崇曰："能事诸乎？"曰："不能。""能行乎？"曰："不能。""能行大事乎⑨？"曰："能。"

【注释】

① 楚子：楚成王。
② 齿：年齿，年岁。未：指年岁未老。
③ 举：立，指立为楚君。
④ 恒：常。
⑤ 王子职：商臣的庶弟。
⑥ 江芈：楚成王妹，嫁于江国。
⑦ 呼：表示惊怪的叹词。

⑧ 役夫：贱者之称。
⑨ 大事：此谓弑父弑君。

【译文】

当初，楚成王将要把商臣立为太子，向令尹子上访问此事。子上说："君主的年岁还不老，并且又多宠爱的人，如果立了商臣又加以废黜，就是祸乱。楚国立国君，经常是立年纪小的。而且这个人哪，胡蜂般的眼睛，豺狼般的声音，是一个残忍的人，不可以立为太子。"楚成王没有听从。

不久楚成王又想立王子职为太子而废黜太子商臣。商臣听到了这个消息，却还没有详细了解是否确实，告诉他的老师潘崇说："怎么样做才能了解确实情况？"潘崇说："你设宴款待江芈而故意不尊敬她。"商臣听从了潘崇的意见。江芈生气了，说："啊，贱东西，君王想杀了你而立王子职为太子是应该的。"商臣告诉潘崇说："消息确实了。"潘崇说："你能侍奉他吗？"商臣说："不能。""你能逃走到外国吗？"商臣说："不能。""你能干弑父弑君的大事吗？"商臣说："能。"

冬十月，以宫甲围成王①。王请食熊蹯而死②。弗听。丁未，王缢。谥之曰灵，不瞑；曰成，乃瞑。穆王立③，以其为大子之室与潘崇④，使为大师，且掌环列之尹⑤。

【注释】

① 宫甲：太子宫的士卒。宫，指东宫，太子所居之宫。甲，指士卒。
② 熊蹯（fán）：熊掌。意思是熊掌难熟，希望拖延时间以等待外援。
③ 穆王：楚穆王，名商臣，在位十二年（前625—前614）。

④大子之室：指为太子时所居宫室内的财物奴仆，非谓其所居之宫室。

⑤环列之尹：警卫王宫的长官。列兵而环王宫，故称环列。

【译文】

冬十月，商臣率领太子宫的士卒包围了楚成王。楚成王请求吃一顿熊掌才死，不准许。丁未那一天，楚成王上吊死了，给他谥号叫灵，不闭眼睛；给他谥号叫成，才闭了眼睛。楚穆王立为国君，把他做太子时的太子宫里的全部资财奴仆给予了潘崇，使他做了太师，并且兼任警卫王宫的长官。

文公二年

二年春，秦孟明视帅师伐晋，以报殽之役。二月，晋侯御之。先且居将中军，赵衰佐之。王官无地御戎，狐鞫居为右①。甲子，及秦师战于彭衙②。秦师败绩。晋人谓秦"拜赐之师"③。

【注释】

①狐鞫（jū）居：指下文的续简伯。续是其食邑，简伯或是他的字。

②彭衙：地名，即今陕西白水县东北的彭衙堡。

③"拜赐之师"：鲁僖公三十三年孟明对阳处父有"三年将拜君赐"之语，故晋以此讥讽他。

【译文】

二年春，秦国的孟明视率领军队攻打晋国，来报复殽地的那次战役。二月,晋侯去抵御他。先且居统帅中军,赵衰辅佐他,王官无地驾驭兵车,狐鞫居做车右。甲子那一天,跟秦师在彭衙开战,秦军大败。晋国人把这次战争叫作秦国的拜谢恩赐的战事。

文公

战于殽也,晋梁弘御戎,莱驹为右。战之明日,晋襄公缚秦囚,使莱驹以戈斩之。囚呼,莱驹失戈,狼瞫取戈以斩囚,禽之以从公乘,遂以为右。箕之役①,先轸黜之而立续简伯。狼瞫怒。其友曰:"盍死之?"瞫曰:"吾未获死所。"其友曰:"吾与女为难②。"瞫曰:"《周志》有之③,'勇则害上④,不登于明堂⑤'。死而不义⑥,非勇也。共用之谓勇⑦。吾以勇求右,无勇而黜,亦其所也。谓上不我知,黜而宜,乃知我矣。子姑待之。"

【注释】

① 箕之役:指鲁僖公三十三年晋人败狄于箕的那次战役。

② 为难:谓发难共杀先轸。

③《周志》:《周书》,指今存《逸周书》。下面引用的话见今《逸周书·大匡篇》。

④ 则:如,如果,假设连词。

⑤ 明堂:古代帝王宣明政教的地方。此指国君祭祀先祖时功臣配享的礼仪。此言勇猛如果危害在上位的人,死后就不能登入明堂而配享。

⑥ 死而不义:谓若杀先轸,则己必死,这是不义之死。

⑦ 共用:谓死于国用。

【译文】

在殽地作战的时候,晋国梁弘驾驭兵车,莱驹做车右。开战的

141

左传

第二天，晋襄公绑缚了秦国的俘虏，派莱驹用戈去斩了他们。俘虏大声呼叫，莱驹吓得戈都掉落了。狼瞫走上去拿起戈就斩了俘虏，捉住莱驹就去追赶晋襄公的车乘，就用他做了车右。箕地的那次战役，先轸罢免了狼瞫而用续简伯做了车右。狼瞫非常生气，他的朋友说："为什么不去死呢？"狼瞫说："我还没有找到死的地方。"他的朋友说："我跟你一道发难杀了先轸。"狼瞫说："《周书》有这样的话，'勇敢如果危害在上位的人，死后就不能登入明堂配享'。死了却得个不义的名声，这就不是勇敢。供给国家的需用就叫作勇敢。我凭勇敢求得车右，结果却以无勇（谓害上）而罢黜，那也就是应该的。我说在上位的人不了解我，现在罢黜得应该，那就是了解我了。你姑且等待着罢。"

及彭衙，既陈，以其属驰秦师①，死焉。晋师从之，大败秦。君子谓："狼瞫于是乎君子。诗②曰：'君子如怒，乱庶遄沮③。'又曰：'王赫斯怒④，爰整其旅⑤。'怒不作乱而以从师，可谓君子矣。"

【注释】

①属：部属，属于自己的兵。

②诗：下引用的诗句见《诗经·小雅·巧言》。

③庶：庶几，将近，差不多。遄（chuán）：疾，急速。沮：止。

④赫斯：犹赫然，怒貌。

⑤爰：于是。以上二句见《诗经·大雅·皇矣》。

【译文】

到了彭衙这次战役，既已列成战斗阵势，狼瞫率领他的部属驰入秦军，战死了，晋军跟随着他，就把秦军打得大败。君子认为：

"狼瞫在这一点上就算得是君子。《诗经》说:'君子如果发怒,混乱将近很快停止。'又说:'周王赫然大怒,于是就整顿他的军旅。'生气不作乱,却用来作战,可以说是君子了。"

秦伯犹用孟明。孟明增修国政,重施于民。赵成子言于诸大夫曰①:"秦师又至,将必辟之,惧而增德,不可当也。诗曰:'毋念尔祖②,聿修厥德③。'孟明念之矣。念德不怠,其可敌乎?"

【注释】
① 赵成子:指赵衰。
② 毋:发语词,无义。
③ 聿:语助词,无义。厥:其。

【译文】
秦穆公还是任用孟明。孟明就进一步注意处理好国家的政事,重重地施惠于民众。赵成子对那些大夫们说:"秦军如果又来,我们一定要躲避它。因恐惧增修德政,是不可抵挡的。《诗经》说:'思念你的祖宗,就修明你的德政。'孟明就想到这一点了。思念德政而不懈怠,哪里可以抵挡呢?"

文公十二年

秦为令狐之役故①,冬,秦伯伐晋,取羁马②。晋人御之。赵盾将中军,荀林父佐之。郤缺将上军,臾骈佐之③。栾盾将下军④,胥甲佐之⑤。范无恤御戎,以从秦师于河曲⑥。臾骈曰:"秦不能久,请深垒固军以待之⑦。"从之。

【注释】

① 令狐之役:在鲁文公七年。

② 羁马:晋邑,当在今山西永济市南。

③ 臾骈:赵氏部属。

④ 栾盾:栾枝子。

⑤ 胥甲:胥臣子。

⑥ 河曲:晋地,当在今山西永济市东,黄河自此折而向东,故曰河曲。

⑦ 深垒:高其壁垒。深,高。垒,军营墙壁或防御工事。固军:稳定军队,使勿急于进攻。

【译文】

秦国为了令狐那次战役的缘故,冬,秦伯攻打晋国,夺取了羁马。晋国人抵御他。赵盾统率中军,荀林父辅佐他;郤缺统率上军,臾骈辅佐他;栾盾统率下军,胥甲辅佐他。范无恤为赵盾驾驭兵车,在河曲迎战秦军。臾骈说:"秦军不能持久,请求高筑营垒稳定军心来对待他们。"赵盾听从了他的意见。

秦人欲战,秦伯谓士会曰①:"若何而战?"对曰:"赵氏新出其属曰臾骈,必实为此谋,将以老我师也,赵有侧室曰穿②,晋君之婿也,有宠而弱③,不在军事④,好勇而狂,且恶臾骈之佐上军也,若使轻者肆焉⑤,其可。"秦伯以璧祈战于河。

【注释】

① 士会:晋国人,鲁文公七年逃奔秦国,为秦军谋士。

②侧室：官名。古代诸侯置卿大夫，称家臣。卿又置侧室一官，专管宗族事务，以选宗族的旁支者充任，故曰侧室。一说，即支子，庶子。嫡子叫正室，支子叫侧，言在嫡子之侧。穿：赵穿，赵盾的叔伯兄弟。

③有宠：得赵盾宠爱。弱：年少。

④在：察，了解。

⑤轻者：轻率的人，勇而无刚的人。肆：突犯，暂往而退。

【译文】

秦国人想要开战，秦伯告诉士会说："怎么才能开战？"士会回答说："赵家新近出来一个部属叫作臾骈，必定是他出了这个主意，将用来使我军疲困。赵家有个侧室叫作赵穿，是晋君的女婿，得到赵盾宠爱而年少无知，不懂得军事，喜好勇敢而狂妄自大，并且憎恨臾骈辅佐上军，假若派遣轻率的人去突然袭击上军，也许就行了。"秦伯把璧玉投到黄河里祈求河神保佑能够开战。

十二月戊午，秦军掩晋上军①，赵穿追之，不及。反，怒曰："裹粮坐甲②，固敌是求③，敌至不击，将何俟焉④？"军吏曰："将有待也。"穿曰："我不知谋，将独出。"乃以其属出。宣子曰："秦获穿也，获一卿矣。秦以胜归，我何以报？"乃皆出战，交绥⑤。秦行人夜戒晋师曰⑥："两君之士皆未憖也⑦，明日请相见也。"臾骈曰："使者目动而言肆⑧，惧我也，将遁矣。薄诸河，必败之。"胥甲、赵穿当军门呼曰："死伤未收而弃之，不惠也；不待期而薄人于险⑨，无勇也。"乃止。秦师夜遁。复侵晋，入瑕⑩。

城诸及郓⑪，书，时也。

文公

【注释】

①掩：乘其不备而击之。

②坐甲：脱下甲衣坐在上面。一说，穿着甲衣坐着。

③固敌是求："固求敌"的倒置。求，寻找。

④俟：等待。

⑤绥：退军。

⑥行人：使者的通称。戒：告请。

⑦憖：愿，快意。

⑧目动而言肆：杜预注云："目动，心不安；言肆，声放失常节。"

⑨不待期：秦使者约明日相见，而晋军当夜出击，故曰不待期。

⑩瑕：在今山西芮城县南。一说，在今河南三门峡市陕州区。

⑪诸：故城在今山东诸城市西南。郓（yùn）：当在今山东沂水县东北。

【译文】

十二月戊午那一天，秦军袭击晋军的上军，赵穿去追赶他们，没有赶上，回来，怒气冲冲地说："带着粮食，披着铠甲，本来是为了寻找敌人，敌人来了却不去打，将要等待什么？"军吏说："将要有所等待。"赵穿说："我不懂得计谋，我打算独自出战。"就率领他的部属出兵了。赵宣子说："秦国如果俘虏了赵穿，就是俘虏了一个卿。秦国带着胜利回去，我却用什么向国人回报？"就全都出兵迎战。刚一接战就退兵了。秦国的使者在夜晚告诉晋军说："两国君主的士卒都不快意，明天请再相见。"臾骈说："使者眼神不定而语态失常，他们害怕我们了，将会逃走。在黄河边追击他们，必定把他们打败。"胥甲、赵穿挡住军营的大门大声喊道："死伤的人还未收捡就丢弃他们，这是不讲恩惠；不等待开战的日期就在险要的地方追击他们，这是没有勇气。"就停止了追击。秦国军队当夜就逃走了。他们又侵袭晋国，攻入了瑕地。

在诸邑和郓邑修筑城墙，《春秋》记载这一活动，是因为它符合施工的季节。

文公十八年

齐懿公之为公子也，与邴歜之父争田，弗胜。及即位，乃掘而刖之①，而使歜仆②。纳阎职之妻，而使职骖乘③。

夏五月，公游于申池④。二人浴于池，歜以扑抶职⑤。职怒。歜曰："人夺女妻而不怒，一抶女，庸何伤⑥？"职曰："与刖其父而弗能病者何如⑦？"乃谋弑懿公，纳诸竹中。归，舍爵而行⑧。齐人立公子元⑨。

六月，葬文公。

秋，襄仲、庄叔如齐⑩，惠公立故，且拜葬也。

【注释】

①掘：指挖出尸骨。刖（yuè）：古代砍掉脚的酷刑。
②仆：御，驾车。
③骖乘：陪乘，乘车时坐在车的右侧，戎车称车右，其他车辆则称骖乘。
④申池：杜预注云："齐南城西门名申门。齐城无池，唯此门左右有池，疑是此池。"当在今山东淄博市西。
⑤扑：驾车赶马的竹鞭。抶（chì）：打，击。
⑥庸：乃，却。
⑦病：恨。

⑧ 舍爵而行：杜预注云："饮酒讫乃去。言齐人恶懿公，二人无所畏。"

⑨ 公子元：齐桓公子，立为齐惠公，在位十年（前608—前599）。

⑩ 襄仲：公子遂。庄叔：叔孙得臣。

【译文】

齐懿公做公子的时候，与邴歜的父亲争夺田地，没有争赢。等到他即位做国君，就把邴歜之父的尸骨挖掘出来施行砍断脚的酷刑，却使邴歜为他驾车。夺取了阎职的妻子，却使阎职做陪乘。

夏五月，齐懿公到申池去游泳。他们两人在池中洗澡，邴歜用马鞭打了阎职。阎职生气了。邴歜说："别人夺取了你的妻子你不生气，我打你一下，又有什么关系？"阎职说："跟断了他父亲的脚而不能怀恨的人相比又怎么样？"他们就谋划杀了齐懿公，放他的尸体在竹林中，回家去，喝完酒才出逃。齐国人就立了公子元做国君。

六月，安葬了鲁文公。

秋，襄仲、庄叔到齐国去，因为齐惠公立为国君的缘故，并且拜谢齐国参加鲁文公的葬礼。

文公二妃敬嬴生宣公。敬嬴嬖而私事襄仲。宣公长而属诸襄仲，襄仲欲立之，叔仲不可①。仲见于齐侯而请之。齐侯新立而欲亲鲁，许之。

冬十月，仲杀恶及视而立宣公。书曰"子卒"②，讳之也。仲以君命召惠伯③。其宰公冉务人止之④，曰："入必死。"叔仲曰："死君命可也。"公冉务人曰："若君命可死，非君命何听？"弗听，乃入，杀而埋之马矢之中⑤。公冉务人奉其帑以奔蔡，既而复叔仲氏⑥。

夫人姜氏归于齐⑦，大归也⑧。将行，哭而过市曰："天乎，仲为不道，杀適立庶⑨。"市人皆哭，鲁人谓之哀姜。

【注释】

①叔仲：叔仲惠伯，又称叔彭生。

②子卒：子指鲁文公太子恶。不书"弑"或"杀"，而书"卒"，似他自己死去，故云讳之。

③君：鲁文公死，太子恶当立。此君是指太子恶。

④宰：卿大夫家中掌管家务的总管。

⑤马矢：马屎，马粪。

⑥复叔仲氏：复立其子为叔仲氏，不绝其后。

⑦夫人姜氏：指鲁文公四年迎娶的齐女出姜，太子恶及公子视之母。

⑧大归：已嫁妇女回母家后不再回夫家。出姜其二子被杀，故不得不大归。

⑨適：同"嫡"，嫡子。

【译文】

鲁文公的次妃敬嬴生了鲁宣公。敬嬴得到鲁文公宠幸，而私下侍奉襄仲。等鲁宣公长大之后就把他嘱托给襄仲。襄仲想要立宣公为国君，叔仲不同意。襄仲见到齐侯就请求他帮忙。齐侯新近被立为国君，想要亲近鲁国，就答应这件事。冬十月，襄仲就杀了太子恶及公子视，而立了鲁宣公。《春秋》记载说"子死了"，这是为了隐藏这件事的真实情况。襄仲以鲁君的命令召唤惠伯。惠伯的家务总管公冉务人阻止他，说："进入宫中必定会死。"叔仲说："死于国君的命令是可以的。"公冉务人说："假如真的是国君的命令，可以去死；可是这不真的是国君的命令，何必听从？"叔仲不听，就进入宫中，襄仲杀了他，把他埋藏在马屎当中。公冉务人带着叔仲的

·左传·

妻儿逃跑到蔡国,不久又复立了叔仲氏。

夫人姜氏回到齐国,这是回去而不再回来。将要动身离开的时候,她哭着走过街市说:"老天爷啊,襄仲干了不合道义的事,杀了嫡子,立了庶子。"街市上的人都跟着哭了,鲁国人把她叫作哀姜。

宣　公

宣公二年

　　晋灵公不君①，厚敛以雕墙②，从台上弹人而观其辟丸也③。宰夫胹熊蹯不熟④，杀之，置诸畚⑤，使妇人载以过朝。赵盾、士季见其手，问其故，而患之。将谏，士季曰："谏而不入，则莫之继也⑥。会请先，不入则子继之。"三进，及溜⑦，而后视之，曰："吾知所过矣，将改之。"稽首而对曰："人谁无过？过而能改，善莫大焉。《诗》曰：'靡不有初⑧，鲜克有终。'⑨夫如是，则能补过者鲜矣。君能有终，则社稷之固也，岂惟群臣赖之。又曰：'衮职有阙⑩，惟仲山甫补之⑪。'能补过也。君能补过，衮不废矣。"犹不改。宣子骤谏，公患之，使鉏麑贼之⑫。晨往，寝门辟矣⑬，盛服将朝，尚早，坐而假寐⑭。鉏麑退，叹而言曰："不忘恭敬，民之主也。贼民之主，不忠；弃君之命，不信。有一于此，不如死也。"触槐而死。

【注释】

① 不君：不像君主，指丧失了为君的准则。
② 敛：赋税。用作动词，征收赋税。雕：雕刻，绘画。
③ 丸：弹丸。
④ 宰夫：管掌膳食的小吏。胹（ér）：煮。

⑤ 畚（běn）：用草绳或竹篾编的盛物的器具。
⑥ 莫之继："莫继之"的倒置。
⑦ 溜：借作"霤"（liù），屋檐滴水之处。
⑧ 靡：无。
⑨ 此诗句见《诗经·大雅·荡》。
⑩ 衮：古代帝王及上公所穿的礼服。这里以衮代指帝王。阙：同"缺"，缺陷，缺点。
⑪ 仲山甫：周宣王时贤臣，即樊侯，故又称樊仲甫。时为卿士，辅佐周宣王中兴。此引诗句见《诗经·大雅·烝民》。《烝民》这首诗就是尹吉甫赞美仲山甫的功德的。
⑫ 鉏麑：晋国力士。
⑬ 辟：打开。
⑭ 假寐：不解衣冠而睡。

【译文】

晋灵公不像一个君主，他重重地收取赋税来装饰宫墙，从高台上用弹丸打人而观看他们躲避弹丸的情形。厨师烹煮熊掌没有煮熟，他就杀了那厨师，把他放在畚箕里，让女人顶在头上经过朝堂。赵盾、士季看见了他的手，询问那缘故，很为此事担心。打算劝阻晋灵公，士季说："劝阻他而听不进去，那就不能继续劝阻了。我士会请求先进去劝阻，他听不进去，您就继续劝阻他。"士会前进了三次，到达了堂前的屋檐下，晋灵公才看见他。晋灵公说："我知道错在哪里了，打算改正哩。"士会叩头回答说："人谁没有过错？错了能够改正，优点就没有比这个更大的了。《诗经》说：'任何事情无不有个好的开端，却很少能够有个好的结束。'像这样，那么能够弥补过错的人就很少了。君主能够有个好的结束，那么国家就有了保障了，难道仅仅是我们这些臣下依靠它？《诗经》又说：'穿衮龙衣的天子有缺失，只有仲山甫能够弥补它。'这说的就是能够弥补过失。君主能够弥补过失，这衮龙衣就不会废弃了。"晋灵公还是不改正。赵宣子多次劝阻，晋灵公很忧虑此事，就派钼麑去杀他。钼麑一大早就去了，只见赵盾的卧室门已经打开了，穿戴得整整齐齐，将要去上朝，还太早，就坐着打瞌睡。钼麑退了出来，叹了口气，说："不忘记恭谨严肃，真是百姓的主人。刺杀了人民的主人，就是不忠；丢弃国君的命令，就是不信。这两件事情有了一件，就还不如死了的好。"他就撞槐树死了。

秋九月，晋侯饮赵盾酒，伏甲将攻之。其右提弥明知之，趋登曰："臣侍君宴，过三爵，非礼也。"遂扶以下，公嗾夫獒焉①。明搏而杀之。盾曰："弃人用犬，虽猛何为？"斗且出，提弥明死之。

【注释】

① 嗾（sǒu）：用口作声指挥狗。獒：高大的猛犬。

【译文】

秋九月，晋侯请赵盾喝酒，埋伏下甲士将要攻击他。赵盾的车右提弥明知道了此事，就小跑着登上朝堂，说："臣下陪侍君主喝酒，超过三大杯，就不合礼制。"于是搀扶着赵盾走下朝堂，晋灵公使唤那只大猛狗。提弥明打死了它。赵盾说："丢开人而使唤狗，即使凶猛又能干什么呢？"一边搏斗一边退出，提弥明战死了。

初，宣子田于首山①，舍于翳桑②，见灵辄饿③，问其病。曰："不食三日矣。"食之④，舍其半。问之，曰："宦三年矣，未知母之存否，今近焉，请以遗之。"使尽之，而为之箪食与肉⑤，置诸橐以与之⑥。既而与为公介⑦，倒戟以御公徒⑧，而免之。问何故。对曰："翳桑之饿人也。"问其名居,不告而退,遂自亡也。

【注释】

① 首山:首阳山,亦即雷首山,在今山西永济市东南。
② 翳桑:有浓荫的桑树。一说,当是首山间的地名。
③ 灵辄:晋国人。
④ 食(sì):后作"饲"。给人吃。
⑤ 箪(dān):盛饭用的竹器。
⑥ 橐(tuó):盛物的袋子。小的叫橐,大的叫囊。与(yù):参与。
⑦ 介:通"甲",甲士,武士。
⑧ 倒戟:掉转戟。

【译文】

当初,赵宣子到首山去打猎,在一片有浓荫的桑树下休息,见到灵辄饿坏了,问他患了什么病。灵辄回答说:"三天没有吃东西了。"赵宣子给了他吃的,他留下一半。问他为什么留下,灵辄说:"做官三年了,还不知道母亲在不在。现在离家不远了,请求拿这些送给她。"赵宣子叫他吃完它,又给了他一竹篮饭食和肉,把它放在一个小口袋里给了他。后来他做了晋灵公的武士,于是他掉转戟来抵挡晋灵公的士卒,免除了赵盾的祸难。赵宣子问他这样做的缘故,他回答说:"我是在浓荫的桑树下的那个饥饿的人。"问他的姓名住处,他不做回答就退了出去,于是他自己逃跑了。

乙丑,赵穿攻灵公于桃园。宣子未出山而复①。太史书曰:"赵盾弑其君。"以示于朝。宣子曰:"不然。"对曰:"子为正卿,亡不越竟②,反不讨贼,非子而谁?"宣子曰:"乌呼③,'我之怀矣,自诒伊戚④',其我之谓矣!"孔子曰:

"董狐⑤，古之良史也，书法不隐。赵宣子，古之良大夫也，为法受恶。惜也，越竟乃免⑥。"

宣子使赵穿逆公子黑臀于周而立之⑦。壬申，朝于武宫。

宣公

【注释】

① 山：晋国境内的山。一说指温山，在今河南修武县北。复：返回。一说谓复其位，即恢复赵盾的官职。

② 竟：同"境"。

③ 乌呼：呜呼，叹词。

④ 诒（yí）：通"贻"，遗留，留下。伊：此，是，这个。此引诗句为逸诗。

⑤ 董狐：晋太史的姓名。

⑥ 越竟乃免：杜预注云："越竟则君臣之义绝，可以不讨贼。"

⑦ 公子黑臀：晋文公之子，即晋成公，在位七年（前606—前600）。

【译文】

乙丑那一天，赵穿在桃园攻杀了晋灵公。赵宣子还没有走出晋国的山就回来了。太史记载说："赵盾杀了他的君主。"把它放在朝堂上给大家看。赵宣子说："不是这样。"太史回答说："您是国家正卿，逃跑没有跑出国境，返回来不惩办凶手，不是您又是谁？"赵宣子说："啊呀！'因为我的怀恋，给自己带来了忧患'，这说的就是我呢。"孔夫子说："董狐是古代一位优秀的史官，据法直书而不隐讳。赵宣子是古代一位优秀的大夫，为了法度而忍受恶名。可惜呢，他离开国境就可以免除弑君的恶名。"

赵宣子使赵穿到周王朝迎接公子黑臀回国，立他做了国君。壬申那一天，黑臀在曲沃武公的祠庙里朝见先祖。

左传·

初，丽姬之乱①，诅无畜群公子，自是晋无公族②。及成公即位，乃宦卿之適而为之田③，以为公族，又宦其余子亦为余子④，其庶子为公行⑤。晋于是有公族、余子、公行。赵盾请以括为公族⑥。曰："君姬氏之爱子也⑦。微君姬氏，则臣狄人也⑧。"公许之。

冬，赵盾为旄车之族⑨。使屏季以其故族为公族大夫⑩。

【注释】

① 丽姬：骊姬，晋献公夫人。乱：指恃宠而谮杀太子申生，公子重耳、公子夷吾出逃，立其子奚齐为太子之乱。

② 公族：凡公之同姓子弟叫公族。公族大夫亦省称公族。

③ 宦：仕，授予官职。为：犹与。

④ 余子：嫡子之母弟。后余子为官名。

⑤ 庶子：姬妾之子。公行：官名，掌管君主的兵车和从行。

⑥ 括：赵括，赵盾的异母弟，亦称屏季。

⑦ 君姬氏：赵姬，晋文公之女，赵衰之妻，赵括之母。

⑧ 臣狄人：赵盾为赵衰从晋文公出亡在狄时所娶叔隗之子，事详见《僖公二十三年》篇。赵衰从晋文公返国后，赵姬固请迎叔隗与赵盾归晋，且请以赵盾为嫡子。事详见《僖公二十四年》篇。

⑨ 旄车之族：指余子，管掌国君的旄车（兵车）。兵车竖有旄旗，故兵车亦称旄车。

⑩ 故族：谓自赵夙以来的族属。赵盾为嫡子，为大宗，于古礼有收族的职责，所以他本统帅族人。今既以公族大夫让与赵括，所以也将他统率的故族让给赵括统领。

【译文】

当初，发生丽姬的动乱的时候，诅咒盟誓不畜养那些公子，从此晋国就没有公族大夫。等到晋成公即位做国君，就任用卿的嫡子做官，给予他田土，用他做公族大夫。又任命嫡子的同母弟做官，也用他们担任余子的官职。那些一般姬妾的儿子就做公行。晋国于是就有了公族、余子、公行这些官。赵盾请求用赵括做公族大夫，他说："他是君姬氏最喜爱的儿子。没有君姬氏的贤德，那我现在还是狄人。"晋成公允许了他的请求。冬，赵盾担任旄车之族的官，使屏季率领他以前统率的族人担任公族大夫。

宣公三年

楚子伐陆浑之戎①，遂至于洛②，观兵于周疆③。定王使王孙满劳楚子④。楚子问鼎之大小轻重焉⑤。对曰："在德不在鼎。昔夏之方有德也⑥，远方图物⑦，贡金九牧⑧，铸鼎象物⑨，百物而为之备，使民知神、奸。故民入川泽山林，不逢不若⑩。螭魅罔两⑪，莫能逢之，用能协于上下以承天休⑫。

【注释】

① 陆浑之戎：居住在陆浑的戎人。《僖公二十二年》篇载，秦、晋迁陆浑之戎于伊川，即今河南嵩县及伊川县境。陆浑，古地名，亦称瓜州，原指今甘肃敦煌一带。

② 洛：洛水，源出陕西洛南县西北部。东入河南，经今卢氏、洛宁、宜阳、洛阳，至偃师纳伊河，到巩义市洛口流入黄河。

③ 观兵：陈兵示威。

④ 定王：周定王。

⑤ 问鼎之大小轻重：杜预注云："示欲逼周取天下。"鼎，古代一种烹饪器，常见者为三足两耳。也视为立国重器，是政权的

象征。

⑥ 夏之方：指夏禹之世。

⑦ 图物：图画山川奇异之物而献之。

⑧ 贡金九牧：使九州之牧贡金。金，金属的通称，此指铜。九，指古九州。牧，州长曰牧。

⑨ 象物：依所图之物铸以象之。

⑩ 不若：不顺，指不利于自己的事物。

⑪ 螭魅：山神，鬼怪，指山林异气所产生的危害人的事物。罔两：传说山川中的精怪。字也作罔阆、魍魉、蜩蜽。

⑫ 用：因。休：美善，喜庆。杜预注云："民无灾害，则上下和而受天佑。"

【译文】

楚子攻打居住在陆浑的戎人，于是到了洛水，在周王朝的边境炫耀武力。周定王派王孙满去慰劳楚子。楚子询问鼎的大小轻重。王孙满回答说："鼎的大小轻重在于德行，不在鼎本身。从前正当夏王朝有德行的时候，远近四方送上图画的山川奇异的事物，九州的长官进贡青铜，夏禹王铸造了九个大鼎画上各地的奇异事物，各种事物因此全都具备，使民众知道什么是神灵、什么是奸邪。所以民众进入山林川泽，不会遇到不利于自己的事物。各种妖魔鬼怪，没有谁能够碰上它们，因此能够上下和睦一致而得到老天爷的保佑。

"桀有昏德，鼎迁于商①，载祀六百②。商纣暴虐，鼎迁于周③。德之休明，虽小，重也。其奸回昏乱④，虽大，轻也。天祚明德⑤，有所厎止⑥。成王定鼎于郏鄏⑦，卜世三十，卜年七百，天所命也。周德虽衰，天命未改，鼎之轻重，未可问也。"

【注释】

①鼎迁于商：商汤王伐灭夏桀王，故鼎迁于商朝。

②载祀：皆指年。《尔雅·释天》："夏曰岁，商曰祀，周曰年，唐、虞曰载。"

③鼎迁于周：周武王伐灭商纣王，故鼎又归于周朝。

④回：邪。

⑤祚：赐福。

⑥底（zhǐ）止：固定，稳定。底，至，定。谓天赐福给德行美好光明的人，必有所固定，不是随时可以变更的。

⑦成王：周成王。郏鄏（jiárǔ）：地名，即洛邑，故地在今河南洛阳市。

【译文】

"夏桀王有昏乱的德行，九鼎就传到了商朝，经过了六百年。商纣王残暴凶恶，九鼎就传移给了周朝。德行的美好清明，鼎即使小，也是挺重的；德行奸邪昏乱，鼎即使巨大，也是很轻的。老天爷赐福给有清明德行的人，总是有个稳定的时期。周成王安放九鼎在洛邑，占卜的世数是三十代，占卜的年数是七百年，这是上天这样安排的。周王朝的德行虽然衰落，但上天的安排还未改变，九鼎的轻重，还不能询问。"

宣公四年

楚人献鼋于郑灵公①。公子宋与子家将见②。子公之食指动，以示子家，曰："他日我如此，必尝异味。"及入，宰夫将解鼋，相视而笑。公问之，子家以告。及食大夫鼋，召子公而弗与也。子公怒，染指于鼎，尝之而出。公怒，欲杀子公。

【注释】

① 鼋（yuán）：大鳖，俗称癞头鼋。郑灵公：名夷，郑国国君，郑穆公太子，在位一年（公元前605）。

② 公子宋：子公。子家：公子归生。

【译文】

楚国人进献给郑灵公一只大鳖。公子宋和子家将要去朝见郑灵公，子公的食指颤动，把它指给子家看，说："之前我这样的话，一定会尝到新奇的美味。"等到进去，厨师正准备把大鳖切成块，他们二人互相望着发笑。郑灵公问他们笑什么，子家就将情况告知了郑灵公。等到给大夫鳖肉吃的时候，召来子公却故意不给他吃。子公生气了，把手指在鼎锅里蘸了一下，尝一尝就出去了。郑灵公也生气了，想要杀了子公。

宣公十二年

十二年春，楚子围郑，旬有七日，郑人卜行成，不吉。卜临于大宫①，且巷出车②，吉。国人大临，守陴者皆哭③。楚子退师，郑人修城，进复围之，三月克之。入自皇门④，至于逵路⑤。

【注释】

① 临（lìn）：哭吊。大宫：太宫，郑国的祖庙。

②巷出车：杜预注云："出车于巷，示将见迁，不得安居。"一说，谓陈车于街巷，表示虽困不降，一定要战。巷，街市的道里。

③埤（pí）：城上女墙。

④皇门：郑城门。

⑤逵：四通八达的大道。

【译文】

十二年春，楚子包围了郑国。包围了一十七天。郑国人占卜求和，不吉利。占卜在太庙里号哭，并且把车陈列在街巷里，吉利。国都的人就在太庙里大哭，连守城的人都在哭。楚子就退兵。郑国人又修理城墙，楚子又进军包围了它，围了三个月就攻下了它。从皇门进入城中，到达了四通八达的大街道。

郑伯肉袒牵羊以逆①，曰："孤不天②，不能事君，使君怀怒以及敝邑，孤之罪也。敢不唯命是听③？其俘诸江南以实海滨，亦唯命；其翦以赐诸侯④，使臣妾之⑤，亦唯命。若惠顾前好，徼福于厉、宣、桓、武⑥，不泯其社稷⑦，使改事君，夷于九县⑧，君之惠也，孤之愿也，非所敢望也。敢布腹心，君实图之。"左右曰："不可许也，得国无赦。"王曰："其君能下人⑨，必能信用其民矣，庸可几乎⑩？"退三十里而许之平。潘尫入盟⑪，子良出质⑫。

【注释】

①肉袒牵羊：表示顺服愿为臣仆。肉袒，脱衣露体。

②不天：谓不秉承上天的旨意。一说，谓不为上天所保佑。

③唯命是听："唯听命"的倒置。

④翦：消灭，斩断。

⑤臣妾：用作动词，做臣做妾。臣，男奴隶；妾，女奴隶。

⑥厉：周厉王。郑始祖郑桓公为周厉王之子。宣：周宣王。郑桓公为周宣王所封。桓：郑桓公，郑国的始封君。武：郑武公，郑桓公之子。

⑦泯：灭。社稷：土神和谷神，代指国家。

⑧夷：侪类，同辈。九县：犹言诸县。九为虚数，言其多。县，楚灭掉那些小国，皆置为县。

⑨下人：谓谦卑，能居人之下。

⑩几（jì）：通"冀"，希望。

⑪潘尪（wāng）：楚大夫。

⑫子良：公子弃疾，郑襄公弟。质：做人质。

【译文】

郑伯脱衣露体，牵着羊来迎接楚庄王，说："我不秉承上天的意旨，不能侍奉君主，使君主满怀愤怒而到达敝国，这是我的罪过。敢不只听从您的吩咐？您俘虏我送到长江以南的边远地区来充实海边，也听您吩咐；把我国消灭赐给诸侯，使我们去做奴隶，也听您吩咐。假若给予恩惠顾及从前我们两国间的友好，向我们的祖先周厉王、周宣王、郑桓公、郑武公求得福佑，不消灭我国的土神、谷神，使我改头换面侍奉君主，做个属国，等于楚国的那些县，这是君主的恩惠，也是我的愿望，但这不是敢于期望的。胆敢陈述我的内心的想法，君主您考虑考虑。"楚庄王左右的人说："不可以应允，夺取了一个国家，没有可赦免的。"楚庄王说："他的国君能够谦逊卑下，必定能够取信和使用他的民众，哪里可以希望得到郑国呢？"后退三十里，答应了郑国的求和。潘尪进入城中结盟，子良出国做人质。

夏六月，晋师救郑。荀林父将中军，先縠佐之①；士会将上军，郤克佐之②；赵朔将下军，栾书佐之③。赵括、赵婴齐为中军大夫④，巩朔、韩穿为上军大夫⑤，荀首、赵同为下军大夫⑥。韩厥为司马⑦。

宣公

【注释】

① 先縠（hú）：先轸孙或曾孙。食邑于彘，故又称彘子。
② 郤克：郤缺之子，又称郤献子。
③ 栾书：栾盾之子，又称栾武子。
④ 赵括、赵婴齐：屏括、楼婴，赵盾异母弟。
⑤ 巩朔：晋大夫，父称巩伯，士庄伯。
⑥ 荀首：荀林父之弟。赵同：原同，赵括、赵婴齐之同母兄。
⑦ 韩厥：韩万之玄孙，又称韩献子。

【译文】

夏六月，晋军援救郑国。荀林父统帅中军，先縠辅佐他；士会统帅上军，郤克辅佐他；赵朔统帅下军，栾书辅佐他。赵括、赵婴齐担任中军大夫，巩朔、韩穿担任上军大夫，荀首、赵同担任下军大夫。韩厥担任司马。

及河，闻郑既及楚平，桓子欲还①，曰："无及于郑而剿民②，焉用之？楚归而动③，不后④。"随武子曰⑤："善。会闻用师，观衅而动。德刑政事典礼不易，不可敌也，不为是征。楚军讨郑，怒其贰而哀其卑，叛而伐之，服而舍之，德刑成矣。伐叛，刑也；柔服，德也。二者立矣。昔岁入陈⑥，今兹入郑⑦，民不罢劳⑧，君无怨讟⑨，政有经矣⑩。荆尸而举⑪，商农工贾不败其业⑫，而卒乘辑睦⑬，事不奸矣。

163

【注释】

① 桓子：指荀林父，桓是其谥号。

② 无及于郑：谓郑已降楚，救之已晚。剿：劳。

③ 动：谓动兵伐郑。

④ 不后：谓不晚，不迟。

⑤ 随武子：指士会，食邑于随，谥武，故又称随武子。

⑥ 昔岁入陈：指去年伐陈杀陈夏征舒之战。

⑦ 今兹：今年。

⑧ 罢：同"疲"。

⑨ 怨：怨恨。讟（dú）：也是恨的意思，怨讟为同义复词。

⑩ 经：常，指常法。

⑪ 荆尸：楚兵阵名。

⑫ 商、贾：浑言之则指做买卖的人，无分别。析言之则行曰商，坐曰贾。

⑬ 奸：杜预注："犯也。"谓各不相犯。

【译文】

晋军到达黄河，听到郑国已经跟楚国讲和的消息，桓子想要撤军回国，说："已赶不上援救郑，却要使民众劳苦，哪里用得着这样？让楚国回去，我们再行动，不算落后。"随武子说："好。我士会听说用兵的原则，是观察敌人的空隙而后行动。德行、刑罚、政令、事务、典则、礼仪不违背法则，就不可抵敌，不去进行这样的征伐。楚国军队讨伐郑国，对它的三心二意感到愤怒而哀怜它的卑下柔顺，背叛就攻打它，顺服就赦免它，德行、刑罚就成功了。讨伐背叛，这是刑罚；安抚顺服，这是德行。这两者都树立起来了。去年楚国攻入陈国，今年攻入郑国，百姓不感到疲劳，君主没有受到怨恨，政令就有了固定的原则了。列成荆尸的阵势而后出兵，商人、农民、手工业者、店主的工作没有被扰乱，而步兵、车兵和睦团结，事务就安排得不相互干扰了。

宣公

"蒍敖为宰①,择楚国之令典②,军行,右辕,左追蓐,③前茅虑无④,中权⑤,后劲⑥,百官象物而动⑦,军政不戒而备⑧,能用典矣。其君之举也⑨,内姓选于亲⑩,外姓选于旧⑪;举不失德,赏不失劳;老有加惠,旅有施舍⑫;君子小人,物有服章⑬;贵有常尊,贱有等威。礼不逆矣。

【注释】

①蒍敖:孙叔敖。宰:令尹。孔颖达疏云:"《周礼》六卿,太宰为长,遂以宰为上卿之号。楚臣令尹为长,故从他国论之,谓令尹为宰。"

②令典:美好的典章制度。令,善,美。典,制度、法则。

③右辕,左追蓐:杜预、孔颖达皆以为,此之左右为车之左右。一说,左右谓左右军,非车左右。右辕,言右军从将车之辕所向而前进。追蓐,谓行军时遣别队前行以征集供给。蓐,草席,草垫。

④前:指前军,即先遣部队。茅:茅旌,用茅草做的旗帜。一说,茅当读作旄,牦牛。茅旌即旄旌,用牦牛尾装饰的旗帜。此用作动词,用茅旌做标帜。虑无:考虑所未必有的事情,即备豫不虞的意思。

⑤中权:中,中军。权,计谋,机变。用作动词,谓制定计谋。

⑥后劲:后,后军。劲,强劲有力,此指强劲的精兵。用作动词,指用精兵殿后。

⑦百官:指军中各级指挥官。谓旗帜上画有各种不同物类以表明其地位与职务,并依此去行动。

⑧戒:敕令,军令。

⑨举:指选拔人才,选拔官吏。

⑩内姓:同姓。亲:指支系之亲近者。

⑪外姓：异姓。旧：指旧族，世臣。
⑫旅：指羁旅之人，即在外奔波的人。
⑬物：标志，指君子小人的分别的标志。服：衣服。章：色彩。

【译文】

"芳敖担任令尹，选择楚国最好的法典，军队行进，分在兵车右边的步兵，紧随兵车两厢做好应战的准备；分在兵车左边的步兵，可以离开兵车去寻找铺草，做好宿营的准备。前锋部队用茅旌表示他们遇到的情况以警戒意外事件，中军制定作战的谋略，后续部队用强劲的精兵殿后，军中的各级指挥官根据绘有不同物象的旗帜而行动，军事政教不必等待命令就已经完备，这就是能够运用典则了。他们的君主选拔官吏的时候，对同姓的人在最亲近的支系中选拔，对异姓的人在世代做官的旧族中选拔；选拔不遗漏有德行的人，奖励不遗漏有功劳的人；对老年人有额外增加的恩惠，对在外奔波的人有赐予；对君子和小人，各有规定的衣服和色彩来加以区分；对尊贵的人有固定的礼仪以表示他的尊贵，对低贱的人有不同的等级来表示威严。这就是礼仪没有不顺畅的了。

"德立，刑行，政成，事时，典从，礼顺，若之何敌之？见可而进，知难而退，军之善政也。兼弱攻昧，武之善经也。子姑整军而经武乎，犹有弱而昧者，何必楚？仲虺有言曰①：'取乱侮亡。'兼弱也。《汋》曰②：'於铄王师③，遵养时晦④。'耆昧也⑤。《武》曰⑥：'无竞惟烈⑦。'抚弱耆昧以务烈所，可也。"彘子曰："不可。晋所以霸，师武臣力也。今失诸侯，不可谓力。有敌而不从，不可谓武。由我失霸，不如死。且成师以出，闻敌强而退，非夫也⑧。命为军帅，而卒以非夫，唯群子能，我弗为也。"以中军佐济。

【注释】

① 仲虺：商汤王左相。今伪古文《尚书》有《仲虺之诰》。下引语即见该篇。

②《汋（zhuó）》：《诗经·周颂》篇名。

③ 於（wū）：叹词。此表示赞美。铄：美。

④ 遵：率领。养：取。时：是，这。晦：昧。谓率领军队以攻取此昏昧的人。

⑤ 耆：致，致讨。

⑥《武》：《诗经·周颂》篇名。

⑦ 竞：强。烈：业。

⑧ 夫：丈夫。犹今言男子汉。

【译文】

"德行树立，刑罚施行，政令成功，事务适时，典则听从，礼仪顺当，怎么能够抵挡这样的敌人呢？看到可以干的事就前进，看到有困难的事就后退，这是行军作战的好方案。兼并弱小的，攻打昏乱的，这是动用武力的好原则。您姑且整顿军队而经营武备吧，还有弱小而昏乱的人，何必一定是楚国呢？仲虺有话说：'夺取动乱的国家，欺侮可以灭亡的国家。'这说的就是兼并弱小。《汋》那首诗说：'啊呀，多美好的周王的军队哟，率领它攻取这昏乱的国家。'这说的就是进攻昏乱的国家。《武》那首诗说：'没法子更加巨大的是他的功业。'占有弱小吞并昏乱，以致力于建立功业的处所，这就可以了。"彘子说："这不行。晋国能够称霸诸侯，就是因为军队勇敢，臣下尽力。现在失去诸侯，不可以说是尽力；有了敌人不去迎击，不可以说是勇敢。由我们丧失霸主地位，还不如死去。而且整顿军队，出来作战，听到敌军强大就后退，那不是男子汉。被任命做了军队的统帅，而以不是男子汉告终，只有诸位先生能办到，我是不会干的。"他就率领中军副帅所统属的部队渡过了黄河。

知庄子曰①："此师殆哉。《周易》有之，在师䷆之临䷒②，曰：'师出以律③，否臧④，凶。'执事顺成为臧，逆为否，众散为弱⑤，川壅为泽⑥，有律以如己也⑦，故曰律。否臧，且律竭也⑧。盈而以竭，天且不整⑨，所以凶也。不行之谓临⑩，有帅而不从，临孰甚焉！此之谓矣。果遇，必败，彘子尸之⑪。虽免而归，必有大咎⑫。"韩献子谓桓子曰："彘子以偏师陷⑬，子罪大矣。子为元帅，师不用命，谁之罪也？失属亡师，为罪已重，不如进也。事之不捷，恶有所分，与其专罪，六人同之，不犹愈乎？"师遂济。

【注释】

① 知庄子：荀首。

② 师䷆：《周易》卦名。坎☵下坤☷上。临䷒：《周易》卦名。兑☱下坤☷上。师䷆之临䷒，即师卦的初爻阴爻变为临卦（初爻为阳爻）。

③ 律：法令，律令。

④ 否臧（pǐzāng）：不善。否，不。臧，善。此两句见《周易·师卦》初六《爻辞》。

⑤ 众散为弱：师卦变为临卦，是下卦由坎卦变为兑卦。坎为众，坎卦变化，有众散的象征。兑卦为少女，为柔弱的象征。坎变为兑，即众散为弱之象。

⑥ 川壅为泽：坎为水，为川。坎变为兑，兑为泽，是川被淤塞的象。流水壅塞淤积就是泽。

⑦ 有律以如己：杜预注云："如，从也。法行则人从法，法散则法从人。坎以法象。今为众则散，为川则壅，是失法之用，从人

之象。"

⑧ 律竭：杜预注："竭，败也。"孔颖达疏云："竭是水涸之名。坎为水为法，水之竭似法之败，故云竭，败也。坎变为兑，则为水不流，为法不行，失为坎之用，是法败之象。"

⑨ 夭：摧折，阻塞。

⑩ 不行之谓临：坎变为兑，即川壅为泽，就变为临卦。泽水不流，即临为水不行所成。

⑪ 尸：主。谓彘子对失败负主要责任。

⑫ 咎：灾祸。明年，先縠即被杀。

⑬ 偏师：全军的一部分。彘子仅帅中军佐，故曰偏师。

【译文】

知庄子说："这支军队就危险了。《周易》有这样的卦象，叫作从师卦变到临卦，《周易·师卦》这一爻的爻辞说：'军队出动要依照律令，不依从律令，就不善了，凶险。'办事顺当而成功，就是善，违背了就是不善，大众溃散就变成柔弱，河川壅塞就变成沼泽，有法令听从自己指挥，所以叫作法令。不好好这样做，法令就失败了。由充满到枯竭，阻塞而不成整体，这就是凶险的原因。不能流动就叫作临卦，有统帅而不服从，还有比这个更加严重的临吗！临卦说的就是这个了。果真遇到敌人，必定打败仗，这个失败的责任主要由彘子承担。即使避免战死而回到国内，也必定有大的灾祸。"韩献子对桓子说："彘子率领的一部分军队覆灭了，您的罪过就大了。您担任主要统帅，军队不听从您的命令，这是谁的罪过？失去属国，丢掉军队，作为罪过就太重了，不如一道进军，战事不胜利，罪过可以有人分担，与其一个人承担罪责，跟六个人共同负担，不是还要好一点吗？"军队就都渡过了黄河。

楚子北，师次于郔①。沈尹将中军②，子重将左③，子

> 左传

反将右④,将饮马于河而归。闻晋师既济,王欲还,嬖人伍参欲战⑤。令尹孙叔敖弗欲,曰:"昔岁入陈,今兹入郑,不无事矣。战而不捷,参之肉其足食乎?"参曰:"若事之捷,孙叔为无谋矣。不捷,参之肉将在晋军,可得食乎?"令尹南辕反旆⑥,伍参言于王曰:"晋之从政者新,未能行令。其佐先縠刚愎不仁⑦,未肯用命。其三帅者专行不获⑧,听而无上,众谁适从?此行也,晋师必败。且君而逃臣,若社稷何?"王病之,告令尹,改乘辕而北之,次于管以待之⑨。

【注释】

① 邲(yán):地名,在今河南郑州市北。
② 沈尹:一说即孙叔敖,一说另是一人,不详孰是。
③ 子重:公子婴齐。
④ 子反:公子侧。
⑤ 伍参:伍奢之祖父。
⑥ 南辕:车辕向南。
⑦ 刚愎:傲慢固执。
⑧ 专行不获:杜预注云:"欲专行而不得。"
⑨ 管:地名,在今河南郑州市。

【译文】

楚子率军北进,军队驻扎在邲地。沈尹统帅中军,子重统帅左军,子反统帅右军。将要在黄河里让马喝水,而后撤军回国。听说晋军已经渡过黄河,楚庄王想要回军,被楚王宠幸的臣下伍参想要迎战,令尹孙叔敖也不想开战,说:"去年攻入陈国,今年攻入郑国,不能说没有打仗了。开战如果不能取胜,你伍参身上的肉难道够大家吃吗?"伍参说:"假若战事取得胜利,你孙叔算是没有谋略。如果不能取胜,我伍参身上的肉将在晋军那里,能够吃得着吗？"令尹把车辕指向南方，掉转了指挥大旗，准备撤军回国。伍参对楚庄王说："晋国执政掌权的人刚刚走马上任，不能行使命令。他们的中军副统帅先縠傲慢而固执，不讲仁爱，不肯听从命令。他们的三位主帅，想要专断行事却办不到。大家想听从命令，却没有有专断权的上级，叫大家主要听从谁的呢？这次战事，晋军必定失败。并且您是君主却逃避那些臣下，这把国家的地位放在哪里呢？"楚庄王对此很为难，派人告诉令尹，掉转乘坐的战车指向北方，楚庄王驻扎在管地来等待令尹。

晋师在敖、鄗之间①。郑皇戌使如晋师②，曰："郑之从楚，社稷之故也，未有贰心。楚师骤胜而骄，其师老矣，而不设备，子击之，郑师为承③，楚师必败。"郤子曰："败楚服郑，于此在矣，必许之。"栾武子曰："楚自克庸以来④，其君无日不讨国人而训之于民生之不易⑤，祸至之无日，戒惧之不可以怠。在军，无日不讨军实而申儆之于胜之不可保⑥，纣之百克，而卒无后。训之以若敖、蚡冒⑦，筚路蓝缕⑧，以启山林。箴之曰⑨：'民生在勤，勤则不匮。'不可谓骄。

【注释】

① 敖、鄗（hào）：二山名，皆在今河南荥阳市北。
② 皇戌：郑卿。
③ 承：继，后继。
④ 克庸：在鲁文公十六年。
⑤ 讨：治理。于：以，用。
⑥ 军实：此指军中的指挥员和战士。申儆：犹再三告诫。
⑦ 若敖：楚之先君，名熊仪，当周幽王之世。蚡冒：楚之先

宣公

君，名熊䝝，霄敖之子。

⑧筚路：用荆竹编的车，亦称柴车。蓝缕：敝衣。

⑨箴：告诫，规谏。

【译文】

晋军驻扎在敖山、鄗山之间。郑国皇戌派人来到晋国军队，说："我们郑国屈从楚国，是为了保存国家的缘故，对晋国并没有三心二意。楚军多次打胜仗，很骄傲，他们的军队已经疲惫不堪了，又不做好战争的准备，你们攻打它，郑国军队紧随着跟上来，楚军一定失败。"彘子说："打败楚国，征服郑国，就在这一仗了，一定要答应他们。"栾武子说："楚国自从战胜庸国以来，他们的君主没有一天，不以民众生计的不容易、灾祸到来的没有定时、警戒畏惧的不可以懈怠，来治理并告诫国内的人们；在军队中，他没有一天，不把胜利的不可以保障、商纣王百战百胜却最终亡国没有后代的事实，来治理军队并再三告诫军中将领与士卒。把楚国的两位先君若敖、蚡冒，乘坐荆柴车、穿着破衣裳来开辟山林的劳苦精神来告诫他们。告诫他们说：'百姓的生计在于勤劳，勤劳就不会遇到困乏。'这不可以说他们骄傲。

"先大夫子犯有言曰①：'师直为壮，曲为老。'我则不德，而徼怨于楚②，我曲楚直，不可谓老。其君之戎③，分为二广④，广有一卒⑤，卒偏之两⑥。右广初驾⑦，数及日中⑧；左则受之，以至于昏。内官序当其夜⑨，以待不虞，不可谓无备。子良，郑之良也。师叔⑩，楚之崇也。师叔入盟，子良在楚，楚、郑亲矣。来劝我战，我克则来，不克遂往，以我卜也⑪，郑不可从。"

【注释】

① 子犯：舅犯。下面的引语见《僖公二十八年》篇。
② 徼：招致。
③ 君之戎：指楚君的亲兵的戎车。
④ 广（guàng）：楚国军制，兵车十五乘为广。
⑤ 卒：军队组织，一百人为一卒。一说，指车数，三十乘为一卒，以一卒为一广。
⑥ 偏：指兵车十五乘。两：二十五人。一说，一偏是十五乘，两偏是三十乘。
⑦ 初驾：犹言先驾。
⑧ 数：数漏刻。
⑨ 内官：指楚王左右亲近之臣。序：依次序。当：担当，值班。
⑩ 师叔：指潘尪。
⑪ 以我卜：谓以战争的胜败来决定他们从晋或从楚，如同用占卜决定一样，故曰以我卜。

【译文】

"已经去世的大夫子犯有话说：'出兵理直就士气旺盛，理亏就士气低落。'我们自己不施恩德，而招来楚国的怨恨，我们理亏，楚国理直，不可以说他们的军队疲竭。他们君主亲兵的兵车，分为左右二广，每一广有步卒百人，一百名士卒和十五辆兵车之外又有二十五名士卒做后备。右广天明就先套车，计算时间到达中午，左广就来接他们的班，一直到黄昏时候，左右近侍的臣子依次序担当夜晚值班警戒，来对待处理意外事件，不可以说他们没有准备。子良是郑国的优秀人才，师叔是楚国受到尊崇的人士，师叔进入郑国结盟，子良到楚国做人质，楚国、郑国已经很亲近了。他们来鼓动我们出战，我们战胜了，他们就投靠我们，我们战败了，他们就去投靠楚国，这是用我们来决定他们何去何从，郑国人的话不可以听从。"

赵括、赵同曰:"率师以来,唯敌是求。克师得属,又何俟?必从巑子。"知季曰①:"原、屏,咎之徒也②。"赵庄子曰③:"栾伯善哉④,实其言⑤,必长晋国⑥。"

【注释】

① 知季:指知庄子荀首。

② 原、屏:原同、屏括,即赵同、赵括。咎之徒:取咎之道。指鲁成公八年赵同、赵括被杀。徒,借作"途",途径,道路。

③ 赵庄子:赵朔。

④ 栾伯:栾书。

⑤ 实:实践,实行。

⑥ 长:长久,谓能使晋长久。一说,长读为长(zhàng),谓为晋国长,即当执晋国之政。

【译文】

赵括、赵同说:"率领军队来到这里,就只是为了寻找敌人,战胜楚国的军队,得到郑国这个属国,又还等待什么呢?必定要听从巑子的意见。"知季说:"赵同、赵括是在走向灾祸的道路呢。"赵庄子说:"栾伯说得好啊,实践他的话,必定会使晋国长治久安。"

楚少宰如晋师①,曰:"寡君少遭闵凶②,不能文③。闻二先君之出入此行也④,将郑是训定⑤,岂敢求罪于晋?二三子无淹久。"随季对曰:"昔平王命我先君文侯曰⑥:'与郑夹辅周室,毋废王命。'今郑不率⑦,寡君使群臣问诸郑,岂敢辱候人⑧?敢拜君命之辱。"巑子以为谄,使赵括从而更之,曰:"行人失辞。寡君使群臣迁大国之迹于郑⑨,曰:'无辟敌。'群臣无所逃命⑩。"

【注释】

① 少宰:官名。

② 闵凶:遭遇丧事,即父亲去世。

③ 文:指辞令。

④ 二先君:指楚成王、楚穆王,即楚庄王的祖父和父亲。出入此行:犹言往来于郑国。行:道。

⑤ 郑是训定:"训定郑"的倒置。

⑥ 平王:周平王。文侯:晋文侯,名仇。当周平王东迁洛邑之初,晋文侯与郑武公共定周室。

⑦ 率:遵循,谓郑国不遵循周王命令跟晋国亲近。

⑧ 候人:道路迎送宾客的官吏。

⑨ 迁大国之迹于郑:意谓使大国离开郑国,此为外交辞令,比较委婉,直言是把大国赶出郑国。迁,徙。大国,指楚国。

⑩ 无所逃命:指必与楚战。命,指晋君之命。

【译文】

楚国的少宰来到晋军,说:"我们君主还年轻时就遭遇丧父的忧患,不善于辞令。听说我国两位去世了的君主来行这条通往郑国的道路,只打算教训和安定郑国,哪里敢于得罪晋国?你们几位不要滞留得太久。"随季回答说:"从前周平王命令我国的先代君主晋文侯说:'跟郑国一道共同辅佐周王室,不要废弃周王的命令。'现在郑国不遵循周王的命令,我们的君主使我们这些臣下来到郑国责问此事,哪里敢烦劳候人?谨拜谢君主的命令。"彘子认为随季说得太献媚,就使赵括跟着去更正说:"使者的辞令说得不恰当。我们君主使我们这些臣下来把大国的足迹挪动出郑国,说:'不要回避敌人。'我们这些臣下不能违背我们君主的命令。"

左传

楚子又使求成于晋，晋人许之，盟有日矣。楚许伯御乐伯，摄叔为右，以致晋师①。许伯曰："吾闻致师者，御靡旌、摩垒而还②。"乐伯曰："吾闻致师者，左射以菆③，代御执辔，御下两马④，掉鞅而还⑤。"摄叔曰："吾闻致师者，右入垒⑥，折馘，执俘而还。"皆行其所闻而复。晋人逐之，左右角之⑦。乐伯左射马而右射人，角不能进，矢一而已。麋兴于前，射麋丽龟⑧。晋鲍癸当其后，使摄叔奉麋献焉，曰："以岁之非时，献禽之未至，敢膳诸从者。"鲍癸止之，曰："其左善射，其右有辞，君子也。"既免。

【注释】

① 致晋师：杜预注云："单车挑战。"孔颖达疏云："致师者，致己欲战之意于敌人，故单车扬威武以挑之。"致，招致。

② 靡旌：使旌旗披靡。盖赶车甚速，则车辕自然稍偏，其旌旗自然倾斜之状貌。摩：迫，近。垒：壁垒，营垒。

③ 左：车左，乐伯自指。古代兵车，若非元帅之车，则御者在中，射者在左，戈、盾在右。故此兵车的三位甲士：许伯御者，居中，乐伯以弓矢在左，摄叔以戈、盾在右。菆（zōu）：矢之善者，好箭。

④ 两马：杜预注云："两，饰也。"谓刷拭马毛，使马毛洁净。一说，两是整齐的意思。

⑤ 掉鞅：掉，杜预注云："正也。"鞅，马拉车时套在马颈的皮带。孔颖达疏云："饰马者，谓随宜刷刮马，又正其鞅以示闲暇。"

⑥ 右：车右，摄叔自指。

⑦ 左右角之：晋军分三路夹击。正面追击的是鲍癸。另分左右两路夹击。左右，指在鲍癸左右夹击敌人的战士。角，隅，一旁。此用作动词，指在敌人左右两侧夹击。

⑧丽：着，射中。龟：指隆起的兽背。

【译文】

楚子又派人向晋国请求讲和，晋国人答应了，结盟已经有了日期了。楚许伯给乐伯驾车，摄叔做车右，来向晋国挑战。许伯说："我听说挑战的人，驾车的人要使车速快得使旗帜倒伏、迫近敌人的营垒而后回来。"乐伯说："我听说挑战的人，车左要用好箭射击，代替驾车的人拿住马缰绳，驾车的人下车梳理马毛，系好马颈上负轭的皮带而后回来。"摄叔说："我听说挑战的人，车右要进入敌人营垒，杀死敌人割取左耳，抓住几个俘虏而后回来。"他们都施行了他们所听说的而后往回走。晋国人追赶他们，张开左右两翼夹击他们。乐伯向左边射马，向右边射人，夹击的人不能前进。乐伯只剩下一支箭了，有一只麋鹿出现在他面前，他射击那只麋鹿，射中了麋鹿的背。晋国的鲍癸正在他们的后面追击，乐伯使摄叔拿着那只麋鹿奉献给他，说："因为今年还不到献禽的季节，献禽的人还没有来，谨把这只麋鹿奉献给您的随从做膳食。"鲍癸制止了追击的人，说道："他们的车左善于射箭，他们的车右善于辞令，都是君子啊。"因此他们三人全都免于被俘虏。

晋魏锜求公族未得①，而怒，欲败晋师。请致师，弗许。请使，许之。遂往，请战而还。楚潘党逐之②，及荧泽③，见六麋，射一麋以顾献曰④："子有军事，兽人无乃不给于鲜⑤，敢献于从者。"叔党命去之⑥。赵旃求卿未得⑦，且怒于失楚之致师者。请挑战，弗许。请召盟，许之。与魏锜皆命而往⑧。

【注释】

①魏锜（qí）：又称厨武子，又称吕锜，魏犨之子。一说，魏

颙之孙。

②潘党：潘尪之子。

③荧泽：泽名，久已夷为平地，其地当在今河南荥阳市东。

④顾：回首。

⑤兽人：官名，掌捕捉禽兽。鲜（xiān）：杜预注云："新杀为鲜。"

⑥叔党：指潘党。

⑦赵旃：赵穿之子。

⑧皆命：谓皆受命。

【译文】

晋国魏锜要求做公族大夫没有得到，就生气了，想要使晋军失败。请求去挑战，不得允许。又请求出使，就答应了他的请求。他就去了，向楚军请战之后就回来了。楚国潘党追逐他，他到达荧泽，看见六只麋鹿，就射了一只麋鹿，回转车子，奉献给潘党说："您有军务在身，兽人恐怕顾不上供给新鲜的肉食，冒昧地奉献给跟随您的人。"叔党就命令士兵放过了他。赵旃要求做卿没有得到，并且对放走楚国前来挑战的人感到愤怒。请求去挑战，没有允许。请求召唤楚人来结盟，答应了他的请求。与魏锜都奉命前去。

郤献子曰①："二憾往矣②，弗备必败。"彘子曰："郑人劝战，弗敢从也。楚人求成，弗能好也。师无成命，多备何为？"士季曰："备之善。若二子怒楚，楚人乘我③，丧师无日矣。不如备之。楚之无恶，除备而盟，何损于好？若以恶来，有备不败。且虽诸侯相见，军卫不彻④，警也。"彘子不可⑤。士季使巩朔、韩穿帅七覆于敖前⑥，故上军不败。赵婴齐使其徒先具舟于河，故败而先济。

【注释】

① 郤献子：郤克。
② 二憾：指魏锜与赵旃。
③ 乘：指陵压掩袭。
④ 彻：去掉，撤除。
⑤ 不可：谓不肯设备。
⑥ 敖：敖山。

【译文】

郤献子说："两个心怀怨恨的人去了，不做准备，必定失败。"彘子说："郑国人劝我们出战，我们不敢听从；楚国人要求讲和，不能友好对待。军队没有既定的战略，多做准备做什么？"士季说："还是做点准备好。假若他们二人激怒了楚国，楚国人出其不意地袭击我们，离丧失军队就不远了。不如防备他们。楚国人没有恶意，去掉准备就结盟，这对于友好有什么损害？假如他们怀有恶意前来，有了准备就不会失败。并且即使诸侯相见，军队的警卫也不撤除，这是为了戒备。"彘子不同意。士季使巩朔、韩穿率领七支伏兵埋伏在敖山前面，所以上军没有战败。赵婴齐派他的随从先在黄河边准备好了船只，所以战败后率先渡过了黄河。

潘党既逐魏锜，赵旃夜至于楚军，席于军门之外①，使其徒入之。楚子为乘广三十乘，分为左右。右广鸡鸣而驾，日中而说②；左则受之，日入而说。许偃御右广，养由基为右③；彭名御左广，屈荡为右。乙卯，王乘左广以逐赵旃。赵旃弃车而走林，屈荡搏之，得其甲裳。晋人惧二子之怒楚师也，使钝车逆之。潘党望其尘，使骋而告曰："晋师至矣。"楚人亦惧王之入晋军也,遂出陈。孙叔曰:"进之。宁我薄人,无人薄我。《诗》云:'元戎十乘④,以先启行⑤。'先人也⑥。《军志》曰:'先人有夺人之心⑦。'薄之也。"遂疾进师,车驰卒奔,乘晋军。桓子不知所为,鼓于军中曰:"先济者有赏。"中军、下军争舟,舟中之指可掬也⑧。

【注释】

①席:座席。用作动词,布席而坐。杜预注云:"布席而坐,示无所畏也。"

②说(shuì):通"税"。休息,止息。犹今言卸车。

③养由基:亦称养叔,楚国擅长射箭的人。杜预注曰:"楚王更迭载之,故各有御、右。"谓楚王更迭乘坐左、右广,故左、右广皆有御者和车右。

④元戎:古代的大型战车。元,大。

⑤启行:开道。一说,打开敌人的行伍。此诗句见《诗经·小雅·六月》。

⑥先:用作动词,在人之先,犹今言争取主动。

⑦心:指恋战之心,准备抵抗的想法。

⑧掬:双手捧起。

【译文】

潘党已经追逐过魏锜,赵旃在夜晚到了楚军,垫上座席坐在楚军军门的外边,使他的随从人员进入楚军。楚子安排乘坐的兵车三十辆,分为左右两广。右广鸡叫就驾好车,等到中午就卸车休息;左广接替右广,等到太阳落山就卸车休息。许偃驾驶右广,养由基做车右;彭名驾驭左广,屈荡做车右。乙卯那一天,楚庄王乘坐左广去追逐赵旃。赵旃丢掉车子,跑入树林,屈荡打他,获得甲衣的下裳。晋国人害怕魏锜、赵旃二人激怒楚国军队,派钝车去迎接他们。潘党望见那钝车扬起的尘土,就派人骑马奔驰前去报告说:"晋国军队来了。"楚国人也害怕楚庄王陷入晋军,就出兵列阵。孙叔说:"向前推进。宁肯我们去逼迫别人,不要让别人逼迫我们。《诗经》说:'大兵车十辆,用它们在前面开路。'这是说抢在别人的前面。《军志》说:'抢在别人前面就有夺去别人准备抵抗的想法的作用。'这就是说要逼迫别人。"于是赶快进兵,战车驰骋,士卒飞奔,掩击晋军。桓子不知道应该怎么对付,在军中擂响战鼓说:"先渡过黄河的人有奖赏。"中军和下军争夺船只,船中砍脱的手指多到可以用双手捧起来。

晋师右移①,上军未动。工尹齐将右拒卒以逐下军②。楚子使唐狡与蔡鸠居告唐惠侯曰③:"不穀不德而贪,以遇大敌,不穀之罪也。然楚不克,君之羞也,敢借君灵以济楚师④。"使潘党率游阙四十乘⑤,从唐侯以为左拒,以从上军。驹伯曰⑥:"待诸乎⑦?"随季曰:"楚师方壮,若萃于我,吾师必尽,不如收而去之。分谤生民⑧,不亦可乎?"殿其卒而退,不败。王见右广,将从之乘。屈荡户之⑨,曰:"君以此始,亦必以终。"自是楚之乘广先左。

【注释】

① 右移:黄河在晋军之右,故中军、下军都崩溃而右移就河。

② 工尹:官名。齐:人名,楚大夫。右拒:阵名。拒,方形阵势。

③ 唐狡、蔡鸠居:皆楚大夫。唐惠侯:唐国国君。唐,国名,姬姓,其地在今湖北随县西北的唐县镇。孔颖达疏曰:"此未战之前告,经不书唐侯者,为楚私属,故不见也。"

④ 灵:福。

宣公

⑤游阙：巡游以备补缺的兵车，犹今言预备部队、机动部队。
⑥驹伯：指郤克子郤锜。
⑦待：御，抵御。
⑧生民：使民生。不战即不死人，能让人活下去。
⑨户：止。

【译文】

晋军向右边移动，上军没有动。楚国工尹名齐统帅右边方阵来追击晋国下军。楚子派唐狡和蔡鸠居告诉唐惠侯说："我没有德行而有贪欲，遇到了大敌，这是我的罪过。然而楚国失败，也是君主您的羞辱。冒昧地想借助君主您的福泽来救助楚国军队。"派潘党率领预备车队四十辆，跟随唐侯作为左边方阵，来进击上军。驹伯说："抵御他们吗？"随季说："楚军正士气旺盛，假若集中到我们，我们的军队就必定全军覆灭。不如收兵离开他们。分担战败的罪名，使人能活下来，不也可以吗？"使他的士兵殿后且战且退，没有战败。楚庄王看到右边广车，打算乘坐它们。屈荡阻止他，说："君主用这个开始，也一定要用这个结束。"从此，楚王乘坐的广车以左广为先。

晋人或以广队不能进①，楚人惎之脱扃②，少进，马还，又惎之拔旆投衡③，乃出。顾曰："吾不如大国之数奔也④。"

【注释】

①队：同"坠"，坠落。
②惎（jì）：教。扃（jiōng）：车前安放兵器的横木。
③衡：车辕前端的横木，即车轭。
④数（shuò）：多次，屡次。

【译文】

　　晋国人有的因为广车陷入土坑而不能前进,楚国人教导他们拔去车前安放兵器的横木。车子稍微前进了一点,马又旋转不前,楚国人又教导他们拔掉大旗,去掉驾马的车軛,车子这才驶出了土坑。晋国人回头看着楚国人说:"我们不像大国一样有过多次逃跑的经验。"

　　赵旃以其良马二,济其兄与叔父,以他马反,遇敌不能去,弃车而走林。逢大夫与其二子乘,谓其二子无顾。顾曰:"赵傁在后①。"怒之,使下,指木曰:"尸女于是②。"授赵旃绥③,以免。明日以表尸之④,皆重获在木下⑤。

【注释】

① 傁:同"叟",老人。
② 尸:用作动词,收取尸体。
③ 绥:上车时挽手所用的绳索。
④ 表:标志。杜预注云:"表,所指木。"
⑤ 重:累叠。杜预注云:"兄弟累尸而死。"

【译文】

　　赵旃用他的两匹好马,救助他的兄长和叔父,自己用其他的马匹回来,遇到敌军不能逃离,就丢掉车子,跑入树林。姓逢的大夫跟他的两个儿子坐着一辆车,告诉他的两个儿子不要回头看。他们回头看了一下说:"赵老先生在后面。"逢大夫对他们生气了,叫他们下车,指着一株树说:"在这里收取你们的尸体。"就把拉着上车的绳子给了赵旃,这样他就免去了被俘虏。第二天,逢大夫依照做的标志去收他的两个儿子的尸,尸体重叠着在那棵树下找到了。

左传

楚熊负羁囚知罃①。知庄子以其族反之②,厨武子御③,下军之士多从之。每射,抽矢,菆,纳诸厨子之房④。厨子怒曰:"非子之求而蒲之爱⑤,董泽之蒲⑥,可胜既乎⑦?"知季曰:"不以人子,吾子其可得乎?吾不可以苟射故也。"射连尹襄老⑧,获之,遂载其尸。射公子榖臣⑨,囚之。以二者还。

及昏,楚师军于邲,晋之余师不能军,宵济,亦终夜有声⑩。

【注释】

① 熊负羁:楚大夫。知罃:知庄子之子。
② 族:家族士卒。反:还战。
③ 厨武子:魏锜。食邑于厨,武,谥号,故又称厨武子。
④ 房:箭袋。
⑤ 非子之求:"非求子"的倒置。蒲之爱:"爱蒲"的倒置。蒲,蒲柳,做箭杆的材料。蒲柳,植物名,又叫水杨。
⑥ 董泽:泽名,在今山西闻喜县东北。
⑦ 胜(shēng):尽。既:用尽,完尽。
⑧ 连尹:楚官名。襄老:人名。
⑨ 公子榖臣:杜预注云:"楚王子。"
⑩ 终夜有声:杜预注云:"言其兵众,将不能用。"

【译文】

楚国的熊负羁俘虏囚禁了知罃。知庄子率领他的家族的士卒返回战场,厨武子给他驾车,下军的士卒有很多人跟随着他。知庄子每次射箭,从箭袋拔出箭来,碰到好箭,就把它放进厨武子的箭袋子里。厨武子生气说:"你不是在寻找儿子,你是吝惜蒲柳做的好箭。董泽的蒲柳,你能够用得完吗?"知季说:"不把别人的儿子抓来,我的儿子哪里能够得到?这是我不可以随随便便放箭的缘故。"他射击连尹襄老,射死他,俘获他,于是载着他的尸体。又射击公子穀臣,俘虏囚禁了他,就带着二者回来了。

到黄昏时候,楚军驻扎在邲地。晋国的残兵败将已溃不成军,夜晚渡过黄河,也还是整个晚上都有声音。

丙辰,楚重至于邲①,遂次于衡雍②。潘党曰:"君盍筑武军③,而收晋尸以为京观④?臣闻克敌必示子孙,以无忘武功。"楚子曰:"非尔所知也。夫文,止戈为武。武王克商,作《颂》曰⑤:'载戢干戈⑥,载櫜弓矢⑦。我求懿德,肆于时夏⑧,允王保之⑨。'又作《武》⑩,其卒章曰:'耆定尔功。'其三曰⑪:'铺时绎思⑫,我徂维求定⑬。'其六曰⑭:'绥万邦,屡丰年。'

【注释】

①重:辎重,军用物资。此指载运军用物资的前后有帷蔽的车。邲(bì):郑地,当在今河南郑州市西南、荥阳市东北。

②衡雍:地名,在今河南原阳县境。

③武军:古时战争,胜者积敌尸封土为垒,以彰武功,称武军。

④京观(guàn):古代战争,胜者为了炫耀武功,收集敌军尸首,封土成高冢,建表木而写上字,称京观。京,高。观,如阙形。

⑤《颂》:指《诗经》中的《周颂》。

⑥载:语首助词,无义。戢:藏,收藏。

⑦櫜:收藏甲衣或弓箭的袋。此用作动词,把弓箭收藏在袋里。

⑧肆：陈，陈述。夏：乐曲名。此句言陈述在此《夏》之中。一说，肆，遂。夏，大。此句言于是功业遂大。

⑨允：语首助词，无义。此句言王保此《夏》乐，即保此美德。一说，允，信。此句言信哉武王能保此天下。此五句诗见《诗经·周颂·时迈》。

⑩《武》：《诗经·周颂》篇名。

⑪三：指《武》这首诗的第三章。下引诗见今《诗经·周颂·赉》，《左传》以为是《武》的第三章，是古今《诗经》篇次不同的结果。

⑫铺：铺陈，铺布。绎：陈。思：语末助词，无义。此句杜预注云："美武王能布政陈教。"谓铺布政令，铺陈教化。一说，此句意谓布陈此勤劳之德。

⑬徂：往。此句言使天下归往以求安定。一说，谓我之往伐纣，唯求安定而已。

⑭六：指《武》这首诗的第六章。下引诗句见今《诗经·周颂·桓》。《左传》作《武》之第六章，亦古今篇次不同的结果。

【译文】

丙辰那一天，楚国载运战略物资的辎重车到邲地，于是驻扎在衡雍。潘党说："君主为什么不筑一个武军，收集晋军的尸体做一个京观？我听说，打胜了敌军，必定要昭示后世的子孙，来使子孙不要忘却先祖的武功。"楚子说："这不是你能够了解的事。从文字看，止字、戈字合起来就是武字。周武王战胜商纣王，写作《颂》诗说：'收藏起干戈，收藏起弓箭，我追求的美好德行，就铺陈在这叫《夏》的乐曲里，我王能够保有天下。'又写作了《武》这首颂诗，它的最后一章说：'达到巩固你的大功勋。'它的第三章说：'能铺布政令，铺陈教化，我们前往归顺只是寻求安定。'它的第六章说：'安定万国，屡获丰年。'

"夫武，禁暴、戢兵、保大、定功、安民、和众、丰财者也。① 故使子孙无忘其章②。今我使二国暴骨③，暴矣④；观兵以威诸侯⑤，兵不戢矣。暴而不戢，安能保大？犹有晋在，焉得定功？所违民欲犹多，民何安焉？无德而强争诸侯⑥，何以和众？利人之几⑦，而安人之乱，以为己荣，何以丰财？武有七德，我无一焉，何以示子孙？其为先君宫⑧，告成事而已⑨。武非吾功也。古者明王伐不敬，取其鲸鲵而封之⑩，以为大戮⑪，于是乎有京观，以惩淫慝⑫。今罪无所⑬，而民皆尽忠以死君命，又可以为京观乎？"祀于河，作先君宫，告成事而还。

【注释】

①"夫武"句：孔颖达疏云："楚子既引四篇，乃陈七德，则四篇之内有此七者之义。戢干戈，櫜弓矢，禁暴、戢兵也；时夏、保之，保大也；耆定尔功，定功也；我徂求定，安民也；绥万邦，和众也；屡丰年，丰财也。"

②章：显，显著。此指显著的功业。此句即上文"示子孙以无忘武功"之意。一说，章为意篇章，即上文所引用的四篇诗。

③暴：暴露。谓发动战争，杀死人，使其尸骨暴露在野外。

④暴：暴虐。此指暴虐的行为。

⑤观兵：炫耀武力。

⑥强（qiǎng）：勉强。

⑦几（jī）：危难。

⑧为先君宫：古代行军作战，必用斋车载着祖先的神位一同前行。此言为迁来的祖先神位在这里建造一座祠庙。

⑨告成事：报告已完成的战争，即报告战争胜利。

⑩鲸鲵：都是海中大鱼名，用以比喻罪大恶极的首犯。封：聚

土筑成土丘。

⑪戮：惩罚，警戒。

⑫淫慝：淫乱作恶的人。

⑬罪无所：罪无所归。言晋国没有大罪，我战胜而没有归罪之人。

【译文】

"武功就是禁止残暴，制止战争，保持强大，巩固大功，安定民众，协调众人，使财物丰富。所以要使后代子孙不要忘记那显赫的战功。现在我们使两国的士兵暴露尸骨在野外，这是残暴；炫耀武力来威胁诸侯，战争就不能制止。暴虐而不能制止战争，怎么能够保持强大？还有晋国存在，哪里能够巩固武功？违背了民众欲望的事情还有很多，民众怎么安定呢？没有德行却勉强去争取诸侯，凭什么能使大众和睦？利用别人的危难，安心于别人的动乱，用来作为自己的荣耀，凭什么可以使财富丰富？周武王有七种德行，我们一种也没有，凭什么来昭示子孙？我们还是只建一座先君的祠庙，报告已经取得的胜利罢了。武功不是我们的功业，古代英明的帝王讨伐不严肃对待王命的人，抓住那些罪大恶极的首犯，把他们埋在堆积的土丘里，作为大的惩罚，于是就有京观，用来警诫那些淫乱作恶的人。现在罪恶没有归向的地方，而民众都是竭尽忠心，为君主的命令而战死，又可以用来做成京观吗？"楚军在黄河边祭祀，建造了一座先君的祠庙，报告已经取得的胜利就撤军回国了。

是役也，郑石制实入楚师①，将以分郑而立公子鱼臣②。辛未，郑杀仆叔及子服③。君子曰："史佚所谓'毋怙乱'者，谓是类也。《诗》曰：'乱离瘼矣④，爰其适归⑤？'归于怙乱者也夫⑥。"

郑伯、许男如楚。

【注释】

①入楚师：谓使楚师入郑国。

②分郑：孔颖达疏云："分郑国以半与楚，取半立公子鱼臣为郑君，己欲擅其宠也。"

③仆叔：公子鱼臣。子服：石制。

④乱离：政治动乱，给人民造成忧患。瘼（mò）：病，疾苦。

⑤爰：于，何。此二句言天下如此动乱而多忧患，以何处为专主而往归之？言无所归往。二句诗引用自《诗经·小雅·四月》。

⑥归于怙乱者：引诗的原意是，天下昏乱太甚，有何处可以归往？此处说祸害应归罪于怙人之乱以为己利的人，与原诗意思不一致，这就是所说的引诗的断章取义。

【译文】

这次战役，实际上是郑国的石制召来楚军攻入郑国，打算用来瓜分郑国而立公子鱼臣做国君。辛未那一天，郑国杀了公子鱼臣和石制。君子说："史佚所说的'不要怙仗动乱'。"说的就是这种类型。《诗经》说："动乱忧患太厉害了，什么地方可以归往？"就归罪于那些怙仗动乱以为己利的人吧。

郑伯、许男到楚国去。

秋，晋师归，桓子请死，晋侯欲许之。士贞子谏曰①："不可。城濮之役，晋师三日谷，文公犹有忧色。左右曰：'有喜而忧，如有忧而喜乎？'公曰：'得臣犹在②，忧未歇也③。困兽犹斗，况国相乎！'及楚杀子玉，公喜而后可知也，曰：'莫余毒也已。'是晋再克而楚再败也。楚是以再世不竞④。今天或者大警晋也，而又杀林父以重楚胜，其无乃久不竞乎？林父之事君也，进思尽忠，退思补过，社稷之卫也，若之何杀之？夫其败也，如日月之食焉，何损于明？"晋侯使复其位。

【注释】

① 士贞子：杜预注云："贞子，士渥浊。"
② 得臣：楚令尹子玉。
③ 歇：止，息。
④ 再世：两世，指楚成王、楚穆王两代。

【译文】

秋，晋军回国了，桓子请求赐死，晋侯打算答应他。士贞子劝阻说："不可以。城濮那次战役，晋军吃了三天楚国留下的粮食，晋文公还有忧虑的神色。他左右的人说：'有了高兴的事情还忧愁，就如同有了忧愁却反而高兴吗？'晋文公说：'得臣还在，忧患还没有止息呢。被围困的野兽还要竭力挣扎，何况是一个大国的主要辅佐呢？'等到楚国杀了子玉，晋文公的高兴而后形于颜色，可以看到。他说：'再没有人危害我们了。'这是晋国第二次打了胜仗，楚国第二次打了败仗。楚国因此有两代人强盛不起来。现在老天爷或许是要大大地警诫我们晋国，却又杀了林父来加重楚国的胜利，这恐怕会使晋国长时间强盛不起来吧？林父侍奉君主，进入朝堂想的是如何竭尽忠诚，退回家中想的是如何弥补过失，这是国家的保卫，为什么要杀了他？他的失败，如同日月发生日食、月食，对于它们的光明有何损伤？"晋侯就恢复了荀林父的职位。

成 公

成公二年

师从齐师于莘①。六月壬申,师至于靡笄之下②。齐侯使请战,曰:"子以君师,辱于敝邑,不腆敝赋③,诘朝请见。"对曰:"晋与鲁、卫,兄弟也④。来告曰:'大国朝夕释憾于敝邑之地⑤。'寡君不忍,使群臣请于大国,无令舆师淹于君地⑥。能进不能退,君无所辱命。"齐侯曰:"大夫之许,寡人之愿也;若其不许,亦将见也。"齐高固入晋师,桀石以投人⑦,禽之而乘其车,系桑本焉⑧,以徇齐垒,曰:"欲勇者贾余余勇⑨。"

【注释】

① 莘:卫地,在今山东莘县北。
② 靡笄(mí jī):山名,即历山,又名千佛山,在今山东济南市南郊。
③ 赋:军赋,指兵车甲兵等军事力量。
④ 兄弟:晋国、鲁国、卫国都是姬姓国,故称兄弟。
⑤ 大国:指齐国。敝邑之地,鲁国、卫国自谦称其国。
⑥ 舆:众。
⑦ 桀:通"揭",举起。
⑧ 系桑本:在车后系着桑根苑。本,树根或树干。
⑨ 贾(gǔ):买。

【译文】

晋军在莘地追赶齐军。六月壬申那一天,晋军到达靡笄山下。齐侯派人请求开战,说:"你们率领你们国君的军队,屈尊来到我们国家。我国有不太多的军事力量,明日请求和贵军相见。"晋军回答说:"晋国跟鲁国、卫国是兄弟国家。他们来我国报告说:'大国从早到晚在我国的土地上发泄愤恨。'我们君主不忍心,派我们这些臣子来向大国请求,又不准许我们的大军在君主的国土久留。只能前进,不能后退,不用烦劳君主下达这样的命令。"齐侯说:"大夫的应允正是我的愿望。假如你们不允许,也是要相见的。"齐国的高固突入晋军,拿起石头投向晋人,晋军捉住他还乘坐着他的车子,在车后系着桑根菟做标记,拿来向齐军的营垒宣示,说:"想要勇敢的人可以购买我的多余的勇敢。"

癸酉,师陈于鞌①。邴夏御齐侯,逢丑父为右。晋解张御郤克,郑丘缓为右。齐侯曰:"余姑翦灭此而朝食。"不介马而驰之。郤克伤于矢,流血及屦,未绝鼓音,曰:"余病矣!"张侯曰:"自始合,而矢贯余手及肘,余折以御,左轮朱殷②,岂敢言病?吾子忍之!"缓曰:"自始合,苟有险,余必下推车,子岂识之?然子病矣!"张侯曰:"师之耳目,在吾旗鼓,进退从之。此车一人殿之③,可以集事④,若之何其以病败君之大事也?擐甲执兵⑤,固即死也。病未及死,吾子勉之!"左并辔,右援枹而鼓⑥,马逸不能止,师从之。齐师败绩。逐之,三周华不注⑦。

【注释】

① 鞌(ān):历下,在今山东济南市西偏。
② 朱殷(yān):红黑色。殷:赤黑色。

③ 殿：镇守，镇抚。
④ 集：成，完成。
⑤ 擐（huàn）：穿。
⑥ 枹：鼓槌。
⑦ 华不注：山名，在今山东济南市东北。

【译文】
　　癸酉那一天，两军在鞌地列成阵势。邴夏给齐侯驾车，逢丑父做车右。晋国解张给郤克驾车，郑丘缓做车右。齐侯说："我姑且消灭这些家伙再吃早餐。"不给马披铠甲就驱车冲向晋军。郤克被箭射伤，血流到了鞋子上，战鼓的声音并未停息，郤克说："我受伤了。"张侯说："自从刚刚开始作战，箭就射穿了我的手掌和手肘，我折断箭杆继续驾车，左边的车轮都成了红黑色，我哪里敢说我受伤了？先生您忍着点吧。"郑丘缓说："自从开始交战，如果遇到阻碍，我必定下去推车，您哪里知道这些情况？您只知道说您受伤了。"张侯说："军队里的每一个人都注视着我们的旗帜和战鼓，前进后退都跟随着它，这辆车一个人坐镇，就可以成就战事，怎么能因为伤病来败坏国君的大事？穿上甲胄，拿着兵器，本来就是准备去死的。受了点伤，还没有到死，先生您还是尽力而为吧。"于是他左手一并拿着马缰绳，右手拿着鼓槌擂击战鼓，马向前飞奔不能停止，大军跟随着冲上去，把齐军打得大败，晋军追赶他们，围着华不注山绕了三圈。

　　韩厥梦子舆谓己曰①："且辟左右。"故中御而从齐侯。邴夏曰："射其御者，君子也。"公曰："谓之君子而射之，非礼也。"射其左，越于车下②。射其右，毙于车中，綦毋张丧车③，从韩厥，曰："请寓乘④。"从左右，皆肘之⑤，使立于后。韩厥俛⑥，定其右。逢丑父与公易位。将及华泉⑦，

成公

193

骖絓于木而止⑧。

【注释】

① 子舆：韩厥的父亲。
② 越：坠。
③ 綦毋（qíwú）张：綦毋，姓，名张。晋大夫。
④ 寓：寄居。
⑤ 肘：用作动词，用手肘推挡。
⑥ 俛：同"俯"，屈身，低头。
⑦ 华泉：华不注山下的泉水。
⑧ 絓（guà）：阻碍，绊住。

【译文】

韩厥梦见他父亲子舆对自己说："明日开战无论如何要避开战车的两侧。"所以韩厥在战车的中间驾车来追赶齐侯。邴夏说："射那驾车的人，他是个当官的。"齐顷公说："认得他是当官的还射他，这不合礼制。"射韩厥的车左，坠落到车下；射他的车右，射死在车中。綦毋张丢了战车，跟随着韩厥，说："请求让我暂时搭乘你的战车。"他从左右两侧上车，韩厥都用手肘挡住他，叫他站在车后。韩厥弯腰低下头，放稳他车右的尸体。逢丑父与齐顷公交换了座位，将要到达华泉，骖马被树木绊住不能行走。

丑父寝于轏中①，蛇出于其下，以肱击之，伤而匿之②，故不能推车而及③。韩厥执絷马前④，再拜稽首，奉觞加璧以进⑤，曰："寡君使群臣为鲁、卫请曰：'无令舆师陷入君地。'下臣不幸，属当戎行⑥，无所逃隐⑦。且惧奔辟而忝两君⑧，臣辱戎士，敢告不敏⑨，摄官承乏⑩。"丑父使公下，如华泉取饮。郑周父御佐车⑪，宛茷为右，载齐侯以免。韩厥献丑父，郤献子将戮之。呼曰："自今无有代其君任患者，有一于此，将为戮乎！"郤子曰："人不难以死免其君，我戮之不祥，赦之以劝事君者。"乃免之。

成公

【注释】

① 輚（zhàn）：卧车，即栈车，以竹木制成的车。

② 匿：隐藏，隐瞒。逢丑父被蛇咬伤，当为战前的事，此为补叙。

③ 及：赶上。因逢丑父被蛇咬伤，不能下车推车，所以被韩厥追上。

④ 縶：缚住马足的绳索。杜预注云："縶，马绊也。执之示修臣仆之职。"

⑤ 奉觞加璧：杜预注云："进觞璧亦以示敬。"

⑥ 属（zhǔ）：适值；恰好，副词。戎行：军队的行列，指当战士。

⑦ 逃隐：谓逃避服兵役。

⑧ 忝：辱。两君：指晋君与齐君。杜预注云："若奔辟则为辱晋君，并为齐侯羞，故言二君。此盖韩厥自处臣仆谦敬之饰言。"

⑨ 不敏：不才，自谦之词。

⑩ 摄：代，暂理。承乏：谦辞，表示所任职位一时无适当人选，暂时由自己充数。

⑪ 佐车：副车。

【译文】

前几天，逢丑父睡在栈车里，有条蛇从车下经过，他用手臂去打蛇，被蛇咬伤却隐瞒了此事，所以现在他不能用手臂推动车子而被韩厥追上。韩厥拿着绊马索来到马前，拜了两拜，叩了个头，捧了一杯酒加上一块玉璧，进献上去，说："我们君主派我们这些臣下替鲁国、卫国请求，说：'不要让大军深入君主您的国土。'臣下我很不巧,恰好在军中当一名战士,没有地方逃避隐藏。并且害怕逃奔回避会羞辱齐、晋两国的君主。臣下我勉强充当一名战士,冒昧地告诉您,我迟钝不会办事,因缺乏人才暂且代理这个官职。"逢丑父叫齐顷公下车,到华泉去取水喝。郑周父驾驶着副车,宛茷做车右,载着齐顷公就逃跑了。韩厥献上逢丑父,郤献子将要杀他。他呼叫说:"以前,没有代替他的君主去承担灾祸的人,现在这里有一个,你们要把他杀掉吗?"郤子说:"一个人不怕用死来免除他的君主的灾祸,我杀了他不吉利,赦免他以此来勉励那些侍奉君主的人。"就赦免了他。

齐侯免,求丑父,三入三出。每出,齐师以帅退①,入于狄卒。狄卒皆抽戈楯冒之②,以入于卫师。卫师免之。遂自徐关入③。齐侯见保者④,曰:"勉之!齐师败矣。"辟女子⑤,女子曰:"君免乎?"曰:"免矣。"曰:"锐司徒免乎⑥?"曰:"免矣。"曰:"苟君与吾父免矣,可若何?"乃奔。齐侯以为有礼,既而问之,辟司徒之妻也⑦。予之石窌⑧。

【注释】

①齐师以帅退:谓齐军以此激励想要后退的将士。一说,谓齐军掩护他后退,免其伤亡。

②楯:同"盾",盾牌。冒:覆,掩护。

③徐关:齐地,当在今山东淄博市淄川区西,一说,在淄博市西南。

④保者:指所过城邑的守卫的人。

⑤辟:回避。古代统治者出外,有人清道,使行人避开。

⑥锐司徒:主管锐利兵器(如矛之类)的人。

⑦ 辟司徒：主管壁垒的人。辟，借作"壁"，壁垒，营垒。
⑧ 石窌（liù）：齐地，在今山东济南市长清区东南。

【译文】

齐侯免除被俘虏的危险后，为了寻找逢丑父在晋军中杀了三进三出。每次杀出，齐军都以此激励想后退的战士。进入狄人的军队，狄军都抽出戈和盾牌掩护齐顷公；进入卫国军队，卫军也放走了他。于是齐顷公从徐关返回国都。齐侯接见每个城邑的守护的人，说："你们努力啊，齐军战败了。"齐侯的前驱使一个女子回避，那女子说："国君免遭祸难了吗？"说："免了。"说："锐司徒免遭祸难了吗？"说："免了。"那女子说："如果君主和我父亲免遭祸难了，又还要怎么样呢？"就跑开了。齐侯认为她很有礼貌，不久查问她，原来是辟司徒的妻子，就给了她石窌做封地。

晋师从齐师，入自丘舆①，击马陉②。齐侯使宾媚人赂以纪甗、玉磬与地③。不可，则听客之所为④。宾媚人致赂，晋人不可，曰："必以萧同叔子为质，而使齐之封内尽东其亩⑤。"对曰："萧同叔子非他，寡君之母也。若以匹敌⑥，则亦晋君之母也。吾子布大命于诸侯⑦，而曰：'必质其母以为信。'其若王命何？且是以不孝令也。《诗》曰：'孝子不匮，永锡尔类⑧。'若以不孝令于诸侯，其无乃非德类也乎？

【注释】

① 丘舆：齐地，当在今山东青州市西南。
② 马陉：齐地，在今山东青州市南。
③ 宾媚人：《春秋》记载说："秋七月，齐侯使国佐如师。"据此，知宾媚人即国佐。纪甗（yǎn）：灭纪国时所得的甗。甗，古炊器，以青铜或陶为之，分两层，上可蒸，下可煮。磬：古代一种乐

器。亦齐国灭纪国时所得。

④客：指晋国。此二句当是齐顷公派国佐时做的指示，意思是说：如果不允许，就听凭晋国要怎么办，我们决定做最后一战。

⑤东其亩：使田垄东西向，以利晋国兵车前进。

⑥匹敌：彼此相当，彼此对等。

⑦吾子：指郤克。

⑧此两句诗见《诗经·大雅·既醉》。

【译文】

晋军追赶齐军，从丘舆进入齐国，攻打马陉。齐侯派遣宾媚人把纪国的甗、玉磬和土地送给战胜诸国做财礼，如果不同意讲和，那就听凭客人要做什么。宾媚人送来了财礼，晋国人不同意讲和，说："一定要用萧同叔子做人质，并使齐国境内的田土田垄全部改为东西向。"宾媚人回答说："萧同叔子不是其他人，是我们君主的母亲。假如依据地位对等的原则，那她也是你们晋君的母亲。先生您向诸侯发布重大的命令，却说：'必定要把人家的母亲做人质来取得信用。'那又怎么去对待周王的命令呢？并且这是用不孝来作为号令。《诗经》说：'孝子的孝心没有穷尽，永远可以赐予你的同类。'假如用不孝来向诸侯发号施令，这恐怕不是用孝顺的德行来赐予同类吧。

"先王疆理天下物土之宜①，而布其利，故《诗》曰：'我疆我理，南东其亩。'今吾子疆理诸侯，而曰'尽东其亩'而已，唯吾子戎车是利，无顾土宜，其无乃非先王之命也乎？反先王则不义，何以为盟主？其晋实有阙。四王之王也②，树德而济同欲焉。五伯之霸也③，勤而抚之，以役王命。今吾子求合诸侯，以逞无疆之欲④。《诗》曰：'布政优优⑤，百禄是遒⑥。'子实不优，而弃百禄，诸侯何害焉！不然，寡君之命使臣则有辞矣，曰：'子以君师辱于敝邑，不腆敝赋，以犒从者。畏君之震，师徒桡败⑦，吾子惠徼齐国之福，不泯其社稷，使继旧好，唯是先君之敝器、土地不敢爱。子又不许。请收合余烬⑧，背城借一⑨。敝邑之幸⑩，亦云从也⑪。况其不幸，敢不唯命是听！'"

【注释】

① 疆理：划分疆界，整理地形。物土之宜：指物产、土地的适宜。

② 四王：指舜、禹、汤、武。一说，指禹、汤、文、武。

③ 五伯：指夏伯昆吾、商伯大彭、豕韦、周伯齐桓、晋文。一说，指齐桓、晋文、宋襄、秦穆、楚庄。

④ 无疆：无界限，无止境。

⑤ 优优：和缓貌。

⑥ 百禄是遒："遒百禄"的倒置。遒，聚积。此二句诗见《诗经·商颂·长发》。

⑦ 桡败：失败。桡，枉屈，受挫。

⑧ 余烬：本指燃烧后剩下的残余，用以比喻战败后的残余力量。

⑨ 背城借一：杜预注云："欲于城下复借一战。"

⑩ 幸：侥幸获胜。

⑪ 云：语助词，无义。

【译文】

"先王划定天下的疆界，因地制宜，而做有利的布置，来布置有利的疆界地理，所以《诗经》说：'我们划分疆界，我们整理土地，向东向南开辟田亩。'现在先生您划定整理诸侯的疆界土地，却说'全部把田垄改为东西向'罢了,只管有利于先生您的兵车顺利前进,不顾及土地的因地制宜,这恐怕也不是先王的命令吧?违反先王的做法就是不合道义,凭什么来做诸侯的盟主?这确实是晋国有过失。四位先王做天下的王的时候,树立德行而满足天下人的共同欲望。五位霸主称霸诸侯的时候,辛勤劳苦地安抚诸侯,来为周王的命令服役。现在先生您要求会合诸侯,来满足自己毫无止境的欲望。《诗经》说:'颁布的政令宽和舒缓,集聚的各种福禄非常美满。'先生您的政令的确不宽缓,而丢弃各种福禄,这对诸侯有什么损害呢?如果不答应讲和,我们君主命令使臣我就另有话说,说:'您率领您君主的军队屈尊来到我国,我们用我国不太丰厚的兵力,来犒劳跟随您的将士,因为害怕你们君主的威灵,我们的军队受到了挫败。先生您给予恩惠祈求到齐国的福泽,不灭亡我们国家的社神稷神,使我们继续过去的友好,即使是先君的不体面的宝器和土地都不敢吝惜,您又不允许。那么请收拾我们的残兵败将,倚靠城墙跟你们决一死战。我国侥幸取胜,也会依从您的。何况如果不幸失败,那时哪还敢不听从您的吩咐!'"

鲁、卫谏曰:"齐疾我矣①!其死亡者,皆亲昵也。子若不许,仇我必甚。唯子则又何求②?子得其国宝,我亦得地,而纾于难③,其荣多矣!齐、晋亦唯天所授,岂必晋?"晋人许之,对曰:"群臣帅赋舆以为鲁、卫请④,若苟有以藉口而复于寡君⑤,君之惠也。敢不唯命是听!"

【注释】

①疾:怨恨,痛恨。

②唯:用同"虽",即使。

③纾:缓。

④赋舆:犹言兵车。

⑤藉口：借口，用别人的说话作为依据。孔颖达疏云："言无物则空口以为报，少有所得则与口为藉，故曰藉口。"与今用为托词的意思略有不同。

【译文】

鲁国、卫国劝阻说："齐国恨死我们了！那些死去的人都是他们亲近的人，您如果不同意讲和，他们仇视我们必定更加厉害。即使是您，又还要求什么呢？您得到了国宝，我们也得到了土地，还缓解了灾难，那荣耀已经很多了！齐、晋两国都是老天爷保佑的国家，哪里必定是晋国？"晋国人答应了齐国的求和，回答说："我们这些臣下率领兵车来为鲁国、卫国请求，如果有了你们的话用来向我们的君主回报，这是你们君主的恩惠。敢不听从你们的吩咐！"

禽郑自师逆公①。

秋七月，晋师及齐国佐盟于爰娄②，使齐人归我汶阳之田③。公会晋师于上鄍④，赐三帅先路三命之服⑤，司马、司空、舆帅、候正、亚旅⑥，皆受一命之服。

【注释】

①禽郑：鲁大夫。自师逆公：鲁成公从鲁国来军中，禽郑从军中去迎接他。

②爰娄：地名，在今山东淄博市临淄区西。

③汶阳：鲁地，鲁僖公元年，赐季友汶阳之田，即此。后齐取之，今又归还鲁国。田在汶水之北，故曰汶阳之田。

④上鄍：齐、卫两国交界地，在今山东阳谷县境。

⑤三帅：指郤克（中军师）、士燮（上军佐）、栾书（下军将）。先路：路，同"辂"，大车，古代天子、诸侯所乘的车叫辂，卿、大夫接受天子、诸侯所赐予的车也叫辂。路有三等：大路、先路、次

路。三命：古代卿大夫有三命、再命、一命的区别，命数多就越尊贵，车服也跟着更华丽。

⑥司马：军中掌军法的军官，晋军司马为韩厥。司空：军中主管军事工程的军官，与司马皆大夫级。舆帅：主管兵车的军官。舆，车。一说，帅领舆众在军之后者，舆，众。候正：军中主管侦探谍报的军官。亚旅：无专门职掌，随时供应各种军事需要。

【译文】

禽郑从前线军中去迎接鲁宣公。

秋七月，晋军和齐国的国佐在爰娄结盟，叫齐国人归还我鲁国汶阳的田地。鲁宣公在上鄍会见晋军，赐给三位统帅先路车、三命的车服，司马、司空、舆帅、候正、亚旅，都受到一命的车服。

成公三年

三年春，诸侯伐郑①，次于伯牛②，讨邲之役也③，遂东侵郑。郑公子偃帅师御之④，使东鄙覆诸鄤⑤，败诸丘舆⑥。皇戌如楚献捷。

夏，公如晋，拜汶阳之田⑦。

许恃楚而不事郑，郑子良伐许。

【注释】

①诸侯伐郑：《春秋》记载说："三年春，王正月，公会晋侯、宋公、卫侯、曹伯伐郑。"知参与这次伐郑的诸侯有鲁、晋、宋、卫、曹等国。

②伯牛：郑地，今不详所在。

③邲之役：邲之战在鲁宣公十二年。战前，郑已降楚。战中，又持观望态度，故晋讨之。

④公子偃：郑穆公之子。

⑤覆：覆击，设埋伏攻击。鄤（màn）：郑地，今不详所在。

⑥丘舆：郑地，今亦不详所在。

⑦拜汶阳之田：去年鞌之战后，晋令齐归还他们侵占的鲁国汶阳之田，故往晋拜谢。

成公

【译文】

三年春，鲁国、晋国、宋国、卫国、曹国等诸侯攻打郑国，驻扎在伯牛，是讨伐邲的那次战役中郑国对晋国的不忠，于是向东侵袭郑国。郑国公子偃率领军队抵御他们，在东部边境的鄤地设伏兵伏击他们，在丘舆打败了他们，皇戌到楚国去进献俘虏。

夏，鲁成公到晋国去，拜谢晋国命令齐国归还汶阳之田。

许国倚仗楚国而不侍奉郑国，郑国子良攻打许国。

晋人归公子榖臣与连尹襄老之尸于楚①，以求知罃②。于是荀首佐中军矣③，故楚人许之。王送知罃，曰："子其怨我乎？"对曰："二国治戎④，臣不才，不胜其任⑤，以为俘馘。执事不以衅鼓，使归即戮，君之惠也。臣实不才，又谁敢怨？"王曰："然则德我乎？"对曰："二国图其社稷，而求纾其民，各惩其忿以相宥也⑥，两释累囚以成其好⑦。二国有好，臣不与及⑧，其谁敢德？"王曰："子归，何以报我？"对曰："臣不任受怨，君亦不任受德，无怨无德，不知所报。"

【注释】

① 公子毂臣与连尹襄老之尸：邲之战时被荀首俘虏。
② 求知䓨：知䓨在邲之战时被楚俘虏。
③ 荀首：知䓨父。
④ 治戎：交战，指鲁宣公十二年晋、楚两国的邲之战。
⑤ 胜（shēng）：胜任，能承担。
⑥ 惩：警戒，抑制。忿：怒。宥：宽宥，宽恕，原谅。
⑦ 累囚：被囚禁的人。累，拘系。
⑧ 与（yù）：参与。言这次交换战俘，本是晋、楚两国间寻求友好，不是为了释放自己，因此与自己不相干。

【译文】

　　晋国人送还公子毂臣和连尹襄老的尸体给楚国，来要求交换知䓨。在这时荀首正担任中军副统帅，所以楚国人答应了晋国人的请求。楚共王送知䓨回国，说："您会怨恨我吗？"知䓨回答说："两国交战，我没能耐，不能胜任我担当的职位，而做了俘虏，您不把我杀了来祭鼓，使我回去接受惩罚，这是君主的恩惠。臣下我确实没有才干，又敢埋怨谁？"楚共王说："那么您感激我吗？"知䓨回答说："晋、楚两国各自考虑国家的利益，而谋求使百姓得到平安，各自克制自己的愤怒而互相宽恕，两国都释放己方囚禁的战俘，来成就两国的友好，两国友好，与臣下个人毫不相干，又敢感激谁呢？"楚共王说："您回去后，用什么来报答我呢？"知䓨回答说："臣下我不怀有怨恨，君主您也不应承受感激，没有怨恨，没有感激，我不知道应报答什么。"

　　王曰："虽然，必告不谷。"对曰："以君之灵，累臣得归骨于晋，寡君之以为戮①，死且不朽②。若从君之惠而免之，以赐君之外臣首③；首其请于寡君而以戮于宗④，亦死且不朽。若不获命⑤，而使嗣宗职⑥，次及于事⑦，而帅偏师以修封疆，虽遇执事，其弗敢违。其竭力致死，无有二心，以尽臣礼，所以报也。"王曰："晋未可与争。"重为之礼而归之。

秋，叔孙侨如围棘⑧。取汶阳之田，棘不服，故围之。

【注释】

①之以为戮：谓惩罚我的不胜任。之以，"以之"的倒置。之，知䓨自指，我。

②死且不朽：孔颖达疏云："怀荷君恩，身虽死而腐朽，此恩不腐朽也。死尚不朽，以示其至死不忘也。"

③外臣：当时卿大夫对外国国君自称或称本国其他卿大夫为外臣。首：荀首，知䓨之父。于尊长之前亦直称其父之名以表敬意。

④宗：宗庙，祖庙。

⑤不获命：谓君主不同意杀戮。荀首不但是知䓨之父，并且是荀氏小宗的宗子，对本族成员有杀戮的权力，但须得到国君同意。

⑥宗职：宗族的职位，指宗子之职，即族长的职位。

⑦次及于事：指依次担任国家的职位，即承袭其父的职位。

⑧叔孙侨如：叔孙得臣之子。棘：地名，在今山东肥城市南。一说，在今山东泰安市西南。

【译文】

楚共王说："即使如此，您一定要告诉我。"回答说："凭借君主您的威灵，被囚禁的臣下我能够把骸骨带回到晋国，我们君主把我杀了，我死了也永远不会忘记您的恩德。假若因为君主您的恩惠，我们国君也免除我的死罪，把我赐给君主您的外臣荀首，荀首如果向我国君主请示，把我在宗庙里杀了，我也死了而不会忘了君王您的恩德。假如荀首得不到我国君主的命令，而使我继承宗族里的职位,依次担任国家的工作,叫我率领部分军队来治理疆土国界,即使遇到您,也不敢逃避,竭尽全力以至献出生命,来尽到做臣下的礼数,这就是我用来报答您的东西。"楚共王说:"不可以跟晋国争强了。"就对知䓨重加礼遇而送他回国了。

秋,叔孙侨包围了棘地,鲁国要取回汶阳的田地,棘邑人不服从,所以包围了它。

成公九年

晋侯观于军府,见钟仪①,问之曰:"南冠而絷者②,谁也?"有司对曰:"郑人所献楚囚也。"使税之③,召而吊之④。再拜稽首。问其族⑤,对曰:"泠人也⑥。"公曰:"能乐乎?"对曰:"先人之职官也,敢有二事⑦?"使与之琴,操南音。公曰:"君王何如?"对曰:"非小人之所得知也。"固问之,对曰:"其为大子也,师保奉之⑧,以朝于婴齐而夕于侧也⑨。不知其他。"

【注释】

① 见钟仪:钟仪被郑国俘虏献给晋国,晋国将他囚禁在军府。事详见《成公七年》篇。

② 南冠:楚冠,即獬豸(xièzhì)冠。孔颖达疏云:"应劭《汉官仪》云:法冠,一曰柱后冠。《左传》南冠而絷,则楚冠也。秦灭楚,以其冠赐近臣,御史服之,即今獬豸冠也。古有獬豸兽,触不直者。故执宪以其用形为冠,令触人也。"絷:拘囚。

③ 税:解,谓解开絷缚。

④吊：慰问。

⑤族：指家世的官职。古代官位世袭，许多家族世世代代担任某种官职，因而某种官职成为某个氏族的标志，至以官为氏。

⑥泠人：伶人。乐官。

⑦敢有二事：言不敢学他事。

⑧师保：古时担任辅导和协助帝王和太子的官。有师有保，统称师保。

⑨婴齐：令尹子重之名。侧：司马子反之名。

【译文】

晋侯视察收藏军用器械的武器库，见到了钟仪，就问道说："那戴着楚冠而被拘絷的人是谁？"主管的官员说："是郑国人进献的楚国俘虏。"晋景公叫人给他松了他的拘絷，命他上前，慰问了他。钟仪拜了两拜，叩了个头。晋景公问他家族的官职，他回答说："是乐官。"晋景公说："能够演奏音乐吗？"钟仪回答说："这是我祖先的官的职责，岂敢从事其他职业？"晋景公叫人给他琴，他弹奏了南方乐曲。晋景公说："你们的君王怎么样？"钟仪回答说："这不是我辈小人能够知道的事。"晋景公再三问他，他回答说："他做太子的时候，有师、保侍奉他，在早晨向婴齐、在晚上向侧去请教，其他的事我就不知道了。"

公语范文子，文子曰："楚囚，君子也。言称先职，不背本也。乐操土风①，不忘旧也。称大子，抑无私也②。名其二卿，尊君也③。不背本，仁也；不忘旧，信也；无私，忠也；尊君，敏也。仁以接事，信以守之，忠以成之，敏以行之。事虽大，必济。君盍归之，使合晋、楚之成？"公从之，重为之礼，使归求成。

左传

冬十一月,楚子重自陈伐莒,围渠丘。渠丘城恶,众溃,奔莒,戊申,楚入渠丘。莒人囚楚公子平,楚人曰:"勿杀!吾归而俘。"莒人杀之。楚师围莒。莒城亦恶,庚申,莒溃。楚遂入郓。莒无备故也。

【注释】

①土风:乡土的歌谣乐曲。

②抑无私:杜预注云:"舍其近事而远称少小,以示性所自然,明至诚。"孔颖达疏云:"楚王既为君矣,不言为君时事,而远称大子者,若言为君时事,嫌为君隐恶,或疑已在君位矫情为善。舍其当时近事,远称大子少小者,未为君时,不须隐蔽,以示王性自然,言其从小如此,以明己之至诚,无所私也。"抑,发语词,无义。

③尊君:古代礼制规定,在尊长面前必须自称名,即使其他人,只要比谈话者地位低,包括自己的父亲,也须称名,以表示对尊长的尊敬。钟仪在晋景公面前称本国大臣,也直呼其名,是表示对晋景公的尊敬。君,指晋景公。

【译文】

晋景公将此事告诉了范文子。范文子说:"这楚国俘虏是个君子。说话就称述先人的官职,这是不背弃本职;奏乐演奏家乡的曲调,这是没有忘记过去;称述楚君做太子时候的事,这是没有私心杂念;称述两位卿的名,这是尊敬君主您。不背弃本职,这是仁爱;不忘记过去,这是诚信;没有私心,这是忠诚;尊敬君主,这是敏捷。用仁爱来对待事情,用诚信来坚守它,用忠诚来成就它,用敏捷来实行它。事情即使巨大,一定会成功。君主您何不送他回去,使他去促成晋、楚两国的和解?"晋景公听从了他的意见,对钟仪重加礼遇,使他回楚国去谋求和解。

冬十一月，楚国子重从陈国出发去攻打莒国，包围了渠丘。渠丘的城墙很坏，民众溃散，逃跑到莒地去了。戊申那一天，楚国攻入渠丘。莒国人俘虏囚禁了公子平，楚国人说："不杀他，我们就送还你们的俘虏。"莒国人杀了他。楚师又包围了莒地，莒地的城墙也很坏，庚申那一天，莒地也崩溃了，楚军就一直攻入郓地。这是莒国没有早做准备的缘故。

成公

君子曰："恃陋而不备，罪之大者也。备豫不虞①，善之大者也。莒恃其陋，而不修城郭，浃辰之间②，而楚克其三都③，无备也夫！《诗》曰：'虽有丝麻，无弃菅蒯④。虽有姬、姜⑤，无弃蕉萃⑥。凡百君子，莫不代匮⑦。'言备之不可以已也。"

【注释】

①豫：同"预"，事先准备。

②浃辰：十二日。浃，遍。辰，从子到亥十二地支通称辰。从子日到亥日周遍一次叫浃辰，即十二日。

③三都：指渠丘、莒、郓三个都邑。

④菅蒯：茅草之类，可用来编制绳索、鞋、席等。常用以比喻微小的人或物。

⑤姬、姜：当时周王朝为姬姓，齐国是姜姓。周王朝与齐国常通婚，故古人多以姬、姜代指美女。

⑥蕉萃：同"憔悴"，面色枯槁。此指面黄肌瘦的女子。

⑦代：更代，轮流。上引六句诗不见于《诗经》，当为逸诗。

【译文】

君子说："凭仗僻陋而不做防备，这是罪过中最大的罪过。预先防备意想不到的事故，是好事中最大的好事。莒国倚仗它的僻陋，而不修缮内城外郭，十二天的时间里，楚国攻破它的三个都邑，这是没有防备啊！《诗经》说：'即使有了丝和麻，也不要丢弃茅和草；即使有了大美人，也不要嫌弃原配老。凡是所有君子们，也有缺东少西那时候。'这是说防备是不可以放弃的。"

秦人、白狄伐晋，诸侯贰故也①。

郑人围许，示晋不急君也②。是则公孙申谋之，曰："我出师以围许，为将改立君者，而纾晋使，晋必归君。"

城中城③，书，时也。

十二月，楚子使公子辰如晋④，报钟仪之使，请修好结成。

【注释】

① 贰：指贰于晋，对晋国离心离德。前文云："为汶阳之田故，诸侯贰于晋。"

② 示晋不急君：是年秋，郑成公为晋所拘留，故郑出兵围许，以向晋国表示他们不急于求君。

③ 中城：内城，即鲁国国都曲阜的内城。一说，鲁邑，在今江苏沭阳县境。

④ 公子辰：字子商，官太宰。

【译文】

秦国人、白狄人攻打晋国，是诸侯对晋国有二心的缘故。

郑国人包围了许国，这是向晋国人表示他们并不急于要被晋国人拘留的郑成公回国。这是公孙申出的主意，说："我们出兵包围许国，做出将要另立君主的样子，而不急于向晋国派遣使者，这样晋国人必定送还我们的君主。"

修筑鲁国都城曲阜的内城，《春秋》记载这件事，是因为它符合施工的季节。

十二月，楚子派公子辰到晋国去，来报谢钟仪的使命，请求重修旧好，缔结和约。

成公十年

十年春，晋侯使籴茷如楚①，报大宰子商之使也②。

卫子叔黑背侵郑③，晋命也。

【注释】

① 籴茷（dífá）：晋大夫。

② 子商：公子辰，去年十二月使晋，报钟仪之使，请修好结成和约。

③ 子叔黑背：名黑背，字子叔，卫穆公之子，卫定公之弟。

【译文】

十年春，晋侯派籴茷到楚国去，报谢楚太宰子商的出使晋国。

卫国子叔黑背侵袭郑国，是奉晋国的命令。

郑公子班闻叔申之谋①。三月，子如立公子繻②。

夏四月，郑人杀繻，立髡顽③。子如奔许。栾武子曰："郑人立君，我执一人焉，何益？不如伐郑而归其君，以求成焉。"晋侯有疾。五月，晋立大子州蒲以为君④，而会诸侯伐郑⑤。郑子罕赂以襄钟⑥，子然盟于修泽⑦，子驷为质⑧。辛巳，郑伯归。

【注释】

① 公子班：字子如。叔申之谋：指围许，示晋不急君之谋，事详去年传。

② 子如：公子班。公子繻：郑襄公之子，郑成公之庶兄。

③ 髡（kūn）顽：郑成公太子。

④ 州蒲：晋景公太子，即晋厉公，在位七年（前580—前574）。

⑤ 会诸侯伐郑：《春秋》记载说："五月，公会晋侯、齐侯、宋公、卫侯、曹伯伐郑。"参加伐郑的诸侯有鲁、晋、齐、宋、卫、曹等国。

⑥ 子罕：名喜，称公子喜，郑穆公之子。襄钟：郑襄公庙里的钟。

⑦ 子然：郑穆公之子。修泽：郑地，在今河南原阳县西南。

⑧ 子驷：名騑，称公子騑，郑穆公之子。

【译文】

郑国公子班听到叔申的计谋。三月，子如就立了公子繻做国君。

夏四月，郑国人杀了公子繻，立了髡顽做国君。子如逃亡到了许国。栾武子说："郑国人立了君主，我们拘留的就是一个普通人，有什么益处？不如攻打郑国，送他们的君主回去，来向郑国寻求讲和。"晋侯有病，五月，晋国立太子州蒲做国君，会合鲁国、齐国、宋国、卫国、曹国等诸侯攻打郑国。郑国子罕把郑襄公庙里的钟做财礼送给晋国，子然在修泽和晋国结了盟，子驷到晋国做人质。辛巳那一天，郑伯回到郑国。

晋侯梦大厉①，被发及地，搏膺而踊②，曰："杀余孙③，不义。余得请于帝矣！"坏大门及寝门而入。公惧，入于室。又坏户。公觉,召桑田巫④。巫言如梦。公曰:"何如?"曰:"不食新矣⑤。"公疾病⑥,求医于秦。秦伯使医缓为之⑦。未至,公梦疾为二竖子⑧,曰:"彼,良医也。惧伤我,焉逃之⑨?"其一曰:"居肓之上⑩,膏之下⑪,若我何?"医至,曰:"疾不可为也。在肓之上,膏之下,攻之不可⑫,达之不及⑬,药不至焉,不可为也。"公曰:"良医也。"厚为之礼而归之。

【注释】

① 厉:恶鬼。杜预注云:"厉,鬼也,赵氏之先祖也。"

② 膺:胸。踊:往上跳。

③ 余孙:指赵同、赵括。鲁成公八年,晋侯杀赵同、赵括,事详该年传。

④ 桑田:今河南灵宝市之稠桑驿。

⑤ 新:指新麦。说晋景公吃不到新登场的麦子了。

⑥ 疾病:生病叫作疾,病重叫作病。

⑦ 缓:医师的名。为:诊治。

⑧ 竖子:小孩,儿童。

⑨ 焉:疑问代词,哪里,何处。

⑩ 肓:指心脏与膈膜之间的部位。

⑪ 膏:心脏下部的脂肪。

⑫ 攻:指灸,即烧艾火。用艾叶等制成艾柱或艾卷,按穴位烧灼,与针法合称针灸。

⑬ 达:用针刺的一种医疗方法。常与砭连称,称针砭。

【译文】

　　晋侯梦见一个恶鬼,头发披散拖到地上,拍着胸脯跳跃着,说:"你杀了我的孙子,不合道义。我向天帝请求得到批准了。"打坏大门和寝宫的门进来了。晋景公害怕了，进入到内室。鬼又打坏了内室的门。晋景公就吓醒过来了，召来桑田的巫师。桑田巫师说的和晋景公的梦境一样。晋景公说："会怎么样？"巫师说："你吃不到新登场的麦子了。"晋景公的病加重了，到秦国去寻找医师。秦伯派了名叫缓的医师来诊治。还没有到达，晋景公梦见自己的病变成了两个小孩，说："那个人是个好医师，恐怕会伤害我们，我们逃到哪里去？"其中一个说："我们待在肓的上面，膏的下面，他能把我们怎么办？"医师来了，说："病已经没有法子诊治了。病在肓的上面、膏的下面，艾火烧不到，针刺达不到，药力也达不到，不可以诊治了。"晋景公说："是个好医师。"重重地送了他一份财礼，送他回国了。

六月丙午，晋侯欲麦①，使甸人献麦②，馈人为之③。召桑田巫，示而杀之。将食，张④，如厕，陷而卒⑤。小臣有晨梦负公以登天⑥，及日中，负晋侯出诸厕。遂以为殉。

【注释】

① 欲麦：指想尝新麦。
② 甸人：官名，掌公田。诸侯有籍田百亩，甸人即主管此田。
③ 馈人：膳夫，为诸侯主管饮食的官。
④ 张：同"胀"。
⑤ 陷：谓跌入粪坑。
⑥ 小臣：官名，即内小臣，宫中执役的太监。

【译文】

六月丙午那一天，晋侯想尝新麦。叫掌管公田的人献上麦子，厨师煮好了它。晋景公召来桑田的巫师，给他新麦看了，就杀了他。晋景公将要吃麦子，肚子鼓胀，就到厕所去，倒进粪坑里死掉了。有个宫内太监早晨梦见他背着晋景公升天，到中午，又把晋侯从厕所里背了出来，于是就用太监殉了葬。

郑伯讨立君者①，戊申，杀叔申、叔禽②。君子曰："忠为令德，非其人犹不可③，况不令乎？"

【注释】
① 讨立君者：郑成公被晋国拘留期间，公孙申出谋，出师围许，为将改立君者。后子如立公子繻，繻被杀，又立髡顽。
② 叔禽：叔申弟。
③ 非其人：杜预注云："言叔申为忠，不得其人，还害身。"孔颖达疏云："言叔申忠诚为此令善之德，施之于郑伯，施非得其善人，犹尚不可，何况不有令德者乎？"

【译文】
郑伯惩罚他不在时立君主的人，戊申那一天，杀了叔申、叔禽。君子说："忠诚是一种美德，但所忠的人不是贤明的人尚且不可以，何况他所忠的人并不善良呢？"

秋，公如晋。晋人止公，使送葬。于是籴茷未反①。
冬，葬晋景公。公送葬，诸侯莫在。鲁人辱之，故不书②，讳之也。

【注释】
① 籴茷未反：杜预注云："是春，晋侯使籴茷如楚结成，晋谓鲁二于楚，故留公，须籴茷还，验其虚实。"
② 不书：《春秋》不仅不书鲁成公送葬，连依例应书"葬晋景公"亦不书。

【译文】

秋,鲁成公到晋国去,晋国人软禁了鲁成公不让回国,叫他送晋景公的葬。这时,籴茷出使楚国还没有回来。冬,安葬了晋景公,鲁成公送了他的葬,当时诸侯没有一个在场。鲁国人把此事视为奇耻大辱,所以《春秋》既不记载鲁成公参加葬礼,也不记载安葬晋景公,这是为国耻而隐讳。

成公十三年

夏四月戊午,晋侯使吕相绝秦①,曰:"昔逮我献公②,及穆公相好③,戮力同心④,申之以盟誓⑤,重之以昏姻⑥。天祸晋国⑦,文公如齐,惠公如秦⑧。无禄⑨,献公即世⑩,穆公不忘旧德,俾我惠公用能奉祀于晋⑪。又不能成大勋,而为韩之师⑫。亦悔于厥心,用集我文公⑬,是穆之成也。

【注释】

① 吕相:魏相,魏锜之子。绝秦:宣布与秦国绝交。下面即有名的吕相绝秦的外交辞令。

② 献公:晋献公。

③ 穆公:秦穆公。

④ 戮力:同"勠力",并力,合力。

⑤ 申:申述,表明。晋献公与秦穆公的盟誓,《春秋》三传皆不见记载。

⑥ 昏姻:秦穆公夫人是晋献公的女儿。

⑦ 天祸晋国:指骊姬之乱。

⑧ 文公如齐,惠公如秦:晋文公重耳在骊姬之后流亡至翟、

齐、楚、秦等许多国家，晋惠公夷吾流亡至梁国、秦国。杜预注云："不言狄、梁，举所恃大国。"

⑨ 无禄：犹今言不幸。

⑩ 即世：去世，谢世，指死去。晋献公死于鲁僖公九年（公元前651）。

⑪ 奉祀于晋：在晋国主持祭祀，即做国君。鲁僖公十年，秦穆公纳晋惠公。

⑫ 韩之师：鲁僖公十五年，秦伐晋，战于韩原，获晋惠公，事详见《僖公十五年》篇。

⑬ 集我文公：指鲁僖公二十四年，秦穆公护送晋文公回国。事详见《僖公二十四年》篇。

【译文】

夏四月戊午那一天，晋侯派吕相去断绝与秦国的外交关系，说："过去我们献公，与你们穆公相友好，合力同心，用盟誓来加以申明，用婚姻来加重这种关系，上天降灾祸给晋国，我们文公到了齐国，我们惠公到了秦国。不幸，我们献公去世了，你们穆公没有忘记旧日的恩德，使我们惠公因此能够在晋国主持祭祀。他又不能成就大功勋，而发动了韩原的战争。后来在他的心中也觉得后悔，因此成就了我们文公。这是你们穆公的成全。

"文公躬擐甲胄，跋履山川，逾越险阻，征东之诸侯①，虞、夏、商、周之胤，而朝诸秦②，则亦既报旧德矣。郑人怒君之疆场，我文公帅诸侯及秦围郑③。秦大夫不询于我寡君④，擅及郑盟⑤。诸侯疾之，将致命于秦⑥。文公恐惧，绥静诸侯，秦师克还无害，则是我有大造于西也⑦。

【注释】

① 征：征集，召集。

② 朝诸秦：晋文公召集东方诸侯朝秦的史实，《春秋》三传皆不见记载。

③ 及秦围郑：鲁僖公三十年，秦、晋围郑，是因为晋文公流亡至郑国时，郑文公不予礼遇，城濮之战时又背晋助楚，并非郑国侵犯秦国。杜预注云："晋自以郑贰于楚，故围之，郑非侵秦也，晋以此诬秦。"事详见《僖公三十年》篇。

④ 询：询问，商议。

⑤ 擅及郑盟：与郑国结盟的是秦穆公本人，此云秦大夫，是委婉之词。

⑥ 致命于秦：跟秦国拼命。当时围郑的只是秦、晋两国，并没有其他诸侯；想攻打秦军的人是狐偃，并非诸侯。这些都是夸大其词的外交辞令。

⑦ 大造：大功。西：指秦国。秦国在晋国之西。

【译文】

"我们文公亲自穿戴着铠甲头盔，跋涉山川，逾越艰难险阻，召集东方的诸侯，虞、夏、商、周各朝代的后裔，来到秦国朝见，这也就报谢了过去的恩德了。郑国人侵犯你们君主的疆界，我们文公率领诸侯和你们秦国包围郑国。秦国的大夫又不向我们的君主征询意见，擅自跟郑国结了盟。诸侯很痛恨你们，打算跟你们秦国拼命。我们文公害怕了，安抚镇静了诸侯，秦军能够回国而没有祸害，那就是我国对你们国家有大功劳。

"无禄，文公即世①，穆为不吊②，蔑死我君，寡我襄公③，迭我殽地④，奸绝我好⑤，伐我保城⑥，殄灭我费滑⑦，散离我兄弟⑧，挠乱我同盟，倾覆我国家。我襄公未忘君之旧勋⑨，而惧社稷之陨，是以有殽之师⑩。犹愿赦罪于穆公⑪，穆公弗听，而即楚谋我⑫。天诱其衷⑬，成王殒命⑭，穆公是以不克逞志于我。

成公

【注释】

① 文公即世：晋文公死在鲁僖公三十二年。

② 吊：哀吊，慰问。一说，淑，善。

③ 寡：弱。用作意动词，以为弱，欺凌的意思。此二句孔颖达疏云："轻蔑文公以为死无知矣，谓襄公寡弱而陵忽之。"襄公：指晋襄公，晋文公之子。

④ 迭：借作"轶"，侵轶，突然侵犯。

⑤ 奸绝我好：孔颖达疏云："奸乱断绝不复与我和好也。"

⑥ 伐我保城：杜预注云："伐保城，诬之。"保城，泛指城邑。

⑦ 殄：绝灭，与灭合为同义复词。费滑：指滑国。费，滑国国都。秦灭滑见《僖公三十三年》篇。

⑧ 散离我兄弟：郑国、滑国与晋同为姬姓兄弟之国。

⑨ 君之旧勋：指护送晋文公回国的功劳。

⑩ 殽之师：秦、晋殽之战详见《僖公三十三年》篇。

⑪ 赦：释，解。

⑫ 即楚谋我：秦使斗克归楚求成，事见《文公十四年》篇。

⑬ 天诱其衷：当时习惯用语，即天心向我之意。

⑭ 成王殒命：鲁文公元年，楚穆王弑楚成王而自立，事详见《文公元年》篇。

【译文】

"不幸，我们文公去世了，你们穆公心存不善，蔑视我们死去的君主，轻视我们刚即位的襄公，突然袭击我们的殽地，断绝我们的友好关系，攻打我们的城堡，绝灭了我们建都于费的滑国，拆散

左传

我们的兄弟国家,扰乱我们的同盟国,要倾覆我们的国家。我们襄公没有忘记过去的功勋,只是害怕国家颠覆,因此有殽地的战争。但还是愿意向你们穆公解释罪过,可是你们穆公不愿意倾听,却靠拢楚国来算计我们,上天保佑我们,楚成王不幸丧命,你们穆公因此不能在我们这儿称心如愿。

"穆、襄即世①,康、灵即位②。康公,我之自出③,又欲阙翦我公室④,倾覆我社稷,帅我蟊贼⑤,以来荡摇我边疆。我是以有令狐之役⑥。康犹不悛,入我河曲⑦,伐我涑川⑧,俘我王官⑨,翦我羁马⑩。我是以有河曲之战⑪。东道之不通,则是康公绝我好也。

【注释】

① 穆、襄即世:秦穆公、晋襄公皆死于鲁文公六年(公元前621)。

② 康、灵:秦康公、晋灵公。

③ 我之自出:"出自我"的动宾倒置。秦康公是秦穆公与秦穆姬之太子。秦穆姬,晋献公之女,秦康公是晋国的外甥。

④ 阙翦:损害的意思。

⑤ 蟊(máo)贼:同"蟊贼",皆食禾稼的害虫名。食苗根的叫蟊,食苗节的叫贼。用来比喻危害国家的人,此指公子雍。

⑥ 令狐之役:秦、晋令狐之战在鲁文公七年。

⑦ 河曲:晋邑,在今山西永济市西。

⑧ 涑(sù)川:涑水城,在今山西永济市东北。

⑨ 王官:地名,在今山西闻喜县西。

⑩ 羁马:晋地,故址在今山西芮城县境。

⑪ 河曲之战:此战在鲁文公十二年。

【译文】

"你们穆公、我们襄公去世了,你们康公、我们灵公即位了。你们康公是从我国嫁给贵国的秦穆姬生的,却又想要损坏我们的公室,颠覆我们的国家,率领我们的害人虫,来动摇我们的边疆。我们因此有令狐的那次战役。你们康公还不思悔改,进入我们的河曲,攻打我们的涑川,掳掠我们的王官,翦灭我们的羁马。我们因此有河曲的战役。你们往东道路的不通畅,那是你们康公断绝我们的友好关系的结果。

"及君之嗣也①,我君景公引领西望曰:'庶抚我乎!'君亦不惠称盟②,利吾有狄难③,入我河县④,焚我箕、郜⑤,芟夷我农功⑥,虔刘我边陲⑦。我是以有辅氏之聚⑧。

【注释】

① 君之嗣:指秦桓公继秦共公而立为国君。

② 不惠称盟:杜预注云:"不肯称晋望而共盟。"一说,称,举。称盟即为盟会。

③ 狄难:这时晋国正在用兵灭赤狄潞氏。

④ 河县:或为河曲之变文。

⑤ 箕:当在今山西蒲县东北,一说,在今山西晋中市太谷区东南。郜:在今山西浮山县西。

⑥ 芟夷:割除。农功:指庄稼。

⑦ 虔刘:杀戮,屠杀。边陲:边界,此指边界百姓。

⑧ 辅氏之聚:辅氏之战。战必聚众,故战亦可称聚。辅氏之战在鲁宣公十五年。

【译文】

"等到现在你们君主继承君位,我们君主景公伸长脖子向西盼

成公

望说：'大概会安抚我们了吧！'你们君主也不给予惠顾跟我们结盟，还利用我们有狄人的祸难，入侵我们河西各县，焚毁我们的箕邑、郜邑，抢割损坏我们的庄稼，杀害我们边境的百姓，我们因此才有辅氏的交战。

"君亦悔祸之延，而欲徼福于先君献、穆，使伯车来①，命我景公曰：'吾与女同好弃恶，复修旧德，以追念前勋。'言誓未就，景公即世②。我寡君是以有令狐之会③。君又不祥，背弃盟誓。白狄及君同州④，君之仇雠，而我之昏姻也。君来赐命曰：'吾与女伐狄。'寡君不敢顾昏姻，畏君之威，而受命于吏。君有二心于狄，曰：'晋将伐女。'狄应且憎⑤，是用告我⑥。楚人恶君之二三其德也，亦来告我曰：'秦背令狐之盟，而来求盟于我，昭告昊天上帝、秦三公、楚三王曰⑦，余虽与晋出入⑧，余唯利是视。不穀恶其无成德，是用宣之，以惩不壹⑨。'诸侯备闻此言，斯是用痛心疾首，暱就寡人。寡人帅以听命，唯好是求。君若惠顾诸侯，矜哀寡人，而赐之盟，则寡人之愿也。其承宁诸侯以退⑩，岂敢徼乱！君若不施大惠，寡人不佞，其不能以诸侯退矣。敢尽布之执事，俾执事实图利之！"

【注释】

①伯车：秦桓公之子，名，又称后子。
②景公即世：晋景公死于鲁成公十年（公元前581）。
③寡君：此指晋厉公，晋景公之太子，名州蒲。令狐之会：秦、晋为成，会于令狐，在鲁成公十一年。
④同州：谓白狄与秦国同在雍州。

⑤应：谓答应秦。憎：谓憎恶秦。

⑥是用：同"是以"，因此。

⑦昊天：犹言皇天。昊，广大无边貌。秦三公：指秦穆公、秦康公、秦共公。楚三王：指楚成王、楚穆王、楚庄王。

⑧出入：犹言往来。

⑨以惩不壹：此时晋、楚已讲和，故楚将秦国的话转告晋国。壹，专一。

⑩承宁：止息，安静。

【译文】

"你们君主也后悔灾祸的蔓延，而想要向我们的先君献公和你们的先君穆公祈求福泽，派了伯车前来我国，命令我们景公说：'我和你一起友好相处，抛弃从前的嫌隙，重新恢复以往的恩德，来追思怀念以前的功勋。'盟誓还没成功，我们景公就去世了。我们现在的君主因此有令狐的会见。你们君主又心怀不善，背叛抛弃盟誓。白狄跟你们君主同在一个州，是你们君主的仇敌，但是我们的姻亲。你们君主来赐给命令说：'我们跟你们一道攻打狄人。'我们君主不敢顾念姻亲关系，畏惧你们君主的威严，而向我们的官吏下达了出兵的命令。而你们君主又对狄人怀有二心，对他们说：'晋国将要攻打你们。'狄人一边接应，一边憎恶，因此来告诉了我们。楚国人也憎恨你们君主行的出尔反尔，也来告诉我们说：'秦国违背令狐的盟誓，来我国要求跟我们结盟，明白地报告皇天上帝、秦国的三公、楚国的三王说，我们虽然和晋国交往，我们也只看哪样有利。我讨厌他们没有固定的德行，因此将他们的言行宣布，来惩罚那些不专一的人。'诸侯全都听到了这些话，正因这样，因此才痛心疾首，来亲近投靠我们君主。我们君主率领大家来听候吩咐，只寻求友好，你们君主如果给予恩惠，顾念诸侯，同情哀怜我们君主，而赐予我们一个盟誓，那正是我们君主的愿望。那我们就安抚诸侯，率领他们退兵，怎么敢挑起动乱！你们君主假如不肯给予大的恩惠,我们君主就没有能耐,那就不能够率领诸侯退却了。冒昧地把这些话全面向执事人员宣告,使执事人员切实考虑怎样做对你秦国有利。"

秦桓公既与晋厉公为令狐之盟,而又召狄与楚,欲道以伐晋①,诸侯是以睦于晋。

晋栾书将中军,荀庚佐之。士燮将上军,郤锜佐之。韩厥将下军,荀䓨佐之。赵旃将新军,郤至佐之。郤毅御戎②,栾鍼为右③。孟献子曰:"晋帅乘和④,师必有大功。"五月丁亥,晋师以诸侯之师及秦师战于麻隧⑤。秦师败绩,获秦成差及不更女父⑥。曹宣公卒于师。师遂济泾⑦,及侯丽而还⑧。迓晋侯于新楚⑨。

成肃公卒于瑕⑩。

【注释】

①道:读作"导",引导。

②郤毅:郤至之弟。

③栾鍼:栾书之子。

④帅乘和:言上下和睦一致。

⑤麻隧:秦地,在今陕西泾阳县北。

⑥不更:秦爵位名。女父:不更的名字。

⑦泾:水名,北源出平凉,南源出华亭,至泾川汇合,流经泾阳县南,至高陵南入渭水。

⑧侯丽:秦地,在今陕西礼泉县境。

⑨新楚:秦地,当在今陕西大荔县境。迓(yà):迎。

⑩成肃公卒:战前,刘康公预言成肃公不能返回,今卒,以证实刘康公预言的灵验。瑕:晋地,在今山西芮城县南。

【译文】

秦桓公既已和晋厉公缔结了令狐的盟约,却又召唤狄人和楚国,打算引导他们来攻打晋国,诸侯因此跟晋国和睦亲近。

晋国栾书统率中军,荀庚辅佐他;士燮统率上军,郤锜辅佐他;韩厥统率下军,荀䓨辅佐他;赵旃统率新军,郤至辅佐他。郤毅驾驭兵车,栾鍼做车右。孟献子说:"晋国全军上下和睦一致,这支军队必定会有大功劳。"五月丁亥那一天,晋军率领诸侯的军队与秦军在麻隧交战,秦军被打得大败,俘虏了秦国成差和不更女父。曹宣公死在军中。大军就渡过泾水,抵达侯丽才回转。到新楚迎接晋侯。

成肃公到瑕地也死了。

六月丁卯夜,郑公子班自訾求入于大宫①,不能,杀子印、子羽②。反军于市。己巳,子驷③帅国人盟于大宫,遂从而尽焚之,杀子如、子駹、孙叔、孙知④。

【注释】

① 公子班:字子如,鲁成公十年,公子班因立公子为郑君失败而奔许。事详该年传。訾(zī):郑地,即今河南巩义市訾店。

② 子印、子羽:皆郑穆公子。

③ 子驷:郑穆公子。

④ 子如:公子班。子駹(máng):子如之弟。孙叔:子如之子。孙知:子駹之子。

【译文】

六月丁卯那一天夜晚,郑国公子班从訾地要进入郑国祖庙。没能进去,杀了子印、子羽,返回来驻军在市集上。己巳那一天,子驷率领国都的人在祖庙里结盟,于是追到市集而把市集全都焚毁

left
传

了，杀了子如、子骽、孙叔、孙知。

曹人使公子负刍守①，使公子欣时逆曹伯之丧②。

秋，负刍杀其大子而自立也。诸侯乃请讨之，晋人以其役之劳③，请俟他年。

冬，葬曹宣公。既葬，子臧将亡④，国人皆将从之。成公乃惧⑤，告罪，且请焉⑥。乃反，而致其邑⑦。

【注释】

① 公子负刍：曹宣公庶子。

② 公子欣时：亦曹宣公庶子。曹伯之丧：曹宣公卒于师，故迎其丧。

③ 其役：指伐秦之役。

④ 子臧：公子欣时的字。

⑤ 成公：曹成公，即公子负刍，曹宣公庶子，在位二十三年（前577—前555）。

⑥ 请：请求子臧留下而不出走。

⑦ 致其邑：指子臧将其采邑交还给曹成公。

【译文】

曹国使公子负刍留守，派公子欣时去迎接曹宣公的灵柩。

秋，公子负刍杀了曹宣公的太子，自立为国君。诸侯就请求去讨伐他。晋国人因为这次战役大家都很疲劳，请求等待以后再讨伐。

冬，安葬了曹宣公。已经安葬完毕，子臧打算逃亡，国都的人都将跟随他。曹成公害怕了，承认罪过，而且请求他留下来。公子欣时就返回来，还把他的采邑归还给了曹成公。

成公十六年

十六年春，楚子自武城使公子成以汝阴之田求成于郑①。郑叛晋，子驷从楚子盟于武城。

【注释】

① 汝阴之田：汝水之南的田，当在今河南郏县与叶县之间。

【译文】

十六年春，楚子从武城派公子成拿汝水南侧的田向郑国寻求讲和。郑国就背叛晋国，子驷就跟随楚子在武城结盟。

夏四月，滕文公卒。郑子罕伐宋①，宋将鉏、乐惧败诸汋陂②。退，舍于夫渠③，不儆，郑人覆之④，败诸汋陵⑤，获将鉏、乐惧。宋恃胜也。

卫侯伐郑，至于鸣雁⑥，为晋故也。

晋侯将伐郑，范文子曰⑦："若逞吾愿⑧，诸侯皆叛，晋可以逞⑨。若唯郑叛，晋国之忧，可立俟也。"栾武子曰："不可以当吾世而失诸侯，必伐郑。"乃兴师。栾书将中军，士燮佐之。郤锜将上军，荀偃佐之⑩。韩厥将下军，郤至佐新军，荀䓨居守。郤犨如卫，遂如齐，皆乞师焉。栾黡乞师，孟献子曰："有胜矣。"戊寅，晋师起。

【注释】

① 子罕：公子喜。杜预注："滕，宋之与国、郑因滕有丧而伐宋，故传举滕侯卒。"

② 将鉏：乐氏之族，不知所出。乐惧：宋戴公六世孙。汋

陂（zhuóbēi）：宋地，当在今河南商丘与宁陵之间，一说，即今安徽寿县南之安丰塘。

③夫渠：地名，当离汋陂不远。

④覆：设伏兵袭击。

⑤汋陵：地名，在今河南宁陵县南。

⑥鸣雁：地名，在今河南杞县北。

⑦范文子：士燮。

⑧逞：快意，满足。意谓满足我君愿望。

⑨逞：借作"纾"，缓解，缓和。意谓晋国之难可以缓解。杜预注云："晋厉公无道，三郤骄，故欲使诸侯叛，冀其惧而思德。"

⑩荀偃：荀庚之子。

【译文】

夏四月，滕文公死了。郑国子罕攻打宋国，宋国将鉏、乐惧在汋陂打败了郑军。他们退了回来，驻军在夫渠，不做戒备，郑国人设伏兵袭击他们，在汋陵打败了他们，郑国人捕获了将鉏、乐惧。这是宋国倚仗打了胜仗而不防备的后果。

卫侯攻打郑国，到达了鸣雁，这是为了晋国的缘故。

晋侯将要攻打郑国，范文子说："如果依照我的愿望，诸侯都背叛晋国，晋国的危机才可以缓解。如果只是一个郑国背叛，晋国的忧虑，可以立即等得到。"栾武子说："不可以在我们这一代就失去诸侯，一定要攻打郑国。"于是就出兵。栾书统率中军，士燮辅佐他；郤锜统率上军，荀偃辅佐他；韩厥统率下军，郤至辅佐新军，荀䓨居国留守。郤犨到卫国去，接着到齐国去，都是去请求他们出兵。栾黡来鲁国请求出兵。孟献子说："晋国有胜利的希望了。"戊寅那一天，晋军出发。

郑人闻有晋师，使告于楚，姚句耳与往①。楚子救郑，司马将中军②，令尹将左③，右尹子辛将右④。过申，子反入见申叔时，曰："师其何如？"对曰："德、刑、详、义、礼、信，战之器也⑤。德以施惠，刑以正邪，详以事神，义以建利，礼以顺时，信以守物。民生厚而德正⑥，用利而事节⑦，时顺而物成⑧。上下和睦，周旋不逆，求无不具，各知其极⑨。故《诗》曰：'立我烝民⑩，莫匪尔极。'⑪是以神降之福，时无灾害，民生敦庞⑫，和同以听，莫不尽力以从上命，致死以补其阙⑬。此战之所由克也。

成公

【注释】

① 姚句耳：郑大夫。
② 司马：公子侧，字子反。
③ 令尹：公子婴齐，字子重。
④ 子辛：公子壬夫。
⑤ 器：犹用，指工具，手段。
⑥ 民生厚而德正：杜预注："财足，则思无邪。"
⑦ 用利而事节：杜预注："动不失利，则事得其节。"
⑧ 时顺而物成：杜预注："群生得所。"
⑨ 极：准则，法则。
⑩ 烝：众。
⑪ 此二句诗见《诗经·周颂·思文》。
⑫ 敦庞（páng）：厚实丰富。
⑬ 阙：杜预注："战死者。"

【译文】

郑国人听到有晋兵前来，派人向楚国报告，姚句耳跟随前往。楚子出兵援救郑国。司马子反统率中军，令尹子重统率左军，右尹子辛统率右军。楚军经过申地，子反进城拜见申叔时，子反问：

"我军将会怎么样?"申叔时回答说:"德行、刑罚、祥和、义理、礼制、信用,这六者是进行战争的器具。德行用来施与恩惠,刑罚用来纠正邪恶,祥和用来奉祀神灵,义理用来建立利益,礼制用来适合时宜,信任用来守护事物。人民生活丰厚,那德行就端正;举动有利,事情就合乎节度;季节合宜,万物就会成长。这样就能上下和睦一致,应酬交往没有违逆,需求无不具备,各自知道他们的准则。所以《诗经》说:'安置我的广大人民,没有什么不是你们的准则。'因此神灵降赐你福禄,四时没有灾害,人民生活富裕丰厚,和睦团结来听从命令,没有谁不竭尽全力来听从上司的命令,拿出性命来补助军队的空缺。这就是战争能够胜利的来由。

"今楚内弃其民①,而外绝其好,渎齐盟②,而食话言,奸时以动③,而疲民以逞。民不知信,进退罪也④。人恤所底⑤,其谁致死?子其勉之!吾不复见子矣⑥。"姚句耳先归,子驷问焉,对曰:"其行速,过险而不整。速则失志⑦,不整,丧列。志失列丧,将何以战?楚惧不可用也。"

【注释】

① 弃其民:不施惠,无德。

② 渎:亵渎,轻慢。齐盟:同盟。指晋、楚两国在鲁成公十二年的盟誓。

③ 时:指农忙季节。

④ 进退罪也:孔颖达疏云:"在上之信,不著于人,号令无常,动静恣意,或乍东乍西,或欲迟欲速。每事如此,不可测量。人不知信,进退获罪。"

⑤ 底(dǐ):至。孔颖达疏云:"人人各忧其身,不知性命所至,谁肯致死战也?"

⑥不复见子：言必败不反。
⑦失志：谓考虑不周到。

【译文】

"现在楚国对内丢弃他的百姓不管，对外弃绝他的友好同盟，亵渎一道宣誓的盟约，背弃自己的诺言，违反时令而发动战争，劳苦民众来满足自己一时的心愿。人民不知道什么是信用，一进一退都是罪过。人们都忧虑自己的性命不知道将死在哪里，还有谁会拼死力去作战？你好好勉力吧！我不会再见到你了。"姚句耳先从楚国回来，子驷问他有关情况。姚句耳回答说："他们的行军速度快，经过险阻而部队不整。行进太快就考虑不周到，部队不整齐，就会失去行列。考虑不周全，行列丧失，这将依靠什么来作战？楚国恐怕不能依靠了。"

五月，晋师济河。闻楚师将至，范文子欲反，曰："我伪逃楚，可以纾忧。夫合诸侯，非吾所能也，以遗能者。我若群臣辑睦以事君，多矣。"武子曰："不可。"

【译文】

五月，晋军渡过黄河。听说楚军将要到来，范文子想要返回，说："我们假装逃避楚国，可以用来缓解我们的忧患。会合诸侯，不是我们能够做的事，还是把它遗留给有能力的人吧。假若我们这些臣下团结和睦来侍奉君主，就足够了。"栾武子说："不可以这样。"

六月，晋、楚遇于鄢陵①。范文子不欲战，郤至曰："韩之战②，惠公不振旅③；箕之役④，先轸不反命；邲之师⑤，荀伯不复从⑥，皆晋之耻也。子亦见先君之事矣。今我辟楚，又益耻也。"文子曰："吾先君之亟战也，有故。秦、狄、齐、楚皆强，不尽力，子孙将弱。今三强服矣⑦，敌楚而已。唯圣人能外内无患，自非圣人⑧，外宁必有内忧。盍释楚以为外惧乎？"

【注释】

①鄢陵：郑地，在今河南鄢陵县北。
②韩之战：秦、晋韩之战发生在鲁僖公十五年，事详见《僖公十五年》篇。
③不振旅：战败。振旅，指整顿部人，奏凯而归。
④箕之役：晋、狄箕之战发生在鲁僖公三十三年。
⑤邲之师：晋、楚邲之战发生在鲁宣公十二年。
⑥荀伯：指荀林父，当时晋军的中军统帅。不复从：杜预注云："荀林父奔走，不复故道。"即失败。
⑦三强：指齐、秦、狄。
⑧自：若，假设连词，多与否定词连用。

【译文】

六月，晋军、楚军在鄢陵相遇。范文子不想交战，郤至说："韩原那次战役，我们惠公不能整顿部队，胜利而归；箕地的那次战役，先轸不能回来复命；邲地的那次战役，荀伯不能从原路返回，这些都是晋国的耻辱。您也见到先君时代的这些故事了。现在我们躲避楚国，又更加耻辱了。"范文子说："我们的先君多次作战，是有原因的。秦国、狄人、齐国、楚国都很强大，如果不竭尽全力，子孙后代将会削弱。现在三个强敌都顺服了，只要抵抗楚国就行了。只有圣人能够没有内忧外患，如果不是圣人，外部安宁就必定有内部的忧患。为什么不放开楚国，用来作为我们的外部戒惧呢？"

甲午晦，楚晨压晋军而陈①。军吏患之。范匄趋进②，曰："塞井夷灶③，陈于军中，而疏行首④。晋、楚唯天所授，何患焉？"文子执戈逐之⑤，曰："国之存亡，天也。童子何知焉？"栾书曰："楚师轻窕⑥，固垒而待之，三日必退。退而击之，必获胜焉。"郤至曰："楚有六间，不可失也：其二卿相恶⑦；王卒以旧⑧；郑陈而不整；蛮军而不陈⑨；陈不违晦⑩；在陈而嚣⑪，合而加嚣⑫，各顾其后，莫有斗心。旧不必良，以犯天忌。我必克之。"

成公

【注释】

① 压：逼近。

② 范匄（gài）：士燮之子。

③ 夷：平，铲平。

④ 行首：行道，指行列之间的道路。

⑤ 文子：指范文子，范匄之父士燮。

⑥ 轻窕：轻佻，不稳重。

⑦ 二卿：指子反、子重。

⑧ 以：旧指疲惫。一说，以，用。旧：指旧家。故下文云"旧不必良"。

⑨ 蛮：古时对南方少数民族的泛称。

⑩ 陈不违晦：这一天是月终，古代迷信，月终不宜布阵作战。

⑪ 嚣：叫嚣，喧闹。

⑫ 合而加嚣：杜预注："陈合宜静，而益有声。"

【译文】

甲午那一天是这个月的最后一天，楚军一大清早就紧逼晋军列成阵势。晋国的军队很担心这种情况。范匄小跑着上前说："填塞水井，铲平灶台，就在军中布开阵势，把行列间的距离拉宽。晋

233

国、楚国都同样是上天授予的国家,担心什么呢?"范文子拿起戈来,就去驱赶他,说:"国家的存在或灭亡,这是上天的意旨。你这个小孩子家懂得什么?"栾书说:"楚军轻佻而不稳重,我们加固营垒而等待着,不出三天,他们必定撤退,撤退时我们去追击他们,必定获得胜利。"郤至说:"楚国有六个空子可钻,不可以失掉这个良机。他们的两位卿相互仇视,楚王的亲兵都是旧家子弟,已经衰老,郑军列了阵势却不整齐,蛮人出了兵却不列阵,楚军布阵不避开月末最后一天,士卒在阵中却喧哗吵闹,楚军、郑军、蛮军合之后更加喧哗,各自看着他们的退路,没有人有战斗的想法。旧家子弟必不是精兵,又触犯上天的忌讳,我们一定能战胜他们。"

楚子登巢车以望晋军[1],子重使大宰伯州犁侍于王后[2]。王曰:"骋而左右,何也?"曰:"召军吏也。""皆聚于中军矣!"曰:"合谋也。""张幕矣。"曰:"虔卜于先君也[3]。""彻幕矣!"曰:"将发命也。""甚嚣,且尘上矣!"曰:"将塞井夷灶而为行也。""皆乘矣,左右执兵而下矣!"曰:"听誓也。""战乎?"曰:"未可知也。""乘而左右皆下矣!"曰:"战祷也。"伯州犁以公卒告王。

【注释】

① 巢车:高如鸟巢,用来瞭望敌人的一种战车。

② 伯州犁:晋国伯宗之子。鲁成公十五年,伯宗被杀,伯州犁逃来楚国,官至太宰。

③ 虔:敬,虔诚。先君:古代行军作战,必将先代君主牌位载在车上同行。此先君即指载在车上的先君的牌位。

【译文】

楚子登上瞭望车来瞭望晋师,子重派伯州犁侍立在楚共王身后。楚共王说:"战车向左右驰骋,这是干什么?"伯州犂说:"这是召集军吏。"楚共王说:"他们都聚集在中军了。"伯州犂说:"这是一起商议军务。"楚共王说:"张开帐幕了。"伯州犂说:"这是虔诚地在先君的神主前占卜。"楚共王说:"撤去帐幕了。"伯州犂说:"这是将要发布命令了。"楚共王说:"非常吵闹,并且尘土上扬了。"伯州犂说:"这是将要填塞水井、铲平灶台而摆开行列。"楚共王说:"都上了战车,战车左右两侧的人都拿着兵器下车了。"伯州犂说:"这是听取军令。"楚共王说:"他们会开战吗?"伯州犂说:"还不能知道。"楚共王说:"上了战车而左右两侧的人都下车了!"伯州犂说:"这是战前的祈祷。"伯州犂把晋厉公的亲兵的情况报告了楚共王。

苗贲皇在晋侯之侧①,亦以王卒告②。皆曰:"国士在③,且厚,不可当也。"苗贲皇言于晋侯曰:"楚之良,在其中军王族而已。请分良以击其左右,而三军萃于王卒,必大败之。"公筮之,史曰:"吉。其卦遇复☷☷④,曰:'南国蹙⑤,射其元王中厥目。'国蹙王伤,不败何待?"公从之。

【注释】

① 苗贲皇:楚国斗椒之子。鲁宣公四年,楚灭若敖氏,他逃往晋国,晋以苗邑与之,称苗贲皇。

② 王卒:楚共王的士卒。

③ 国士:国中才能出众的人。此指伯州犂。杜预注云:"晋侯左右皆以伯州犂在楚,知晋之情,且谓楚众多,故惮合战,与苗贲皇意异。"

④ 复☷☷:《周易》卦名,震☷下坤☷上。孔颖达疏云:"《说卦》:震为雷,坤为地。"复象曰:"雷在地中,复。"服虔云:"复,

235

反也。阴盛于上，阳动于下，以喻小人作乱于上，圣人兴道于下，万物复萌，制度复理，故曰复也。"

⑤ 蹙：局迫，迫促。

【译文】

苗贲皇在晋侯的身边，也把楚共王的亲兵的情况告诉了晋厉公。晋厉公左右的人都说："有国中杰出的人才在那边，而且军阵厚实，不可以抵挡。"苗贲皇对晋侯说道："楚国的精兵都集中在中军的楚王所率领的亲兵了。请您分开我们的精兵去攻击他们左右两军，然后全军集中攻击楚王的亲兵，必定会大大地打败他们。"晋厉公占筮了一卦，太史说："吉利。那卦遇到了复卦，卦辞说：'南方的国家迫促，射它的大王，射中了他的眼目。'国家迫促了，国王受伤了，不失败还等待什么？"晋厉公听从了他们的意见。

有淖于前①，乃皆左右相违于淖。步毅御晋厉公②，栾鍼为右。彭名御楚共王，潘党为右。石首御郑成公，唐苟为右。栾、范以其族夹公行③，陷于淖。栾书将载晋侯，鍼曰："书退④！国有大任，焉得专之？且侵官，冒也⑤；失官，慢也⑥；离局，奸也。有三罪焉，不可犯也。"乃掀公以出于淖。

【注释】

① 淖：泥沼。

② 步毅：郤毅，郤至之弟。

③ 族：指家兵和部属，即宗族成员和私属人员组成的军队。公行：此指晋厉公的行列。

④ 书：栾书。栾鍼为栾书之子，本不能称其父之名。但在晋厉公前面，故呼父名，以表示对晋厉公的尊敬。

⑤冒：冒犯。谓侵犯他人职权是冒犯。

⑥慢：怠慢。谓栾书身为元帅，不去指挥全军作战，却来载晋侯是怠慢本职。

【译文】

在晋军的军垒前面有泥泞沼泽地，晋军就都或左或右绕过这泥泞沼泽地。步毅给晋厉公驾车，栾鍼做车右。彭名给楚共王驾车，潘党做车右。石首给郑成公驾车，唐苟做车右。栾、范两族率领他们的宗族部队左右夹侍着晋厉公向前进，晋厉公的车陷入泥泞里。栾书打算用他的战车载着晋厉公，栾鍼说："栾书后退！国家有大事，你怎么能一个人包揽它？并且侵夺别人的职权，这是冒犯；你丢失自己的职责，这是怠慢；远离自己的部曲，这是捣乱。你有三项罪过，不能触犯。"他就掀起晋厉公的战车，把它从泥泞里拉了出来。

癸巳，潘尫之党与养由基蹲甲而射之①，彻七札焉②。以示王，曰："君有二臣如此，何忧于战？"王怒曰："大辱国③！诘朝，尔射，死艺④。"吕锜梦射月⑤，中之，退入于泥。占之，曰："姬姓，日也⑥。异姓，月也⑦。必楚王也。射而中之，退入于泥，亦必死矣。"及战，射共王，中目。王召养由基，与之两矢，使射吕锜，中项，伏弢⑧。以一矢复命。

【注释】

①潘尫之党：指潘尫的儿子潘党。蹲甲：聚甲，把皮制的铠甲重叠起来。

②彻：穿透、射穿。札：铠甲上用皮革制成的叶片。

③大辱国：当时口头骂人的俗语。杜预注云："贱其不尚

知谋。"

④死艺：死于艺。艺，技艺，技术，指射箭的技艺。

⑤吕锜：晋国的魏锜。

⑥日也：杜预注云："周世，姬姓尊。"

⑦月也：杜预注云："异姓卑。"晋为姬姓，楚为芈姓，故晋尊楚卑。

⑧弢（tāo）：弓套。

【译文】

　　癸巳那一天，潘尪的儿子潘党和养由基叠着铠甲去射它，射穿了铠甲的七层皮叶片。他们拿给楚共王去看，说："有了两个这样的臣下，对于战事还有什么忧虑？"楚共王生气说："真丢人！明天，你们射箭，就会死在射箭的技术上。"晋国吕锜梦见射月亮，射中了它，后退时陷入泥泞之中。他占卜此梦，说："姬姓是日，异姓是月，必定是楚王。射它射中了，后退时陷入泥中，你也会死去。"等到开战，吕锜射楚共王，射中了眼睛。楚共王召唤养由基，给了他两支箭，派他去射吕锜，射中了脖子，吕锜伏在弓袋上死了。养由基拿着另一支箭去见楚共王回复命令。

　　郤至三遇楚子之卒，见楚子，必下，免胄而趋风①。楚子使工尹襄问之以弓，曰："方事之殷也②，有韎韦之跗注③，君子也。识见不谷而趋④，无乃伤乎？"郤至见客⑤，免胄承命，曰："君之外臣至，从寡君之戎事，以君之灵，间蒙甲胄⑥，不敢拜命⑦。敢告不宁君命之辱⑧，为事之故，敢肃使者⑨。"三肃使者而退。

【注释】

　　①趋风：急走，恭敬之貌。

②事：指战事。殷：盛，激烈。

③韎（mèi）：茜草，可做染料，也指赤黄色。韦：柔牛皮。跗注：衣裤相连的军服。跗，脚背。注，属，连缀。杜预注："戎服，若袴而属于跗，与袴连。"

④识：表时间的副词，适才，刚才。

⑤客：指工尹襄。

⑥间：犹近。一说，参与。蒙：覆盖，穿上。

⑦不敢拜命：《礼记·曲礼》上："介者不拜。"言介胄在身，不敢拜受楚王慰劳之命。

⑧不宁君命之辱：杜预注云："以君辱赐命，故不敢自安。"一说，宁，借为憖，伤。意为表示自己未伤，以答楚王"无乃伤乎"的问候。至宁字句绝。

⑨肃：肃拜，直身肃容而微下手以拜。肃拜本古代妇女所行的礼节，男子当以拜或顿首表示恭敬。拜与顿首皆须折腰。郤至虽去头盔，而仍身穿甲，介者不拜，故只行肃拜的礼节。

【译文】

郤至三次遇到楚子的亲兵，见到楚子，必定下车，脱下头盔而向前快跑。楚子派工尹襄用一张弓去问候他，说："正当战事最激烈的时候，有一位身穿红黄色熟牛皮军服的人是位君子。刚才见到我就小步跑，恐怕是受伤了吧！"郤至见过客人，脱下头盔，接受了慰问，说："君主您的外国臣下郤至，跟随我们君主参加战事，凭借你们君主的威灵，现时披甲戴盔，不敢下拜答谢你们君主的命令。大胆地报告对贵国君主的降尊赐予深感不安，为了有军事的缘故，冒昧地向使者拱手示意。"三次向使者拱手作揖就后退了。

晋韩厥从郑伯，其御杜溷罗曰："速从之①！其御屡顾，不在马，可及也。"韩厥曰："不可以再辱国君②。"乃止。郤至从郑伯，其右茀翰胡曰："谍辂之③，余从之乘而俘以下④。"郤至曰："伤国君有刑。"亦止。石首曰："卫懿公唯不去其旗，是以败于荧⑤。"乃内旌于韬中。唐苟谓石首曰："子在君侧，败者壹大⑥。我不如子⑦，子以君免，我请止⑧。"乃死。

【注释】

① 从：跟从，追击。

② 再辱国君：鲁成公二年，齐、晋鞌之战时，韩厥曾追上齐顷公，差一点俘虏了他。故云。一说，这只是就这次战争而言，前吕锜已射伤楚共王目，故不可再辱郑伯。

③ 谍：本指军中间谍。此指轻兵。轻兵身无辎重，行动迅速，如间谍一样，故谓之谍。辂：通作"迓"，迎。

④ 余从之乘而俘以下：谓趁郑伯前视轻兵，顾不得后面时，自己追上他，从后面登上他的兵车，把他俘虏下来。

⑤ 败于荧：鲁闵公二年，狄人与卫国战于荧泽，卫国战败，卫懿公逃跑时不去掉车上的大旗，被狄人追上杀死。事见《闵公二年》篇。荧，即指荧泽。

⑥ 败者壹大：杜预注云："谓军大崩也。"一说，壹，专一；大，指郑君。意谓战败之军应一心保护其君。

⑦ 我不如子：谓石首是驾车的人，与车右不同，主要职责是驾车保护郑君逃奔。

⑧ 止：指停下来阻止敌人。

【译文】

晋国韩厥追击郑伯，韩厥的驾车夫杜溷罗说："赶快追上去！他的驾车夫多次回头看，心事不在马上，可以追上他了。"韩厥说："不可以第二次侮辱国君。"就停止了追击。郤至追击郑伯，郤至的车右茀翰胡说："派轻兵赶到前面去迎击他，我随之跳上他的车把他俘虏下来。"郤至说："伤害国君要受到惩罚。"也停止了追击。石首说："卫懿公只因为不去掉他的大旗，因此败死在荧泽。"就把旗帜放进旗袋子里。唐苟告诉石首说："您在君主的身边，战败的楚军已完全崩溃，我不像您一样，您带领君主免去被俘，我请求停下来阻止追兵。"他就战死了。

楚师薄于险，叔山冉谓养由基曰："虽君有命①，为国故，子必射！"乃射。再发，尽殪。叔山冉搏人以投②，中车，折轼。晋师乃止。囚楚公子茷。

【注释】

① 君有命：楚共王曾说："尔射，死艺"，是有君命阻止他射箭。

② 搏人以投：攫取晋人投向晋军。

【译文】

楚军被逼迫在险阻的地方，叔山冉告诉养由基说："虽然有君主的命令，但为了国家的缘故，你必定要射。"养由基就射，射了两箭，被射的人都被射死了。叔山冉抓住晋国人就投向晋军，投中晋军的战车，折断了车前横木，晋军才停止了追击。俘虏囚禁了楚国的公子茷。

栾鍼见子重之旌，请曰："楚人谓夫旌，子重之麾也①。彼其子重也。日臣之使于楚也②，子重问晋国之勇。臣对曰：'好以众整。'曰：'又何如③？'臣对曰：'好以暇④。'今两国治戎，行人不使，不可谓整；临事而食言，不可谓暇。请摄饮焉⑤。"公许之。使行人执榼承饮⑥，造于子重⑦，曰："寡君乏使，使鍼御持矛⑧。是以不得犒从者，使某摄饮⑨。"子重曰："夫子尝与吾言于楚⑩，必是故也，不亦识乎⑪？"受而饮之。免使者而复鼓。

【注释】

① 麾：指挥旗。

② 日：往日。

③ 又何如：言子重又问其余。

④ 暇：闲暇，不紧张。

⑤ 摄：持。谓拿着酒去给子重喝。一说，摄，代。谓栾鍼为晋厉公车右，不能离开，故请求派人代为进酒。

⑥ 榼（kē）：盛酒的器具。承：奉，捧着。

⑦ 造：至。

⑧ 御：侍。谓持矛而侍立在晋厉公之侧，即为车右。

⑨ 某：我某人，这位使者自称之词。

⑩ 夫子：指栾鍼。

⑪ 识：记。言其记忆力强，还记得以前说过的话。

【译文】

栾鍼看到楚国子重的旗帜，就请求说："楚国人说那面旗子是子重的指挥旗。那个人大概就是子重。往日臣下我出使到楚国的时候，子重询问晋国人的勇武。臣下我回答说：'喜欢把部队整顿得整齐而有秩序。'他说：'还有什么？'臣下我回答说：'喜好从容不迫。'现在两国交战，使者不出使，不可说是整齐有秩序；事到临头又忘了诺言，不可以说是从容不迫。请拿酒去向子重献饮。"晋厉公同意了他的请求。栾鍼派使者拿着酒杯斟满了酒，去到子重面前，说："我们君主缺乏使唤的人，派我栾鍼拿着矛侍立身旁做车右。因此不能亲自来犒劳您的随从人员，派我献上这杯酒。"子重说："那位先生曾经跟我在楚国说过好整以暇的话，一定是这个缘故，他的记性不是很好吗？"就接受并喝了那杯酒。让使者走了，再击鼓进军。

旦而战，见星未已。子反命军吏察夷伤①，补卒乘，缮甲兵，展车马②，鸡鸣而食，唯命是听③。晋人患之。苗贲皇徇曰："蒐乘补卒，秣马利兵，修陈固列，蓐食申祷④，明日复战。"乃逸楚囚。王闻之，召子反谋。谷阳竖献饮于子反，子反醉而不能见。王曰："天败楚也夫！余不可以待。"乃宵遁。晋入楚军，三日谷⑤。范文子立于戎马之前⑥，曰："君幼，诸臣不佞，何以及此？君其戒之！《周书》曰'惟命不于常⑦'，有德之谓。"

【注释】

① 夷：伤。夷伤为同义复词。

② 展：陈列，整顿。

③ 唯命是听："唯听命"的动宾倒置。指听候主帅的军命。

④ 蓐食：早食，早晨未起在寝席上进食。蓐，用作状语，在草席上。申祷：再次祈祷。申，重复，再次。

⑤ 谷：谷物，粮食。用作动词，吃粮食。谓吃楚军留下的粮食。

⑥ 戎马：战马，披甲的马。此指晋厉公的车马。

⑦ 惟命不于常：孔颖达疏曰："唯上天之命，不常于一人也。言善则得之，恶则失之，唯有德者于是与之。"引语见《尚书·康诰》。是周公称述周成王的话，用来告诫康叔的。此范文子引以告诫晋厉公。

【译文】

　　从早晨开战,直到晚上星星出现还没有停止。子反命令军吏视察受伤情况,补充步兵和车兵,修理铠甲和兵器,展示战车和战马,明天鸡叫就吃饭,唯主帅的命令是听。晋国担心这件事。苗贲皇向众人宣示说:"检阅战车,补充士卒,喂饱战马,磨快兵器,修整阵势,巩固行列,请早吃饭,再次祷告,明天再战。"就放走囚禁的楚国俘虏。楚共王听到这个军情,就召唤子反去商议对策,谷阳竖献酒给子反喝,子反喝醉了不能去见楚王。楚共王说:"这是天意要使楚国打败仗啊!我不可以等待了。"他就在当晚逃跑了。晋军进入楚军营地,吃楚军留下的粮食吃了三天。范文子站在晋厉公的车马的前面,说:"君主年幼,臣下们不才,凭什么能得这个结果?君主还是要警惕啊!《周书》说:'只有天命不会固定不变。'这说的是只有有德行的人才能享有天命啊。"

襄　公

襄公三年

三年春，楚子重伐吴，为简之师①，克鸠兹②，至于衡山③。使邓廖帅组甲三百、被练三千以侵吴④。吴人要而击之⑤，获邓廖。其能免者⑥，组甲八十、被练三百而已。子重归，既饮至⑦，三日，吴人伐楚，取驾⑧。驾，良邑也；邓廖，亦楚之良也。君子谓："子重于是役也，所获不如所亡。"楚人以是咎子重。子重病之，遂遇心疾而卒⑨。

公如晋，始朝也⑩。

【注释】

① 简：拣选，选择。
② 鸠兹：吴邑，当在今安徽芜湖市东南。
③ 衡山：吴地，即今安徽当涂县东北的横山。
④ 组甲：以丝带连接皮革或铁片而成的铠甲，车士穿的甲胄，代指车士。组，丝带。被练：用煮熟的生丝连接甲片的铠甲，步兵穿的甲胄，代指步兵。练，煮熟的生丝。被练比组甲容易制作，但不如组甲坚牢。
⑤ 要：腰的本字。用作动词，谓拦腰横击。
⑥ 免：谓免于被杀被俘。
⑦ 饮至：古时，盟伐既归，会饮于宗庙，谓之饮至。
⑧ 驾：在今安徽无为市境。

⑨心疾：精神疾病。
⑩始朝：谓鲁襄公第一次出国朝见。

【译文】

三年春，楚国子重攻打吴国，组建了一支精选出来的部队，攻下了鸠兹，打到了衡山。使邓廖率领穿组甲的车士三百人、披练袍的步兵三千人去侵袭吴国，吴国人从中间拦腰横击他们，俘虏了邓廖，那些兵能免于被杀被俘的，穿组甲的八十人、披练袍的三百人罢了。子重回来，已经在祖庙里庆祝饮酒，第三天后，吴国人攻打楚国，夺取了驾地。驾地是个好的都邑，邓廖是楚国的杰出人才。君子认为："子重这次战役，所得到的不如他所丧失的。"楚国人因此追究子重的罪责，子重很是为此事忧虑，于是得了精神疾病就死去了。

鲁襄公到晋国去，第一次去朝见霸主晋悼公。

夏，盟于长樗①。孟献子相②，公稽首。知武子曰："天子在，而君辱稽首，寡君惧矣。"孟献子曰："以敝邑介在东表③，密迩仇雠④，寡君将君是望⑤，敢不稽首？"

【注释】

①盟于长樗（chū）：《春秋》记载说："夏四月壬戌，公及晋侯盟于长樗。"参加盟誓的是鲁襄公与晋悼公。长樗，当是晋都郊外地名。
②相：担任赞礼。
③介：处于两者之间。
④仇雠：指齐、楚等国。
⑤将君是望："将望君"的动宾倒置。

【译文】

夏，鲁襄公和晋悼公在长樗结盟。孟献子担任赞礼，鲁襄公向晋悼公叩首礼拜。知武子说："周天子还在，却叫君主降尊行此叩头大礼，我们君主感到恐惧了。"孟献子说："因为我国处在东方的外表，紧紧靠近仇敌，我们君主将指望贵国君主，怎敢不叩头？"

晋为郑服故，且欲修吴好，将合诸侯。使士匄告于齐曰："寡君使匄，以岁之不易①，不虞之不戒②，寡君愿与一二兄弟相见③，以谋不协④，请君临之，使匄乞盟。"齐侯欲勿许，而难为不协，乃盟于耏外⑤。

【注释】

① 不易：多难，指诸侯之间多有纠纷。
② 不虞之不戒："不戒不虞"的动宾倒置。
③ 兄弟：杜预注云："列国之君相谓兄弟。"
④ 不协：不和睦，不合作。此实暗指齐国。
⑤ 耏（ér）：水名，在山东淄博市临淄区。

【译文】

晋国为了郑国顺服的缘故，并且想和吴国建立友好关系，打算会合诸侯。他派士匄到齐国去告诉齐侯说："我们君主派我士匄，因为近年来各国之间纠纷不断，对意想不到的事件没有戒备，我们君主愿意和一些兄弟国家互相会见，来商议彼此之间的不协调一致，请君主光临此会，派我士匄前来乞求结盟。"齐侯打算不答应，却害怕成为步调不协调一致的人，就在耏水外边和士匄结盟。

祁奚请老①，晋侯问嗣焉②。称解狐③，其仇也，将立之而卒。又问焉，对曰："午也可④。"于是羊舌职死矣⑤，晋侯曰："孰可以代之？"对曰："赤也可⑥。"于是使祁午为中军尉，羊舌赤佐之。君子谓："祁奚于是能举善矣。称其仇⑦，不为谄。立其子，不为比⑧。举其偏⑨，不为党⑩。《商书》曰：'无偏无党⑪，王道荡荡⑫。'其祁奚之谓矣！解狐得举⑬，祁午得位，伯华得官，建一官而三物成⑭，能举善也！夫唯善，故能举其类⑮。《诗》云：'惟其有之，是以似之⑯。'祁奚有焉。"

【注释】

① 老：告老辞官。此时祁奚为中军尉。
② 嗣：指接替其职位的人。
③ 称：举，荐举。
④ 午：祁午，祁奚之子。
⑤ 羊舌职：此时为中军尉佐，为祁奚的部属。
⑥ 赤：羊舌赤，羊舌职之子，字伯华。
⑦ 仇：指解狐。
⑧ 比：勾结，结党营私。
⑨ 偏：部属，部下。羊舌职是祁奚任中军尉的副职。
⑩ 党：阿附，偏私。
⑪ 偏：此指偏颇，不公平。
⑫ 荡荡：广远平正之貌。上引二句见今《尚书·洪范》。
⑬ 得举：谓解狐得荐举却没有就职即死去。
⑭ 一官：指中军尉、佐。三物：指得举、得位、得官。物，事。
⑮ 类：指同类。
⑯ 似之：杜预注云："言唯有德之人能举似己者。"上引二句诗见《诗经·小雅·裳裳者华》。

【译文】

　　祁奚请求告老退休,晋侯问接替他职位的人选。祁奚荐举了解狐。解狐是他的仇人,正准备接替祁奚就死去了。晋侯又问祁奚,祁奚回答说:"祁午可以。"在这时羊舌职也死了,晋侯说:"谁可以接替他?"祁奚回答说:"羊舌赤可以。"于是使祁午担任中军尉,羊舌赤辅佐他。君子认为:"祁奚在这件事上表现出能推举有德行的人了。荐举他的仇人,不算是谄媚讨好;任用他的儿子,不算是用人唯亲;选拔他的部下,不算是结党营私。《商书》说:'没有偏私,没有结党,帝王之道公平宽广。'这大概说的就是祁奚了啊!解狐得到荐举,祁午得到职位,伯华得到官职,建立一个官而成就三件事,这都是因为能够荐举善良啊!只有善良的人,才能够荐举他的同一类人。《诗经》说:'只有那人是好人,因此才能像自身。'祁奚就具有这样的美德呢。"

襄公四年

　　四年春,楚师为陈叛故,犹在繁阳①。韩献子患之,言于朝曰:"文王帅殷之叛国以事纣②,唯知时也③。今我易之,难哉!"三月,陈成公卒。楚人将伐陈,闻丧乃止④。陈人不听命。臧武仲闻之,曰:"陈不服于楚,必亡。大国行礼焉而不服,在大犹有咎,而况小乎?"

　　夏,楚彭名侵陈,陈无礼故也。

【注释】

　　① 繁阳:楚地名,在今河南新蔡县北。去年,楚公子何忌率师侵陈,陈不服楚,故仍驻军繁阳。

②文王：周文王姬昌。周文王"三分天下有其二，以服事殷"。
③知时：谓知时未可争。
④闻丧乃止：杜预注云："军礼不伐丧。"

【译文】

四年春，楚军为了陈国背叛的缘故，仍然驻扎在繁阳。韩献子忧虑这件事，在朝堂上说："周文王率领背叛殷朝的国家去侍奉商纣王，只因为知道时机不成熟。现在我们却变更他的做法，难得成功啊！"三月，陈成公死了。楚国人打算攻打陈国，听到陈国有丧事就停止了。陈国人不听从楚国的命令。臧武仲听到这件事，说："陈国不向楚国屈服，必定会亡国。大国对你行礼了还不服从，即使是大国还有灾祸，何况是小国呢？"

夏，楚国彭名侵袭陈国，是因为陈国无礼的缘故。

穆叔如晋①，报知武子之聘也②，晋侯享之。金奏《肆夏》之三③，不拜。工歌《文王》之三④，又不拜。歌《鹿鸣》之三⑤，三拜⑥。韩献子使行人子员问之⑦，曰："子以君命，辱于敝邑。先君之礼，藉之以乐⑧，以辱吾子。吾子舍其大⑨，而重拜其细⑩，敢问何礼也？"

【注释】

①穆叔：叔孙豹。
②知武子之聘：荀䓨聘鲁在鲁襄公元年。
③金：指钟、镈一类乐器。《肆夏》：乐曲名。杜预注云："《周礼》：以钟鼓奏九夏，其二曰肆夏，一名樊；三曰韶夏，一名遏；四曰纳夏，一名渠。盖击钟而奏此三夏曲。"三：指三夏，即肆夏、韶夏、纳夏。
④工：乐工。《文王》：《诗经·大雅》篇名。三：指《诗经·大

雅》的开头三首诗《文王》《大明》《绵》。

⑤《鹿鸣》：《诗经·小雅》篇名。三：指《诗经·小雅》的开头三首诗《鹿鸣》《四牡》《皇皇者华》。

⑥三拜：谓乐工每歌一首，穆叔拜谢一次。歌三首，故拜谢三次。

⑦行人子员：使者及其名。

⑧荐：荐，进献。

⑨大：指《文王》之三与《肆夏》之三。

⑩重：郑重，隆重。一说，重读"chóng"，重复，再三。细：指《鹿鸣》之三。

【译文】

  穆叔到晋国去，报谢知武子的聘问。晋侯设宴款待他。击钟演奏了《肆夏》的三支乐曲，穆叔不拜谢。乐工歌唱了《文王》的三首诗：《文王》《大明》《绵》，穆叔不拜谢。乐工歌唱了《鹿鸣》的三首诗：《鹿鸣》《四牡》《皇皇者华》，穆叔拜谢了三次。韩献子派外交人员子员去问他，说："您带着国君的使命，屈尊来到我国，我们依照先君的礼仪，把音乐进献给您，来冒昧地款待先生您。先生您舍弃那重大的，却郑重地拜谢那细小的，请问这是什么礼仪呢？"

  对曰："三《夏》，天子所以享元侯也①，使臣弗敢与闻②。《文王》，两君相见之乐也③，使臣不敢及④。《鹿鸣》，君所以嘉寡君也⑤，敢不拜嘉？《四牡》，君所以劳使臣也⑥，敢不重拜？《皇皇者华》，君教使臣曰：'必咨于周。'⑦臣闻之：'访问于善为咨⑧，咨亲为询，咨礼为度，咨事为诹⑨，咨难为谋⑩。'臣获五善⑪，敢不重拜？"

襄公

【注释】

①元侯：指诸侯之长。

②使臣：穆叔自指。

③两君相见之乐：杜预注云："《文王》之三皆称文王之德，受命作周，故诸侯会同以相乐。"

④及：与。

⑤嘉寡君：杜预注云："晋以叔孙为嘉宾，故歌《鹿鸣》之诗，取其'我有嘉宾'。叔孙奉君命而来，嘉叔孙，乃所以嘉鲁君。"

⑥劳使臣：《四牡序》云："《四牡》，劳使臣之来也。有功而见知，则说（悦）矣。"杜预注云："诗言使臣乘四牡，然行不止，勤劳也。晋以叔孙来聘，故以此劳之。"叔孙以晋歌此篇劳己来聘，故重拜受之。

⑦君教使臣曰："必咨于周。"杜预注云："《皇皇者华》，君遣使臣之诗。言忠臣奉使，能光辉君命，如华之皇皇然。又当咨于忠信以补己不及。忠信为周。其诗曰：'周爰咨诹''周爰咨谋''周爰咨度''周爰咨询'。言必于忠信之人咨此四事。"孔颖达疏云："此诗本意，文王教出使之臣，使远而有光华，又当咨问善道于忠信之人。今晋君歌此以宠穆叔，穆叔执谦，以为晋侯所教，故云君教使臣。"咨，咨询，询问。周，指忠信之人。

⑧善：指善道。一说，指善人。为咨询的对象。

⑨事：指政事。

⑩难：指患难。一说，指难办的事。以上指咨询的内容。

⑪五善：指咨、询、度、诹、谋。

【译文】

穆叔回答说："三支《夏》的乐曲，是天子用来款待诸侯领袖的，使臣我不敢参与听取。《文王》这首诗，是两国君主相见的乐曲，使臣我不敢参与。《鹿鸣》这首诗，是贵国君主用来嘉奖我国君主的，怎么敢不拜谢嘉奖？《四牡》这首诗，是贵国君主用来慰劳使臣我的，怎么敢不郑重地拜谢？《皇皇者华》这首诗，是贵国君主教导使臣我说：'一定要向忠信的人去咨询。'我听说：'将善事询问就叫咨，询问亲戚的关系就叫询，询问礼仪就叫度，询问政事就叫诹，询问患难就叫谋。'我得到这五个善，怎么敢不郑重地拜谢呢？"

襄公九年

秦景公使士雃乞师于楚，将以伐晋，楚子许之。子囊曰："不可。当今吾不能与晋争。晋君类能而使之①，举不失选②，官不易方③。其卿让于善，其大夫不失守，其士竞于教④，其庶人力于农穑。商工皂隶⑤，不知迁业⑥。韩厥老矣，知罃禀焉以为政⑦。范匄少于中行偃而上之，使佐中军。韩起少于栾黡，而栾黡、士鲂上之，使佐上军。魏绛多功，以赵武为贤而为之佐。君明臣忠，上让下竞。当是时也，晋不可敌，事之而后可。君其图之！"王曰："吾既许之矣。虽不及晋，必将出师。"

秋，楚子师于武城以为秦援。秦人侵晋，晋饥，弗能报也。

【注释】

① 类能：将有能力的人加以分类。类，用作动词，分类。
② 选：指选拔的人才。
③ 方：宜，犹今言政策法令。
④ 竞：争，犹今言努力。教：教训，指上司的命令。

⑤皂隶：贱役。

⑥迁业：改变职业。句义言安心本职，无意改变。

⑦知罃：时为中军将。禀：敬。

【译文】

秦景公派士雃到楚国去请求出兵，打算用来攻打晋国，楚子答应了他。子囊说："不可以。当今我们不能和晋国竞争。晋国君主把有能力的人分类而使用他们，选拔没有遗漏人才，任命的官吏不变更国家的政策法令。他的卿让位给善人，他的大夫没有失职的，他的士努力遵循上司的教训，他的百姓致力于农耕，商贾百工各种差役不想改变职业。韩厥告老退休了，知罃严肃认真地执掌晋国政事。范匄比中行偃年轻而位居中行偃之上（佐中军而中行偃将上军），韩起比栾黡年轻，而栾黡、士鲂使他居于上位（使佐上军，而栾黡将下军，士鲂佐之）。魏绛功劳多，以为赵武贤能而自己做他的辅佐（赵武将新军，魏绛佐之）。君主贤明，臣下忠心，上位的人谦让，下位的人努力。当这个时候，晋国不可以抵敌，只有侍奉他才可以。君主您还是想想这件事吧。"楚共王说："我已经答应他们了。我国虽然不及晋国强大，一定要出兵。"

秋，楚子驻军在武城来做秦国的声援。秦国人侵袭晋国。晋国有饥荒，不能够报复。

冬十月，诸侯伐郑①。庚午，季武子、齐崔杼、宋皇郧从荀罃、士匄门于鄟门②，卫北宫括、曹人、邾人从荀偃、韩起门于师之梁③，滕人、薛人从栾黡、士鲂门于北门，杞人、郳人从赵武、魏绛斩行栗④。

【注释】

①诸侯伐郑：《春秋》记载说："冬，公会晋侯、宋公、卫侯、

曹伯、莒子、邾子、滕子、薛伯、杞伯、小邾子、齐世子光伐郑。十有二月己亥，同盟于戏。"

② 鄟（zhuān）门：郑城东门名。
③ 师之梁：郑城西门名。
④ 郳（ní）人：小邾人。栗：道路两旁栽种的栗树。

【译文】

冬十月，诸侯进攻郑国。庚午那一天，季武子、齐国崔杼、宋国皇郧跟随荀䓨、士匄统帅的中军攻打郑国的城门——鄟门，卫国北宫括、曹国人、邾国人跟随荀偃、韩起统帅的上军攻打郑国的城门——师之梁，滕国人、薛国人跟随栾黡、士鲂统帅的下军攻打郑国的北门，杞国人、郳国人跟从赵武、魏绛统帅的新军砍伐道路两旁的栗树。

甲戌，师于氾。令于诸侯曰："修器备，盛餱粮①，归老幼，居疾于虎牢，肆眚②，围郑。"郑人恐，乃行成。中行献子曰③："遂围之，以待楚人之救也而与之战。不然，无成④。"知武子曰："许之盟而还师，以敝楚人⑤。吾三分四军，与诸侯之锐以逆来者⑥，于我未病，楚不能矣，犹愈于战，暴骨以逞，不可以争。大劳未艾⑦，君子劳心，小人劳力，先王之制也。"诸侯皆不欲战，乃许郑成。

【注释】

① 餱粮：干粮。
② 肆：纵，缓。
③ 中行献子：指荀偃，晋上军将。
④ 无成：谓恐楚救郑，郑复属之，我则无功。

⑤ 蔽：疲。用作使动词，使疲敝。
⑥ 逆：迎击。来者：指楚师。
⑦ 艾：止息。

【译文】

甲戌那一天，驻军在氾，给诸侯下令说："修理好器械设备，装满干粮，送回年老年幼的人，让患病的人住在虎牢，宽免有小过失的人，包围郑国。"郑国人害怕了，就派人求和。中行献子说："就包围它，来等待楚国的救兵而跟他们交战。不这样，我们就会劳而无功。"知武子说："答应他们求和结盟，我们就退兵回去，想办法使楚国人疲惫。我们把我们的四个军分为三部分，跟诸侯的精锐部队来迎击前来的楚军，对我们来说并不疲乏，而楚国就承受不了。这是比决战还好的办法。暴露尸骨来满足一时的欲望，不能用这种办法来与敌人争胜，这样会使我们非常劳苦而得不到休息。君子用脑，小人用力，这是先王的训示。"诸侯都不想交战，就答应了郑国的求和。

十一月己亥，同盟于戏①，郑服也。将盟，郑六卿公子騑、公子发、公子嘉、公孙辄、公孙虿、公孙舍之及其大夫、门子皆从郑伯②。晋士庄子为载书③，曰："自今日既盟之后，郑国而不唯晋命是听④，而或有异志者，有如此盟。"公子騑趋进曰："天祸郑国，使介居二大国之间⑤。大国不加德音而乱以要之⑥，使其鬼神不获歆其禋祀⑦，其民人不获享其土利，夫妇辛苦垫隘⑧，无所厎告。自今日既盟之后，郑国而不唯有礼与强可以庇民者是从，而敢有异志者，亦如之。"

【注释】

① 戏：在今河南登封市嵩山北。

② 公子骓：子駟。公子发：子国。公子嘉：子孔。公孙辄：子耳。公孙虿（chài）：子蟜（jiǎo）。公孙舍之：子展。门子：卿之嫡子。

③ 士庄子：士弱。载书：盟书，盟会时所订的誓约文书。

④ 而：同"如"，如果。

⑤ 二大国：指晋国与楚国。

⑥ 乱以："以乱"的倒置。乱，兵乱。

⑦ 歆（xīn）：用食品祭祀鬼神。鬼神享用祭品。禋祀：祭祀。

⑧ 垫隘：委顿，困苦，羸弱至极。

【译文】

十一月己亥那一天，在戏地一道结盟，这是由于郑国顺服了。将要结盟，郑国六位卿公子骓、公子发、公子嘉、公孙辄、公孙虿、公孙舍之和他们的大夫、卿的嫡子都跟随郑伯。晋国士庄子写了盟誓的文书说："从今天已经结盟之后，郑国如果不只听从晋国的命令，或者有其他想法的话，有这次盟誓为证。"公子骓快步上前说："上天降灾祸给郑国，使我们处在两个大国之间。大国不对我们施与恩德，却用兵乱来约束我们，使他的鬼神得不到享用祭祀的祭品，他的人民得不到享用他们土地的物产，夫妇辛苦困顿，没有地方去控告。自从今日已经结盟之后，郑国如果不只听从对我们有礼貌和力量强大可以庇护百姓的人，而胆敢有其他想法的话，也有这次盟誓为证。"

荀偃曰："改载书。"公孙舍之曰："昭大神要言焉。若可改也，大国亦可叛也。"知武子谓献子曰："我实不德，而要人以盟，岂礼也哉？非礼，何以主盟？姑盟而退，修德息师而来，终必获郑，何必今日？我之不德，民将弃我，岂唯郑？若能休和，远人将至，何恃于郑？"乃盟而还。

【译文】

荀偃说："更改你们盟誓的文书。"公孙舍之说："已经把盟誓明确地报告神灵了，如果可以更改，那大国也就可以背叛了。"知武子对中行献子说："确实是我们没有恩德，而要挟别人来盟誓，这难道合乎礼制吗？不合礼制，凭什么来主持盟会？姑且结盟退兵回去，治理德政，休整军队，然后再来，最终我们一定会得到郑国，何必一定要在今天呢？我们如果没有恩德，百姓都将抛弃我们，难道只是郑国？如果能够安逸和平，远方的人都会来投奔，郑国有什么倚仗就不来呢？"就跟郑国结了盟，撤军回国了。

晋人不得志于郑，以诸侯复伐之。十二月癸亥，门其三门①。闰月戊寅，济于阴阪②，侵郑。次于阴口而还③。子孔曰："晋师可击也，师老而劳，且有归志，必大克之。"子展曰："不可。"

【注释】

① 三门：指东、西、北三门，即鄟门、师之梁、北门。留南门不攻以待楚师。

② 阴阪：洧（wěi）水渡口，当在今河南新郑市西北。

③ 阴口：郑地名，当在阴阪北岸处。

【译文】

晋国人在郑国没有达到目的，就率领诸侯又攻打郑国。十二月癸亥那一天，进攻它的东、西、北三座城门。闰月戊寅那一天，在阴阪渡过洧水，侵袭郑国。驻扎在阴口就撤军回国了。子孔说：

"可以去追击晋军。军队长时间奔波在外疲劳不堪,并且都是归心似箭,一定能大大战胜他们。"子展说:"不可以。"

襄公十年

十年春,会于柤①,会吴子寿梦也②。三月癸丑,齐高厚相大子光以先会诸侯于钟离③,不敬。士庄子曰:"高子相大子以会诸侯,将社稷是卫,而皆不敬,弃社稷也,其将不免乎④!"

夏四月戊午,会于柤。

【注释】

① 会于柤(zhā):《春秋》记载说,"十年春,公会晋侯、宋公、卫侯、曹伯、莒子、邾子、滕子、薛伯、杞伯、小邾子、齐世子光会吴于柤。"柤,楚地,在今江苏邳州市北而稍西之泇口。

② 寿梦:吴国国君,名乘。

③ 钟离:在今安徽凤阳县东北。

④ 不免:不免于祸。鲁襄公十九年,齐杀高厚;二十五年,齐崔杼弑其君光,果然。

【译文】

十年春,鲁襄公、晋悼公、宋平公、卫献公、曹成公、莒子、邾子、滕子、薛伯、杞孝公、小邾子、齐国太子光在柤地会见,这是为了会见吴子寿梦。三月癸丑那一天,齐国高厚作为太子光的赞礼,先期在钟离会见诸侯,都不恭谨严肃。士庄子说:"高子担任太子的赞礼来会见诸侯,将是保卫国家,却都不严肃认真,这是抛弃国家，他们都不会免于祸难啊！"

夏四月戊午那一天，诸侯在柤地会见。

晋荀偃、士匄请伐偪阳①，而封宋向戌焉②。荀罃曰："城小而固，胜之不武，弗胜为笑。"固请。丙寅，围之，弗克。孟氏之臣秦堇父辇重如役③。偪阳人启门，诸侯之士门焉。县门发④，郰人纥抉之以出门者⑤。狄虒弥建大车之轮而蒙之以甲以为橹⑥，左执之，右拔戟，以成一队⑦。孟献子曰："《诗》所谓'有力如虎'者也⑧。"主人县布⑨，堇父登之，及堞而绝之⑩。队则又县之，苏而复上者三⑪。主人辞焉，乃退，带其断以徇于军三日⑫。

【注释】

① 偪（bī）阳：国名，妘（yún）姓，在今江苏邳州市西北。

② 封宋向戌：以宋常侍晋而向戌有贤行，故欲封之为附庸。

③ 孟氏之臣：鲁孟孙氏的家奴。辇：用人力挽车。重：重车，载物的车。役：服役的地方，指这次战争的前线。

④ 县（xuán）门：古时城门所设的门闸，平时挂起，有警时则放下，以便加固防守。县，同"悬"。发：放下来。

⑤ 郰（zōu）人纥：指郰邑大夫叔梁纥，孔夫子的父亲。郰，鲁邑，在今山东曲阜市东南。抉：举，谓以手举悬门不使下落。门者：攻城门的诸侯士兵。

⑥ 狄虒（sī）弥：鲁人。大车：平地载重的车，轮高九尺。橹：大盾。

⑦ 一队：百人为队。一说，二百人为队。

⑧ 有力如虎：《诗经·邶风·简兮》的诗句。

⑨ 主人：指偪阳的守城将士。

⑩ 堞（dié）：女墙，城上如齿状的矮墙。
⑪ 苏：苏醒，醒过来。
⑫ 断：指断布。

襄公

【译文】

晋国荀偃、士匄请求攻打偪阳，而封赏宋国向戌。荀䓨说："偪阳城虽然小，却很坚固，攻下它不算勇武，攻不下却要被人耻笑。"他们坚决请求。丙寅那一天，就包围了它，攻不下来。孟孙氏的家臣秦堇父拉着重车到前线来。偪阳人打开城门，诸侯的将士就去攻打城门。悬挂的城门落了下来，鄹邑人叔梁纥用手顶住它，让攻门的人跑了出来。狄虒弥竖立起大车的车轮，用皮甲覆盖着它用来作为盾牌，左手拿着它，右手拔起戟，领着士兵组成一队。孟献子说："这就是《诗经》所说的'像老虎一样有力'的人。"偪阳城的主人悬下布匹，秦堇父攀着布就登城，到达女墙，布被割断。秦堇父坠落下来，偪阳人又悬挂起它，秦堇父苏醒过来又登上去，共登了三次。偪阳人辞谢不再悬布，秦堇父这才退了回来，带着布在军队中宣示了三天。

诸侯之师久于偪阳，荀偃、士匄请于荀䓨曰："水潦将降，惧不能归，请班师①！"知伯怒②，投之以机③，出于其间④，曰："女成二事而后告余⑤。余恐乱命，以不女违⑥。女既勤君而兴诸侯，牵帅老夫以至于此，既无武守⑦，而又欲易余罪⑧，曰：'是实班师，不然克矣。'余赢老也，可重任乎⑨？七日不克，必尔乎取之⑩！"

【注释】

① 班：还，旋。
② 知伯：荀䓨，中军将。

③ 机：弩机，弓上发箭的装置，亦曰弩牙。一说，机即几，一种小桌子，置于座侧，以便凭倚。
④ 其间：指荀偃、士匄二人之间。
⑤ 二事：指伐偪阳、封向戍。
⑥ 不女违："不违女"的动宾倒置。
⑦ 武守：言有武功可以执守。
⑧ 易余罪：犹言归罪于余。
⑨ 重任：犹言承担如此重大的罪责。
⑩ 取之：言当取你们首级以谢不克之罪。

【译文】

诸侯的军队在偪阳待了许久，荀偃、士匄向荀䓨请求说："雨水快要来了，恐怕回不去了，请求退兵回去。"知伯生气了，把弩机向他们扔了过去，从他们两人之间穿过，说："你们办成攻下偪阳和封赏向戍这两件事然后来向我报告。我害怕因意见不一致而扰乱军令，所以不违背你们的请求。你们既已使君主辛劳，发动诸侯的军队，牵连我老头子也到了这里，你们既然没有武功可以坚守，而又想要归罪于我，说：'这实在是他要退兵，不这样就攻下它了。'我是个虚弱的老头，可以承担如此重大的罪责吗？七天攻不下来，我一定取下你们的脑袋！"

五月庚寅，荀偃、士匄帅卒攻偪阳，亲受矢石。甲午，灭之。书曰"遂灭偪阳"，言自会也①。以与向戍，向戍辞曰："君若犹辱镇抚宋国，而以偪阳光启寡君②，群臣安矣，其何贶如之③？若专赐臣，是臣兴诸侯以自封也，其何罪大焉？敢以死请。"乃予宋公。

【注释】

① 自会：谓自柤之会而逼着借用诸侯的军队。
② 光启：犹言广启，即扩大疆土。
③ 贶：赐，赏赐。

【译文】

五月庚寅那一天，荀偃、士匄率领士卒，亲自冒着箭和石头攻打偪阳。甲午，灭掉了它。《春秋》记载说："于是就灭了偪阳。"这是说从柤地会见就立即攻打偪阳。拿偪阳给予向戌，向戌推辞说："如果还承蒙君主镇定安抚宋国，用偪阳来使我们君主扩大疆土，我们这些臣下就安心了，还有什么赏赐比得上这个呢？如果专门赐予臣下我，那就是臣下我发动诸侯而为自己求得封赏，还有什么罪过比这个更大的呢？冒昧地用一死来请求。"就给予了宋平公。

宋公享晋侯于楚丘①，请以《桑林》②。荀䓨辞。荀偃、士匄曰："诸侯，宋、鲁于是观礼③。鲁有禘乐④，宾祭用之⑤；宋以《桑林》享君，不亦可乎？"舞⑥，师题以旌夏⑦，晋侯惧而退入于房⑧。去旌，卒享而还。及著雍⑨，疾。卜，桑林见⑩。荀偃、士匄欲奔请祷焉，荀䓨不可，曰："我辞礼矣，彼则以之⑪。犹有鬼神，于彼加之。"晋侯有间⑫，以偪阳子归，献于武宫⑬，谓之夷俘。偪阳，妘姓也。使周内史选其族嗣⑭，纳诸霍人⑮，礼也。

师归，孟献子以秦堇父为右。生秦丕兹⑯，事仲尼。

【注释】

①楚丘：地名，在今河南商丘市东北、山东曹县东南。
②《桑林》：乐曲名，殷天子之乐，宋沿用之。

襄公

③观礼：鲁有周天子的禘礼，宋有殷商的王礼，故诸侯往观之。
④禘：祭名。天子诸侯祭祀天地或宗庙的大祭。
⑤宾祭：指宴请大宾或举行大祭。
⑥舞：谓舞《桑林》。
⑦师：乐师，乐队的领队。题：标记，标识。旄夏：大旄，乐舞所用的指挥旗。谓乐师以大旗做标记，牵领乐队入场。
⑧房：指正室东西两侧的厢房。
⑨著雍：晋地，为河内之地，具体所在今不详。
⑩桑林见：谓卜兆表现出是桑林之神作祟。
⑪以：用。
⑫间（jiàn）：疾病痊愈或好转。
⑬武宫：晋武公庙，晋以为太祖庙，故晋的大事必在武宫举行，献俘也在武宫。
⑭内史：掌管爵禄废置的官。族嗣：指偪阳妘姓宗族的后嗣以奉妘姓祭祀。
⑮霍人：晋邑，在今山西繁峙县东郊。
⑯秦丕兹：名商，孔子弟子。

【译文】

宋平公在楚丘设宴款待晋悼公，请求使用《桑林》舞曲。荀䓨辞谢。荀偃、士匄说："诸侯都到宋国、鲁国来参观古礼。鲁国有禘乐，宴请大宾和举行大祭就用它。宋国用《桑林》舞曲来招待君主，不也是可以的吗？"开始舞蹈，乐队领队手拿大旗指挥乐队入场，晋侯害怕了，就退到了厢房，去掉大旗，使这次宴会顺利结束就回国了。到达著雍，晋悼公病了，占卜，是桑林之神出现作祟。荀偃、士匄打算跑回宋国去请求祭祀桑林。荀䓨不同意，说："我们辞谢了那套礼仪，是他们要使用它的。如果还有鬼神，应当加罪给他们。"晋侯的病好了，就带着偪阳子回到国都，奉献给晋武公的庙，把他称作夷人俘虏。偪阳是妘姓国。叫周王朝的内史选拔它的宗族的后代，安置在霍人那里，这是合乎礼制的。

鲁军回到国内，孟献子用秦堇父做车右。秦堇父生了秦丕兹，拜孔子为师。

六月，楚子囊、郑子耳伐宋，师于訾毋①。庚午，围宋，门于桐门②。

晋荀䓨伐秦，报其侵也③。

卫侯救宋，师于襄牛④。郑子展曰："必伐卫，不然，是不与楚也。得罪于晋，又得罪于楚，国将若之何？"子驷曰："国病矣⑤！"子展曰："得罪于二大国，必亡。病不犹愈于亡乎？"诸大夫皆以为然。故郑皇耳帅师侵卫⑥，楚令也。孙文子卜追之⑦，献兆于定姜⑧。姜氏问繇。曰："兆如山陵，有夫出征，而丧其雄。"姜氏曰："征者丧雄，御寇之利也。大夫图之！"卫人追之，孙蒯获郑皇耳于犬丘⑨。

【注释】

① 訾毋：宋地，当在今河南鹿邑县南。
② 桐门：宋都北门。
③ 报其侵：秦侵晋在鲁襄公九年。
④ 襄牛：卫地，故地在今河南睢县。
⑤ 病：困苦疲敝。
⑥ 皇耳：皇戌之子。
⑦ 孙文子：孙林父，时为卫国执政。
⑧ 定姜：卫定公夫人，卫献公之母。
⑨ 孙蒯：孙林父之子。犬丘：在今河南永城市西北。

襄公

【译文】

六月,楚国子囊、郑国子耳攻打宋国,驻军在訾毋。庚午那一天,包围了宋国,攻打宋国国都的城门——桐门。

晋国荀罃进攻秦国,报复它对晋国的侵袭。

卫侯援救宋国,驻军在襄牛。郑国子展说:"一定要攻打卫国。不这样,就是不依附楚国了。得罪了晋国,又得罪楚国,我们打算把国家怎么办呢?"子驷说:"国家已经很疲敝了!"子展说:"得罪两个大国,一定灭亡,疲敝不还是比灭亡好一些吗?"那些大夫都认为子展说得对。所以郑国皇耳率领军队侵袭卫国,这是出于楚国的命令。孙文子为追击郑军占卜了一卦,把卦兆献给定姜看。姜氏问卦的繇辞。孙文子说:"繇辞是:'卜兆如同山陵,有人出国征战,却丧失了他的首领。'"定姜说:"出征的失去首领,这是抵御敌人的吉利。大夫考虑一下这件事吧。"卫国人就去追击郑军,孙蒯在犬丘俘获了郑国皇耳。

秋七月,楚子囊、郑子耳伐我西鄙。还,围萧①,八月丙寅,克之。九月,子耳侵宋北鄙。孟献子曰:"郑其有灾乎!师竞已甚。周犹不堪竞,况郑乎?有灾,其执政之三士乎②!"

莒人间诸侯之有事也③,故伐我东鄙。

诸侯伐郑④。齐崔杼使大子光先至于师,故长于滕⑤。己酉,师于牛首⑥。

【注释】

① 萧:宋邑,在今安徽萧县西北。
② 三士:指子驷、子国、子耳。杜预注曰:"郑简公幼少,子驷、子国、子耳秉政,故知三士任其祸也。为下盗杀三大夫传。"

③间：用作动词，利用空隙，钻空子。有事：时晋、楚相争，齐、鲁、宋等国皆参与。

④诸侯伐郑：《春秋》记载说："公会晋侯、宋公、卫侯、曹伯、莒子、邾子、齐世子光、滕子、薛伯、杞伯、小邾子伐郑。"

⑤长于滕：谓《春秋》记载这次活动时，将齐国放在滕国之上。

⑥牛首：郑地，今河南通许县稍北。

【译文】

秋七月，楚国子囊、郑国子耳攻打我鲁国的西部边界。他们回军，包围了萧邑，八月丙寅那一天，攻下了它。九月，子耳侵袭宋国北部边界。孟献子说："郑国大概会有灾祸吧！军队征战太过分了，周王朝还不能承受，何况是郑国呢？如果有灾祸，那将是掌握政权的三位大夫啊！"

莒国人利用诸侯有战事的空隙，所以攻打我鲁国的东部边界。

诸侯攻打郑国。齐国崔杼使太子光最先到达诸侯军中，所以晋悼公把他的位置排在滕国等小国的前面。己酉那一天，驻军在牛首。

初，子驷与尉止有争，将御诸侯之师而黜其车①。尉止获②，又与之争。子驷抑尉止曰："尔车，非礼也。"遂弗使献③。初，子驷为田洫④，司氏、堵氏、侯氏、子师氏皆丧田焉。故五族聚群不逞之人，因公子之徒以作乱⑤。于是子驷当国⑥，子国为司马，子耳为司空，子孔为司徒⑦。

【注释】

①诸侯之师：诸侯伐郑之师。黜：减损，谓减少尉止应该统帅的车。

②获：指俘虏的敌人。

襄公

③献：谓献俘获。
④田洫（xù）：田间沟渠。洫，田间水道。
⑤公子之徒：指鲁襄公八年子驷所杀的子狐、子熙、子侯、子丁的族党。
⑥当国：主持国政。时郑简公年幼，由他摄理国君事务。
⑦子孔：公子嘉。

【译文】

当初，子驷跟尉止有争执。子驷减少尉止将要抵御诸侯的军队时率领的战车。尉止在战斗中有俘获，子驷又跟他争夺。子驷压制尉止说："你车还多，不合礼制。"就不准他去献俘。当初，子驷整理田间水道，司氏、堵氏、侯氏、子师氏都丧失了田土。所以这五个家族纠集那些不快意的人，倚仗公子的族党发动叛乱。在这时子驷主持国政，子国担任司马，子耳担任司空，子孔担任司徒。

冬十月戊辰，尉止、司臣、侯晋、堵女父、子师仆帅贼以入，晨攻执政于西宫之朝，杀子驷、子国、子耳，劫郑伯以如北宫。子孔知之，故不死。书曰"盗"，言无大夫焉。

子西闻盗①，不儆而出②，尸而追盗，盗入于北宫，乃归授甲。臣妾多逃，器用多丧。子产闻盗③，为门者④，庀群司⑤，闭府库，慎闭藏，完守备，成列而后出，兵车十七乘，尸而攻盗于北宫。子蟜帅国人助之⑥，杀尉止、子师仆，盗众尽死。侯晋奔晋。堵女父、司臣、尉翩、司齐奔宋⑦。

【注释】

①子西：公子夏，子驷之子。
②儆：同"警"，警戒，戒备。

③ 子产：公孙侨，子国之子，郑穆公之孙。
④ 为门者：置守门的人，以严禁出入。
⑤ 庀（pǐ）群司：具备众官。庀，具。
⑥ 子蟜：公孙虿。
⑦ 尉翩：尉止之子。司齐：司臣之子。

【译文】

　　冬十月戊辰那一天，尉止、司臣、侯晋、堵女父、子师仆率领叛乱分子进入宫中，早晨在西宫的朝堂上攻打执政的人，杀了子驷、子国、子耳，劫持郑伯去到北宫。子孔预先知道了消息，所以没有死。《春秋》记载说是"盗"，这说明这些叛乱分子里没有大夫参加。

　　子西听说有叛乱分子，不做戒备就出门，收了他父亲的尸体就去追击叛乱分子，叛乱分子进入到北宫。他就回家去发放铠甲武器，男女奴隶大都逃走，器物用具大都丢失。子产听说有叛乱分子，先安置门卫，召集那些主管事务的人，封闭好府库，谨慎封存好文书档案，完善防守设施，把私卒列成队列而后出门，有兵车十七辆，收好他父亲的尸体就到北宫去攻打叛乱分子，子蟜率领国都的人来帮助他，杀了尉止、子师仆，一般的叛乱分子全被杀死，侯晋逃跑到晋国，堵女父、司臣、尉翩、司齐逃跑到宋国去了。

　　子孔当国①，为载书，以位序②，听政辟③。大夫、诸司、门子弗顺④，将诛之。子产止之，请为之焚书。子孔不可，曰："为书以定国，众怒而焚之，是众为政也，国不亦难乎？"子产曰："众怒难犯，专欲难成，合二难以安国，危之道也。不如焚书以安众，子得所欲，众亦得安，不亦可乎？专欲无成，犯众兴祸，子必从之。"乃焚书于仓门之外⑤，众而后定。

襄公

【注释】

① 子孔当国：代子驷专国政。
② 以位序：谓自群卿诸司，各守其职。
③ 听政辟：听受执政的法令。辟，法。
④ 大夫：谓诸卿。门子：谓卿的嫡子。
⑤ 仓门：郑都的东南门。杜预注云："不于朝内烧，欲使远近见所烧。"

【译文】

子孔主持国政，写了盟书，规定官员各守职位，听候执政的法令。诸卿大夫、各部门主管、卿的嫡子都不肯顺从，子孔打算都杀了他们。子产制止了他，请求为他们焚烧掉那盟书。子孔不同意，说："写这盟书是为了安定国家，大伙生气就烧了它，那是大伙主持国政，国家不也太难治理了吗？"子产说："大众的怒火难以触犯，专政的欲望难以成功。把两件难办的事合在一起来安定国家，这是很危险的办法。不如烧掉盟书来安定大众，你得到了你想要的主持国政，大伙也得到了安心，不也是可以的吗？专政的欲望难以成功，触犯大众会发生祸乱，你一定要听从我。"子孔就在仓门的门外当众烧掉了盟书，大伙这才安定了下来。

襄公十一年

楚子囊乞旅于秦，秦右大夫詹帅师从楚子，将以伐郑。郑伯逆之。丙子，伐宋。

九月，诸侯悉师以复伐郑①。郑人使良霄、大宰石㚟如楚，告将服于晋，曰："孤以社稷之故，不能怀君。君若能以玉帛绥晋，不然则武震以摄威之，孤之愿也。"楚人执之，书曰"行人"，言使人也，诸侯之师观兵于郑东门，郑人使王子伯骈行成。甲戌，晋赵武入盟郑伯。

【注释】

① 诸侯悉师以复伐郑：《春秋》记载说："公会晋侯、宋公、卫侯、曹伯、齐世子光、莒子、邾子、滕子、薛伯、杞伯、小邾子伐郑，会于萧鱼。"此夏诸侯皆复来，故曰悉师。

【译文】

楚国子囊到秦国去求援兵。秦国右大夫詹率军跟随楚子，将攻打郑国。郑伯前去迎接他们。丙子那一天，攻打宋国。

九月，诸侯全军出动来再次攻打郑国。郑国人使良霄、大宰石㚟到楚国去，告诉楚国打算顺服于晋国，说："我国为国家社稷的缘故，不能怀念君主了。君主如果能够用财物礼品安抚晋国，不如此就用武力对他们加以恐吓威胁，这就是我的愿望。"楚国人拘捕了他们。《春秋》记载说"行人"，是说他们是使者。诸侯的军队在郑国的东门炫耀武力，郑国派王子伯骈前去求和。甲戌那一天，晋国赵武进入郑都跟郑伯结盟。

冬十月丁亥，郑子展出盟晋侯。十二月戊寅，会于萧鱼①。庚辰，赦郑囚，皆礼而归之。纳斥候②，禁侵掠。晋侯使叔肸告于诸侯③。公使臧孙纥对曰："凡我同盟，小国有罪，大国致讨，苟有以借手④，鲜不赦宥。寡君闻命矣。"郑人赂晋侯以师悝、师觸、师蠲⑤，广车、軘车淳十五乘⑥，甲兵备。凡兵车百乘，歌钟二肆⑦，及其镈磬⑧，女乐二八⑨。

襄公

【注释】

① 萧鱼：郑地，在今河南原阳县东。又据杨伯峻考，其地在今河南许昌市。

② 纳：收回。斥候：侦察人员。

③ 叔肸：羊舌肸，字叔向，亦字叔誉。

④ 借手：借助，稍有得获。

⑤ 悝（kuī）、触、蠲（juān）：皆乐师名。悝能击钟，触能击镈，蠲能击磬。

⑥ 广车：兵车名，为攻敌之车。轩（tún）车：亦兵车名，为屯守之车。淳：耦，成对。谓广车与车相配为一淳，共三十乘。

⑦ 肆：一排，一列。悬钟十六枚为一肆。二肆，即三十二枚。

⑧ 镈磬：皆乐器名。镈，镈钟，似钟而大。磬，以玉、石或金属制成，形状似矩。

⑨ 女乐：能歌舞的女子。二八：十六人。

【译文】

冬十月丁亥那一天，郑国子展走出国都跟晋侯结盟。十二月戊寅那一天，在萧鱼会见。庚辰那一天，赦免郑国的俘囚，都给以礼遇而放他们回去。收回侦察人员，禁止侵犯抢夺。晋侯派叔肸向诸侯通报。鲁襄公使臧孙纥回答说："凡是我们一道结盟的人，小国犯有罪过，大国前去征讨，只要有所收获，大国少有不赦免宽恕的。我们君主听到命令了。"郑国人送给晋侯的财礼包括有乐师悝、乐师触、乐师蠲，广车、轩车相组合共三十辆，铠甲武器齐全。总共兵车一百辆，歌钟两架三十二枚，以及和它相配的大钟和磬，歌舞女子十六人。

晋侯以乐之半赐魏绛，曰："子教寡人和诸戎狄，以正诸华。八年之中①，九合诸侯②，如乐之和③，无所不谐。

请与子乐之。"辞曰："夫和戎狄，国之福也。八年之中，九合诸侯，诸侯无慝，君之灵也，二三子之劳也，臣何力之有焉？抑臣愿君安其乐而思其终也④！《诗》曰：'乐只君子⑤，殿天子之邦。乐只君子，福禄攸同⑥，便蕃左右⑦，亦是帅从⑧。'夫乐以安德⑨，义以处之，礼以行之，信以守之，仁以厉之⑩，而后可以殿邦国，同福禄，来远人，所谓乐也。

襄公

【注释】

① 八年之中：自鲁襄公四年和戎至此凡八年。

② 九合诸侯：指五年会于戚，一；又会于城棣救陈，二；七年会于邢（wéi），三；八年会于邢丘，四；九年盟于戏，五；十年会于柤，六；又戍郑虎牢，七；十一年同盟于亳，八；又会于萧鱼，九。

③ 和（hè）：谓诸侯和同，如乐之相应和。

④ 抑：转折连词，然而。

⑤ 只：句中助词，无义。

⑥ 攸：所。结构助词。同：聚集。

⑦ 便蕃：数，屡次，多次。

⑧ 帅从：谓相帅而来服从。上引六句诗见《诗经·小雅·采菽》。

⑨ 乐：指音乐。

⑩ 厉：同"励"，勉。

【译文】

晋侯把乐队乐器的一半赐给魏绛，说："你教我跟那些戎人狄人讲和，来整顿中原各诸侯国。八年里面，九次会合诸侯，如同音乐的互相应和，没有地方不协调和谐。请求跟你一道来欣赏这些乐队乐器。"魏绛辞谢说："跟戎人、狄人讲和，这是国家的福泽。八年里面，九次会合诸侯，诸侯没有邪恶，这是君主的威灵，也是其他几位将帅的功劳，臣下我有什么力量？然而我希望君主在安享这种欢乐时想到他的终结。《诗经》说：'快乐啊君子，镇抚天子的家邦。快乐啊君子，那是福禄集聚的地方。治理好附近的小国，使远人相率来到您的身旁。'用音乐来安定德行，用道义来对待它，用礼制来推行它，用诚信来守护它，用仁爱来勉励它，然后可以镇抚国家，同享福禄，招来远方的人，这就是所说的快乐。

"《书》曰：'居安思危①。'思则有备，有备无患，敢以此规②。"公曰："子之教，敢不承命？抑微子，寡人无以待戎，不能济河。夫赏，国之典也，藏在盟府，不可废也，子其受之！"魏绛于是乎始有金石之乐，礼也。

【注释】

①居安思危：杜预注云："逸书。"即今已佚失的书。
②规：规谏，规劝。

【译文】

"《书》说：'处在安定就要想到危难。'想到了就有准备，有准备就没有祸患，冒昧地用这个来规劝。"晋悼公说："你的教诲，怎么敢不接受？要是没有你，我就没有办法用来对待戎人，就不能渡过黄河来征服郑国。奖励是国家的法典规定的，收藏在保存盟誓文件的官府，不可以废弃的，你还是接受了它吧！"魏绛于是开始有钟磬之类的乐器，这是合乎礼制的。

秦庶长鲍、庶长武帅师伐晋以救郑①。鲍先入晋地，士鲂御之，少秦师而弗设备②。壬午，武济自辅氏③，与鲍交伐晋师。己丑，秦、晋战于栎④，晋师败绩，易秦故也。

【注释】

① 庶长：秦爵名。
② 少秦师：以秦师为少。少，用作意动词，以为少。
③ 辅氏：在今陕西大荔县东。
④ 栎：晋地，今不详所在。

【译文】

秦国庶长鲍、庶长武率领军队攻打晋国来援救郑国。鲍首先进入晋国国土，士鲂去抵御他，认为秦军少而不加防备。壬午那一天，武从辅氏渡河，跟庶长鲍交替攻打晋军。己丑那一天，秦国、晋国在栎地交战，晋军被打得大败，这是轻视秦国的结果。

襄公十八年

十八年春，白狄始来①。

夏，晋人执卫行人石买于长子②，执孙蒯于纯留③，为曹故也④。

【注释】

① 白狄：春秋时我国北方地区狄族的一部。其衣尚白，故名。散居在今山西、陕西西北一带，隗姓。始来：白狄从未与鲁国接触过，故曰始来。不说来朝，因为他们不能行朝礼。
② 长子：今山西长子县。
③ 纯留：在今山西长治市屯留区南。
④ 为曹故：鲁襄公十七年夏，卫石买、孙蒯伐曹，取重丘。

【译文】

十八年春,白狄第一次来到鲁国。

夏,晋国人在长子拘捕卫国的使者石买,在纯留拘捕孙蒯,这是因为他们侵犯了曹国。

秋,齐侯伐我北鄙。中行献子将伐齐,梦与厉公讼①,弗胜;公以戈击之,首队于前,跪而戴之,奉之以走,见梗阳之巫皋②。他日,见诸道,与之言,同③。巫曰:"今兹主必死,若有事于东方,则可以逞。"献子许诺。

晋侯伐齐,将济河。献子以朱丝系玉二瑴④,而祷曰:"齐环怙恃其险⑤,负其众庶⑥,弃好背盟,陵虐神主⑦。曾臣彪将率诸侯以讨焉⑧,其官臣偃实先后之⑨。苟捷有功,无作神羞,官臣偃无敢复济⑩。唯尔有神裁之⑪!"沉玉而济。

【注释】

① 厉公:晋厉公。鲁成公十八年,晋栾书、中行偃使程滑弑厉公,葬之于翼东门之外,以车一乘。

② 梗阳:晋邑,今山西清徐县。皋:巫名。以上皆梦中所见。

③ 同:谓巫同样梦见荀偃与晋厉公诉讼的事。

④ 瑴(jué):两玉相合为瑴,也作"珏"。

⑤ 齐环:齐灵公名环。怙恃:凭恃,倚仗。怙恃为同义复合词。

⑥ 负:恃,倚仗。

⑦ 神主:指民。民,神之主也。

⑧ 曾臣:犹言末臣,微臣。称臣,明上有天子,以谦告神。彪:晋平公名。

⑨官臣：守官之臣，任官职之臣。
⑩无敢复济：荀偃相信巫师的话，故以死自誓。
⑪有神：神。有，词头，无义。

【译文】
　　秋，齐侯攻打我鲁国的北部边界。晋国中行献子将要进攻齐国，梦见跟晋厉公诉讼，没有胜诉，晋厉公用戈打他，脑袋就掉落在前面，他跪下来把头戴在领上，两手抱着头就跑，看见梗阳的名皋的巫师。过了些日子，在路上碰见了他，中行献子就跟他说及梦，巫皋也做了同样的梦。巫师说："今年您必定会死，如果在东方有战争，那可以称心如愿。"献子应允了。
　　晋侯攻打齐国，将要渡过黄河。中行献子用红色丝线系上玉璧两双，向河神祷告说："齐国姜环倚仗他的地势险要，倚仗他的人数众多，背弃友好，违背盟约，侵凌虐待百姓。微臣姬彪将要率领诸侯去讨伐他。他担任官职的臣下荀偃就在他前后辅助他。如果取得胜利而有战功，不带给神灵羞辱，任职的臣下不敢再渡河回国。希望神灵你裁决。"沉下玉璧就渡过了黄河。

　　冬十月，会于鲁济①，寻溴梁之言②，同伐齐。齐侯御诸平阴③，堑防门而守之④，广里。夙沙卫曰："不能战，莫如守险⑤。"弗听。诸侯之士门焉，齐人多死。范宣子告析文子曰⑥："吾知子，敢匿情乎？鲁人、莒人皆请以车千乘自其乡入，既许之矣。若入，君必失国。子盍图之？"子家以告公，公恐。晏婴闻之曰："君固无勇，而又闻是，弗能久矣⑦。"齐侯登巫山以望晋师⑧。晋人使司马斥山泽之险⑨，虽所不至，必旆而疏陈之⑩。使乘车者左实右伪，以旆先，舆曳柴而从之⑪。齐侯见之，畏其众也，乃脱归⑫。

【注释】

① 会于鲁济:《春秋》记载说:"冬十月,公会晋侯、宋公、卫侯、郑伯、曹伯、莒子、邾子、滕子、薛伯、杞伯、小邾子同围齐。"

② 溴梁之言:溴梁之盟在鲁襄公十六年。盟曰:"同讨不庭。"

③ 平阴:在今山东平阴县东北,齐邑。

④ 防门:旧平阴城南有防,防有门,称防门。

⑤ 莫如守险:谓防门不足为险。

⑥ 析文子:齐大夫,字子家。

⑦ 弗能久:谓不能长期抵御晋国。

⑧ 巫山:山名,在山东肥城市西北。

⑨ 斥:斥候,侦察。

⑩ 旆:此处用作动词,插上旗帜。

⑪ 舆曳柴:车子拖着柴枝,使尘土飞扬。

⑫ 脱:谓不张旗帜,偷偷地逃走。

【译文】

冬十月,鲁襄公、晋平公、宋平公、卫殇公、郑简公、曹成公、莒子、邾子、滕子、薛伯、杞孝公、小邾子在鲁济会见,重温溴水大堤上的誓言,一道攻打齐国。齐侯在平阴抵御诸侯军,在防门外挖掘壕沟来据守它,壕沟宽有一里。夙沙卫说:"不能交战,没有比扼守险要更好的了。"齐灵公没有听从。诸侯的战士攻击防门,齐国人死了很多。范宣子告诉析文子说:"我跟你熟悉,怎敢隐瞒真情?鲁国人、莒国人都请求率领兵车一千辆从他们的家乡打进来,我已经答应了他们的请求。如果他们打进来,你们君主一定会失去国家。你为什么不考虑一下这件事?"子家把这件事告诉了齐灵公,齐灵公害怕了。晏婴听到此事,说:"君主本来就没有勇气,又听到这个消息,不能长时间抵御了。"齐侯登上巫山来瞭望晋军。晋国人使司马侦察清楚山泽的险要之处,就算到不了的地方,也一定插上稀稀落落的旗帜，使乘车的人左边是真人右边是假人，用大旗前行，车子拖着柴枝跟随着它。齐侯看到这些，害怕他们人多，就偷偷地溜走了。

襄公

丙寅晦，齐师夜遁。师旷告晋侯曰："鸟乌之声乐，齐师其遁。"邢伯告中行伯曰①："有班马之声②，齐师其遁。"叔向告晋侯曰："城上有乌，齐师其遁。"十一月丁卯朔③，入平阴，遂从齐师。

【注释】

① 邢伯：晋大夫邢侯。中行伯：指中行献子荀偃。
② 班马：载人离去的马。杜预注云："夜遁，马不相见，故鸣。班，别也。"
③ 朔：农历每月初一，称朔。

【译文】

丙寅那一天是这个月的最后一天，齐军在晚上逃跑了。师旷告诉晋侯说："鸟雀乌鸦的叫声很快乐，齐军大概逃跑了。"邢伯告诉中行伯说："有离群战马的嘶叫声，齐军大概逃跑了。"叔向告诉晋侯说："城墙上有乌鸦，齐军大概逃跑了。"十一月丁卯那一天是初一，进入平阴，就追赶齐军。

夙沙卫连大车以塞隧而殿①。殖绰、郭最曰："子殿国师，齐之辱也②。子姑先乎！"乃代之殿。卫杀马于隘以塞道③。晋州绰及之，射殖绰，中肩，两矢夹脰④，曰："止，将为三军获。不止，将取其衷⑤。"顾曰："为私誓。"州绰曰："有如日！"乃弛弓而自后缚之。其右具丙亦舍兵而缚郭

279

最。皆衿甲面缚⑥,坐于中军之鼓下。

【注释】

①隧:径,小路。

②齐之辱:奋人殿后,故以为辱。

③隘:狭窄的险要之地。凤沙卫恨殖绰、郭最,故堵塞道路,想让他们被晋国人俘虏。

④胆:颈项。

⑤衷:正中。指脖子的正中。

⑥衿甲:不解甲,穿着铠甲。

【译文】

凤沙卫连接大车来堵塞山间小路而殿后。殖绰、郭最说:"你来为国军殿后,这是齐国的耻辱。你姑且先走吧!"他们就代替他殿后。凤沙卫杀了些马匹在险要之处来堵塞道路。晋国州绰追上了他们。州绰射殖绰,射中了肩膀,两支箭夹着脖子射去,说:"停下别跑,你将被我大军活着俘虏;不停止逃跑,我将射中你脖子的正中。"他们回转头来说:"你私下里发个誓。"州绰说:"有日神为证。"他就放下弓从后面反绑着殖绰,他的车右具丙也放下武器而捆绑着郭最,都穿着铠甲面向前手向后反绑着,坐在中军的战鼓下面。

晋人欲逐归者,鲁、卫请攻险。己卯,荀偃、士匄以中军克京兹①。乙酉,魏绛、栾盈以下军克邿②。赵武、韩起以上军围卢③,弗克。十二月戊戌,及秦周④,伐雍门之荻⑤。范鞅门于雍门,其御追喜以戈杀犬于门中。孟庄子斩其橁以为公琴⑥。己亥,焚雍门及西郭、南郭。刘难、士弱率诸侯之师焚申池之竹木⑦。壬寅,焚东郭、北郭。范鞅门于扬门⑧。州绰门于东闾⑨，左骖迫，还于门中，以枚数阖⑩。

襄公

【注释】

① 京兹，今山东平阴县东南。

② 邿（shī）：邿山，在今山东平阴县西。

③ 卢：齐邑，在今山东济南市长清区西南。

④ 秦周：鲁大夫。一说，齐城门名。

⑤ 雍门：齐西门名。萩：草名，蒿类，茎高丈余。

⑥ 孟庄子：孟孺子速。橁（chūn）：木名。杶木的别名。

⑦ 刘难、士弱：皆晋大夫。申池：地名。齐都城西门名申门，左右有池。故地在今山东青州市。

⑧ 扬门：齐城西门。

⑨ 东闾：齐城东门。

⑩ 枚：马鞭。阖：门扇，此指门扇上的乳钉。以枚数阖，表示毫不恐惧。

【译文】

晋国人想追击逃回去的人，鲁国、卫国请攻击险要的地方。乙卯那一天，荀偃、士匄率领中军攻下京兹。乙酉那一天，魏绛、栾盈率领下军攻下邿山。赵武、韩起率领上军包围卢邑，没有攻下来。十二月戊戌那一天，到达秦周，砍伐雍门的蒿草。范鞅攻打雍门，他的驾车手追喜用戈在门中杀狗。孟庄子斫下橁木用来制作颂琴。己亥那一天，放火烧了雍门和西面、南面的外城。刘难、士弱率领诸侯的军队焚烧了申池的竹木。壬寅那一天，焚烧了东面、北面的外城。范鞅攻打扬门。州绰攻打东闾门，左边的骖马被狭窄门道窘迫，在门中回旋，他用马鞭数清了门扇上的乳钉。

281

齐侯驾，将走邮棠①。大子与郭荣扣马②，曰："师速而疾，略也③。将退矣，君何惧焉？且社稷之主，不可以轻，轻则失众。君必待之。"将犯之④，大子抽剑断鞅，乃止。甲辰，东侵及潍⑤，南及沂⑥。

【注释】

①邮棠：齐邑，在今山东平度市东南。

②大子：太子光。郭荣：齐大夫。扣马：勒住马。

③略：通"掠"，掠夺。

④犯之：谓从他们身旁冲过去。

⑤潍：水名。源出山东五莲西南的箕屋山，东北流过诸城，又向北流过昌邑入海。

⑥沂：水名。源出山东沂源县鲁山，东流经临沂市入江苏境。部分河水入大运河和骆马湖。

【译文】

齐侯驾好车，打算逃往邮棠。太子光与郭荣拉住他的马缰绳，说："敌军来得快，攻得急，只是想多到些地方，将要退兵了。君主害怕什么呢？并且一个国家的君主，轻率就会失去大众，君主一定要等着。"齐灵公打算冲过他们前去。太子光拔出剑来斩断了马鞅，才停下来。甲辰那一天，诸侯军东边侵袭到了潍水，南边到达了沂水。

郑子孔欲去诸大夫①，将叛晋而起楚师以去之。使告子庚②，子庚弗许。楚子闻之，使杨豚尹宜告子庚曰："国人谓不谷主社稷，而不出师，死不从礼③。不谷即位，于今五年，师徒不出，人其以不谷为自逸，而忘先君之业矣。大夫图之，其若之何？"子庚叹曰："君王其谓午怀安乎！吾以利社稷也。"见使者④，稽首而对曰："诸侯方睦于晋，臣请尝之⑤。若可，君而继之。不可，收师而退，可以无害，君亦无辱。"子庚帅师治兵于汾⑥。于是子蟜、伯有、子张从郑伯伐齐。子孔、子展、子西守。二子知子孔之谋⑦，完守入保。子孔不敢会楚师。

襄公

【注释】

① 去诸大夫：想由他一人专权。

② 子庚：楚国令尹公子午。

③ 死不从礼：谓不能继承先君的事业，死了就不能用先君的礼仪安葬祭祀。

④ 使者：谓楚王派来的使者杨豚尹宜。

⑤ 尝之：尝试其难易。

⑥ 汾：一名汾丘，地名，在今河南襄城县东北。

⑦ 二子：指子展、子西。

【译文】

郑国子孔想要除去那些大夫，打算背叛晋国而发动楚国军队来去掉他们。他派人去告诉楚国令尹子庚，子庚没有应允。楚子听到这件事，派杨豚尹宜告诉子庚说："国内的人认为我掌管国家，却不出兵，死了也不能用规定的礼仪下葬。我即位做国君，到现在五年了，军队没有出动过，别人大概认为我只是自图安逸，却忘记了先君的大业。大夫考虑一下这件事，我该怎么办呢？"子庚叹息说："君王大概认为我是贪恋安逸吧！我这样做是想对国家有利啊！"他会见使者，叩了个头回答说："诸侯正与晋国和睦团结，臣下我请先去尝试一下。如果可以，君主就接着我来。如果不行，我收兵而退却，可以没有大的妨碍，君主也不会受到羞辱。"子庚在汾地调

283

集部队。在这时，郑国子蟜、伯有、子张跟随郑伯攻打齐国，子孔、子展、子西留守。子展、子西二人知道了子孔的阴谋，就加强守备入城防守，子孔也不敢去会合楚军。

楚师伐郑，次于鱼陵①。右师城上棘②，遂涉颍，次于旃然③。芋子冯、公子格率锐师侵费滑、胥靡、献于、雍梁④，右回梅山⑤，侵郑东北，至于虫牢而反⑥。子庚门于纯门⑦，信于城下而还⑧。涉于鱼齿之下，甚雨及之，楚师多冻，役徒几尽。

【注释】

①鱼陵：鱼齿山，郑地，在今河南宝丰县东南。

②上棘：颍水边临时修筑的小城。杜预注云："将涉颍，故于水边权筑小城以为进退之备。"

③旃然：古水名，即索河，在河南荥阳市南。

④费滑、胥靡、献于、雍梁：皆郑地。费滑，原滑国，后入郑为邑。胥靡，在今河南洛阳市偃师区东南。雍、梁，在今河南禹州市东北。

⑤梅山：楚地，在今河南新郑市西北。

⑥虫牢：郑地，又名桐牢，在今河南封丘县北。

⑦纯门：郑都城名门。

⑧信：住两晚。一宿曰宿，两宿曰信，过信曰次。

【译文】

楚军攻打郑国，驻扎在鱼陵。右军在上棘筑城，就徒步涉过颍水，驻扎在旃然。芋子冯、公子格率领精锐部队侵袭费滑、胥靡、献于、雍梁，向右绕过梅山，侵袭郑国的东北部。到达虫牢就撤军返回。子庚攻打郑都纯门，在城下住了两晚就撤军回国。军队徒步涉过鱼齿山下的滽水,大雨追上了他们,楚军大多冻坏,服役的徒众差不多死光了。

襄公

晋人闻有楚师,师旷曰:"不害。吾骤歌北风①,又歌南风②。南风不竞③,多死声④。楚必无功。"董叔曰:"天道多在西北⑤,南师不时⑥,必无功。"叔向曰:"在其君之德也⑦。"

【注释】

① 骤:屡次,多次。北风:北方的曲调。古人以律管来定曲调音调的高低,称十二律(六律六吕)。又以律吕与八方风气相配合,称为八风。故以风代指曲调。

② 南风:南方的曲调。

③ 不竞:不强劲。谓师旷以律吕歌南风音曲,南风音微,不与律声相应,故曰不竞。

④ 多死声:谓南风律气不至,故声多死。

⑤ 天道多在西北:古以岁星纪年,岁星绕天一周,约为十二年。岁星每走一年的距离都有专门的名称,为降娄、大梁、实沈、鹑首、鹑火、鹑尾、寿星、大火、析木、星纪、玄枵、娵訾。而鲁襄公十八年恰值岁星在娵訾。娵訾分属北方。古人又以地支十二分属十二月。这时是周历的十二月,为夏历十月。十月建亥,为阴气最盛、阳气已尽的月份,正是北方寒气的象征。故无论从年岁和月份看都属西北而不属东南,故曰天道多在西北。

⑥ 不时:谓从岁和月看都不合时宜。

⑦ 在君之德:谓君主有德则人和。而天时、地利皆不如人和。

【译文】

晋国人听说有楚军,师旷说:"没有妨碍。我多次演唱北方的曲调，又演唱南方的曲调。南方的曲调不强劲，多有死亡的声音。楚军一定会徒劳无功。"董叔说："岁星月建等天道大都在西北方位，南方的军队不合天时，一定不能建功。"叔向说："这都在它的君主的德行。"

襄公二十三年

秋，齐侯伐卫。先驱①：榖荣御王孙挥，召扬为右。申驱②：成秩御莒恒，申鲜虞之傅挚为右③。曹开御戎④，晏父戎为右。贰广⑤：上之登御邢公，卢蒲癸为右。启⑥：牢成御襄罢师，狼蘧疏为右。胠⑦：商子车御侯朝，桓跳为右。大殿⑧：商子游御夏之御寇，崔如为右，烛庸之越驷乘⑨。

【注释】

① 先驱：前锋军，先遣部队。
② 申驱：次前军之后。
③ 傅挚：申鲜虞之子。
④ 戎：指齐庄公的战车，居中。
⑤ 贰广：齐庄公的副车。
⑥ 启：左翼部队。
⑦ 胠（qū）：右翼部队。
⑧ 大殿：后军，殿后部队。
⑨ 驷乘：四人共乘一辆车。此言烛庸之越与商子游、夏之御寇、崔如四人共乘殿后的战车。杜预注云："传具载此，言庄公废旧臣，任武力。"

【译文】

秋，齐侯进攻卫国。前锋军：穀荣给王孙挥驾车，召扬担任车右。次前锋：成秩给莒恒驾车，申鲜虞的儿子傅挚担任车右。曹开驾驶齐侯的战车，晏父戎担任齐侯的车右。齐侯的副车：上之登驾驭邢公的战车，卢蒲癸担任车右。左路军：牢成驾驭襄罢师的战车，狼蘧疏担任车右。右路军：商子车驾驭侯朝的战车，桓跳担任车右。殿后军：商子游驾驭夏之御寇的战车，崔如担任车右。烛庸之越等四人共乘一辆战车。

自卫将遂伐晋。晏平仲曰："君恃勇力以伐盟主，若不济，国之福也。不德而有功，忧必及君。"崔杼谏曰："不可。臣闻之，小国间大国之败而毁焉①，必受其咎。君其图之！"弗听。陈文子见崔武子②，曰："将如君何？"武子曰："吾言于君，君弗听也。以为盟主，而利其难。群臣若急，君于何有③？子姑止之。"文子退，告其人曰："崔子将死乎！谓君甚，而又过之④，不得其死。过君以义，犹自抑也，况以恶乎？"

【注释】

① 大国之败：指晋国有栾盈之难。大国，指晋国。
② 陈文子：陈须无，陈完之孙。崔武子：崔杼。
③ 君于何有：杜预注云："言有急，不能顾君，欲弑之以说晋。"
④ 过之：弑君的罪恶超过背叛盟主。

【译文】

从卫国打算顺便就攻打晋国。晏平仲说："君主倚仗勇力，来

襄公

攻打盟主，如果不成功，那是国家的福泽。没有德行却有战功，忧患一定会来到君主跟前。"崔杼劝阻说："不可以这样做。我听说：小国利用大国一时不利的空子去毁坏它，一定会受到灾祸。君主还是考虑一下这件事吧。"齐庄公不听从。陈文子去看望崔武子说："打算将君主怎么办？"崔武子说："我跟君主说过了，君主不肯听从。把它作为盟主，而又利用它的祸难，臣下们如果着急了，哪里还管得了君不君的？你姑且等着吧。"陈文子退了出来，告诉他的手下人说："崔子大概要死了吧！认为君主做得过分了，他却做得又超过君主，不会得到好死。以道义指责君主，还要自我贬抑，何况是用凶暴的手段呢？"

齐侯遂伐晋，取朝歌①，为二队，入孟门②，登大行③，张武军于荧庭④。戍郫邵⑤，封少水⑥，以报平阴之役⑦，乃还。赵胜帅东阳之师以追之⑧，获晏氂⑨。八月，叔孙豹帅师救晋，次于雍榆⑩，礼也。

【注释】

① 朝歌：今河南淇县。

② 孟门：晋隘道，在今河南辉县市西。孟门山绵亘黄河两岸，而形成隘道。

③ 大行：太行，山名，绵延山西、河北、河南三省的大山脉。此当指太行关，即天井关，在山西晋城市太行山上。

④ 荧庭：晋地，在今山西翼城县东南。

⑤ 郫邵：今河南济源市西。

⑥ 封：收积晋军尸体筑土为堆以为京观，以炫耀武功。少水：晋地，今山西沁水县。

⑦ 平阴之役：鲁襄公十八年，晋及诸侯之师败齐师于平阴。事详见《襄公十八年》篇。

⑧ 赵胜：赵旃之子。东阳：晋地，相当于今河北太行山以东地区。

⑨ 晏氂（máo）：齐大夫。

⑩ 雍榆：晋地，在今河南浚县西南。

襄公

【译文】

齐侯于是就攻打晋国，夺取了朝歌。把军队分为两部分：一路攻入孟门，一路登上太行关。在荧庭建起显示武功的武军。戍守郫邵，在少水又收集晋军尸体建筑炫耀武功的京观，来报复平阴的那次战役，才撤军回国。赵胜率领东阳地区的军队追击齐军，俘获了晏氂。八月，叔孙豹率军援救晋国，驻军在雍榆，这是合乎礼制的。

季武子无適子，公弥长①，而爱悼子②，欲立之。访于申丰③，曰："弥与纥，吾皆爱之，欲择才焉而立之。"申丰趋退，归，尽室将行。他日，又访焉，对曰："其然！将具敝车而行。"乃止④。访于臧纥，臧纥曰："饮我酒，吾为子立之。"季氏饮大夫酒，臧纥为客⑤。既献⑥，臧孙命北面重席⑦，新尊洁之。召悼子，降，逆之。大夫皆起。及旅⑧，而召公钮，使与之齿⑨，季孙失色。

【注释】

① 公弥：公钮。

② 悼子：季孙纥。

③ 申丰：季氏属大夫。

④ 止：谓停止不再向申丰提立悼子的事。

⑤ 为客：为上宾。

⑥ 献：向宾客献酒。

⑦ 北面：面朝北。重席：铺上两层席子。

⑧ 旅：古代宴会时，举杯酬宾，宾交错互答，叫旅，又叫旅酬。

⑨ 齿：年齿。此指按年龄大小排列次序，即将公鉏按一般人对待，不如悼子的受到尊重。

【译文】

季武子没有嫡子，公弥年长，他却宠爱悼子，想要立悼子做继承人。他向申丰征询意见说："公弥和纥，我都宠爱他们，想要选择个有才干的立为继承人。"申丰快步走开了，回去，他收拾全部家产打算出走。过了些日子，季武子又去问他，申丰回答说："您硬要这样，我将准备我的破车子出走了。"季武子才不再向他提起此事。季武子到臧纥那里去征询意见，臧纥说："你请我喝酒，我替你立悼子做继承人。"季氏请大夫喝酒，臧纥做上宾。已经向宾客献了酒，臧纥命令面朝北，铺上两层席子，安排新的酒器，把它洗得干干净净。召唤悼子，他走下台阶迎接悼子，大夫们都站立起来。等到宾主互相敬酒，臧纥就召唤公鉏，叫他跟一般公子论年纪大小排列站立。季武子脸色都变了。

季氏以公鉏为马正①，愠而不出。闵子马见之，曰："子无然！祸福无门，唯人所召。为人子者，患不孝，不患无所。敬共父命②，何常之有③？若能孝敬，富倍季氏可也。奸回不轨④，祸倍下民可也。"公鉏然之。敬共朝夕，恪居官次⑤。季孙喜，使饮己酒，而以具往，尽舍旃⑥。故公鉏氏富，又出为公左宰⑦。

【注释】

① 马正：卿大夫家的司马。
② 共：同"供"，供奉，奉行。
③ 何常之有："有何常"的动宾倒置。言废置在父，无常位。
④ 回：邪。不轨：不走正道。
⑤ 恪：恭敬。
⑥ 旟：同"之"，代词，此代指季武子带去器具。
⑦ 出：出季氏家，做鲁公室的臣下。左宰：官名。

【译文】

季氏用公钼担任马正，公钼气恼不肯出任。闵子马去见他，说："你不要这样！灾祸与福泽没有门径，只看人怎么招引。做人儿子的人，只担心不孝顺，不要担心没有地位。恭敬地执行父亲的命令，地位哪里有固定不变的？如果能够孝顺恭敬，比季氏富有一倍也是可以的。胡作非为，不走正道，灾祸比贫贱的民众多一倍也是可以的。"公钼认为他说得对，恭敬地从早到晚侍奉季武子，严肃认真地履行官职。季孙很高兴，叫他请自己喝酒，却带着器具前去，喝完酒把器具全都留在那里。所以公钼氏很富有，又出任鲁襄公的左宰。

孟孙恶臧孙①，季孙爱之②。孟氏之御驺丰点好羯也③，曰："从余言，必为孟孙④。"再三云，羯从之。孟庄子疾，丰点谓公钼："苟立羯，请仇臧氏⑤。"公钼谓季孙曰："孺子秩，固其所也⑥。若羯立，则季氏信有力于臧氏矣⑦。"弗应。己卯，孟孙卒，公钼奉羯立于户侧⑧。季孙至，入，哭，而出，曰："秩焉在？"公钼曰："羯在此矣！"季孙曰："孺子长。"公钼曰："何长之有？唯其才也⑨。且夫子之命也⑩。"遂立羯。秩奔邾。

【注释】

① 孟孙：孟庄子。臧孙：臧纥。

② 爱之：臧纥帮助他立了悼子，实现了"爱悼子欲立之"的愿望，故爱他。

③ 羯：孟庄子的庶子，孟献子秩的弟弟孝伯。

④ 必为孟孙：谓为孟孙氏的继承人。

⑤ 仇臧氏：谓使孟氏与公共同仇视臧纥。

⑥ 固其所：谓孺子秩本是孟氏长子，立他为继承人，是本应有的地位。

⑦ 信有力于臧氏：谓臧纥因季武子的愿望立了季悼子，也算有功于季氏。如果无缘无故立了孟氏的少子羯，那季氏对孟氏的功劳就超过了臧纥。

⑧ 户侧：丧主接受宾客吊唁的位置。

⑨ 唯其才：季孙废公立悼子，说是欲择才而立之，故以此作答。

⑩ 夫子：指孟庄子。

【译文】

孟孙厌恶臧孙，季孙却宠爱他。孟氏的车夫和马官丰点喜爱羯，说："听从我的话，一定成为孟孙的继承人。"两次三次地说，羯就听从了他。孟庄子病了，丰点告诉公鉏说："如果立了羯做继承人，请对臧氏进行报复。"公鉏就告诉季孙说："孺子秩，本来就是继承人的地位。如果羯立作继承人，那么季氏对孟氏的功劳就的确超过了臧氏对季氏的功劳了。"季武子没有作声。己卯那一天，孟孙死了，公鉏拥戴羯站在丧主位置的门边。季孙来了，进来，哭过了，出来，说："秩在哪里？"公鉏说："羯已经在这里了。"季孙说："孺子年长。"公鉏说："有什么年长不年长，只看他的才能；并且这是他老先生的命令。"季孙就立了羯做继承人。秩逃跑到了邾国。

臧孙入，哭甚哀，多涕。出，其御曰："孟孙之恶子也，而哀如是。季孙若死，其若之何？"臧孙曰："季孙之爱我，疾疢也①。孟孙之恶我，药石也②。美疢不如恶石。夫石犹生我，疢之美，其毒滋多。孟孙死，吾亡无日矣。"

孟氏闭门，告于季孙曰："臧氏将为乱，不使我葬③。"季孙不信。臧孙闻之，戒④。冬十月，孟氏将辟⑤，藉除于臧氏⑥。臧孙使正夫助之⑦，除于东门，甲从己而视之。孟氏又告季孙。季孙怒，命攻臧氏。乙亥，臧纥斩鹿门之关以出⑧，奔邾。

【注释】

① 疾疢（chèn）：病害。疢，病。
② 药石：药物。药，方药。石，砭石。杜预注云："常志相违戾，犹药石之疗疾。"
③ 不使我葬：杜预注云："欲为公鉏仇臧氏。"
④ 戒：戒备。
⑤ 辟：开掘墓道。
⑥ 藉除：借役夫清除道路。
⑦ 正夫：遂正，远郊的主管役夫的官，属司徒。当时臧氏为司寇，兼掌司徒。
⑧ 鹿门：鲁都南城的东门。邾在鲁东南，从鹿门出去较方便。

【译文】

臧孙进来，哭得非常伤心，流了很多眼泪。出来，他的车夫说："孟孙是痛恨你的，你却如此伤心。季孙如果死了，那你将怎么办呢？"臧孙说："季孙宠爱我，就像疾病；孟孙痛恨我，就像药物。好看的疾病不如丑陋的药物。药物能够救活我；疾病好看，它的毒汁就更多。孟孙死了，我离流亡的时刻就没有多少日子了。"

孟氏关闭大门，告诉季孙说："臧氏将要发动叛乱，不让我们安葬。"季孙不相信。臧孙听到这话，就戒备起来。冬十月，孟氏将开掘墓道，到臧氏那里去借清除道路的役夫。臧孙派遂正带领役夫去帮忙，在东门清除道路，臧孙就带领甲士跟自己去巡视他们。孟氏又告诉季孙。季孙生气了，下令进攻臧氏。乙亥那一天，臧纥砍断鹿门的门闩出逃，逃到了邾国。

初，臧宣叔娶于铸①，生贾及为而死。继室以其侄，穆姜之姨子也②。生纥，长于公宫。姜氏爱之，故立之。臧贾、臧为出在铸。臧武仲自邾使告臧贾，且致大蔡焉③，曰："纥不佞，失守宗祧④，敢告不吊⑤。纥之罪，不及不祀⑥。子以大蔡纳请⑦，其可。"贾曰："是家之祸也，非子之过也。贾闻命矣。"再拜受龟。使为以纳请，遂自为也。臧孙如防⑧，使来告曰："纥非能害也，知不足也。非敢私请！苟守先祀，无废二勋⑨，敢不辟邑？"乃立臧为。

【注释】

① 铸：国名，在今山东肥城市南。
② 穆姜：鲁宣公夫人。姨子：姨母之子，与穆姜为姨姊妹。
③ 大蔡：大龟。占卜用的龟壳。
④ 宗祧（tiāo）：宗庙。祧，远祖的庙。
⑤ 吊：善。而杜预注云："不为天所吊恤。"
⑥ 不祀：断绝祭祀，即绝后的意思。
⑦ 请：谓请为先人立后。

⑧防：臧孙邑，在今山东费县东北。

⑨二勋：指臧文仲、臧宣叔。臧文仲曾以楚师伐齐，取谷；臧宣叔以晋师伐齐，取汶阳，故曰二勋。

【译文】

当初，臧宣叔从铸国娶了的妻子，生了贾与为两个儿子就死了。继室是她的侄女，也就是鲁宣公夫人穆姜的姨母的女儿，生了臧纥，在鲁宣公的宫中长大。姜氏喜欢他，所以立他做了臧氏的继承人。臧贾、臧为出逃在铸国。这时，臧武仲从邾国派人告诉臧贾，并且送去一只大龟壳，说："我臧纥没有才干，不能守住宗庙的祭祀。冒昧地向你报告不幸。我臧纥的罪，还没有到绝后的地步。你用这大龟壳去请求，那大致是可以的。"臧贾说："那是家门的灾祸，不是你的过错。我已经听到命令了。"拜了两拜，接受了大龟。臧贾派臧为去献纳请求，臧为就为自己请求了。臧孙到了防邑，派人来报告说："我臧纥不是能够伤害谁，是我考虑不周到。不敢替我个人请求，如果能够保住先人的祭祀，不要废弃臧文仲、臧宣叔二人的功勋，我怎么敢不离开防邑？"鲁国就立了臧为做臧氏的继承人。

臧纥致防而奔齐。其人曰："其盟我乎？"臧孙曰："无辞①。"将盟臧氏，季孙召外史掌恶臣②，而问盟首焉③，对曰："盟东门氏也④，曰：'毋或如东门遂⑤，不听公命，杀适立庶⑥。'盟叔孙氏也，曰：'毋或如叔孙侨如，欲废国常，荡覆公室⑦'。"季孙曰："臧孙之罪，皆不及此。"孟椒曰⑧："盍以其犯门斩关⑨？"季孙用之。乃盟臧氏曰："无或如臧孙纥，干国之纪⑩，犯门斩关。"臧孙闻之，曰："国有人焉！谁居⑪？其孟椒乎！"

【注释】

① 无辞：谓废长立少，是季孙所忌讳的，故说不好措辞。

② 恶臣：谓犯罪出逃的臣下。

③ 盟首：盟书主要罪状的提法。

④ 东门氏：指襄仲，居东门，故称东门氏。

⑤ 遂：襄仲名。

⑥ 杀適立庶：鲁文公遗命立子恶。文公死，襄仲杀恶及视而立鲁宣公。

⑦ 荡覆公室：叔孙侨如与穆姜私通。鲁成公十六年，沙随之会，侨如向晋国诬陷鲁成公在晋楚鄢陵之战中想坐观成败，又请求晋国去掉季氏、孟氏。阴谋失败，被驱逐，并盟之。

⑧ 孟椒：孟献子之孙子服惠伯。

⑨ 关：门闩。

⑩ 干：犯。

⑪ 居：语气助词，表疑问语气，相当于欤。

【译文】

臧纥送回防邑出逃到齐国。他的手下人说："他们会为了我们而盟誓吗？"臧孙说："他不好写盟誓的誓词。"鲁国将要为臧氏盟誓，季孙召唤来掌管犯罪外逃的臣下的外史，询问盟词的首要罪状该怎么写。外史回答说："为东门氏盟誓的誓词，说：'不要有人像东门遂，不听从鲁文公的命令，杀了嫡子，立了庶子做国君。'跟叔孙氏盟誓的誓词说：'不要有人像叔孙侨如，想废弃国的常规，扰乱颠覆公室。'"季孙说："臧孙的罪过，都没有达到这个程度。"孟椒说："何不就用侵犯国门，砍断门闩这个罪状？"季孙采用了孟椒的提法，就为臧氏盟誓说："不要有人像臧纥那样，触犯国家的法纪，侵犯国门，斩断门闩。"臧孙听到这个誓词，说："国家有人才呢！谁呢？大概是孟椒吧！"

襄公二十六年

初，楚伍参与蔡太师子朝友，其子伍举与声子相善也①。伍举娶于王子牟，王子牟为申公而亡，楚人曰："伍举实送之。"伍举奔郑，将遂奔晋。声子将如晋，遇之于郑郊，班荆相与食②，而言复故③。声子曰："子行也！吾必复子。"及宋向戌将平晋、楚④，声子通使于晋⑤。还如楚，令尹子木与之语，问晋故焉⑥。且曰："晋大夫与楚孰贤？"对曰："晋卿不如楚，其大夫则贤，皆卿材也。如杞、梓、皮革⑦，自楚往也。虽楚有材，晋实用之⑧。"

【注释】

① 伍举：椒举，伍子胥的祖父。声子：子朝之子，即公孙归生。
② 班荆：布荆于地而坐。班，布，铺垫。荆，灌木名。
③ 言复故：谓共议归楚之事。
④ 向戌将平晋、楚：事在明年。则声子游说子木归伍举事，亦当在明年。将此记载在这里，是因为伍举是这一年逃离楚国，与声子在郑郊相遇。故传将伍举出亡与归楚事记在一处。
⑤ 通使：出使。
⑥ 故：事。
⑦ 杞、梓：皆木名。
⑧ 晋实用之：言楚国逃亡的人才多在晋国，被晋国任用。

【译文】

当初，楚国的伍参跟蔡国太师子朝很友好，他的儿子伍举与子朝的儿子声子也很亲近。伍举在王子牟那里娶了妻子，王子牟做了申县的长官，犯罪逃跑了。楚国人说："实际上是伍举送走他的。"伍举逃跑到郑国，打算逃跑到晋国去。声子将要到晋国去，在郑国的郊野遇见了伍举。他们把荆条铺垫就席地而坐，一起吃东西，就谈到伍举重新回国的事。声子说："你走吧！我一定让你回国。"等到宋国向戌打算调解晋、楚，使两国和解，声子出使到晋国，回来时又到楚国，楚令尹子木跟他闲谈，问起晋国的事。并且说："晋国的大夫跟楚国比，哪一个更加贤明？"声子回答说："晋国的卿不如楚国，它的大夫却比楚国贤明，都是当卿的人才。好像杞树、梓树、皮革，都是从楚国去的。楚国虽然有人才，晋国却实际上使用了他们。"

子木曰："夫独无族姻乎？"对曰："虽有，而用楚材实多。归生闻之①：'善为国者，赏不僭而刑不滥②。'赏僭，则惧及淫人③；刑滥，则惧及善人。若不幸而过，宁僭无滥。与其失善，宁其利淫。无善人，则国从之④。《诗》曰：'人之云亡，邦国殄瘁⑤。'无善人之谓也。故《夏书》曰：'与其杀不辜⑥，宁失不经⑦。'惧失善也。《商颂》有之曰：'不僭不滥，不敢怠皇⑧，命于下国⑨，封建厥福⑩。'此汤所以获天福也。

【注释】

① 归生：声子名。自称名，表示对对方的尊敬。
② 僭（jiàn）：差失，过分。滥：过度。
③ 淫：邪恶。
④ 从之：谓从之灭亡。
⑤ 殄瘁：困病，困苦。此二句诗见《诗经·大雅·瞻卬》。
⑥ 辜：罪。

⑦ 经：常。不经，谓有罪而失于妄免。一说，谓不用常法。此引《夏书》为逸《书》，伪古文《尚书》收入《大禹谟》。

⑧ 皇：通"遑"，闲暇。

⑨ 下国：小国。谓汤被小国推举为天子。一说，谓天命汤于在下之国。一说，谓向诸侯发布命令。

⑩ 封建：谓大建。封，大。厥：其，代词。此四句诗见《诗经·商颂·殷武》。

【译文】

子木说："难道他们就没有宗族和姻亲吗？"声子回答说："虽然有，但使用楚国的人才确实很多。我归生听说过这样的话：'善于治理国家的人，奖赏不过分而刑罚不滥用。'奖赏过分了，就害怕赏及邪恶的人；刑罚滥用了，就担心罚到善良的人。如果不小心过分了，就宁肯奖赏过分而不要刑罚滥用。与其失去善人，宁肯有利于坏人。国家没有善良的人，那么这个国家跟着也就会灭亡。《诗经》说：'善人亡失了，国家就会遭遇困苦。'这说的就是国家没有善人。所以《夏书》说：'与其杀害无罪的人，宁肯使有罪的人失于不正常的赦免。'这说的是害怕失去善人。《商颂》有这样的话说：'不过分也不滥用，不敢懈怠又偷闲。被小国拥戴做天子，上天降与福无边。'这就是商汤获得天降福泽的原因。

"古之治民者，劝赏而畏刑①，恤民不倦。赏以春夏，刑以秋冬。是以将赏，为之加膳，加膳则饫赐②，此以知其劝赏也。将刑，为之不举③，不举则彻乐④，此以知其畏刑也。夙兴夜寐，朝夕临政，此以知其恤民也。三者，礼之大节也。有礼无败。今楚多淫刑，其大夫逃死于四方，而为之谋主，以害楚国，不可救疗，所谓不能也⑤。

襄公

【注释】

① 劝赏：谓乐于行赏。劝，勉励，努力。畏刑：谓惧怕用刑。
② 饫（yù）：饱。谓将酒食赐下，无不饱足。
③ 不举：谓不举盛馔。杀牲盛馔曰举。
④ 彻乐：撤去音乐。古代统治者吃饭时以音乐佐食。
⑤ 不能：谓楚人不能用其人才。

【译文】

"古代治理百姓的人，乐于奖励而惧怕刑罚，忧恤百姓而不知疲倦。在春季、夏季进行奖赏，在秋季、冬季进行刑戮。因此将要奖励，就为此而加餐，加餐就让大家饱餐一顿，凭这一点就知道他是乐于奖励的。将要进行刑戮，就为此而降低用餐标准，降低了用餐标准就撤除佐餐的音乐。凭这一点就知道他是畏惧刑罚的。早起晚睡，从早到晚亲临处理国家政事，凭这一点就知道他是忧惜百姓的。这三件事，是礼制的主要关键。有礼制就没有失败。现在楚国滥用刑罚的事件很多，那些大夫到四方各国逃避死亡，做他们的主要谋士，来危害楚国，以致不可以挽救治疗，这就是我所说的楚国不能任用人才。

"子仪之乱①，析公奔晋。晋人置诸戎车之殿②，以为谋主。绕角之役③，晋将遁矣，析公曰：'楚师轻窕，易震荡也。若多鼓钧声，以夜军之，楚师必遁。'晋人从之，楚师宵溃。晋遂侵蔡，袭沈，获其君④；败申、息之师于桑隧⑤，获申丽而还。郑于是不敢南面。楚失华夏，则析公之为也。

【注释】

① 子仪之乱：鲁文公十四年，子仪（斗克）与公子燮发动叛

乱，挟持楚庄王将如商密，被杀，叛乱失败。

②殿：后军。意为将谋士析公置于晋君的戎车之后。

③绕角之役：鲁成公六年，楚子重伐郑，晋栾书救郑，与楚师遇于绕角，楚师还。

④获其君：鲁成公八年，晋栾书侵蔡，遂侵楚，获申骊。楚师之还也，晋侵沈，获沈子揖初。

⑤败申、息之师于桑隧：鲁成公六年，晋师与楚师遇于绕角，楚师还，晋师遂侵蔡。楚公子申、公子成以申、息之师救蔡，御诸桑隧，晋师不战而还。此处所说史实，多不见传中记载或与传记载不符，实为声子的夸大其词。

【译文】

"子仪发动的那次叛乱，析公逃跑到晋国。晋国人把他安置在晋君战车的后面，来做主要谋士。绕角的那次战役，晋国将要逃跑了，析公说：'楚军轻佻，容易被震撼动摇，如果擂击许多战鼓使之发出同样的声音，在夜晚进攻他们，楚军必定会逃跑。'晋国人听从他的主意，楚军在晚上就溃散了。晋国就侵袭蔡国，袭击沈国，俘获了它的君主，在桑隧打败了楚国申、息两地的军队，俘获申骊带了回去。郑国在这时不敢面向南方。楚国失去中原诸侯，就是析公干出来的。

"雍子之父兄谮雍子，君与大夫不善是也①。雍子奔晋。晋人与之鄐②，以为谋主。彭城之役，晋、楚遇于靡角之谷③。晋将遁矣。雍子发命于军曰：'归老幼，反孤疾，二人役，归一人，简兵蒐乘，秣马蓐食，师陈焚次④，明日将战。'行归者而逸楚囚，楚师宵溃。晋降彭城而归诸宋，以鱼石归⑤。楚失东夷⑥，子辛死之⑦，则雍子之为也。

襄公

【注释】

① 不善是：杜预注云："不是其曲直。"
② 鄐（chù）：晋邑，地在今河南温县附近。
③ 遇于靡角之谷：鲁成公十八年，楚子重救彭城，伐宋。宋华元如晋告急。晋侯师于台谷以救宋，遇楚师于靡角之谷，楚师还。雍子事亦不见传中记载。
④ 次：此指驻扎的营房。焚烧之表示必死的决心，如同破釜沉舟。
⑤ 以鱼石归：鲁襄公元年，晋围彭城，为宋讨鱼石，彭城降晋，晋人以彭城还归宋，以鱼石等五大夫归。
⑥ 楚失东夷：楚东小国和陈国见楚国不能援救彭城，皆叛离楚国。
⑦ 子辛死之：鲁襄公五年，楚人讨陈叛故，曰："由令尹子辛实侵欲焉。"乃杀之。

【译文】

"雍子的父亲和兄长诬陷雍子，国君和大夫对此不分辨是非曲直。雍子逃跑到晋国。晋国人给了他鄐邑，做了主要谋士。彭城的那次战役，晋、楚两军在靡角之谷相遇，晋军将要逃跑了。雍子在军中发布命令说：'送回年老的年幼的，遣返孤儿和有病的，兄弟两个人在军中服役的，一个人回去，挑选精良兵器，检阅战车战马，饱喂马匹，一大早吃饭，军队列好阵势，烧掉驻扎的营房，明天准备战斗。'遣送回去的人和故意放走楚国被囚禁的俘虏，楚军在晚上就溃败了。晋国就逼降了彭城，把它归还宋国，带着鱼石回晋国了。楚国失去东方夷族，子辛为此事死去，这都是雍子造成的。

"子反与子灵争夏姬①，而雍害其事②，子灵奔晋。晋人与之邢③，以为谋主。扞御北狄，通吴于晋，教吴叛楚，教之乘车，射御驱侵，使其子狐庸为吴行人焉④。吴于是伐巢，取驾，克棘，入州来。⑤楚罢于奔命，至今为患，则子灵之为也。

【注释】

① 子灵：巫臣。争夏姬：子反欲娶夏姬，巫臣劝阻说她是个不祥之人，子反乃止，事详见《成公二年》篇，无争夺夏姬之事。

② 雍：通"壅"，堵塞，阻碍。巫臣逃跑到晋国，是因他在出聘齐国时，迎娶夏姬，不敢回楚国。事后，子反虽请以重币锢之，但楚共王阻止了他，未能实行。事详见《成公二年》篇。

③ 邢：晋邑，在今河南温县东北。

④ 为吴行人：据《成公七年》篇载，巫臣通吴于晋，与其射御，教吴乘车，教之战陈，教之叛楚，置其子狐庸焉，使为行人于吴，而使楚国一岁七奔命，是因为子重、子反在巫臣携夏姬奔晋之后，为了报复巫臣而杀了巫臣全家并分其室。

⑤ 伐巢，取驾，克棘，入州来：吴始伐楚，伐巢，伐徐，子重奔命，马陵之会，吴入州来，蛮夷之属于楚者，吴尽取之。事见《成公七年》篇。巢，国名，今安徽巢湖市有居巢故城，即此。驾、棘，皆楚邑。棘，在今河南永城市东北。州来，国名，在今安徽凤台县。

【译文】

"子反和子灵争夺夏姬，子反阻碍危害他的婚事，子灵逃跑到晋国。晋国人给了他邢邑，来做他们的主要谋士。扞蔽抵御北方狄人，让晋国跟吴国通好，教导吴国背叛楚国，教吴国人乘坐战车，射箭驾车，驱驰侵袭，使他的儿子狐庸做了吴国的外交使者。吴国在那时候就攻打巢国，夺取了楚国的驾地，攻克了棘地，攻入州来。楚国疲敝于四处应付，到现在还是楚国的灾患，这就是子灵干出来的。

左传

"若敖之乱①，伯贲之子贲皇奔晋②。晋人与之苗③，以为谋主。鄢陵之役④，楚晨压晋军而陈，晋将遁矣。苗贲皇曰：'楚师之良，在其中军王族而已⑤。若塞井夷灶，成陈以当之⑥，栾、范易行以诱之⑦，中行、二郤必克二穆⑧。吾乃四萃于其王族⑨，必大败之。'晋人从之，楚师大败，王夷师熸⑩，子反死之⑪。郑叛吴兴，楚失诸侯，则苗贲皇之为也。"

【注释】
① 若敖之乱：鲁宣公四年，楚若敖氏的斗越椒发动叛乱，围攻楚庄王，被族灭。
② 伯贲：斗越椒。
③ 苗：晋邑。
④ 鄢陵之役：晋、楚鄢陵之战发生在鲁成公十六年。
⑤ 中军王族而已：言楚之精兵都在中军。
⑥ 成陈：谓塞井夷灶以列成阵势。
⑦ 栾：栾书，时晋中军将。范：范燮，时晋中军佐。易行（háng）：谓简易行阵，少其兵备。
⑧ 中行：中行偃，时佐上军。二郤：郤锜、郤至。郤锜时将上军，郤至佐新军。二穆：指楚子重、子辛，二人皆出楚穆王，故曰二穆。
⑨ 四萃：谓四面集中。
⑩ 夷：伤。鄢陵之战中，楚共王被吕锜射中眼睛，伤目。熸（jiān）：火熄灭。言军师之败，像火熄灭一样。
⑪ 子反死之：楚战败后，子反自杀而死。

【译文】
"若敖氏的那次叛乱，伯贲的儿子贲皇逃跑到晋国。晋国人给了他苗邑，来做主要谋士。鄢陵的那次战役，楚军在早晨紧靠晋军列成阵势，晋军将要逃跑了。苗贲皇说：'楚军的精良，都在他们中军楚王的亲兵罢了。如果填塞水井、铲平火灶、列成阵势来抵挡他们，栾书、范燮故意疏散行阵，表示羸弱来引诱他们，中行偃、郤锜、郤至就一定能战胜子重、子辛。我们就从四面集中兵力对他们中军楚王的亲兵发动攻击，一定能把他们打得大败。'晋国人听从了他的主张，楚军被打得大败，楚王受伤，军队受到重创，子反为此败而死。郑国背叛，吴国兴起，楚国失去诸侯，这就是苗贲皇造成的。"

子木曰："是皆然矣。"声子曰："今又有甚于此。椒举娶于申公子牟，子牟得戾而亡①，君大夫谓椒举②：'女实遣之！'惧而奔郑，引领南望曰：'庶几赦余！'亦弗图也③。今在晋矣。晋人将与之县，以比叔向。彼若谋害楚国，岂不为患？"子木惧，言诸王，益其禄爵而复之。声子使椒鸣逆之④。

【注释】

① 戾：罪过。
② 君大夫：谓君主与大夫。
③ 弗图：谓楚不把这放在心上。
④ 椒鸣：伍举之子。杜预注云："传言声子有辞，伍举所以得反，子孙复仕于楚。"

【译文】

子木说："这些都的确是这样的。"声子说："现在又有比这些更加厉害的。椒举在申公子牟那里娶了妻子，子牟得了罪过逃跑了，君主与大夫认为椒举'实际上是你送走了他'。椒举害怕了，逃跑到郑国，他伸长脖子向南方瞭望着说：'大概会赦免我吧！'楚国也不认真考虑一下。现在他已经在晋国了。晋国人将要给他一个县，来和叔向并列。他如果谋划危害楚国，难道不会成为祸患？"子木害怕了，向楚康王说了，增加椒举的俸禄爵位，让他回楚国来。声子派椒鸣去迎接椒举。

襄公二十八年

齐庆封好田而耆酒①，与庆舍政②。则以其内实迁于卢蒲嫳氏③，易内而饮酒④。数日，国迁朝焉⑤。使诸亡人得贼者⑥，以告而反之。故反卢蒲癸。癸臣子之⑦，有宠，妻之⑧。

【注释】

①耆：同"嗜"，嗜好，爱好。

②庆舍：庆封之子。庆封主持国政，却不亲自过问政事，将政事交给儿子庆舍去掌管。

③内实：家里的财物及妻妾。

④内：指妻妾。

⑤迁朝：迁徙到卢蒲嫳家来朝见庆封。

⑥诸亡人：指那些因崔氏之乱而逃亡在外的人。得贼：谓得贼名，即被崔氏视为贼。

⑦子之：庆舍。

⑧妻：此谓庆舍把女儿嫁给卢蒲癸为妻。

【译文】

齐国的庆封喜欢打猎和嗜好喝酒,把政事交给儿子庆舍,就把他的家财妻妾搬迁到卢蒲嫳家,跟他交换妻妾并喝酒。过了几天,国家的朝政都搬迁到了那儿。使那些因崔氏之乱而逃亡在外的负有贼名的人,都来报告并使他们都回来,所以让卢蒲癸也回来了。卢蒲癸做了子之的家臣,得到宠信,庆舍把女儿嫁给他做妻子。

庆舍之士谓卢蒲癸曰:"男女辨姓①。子不辟宗②,何也?"曰:"宗不余辟③,余独焉辟之?赋诗断章④,余取所求焉,恶识宗?"癸言王何而反之⑤,二人皆嬖,使执寝戈⑥,而先后之。

【注释】

① 辨姓:庆氏、卢蒲氏皆姜姓。
② 辟宗:既同姓,就属同一宗族,男女结婚,就要避开同一宗族的人。
③ 不余辟:"不辟余"的动宾倒置。
④ 断章:谓断章取义,不顾全篇的意思。
⑤ 癸言王何:卢蒲癸与王何皆齐庄公党羽,崔杼杀齐庄公,他们出逃。他们想回来,得到庆氏的宠信,而找机会为齐庄公报仇。
⑥ 寝戈:近身护卫用的戈。

【译文】

庆舍手下的士人告诉卢蒲癸说:"男女婚嫁要辨别族姓,你不回避同一宗族,为什么呢?"卢蒲癸说:"我的同宗不回避我,我怎么偏偏要回避他呢?朗诵诗可以断章取义,我取我要的东西罢了,哪里知道是同宗?"卢蒲癸说起王何,让他回来,他们两人都得到庆舍宠爱,让他们拿着贴身侍卫的戈,在庆舍前后警卫着。

左传

公膳①，日双鸡。饔人窃更之以鹜②。御者知之，则去其肉而以其洎馈③。子雅、子尾怒④。庆封告卢蒲嫳。卢蒲嫳曰："譬之如禽兽，吾寝处之矣⑤。"使析归父告晏平仲。平仲曰："婴之众不足用也。知无能谋也。言弗敢出⑥，有盟可也。"子家曰⑦："子之言云，又焉用盟？"告北郭子车⑧。子车曰："人各有以事君，非佐之所能也⑨。"陈文子谓桓子曰⑩："祸将作矣！吾其何得？"对曰："得庆氏之木百车于庄⑪。"文子曰："可慎守也已！"

【注释】

① 公膳：公家的膳食，指卿大夫的膳食。

② 饔人：掌管烹煎调和之事的官。鹜：鸭子。杜预注云："欲使诸大夫怨庆氏，减其膳。盖卢蒲癸、王何之谋。"

③ 洎（jì）：肉汁，汤。馈：进献。只送来点肉汤，想使诸大夫更加怨愤。

④ 子雅、子尾：二子皆齐惠公之后。

⑤ 寝处：言能杀了他们而寝处其皮。

⑥ 弗敢出：言不敢泄露机密。

⑦ 子家：析归父。

⑧ 北郭子车：齐大夫。

⑨ 佐：子车之名。

⑩ 桓子：陈文子之子陈无宇。

⑪ 庄：四通八达的大道。《尔雅·释宫》云："六达谓之庄。"

【译文】

公家供应的膳食，每天两只鸡。管伙食的官暗地里用鸭子更换了鸡，送饭菜的人知道了，就把鸭子的肉也拿掉，只把肉汤送去。子雅、子尾生气了。庆封告诉卢蒲嫳，卢蒲嫳说："他们就如同禽兽，我能杀了他们，躺在他们的皮上。"派析归父告诉晏平仲，晏平仲说："我晏婴的部众不够使用，智慧不能谋划。说的话我也不敢泄露，做个盟誓都可以。"子家说："你的话这样说了，又哪里用得着盟誓？"他又告诉北郭子车。子车说："各人都有用来侍奉君主的方式，这不是我北郭佐能做的事。"陈文子告诉桓子说："祸难就要发作了，我们大概会得到什么？"陈桓子回答说："得到庆氏堆在大道旁的一百车木材。"陈文子说："可以谨慎地保住它罢了。"

卢蒲癸、王何卜攻庆氏，示子之兆①，曰："或卜攻仇，敢献其兆。"子之曰："克，见血。"冬十月，庆封田于莱②，陈无宇从。丙辰，文子使召之。请曰："无宇之母疾病，请归。"庆季卜之③，示之兆，曰："死。"奉龟而泣。乃使归。庆嗣闻之④，曰："祸将作矣！"谓子家⑤："速归！祸作必于尝⑥，归犹可及也。"子家弗听，亦无悛志。子息曰⑦："亡矣！幸而获在吴、越。"陈无宇济水而戕舟发梁⑧。卢蒲姜谓癸曰⑨："有事而不告我，必不捷矣。"癸告之⑩。姜曰："夫子愎，莫之止，将不出，我请止之。"癸曰："诺。"

【注释】

① 兆：占卜时龟壳上预示吉凶的裂纹。
② 莱：地名，在今山东昌邑市东南。
③ 庆季：庆封。
④ 庆嗣：庆封的族人。
⑤ 子家：庆封字。
⑥ 尝：秋祭。
⑦ 子息：庆嗣。
⑧ 戕：破坏。发梁：拆毁桥梁。不想让庆封能逃脱祸难。

⑨卢蒲姜：卢蒲嫳之妻，庆舍之女。
⑩告之：告欲杀庆舍。

【译文】

卢蒲癸、王何占卜攻击庆氏，把占卜的龟兆给子之看，说："有人占卜攻击仇人，冒昧地把占卜的龟兆献给您看。"子之说："能成功，看到血的征兆。"冬十月，庆封到莱地去打猎，陈无宇跟随着去了。丙辰那一天，陈文子派人去召唤他。他请求说："我陈无宇的母亲病重，请求回去。"庆季为他占卜，把龟兆给他看，说："会死。"陈无宇捧着龟壳就哭。庆封就让他回去了。庆嗣听到此事，说："祸难将要发生了。"他告诉子家说："赶快回去！祸难的发生必定在秋祭，回去还可以来得及。"子家不听从，也没有改悔觉悟的意思。子息说："他要逃亡了，希望能跑到吴国、越国去。"陈无宇每过一条河，就毁掉船只，拆毁桥梁。卢蒲姜告诉卢蒲癸说："有事情如果不告诉我，一定不能成功。"卢蒲癸告诉了她欲杀庆舍的事。姜氏说："那位老先生很执拗，没人阻止他，他将不会出去，我请求去阻止他。"卢蒲癸说："好的。"

十一月乙亥，尝于大公之庙①，庆舍莅事②。卢蒲姜告之，且止之。弗听，曰："谁敢者。"遂如公③。麻婴为尸④，庆奊为上献⑤。卢蒲癸、王何执寝戈。庆氏以其甲环公宫⑥。陈氏、鲍氏之圉人为优⑦。庆氏之马善惊，士皆释甲束马而饮酒⑧，且观优，至于鱼里⑨。栾、高、陈、鲍之徒介庆氏之甲⑩。子尾抽桷击扉三⑪，卢蒲癸自后刺子之，王何以戈击之，解其左肩，犹援庙桷，动于甍⑫，以俎壶投，杀人而后死。遂杀庆绳、麻婴⑬。公惧。鲍国曰："群臣为君故也。"陈须无以公归，税服而如内宫⑭。

【注释】

① 大公之庙：齐始祖姜太公的祠庙。
② 莅事：亲临祭事。
③ 公：齐景公。
④ 尸：古代祭祀，代死者受祭，象征死者神灵的人。
⑤ 庆奊（xié）：齐大夫。上献：最先献祭的人。
⑥ 环公宫：太公庙在公宫内。
⑦ 优：扮演杂戏的人。
⑧ 束马：绊住马。
⑨ 鱼里：里巷名。当时的杂戏在鱼里表演，甲士都去鱼里观看。
⑩ 栾：子雅。高：子尾。陈：陈须无。鲍：鲍国。介：披甲，庆氏的甲士都释甲看杂戏去了，故他们就穿上庆氏甲士的铠甲。
⑪ 楄：方形的椽子。扉：门扇。这是他们发动叛乱的信号。
⑫ 甍（méng）：屋脊。
⑬ 庆绳：庆奊。
⑭ 税：脱去。服：礼服。

【译文】

十一月乙亥那一天，在太公的祠庙里举行秋祭，庆舍亲自去参加祭祀的事。卢蒲姜告诉他，并且阻止他。庆舍不听从，说："哪个敢这样！"他就到齐景公那里。麻婴做祭尸，庆奊做最先祭奠的人。卢蒲癸、王何拿着贴身护卫的戈。庆氏用甲士环绕着齐景公的宫廷警卫着。陈氏、鲍氏的养马人扮演杂戏。庆氏的马容易受惊吓，甲士都脱下铠甲，捆住马，喝着酒，并且一边观看杂戏表演，一直到了鱼里。栾子雅、高子尾、陈须无、鲍国的徒众，披戴好庆氏甲士脱下的甲冑。子尾抽取方椽子敲打了门扇三下，卢蒲癸从后面刺杀子之，王何用戈砍他，砍下了他的左肩。庆舍还拉着椽子，动摇了屋的栋梁。用俎和壶投掷，杀死了人，然后死去。就杀了庆

襄公

311

绳、麻婴。齐景公害怕了。鲍国说:"群臣是为了君主的缘故。"陈须无带着齐景公回去了,脱下礼服就到内宫去了。

庆封归,遇告乱者。丁亥,伐西门,弗克。还伐北门,克之。入,伐内宫,弗克。反,陈于岳①,请战,弗许。遂来奔。献车于季武子,美泽可以鉴②。展庄叔见之③,曰:"车甚泽,人必瘁④,宜其亡也。"叔孙穆子食庆封,庆封氾祭⑤。穆子不说,使工为之诵《茅鸱》⑥,亦不知。既而齐人来让,奔吴。吴句余予之朱方⑦,聚其族焉而居之,富于其旧。子服惠伯谓叔孙曰:"天殆富淫人,庆封又富矣。"穆子曰:"善人富谓之赏,淫人富谓之殃。天其殃之也,其将聚而歼旃⑧?"

【注释】

①岳:里巷名。

②可以鉴:像镜子一样可以照见人。鉴,镜子。

③展庄叔:鲁大夫。

④瘁:困病劳苦。

⑤氾祭:广泛地祭祷。礼,食有祭,表示有所先。但氾祭是一种不恭敬的行为。

⑥《茅鸱》:逸诗,《诗经》没有收集的诗。

⑦句余:吴子余祭。朱方:吴邑,今江苏镇江市丹徒区地。

⑧歼:尽,灭。

【译文】

庆封回来,碰上来报告叛乱的人。丁亥那一天,他攻打西门,没能攻下来。掉转头攻打北门,攻下了它。进入国都,攻打内宫,没有攻下，返回来，在岳里列成阵势，请求决战，没有得到允许。庆封就逃跑来到鲁国。把车子进献给季武子，美观光泽可以照见人影。展庄叔看到这车，说："车子非常光泽，主人一定憔悴。他的逃亡应该啊。"叔孙穆子请庆封吃饭，庆封普遍祭祷诸神。穆子很不高兴，叫乐工为他朗诵《茅鸱》这首诗，他也听不懂。不久，齐国人来责难鲁国接纳庆封，庆封就逃跑到吴国。吴国句余给他朱方这个地方，他就把他的族人聚集在那里居住着，富有超过了他的过去。子服惠伯告诉叔孙说："上天大概要让坏人富有，庆封又富裕起来了。"穆子说："善人富有，叫作奖励；坏人富有，叫作灾祸。上天大概要给他灾祸了，将要聚集起来一举歼灭他们吧？"

襄公二十九年

吴公子札来聘①，见叔孙穆子，说之。谓穆子曰："子其不得死乎？好善而不能择人。吾闻'君子务在择人'。吾子为鲁宗卿②，而任其大政，不慎举，何以堪之？祸必及子！"

【注释】

① 公子札：季札，吴子寿梦之子，封于延陵，又称延陵季子，当时以多闻著称。

② 宗卿：叔孙氏为鲁桓公子叔牙的后代，与鲁君同宗，故曰宗卿。

【译文】

吴国公子季札来鲁国聘问，见了叔孙穆子，很喜欢他，他告诉穆子说："你将会不得好死啊！你喜欢善良，却不能选择善人。我听说'君子应尽力去选择善人'。先生你作为鲁国同宗族的卿，而担任重要的政事，不谨慎地选拔人才，怎么能承受得了这些工作？灾祸必然会来到你身上。"

请观于周乐①。使工为之歌《周南》《召南》②，曰："美哉！始基之矣③，犹未也④。然勤而不怨矣⑤。"为之歌《邶》《鄘》《卫》⑥，曰："美哉，渊乎⑦！忧而不困者也⑧。吾闻卫康叔、武公之德如是⑨，是其《卫风》乎？"

【注释】

① 周乐：鲁国因为周公的缘故，所以有周王朝的乐舞。

② 《周南》《召南》：《诗经·国风》第一、第二部分。《周南》为洛阳以南至江汉流域的歌谣。召为周初召公奭的采邑，在岐山之南。《召南》即召地南方的民歌。

③ 基之：言是文王教化的基础。旧说周、召被文王之化，故其音乐纯正和平。

④ 未：谓未尽善。言周文王时，文王虽三分天下有其二，但还有商纣王在，故未尽善。

⑤ 勤而不怨：言《周南》《召南》的诗，其时虽还有商纣王在，不得安乐，但已不怨怒。

⑥ 《邶》《鄘》《卫》：指《邶风》《鄘风》《卫风》，《诗经·国风》的第三、第四、第五部分。邶、鄘、卫皆国名。

⑦ 渊：深远。

⑧ 忧而不困：言此三国受卫康叔、卫武公的德化深远，虽有卫宣公的淫乱、卫懿公的灭亡，而民风还坚持礼义，不至于困苦。

⑨ 卫康叔：周文王之子、周公之弟，受封于卫。武公：康叔的九世孙。都是卫国有美德的君主。

【译文】

　　季札请求观看周王室的音乐舞蹈。鲁国派乐师为他歌唱了《周南》《召南》，他说："美好啊！开始有了基础了，但还没有达到最好，不过百姓虽劳苦却不怨恨了。"为他歌唱了《邶风》《鄘风》《卫风》，他说："美好而又深厚啊！忧思却不窘困。我听说卫康叔、卫武公的德行就是这样，这大概就是《卫风》吧？"

　　为之歌《王》①，曰："美哉！思而不惧②，其周之东乎？"为之歌《郑》③，曰："美哉！其细已甚④，民弗堪也，是其先亡乎！"为之歌《齐》⑤，曰："美哉，泱泱乎⑥，大风也哉⑦！表东海者⑧，其大公乎⑨！国未可量也⑩。"为之歌《豳》⑪，曰："美哉，荡乎⑫！乐而不淫，其周公之东乎⑬？"

【注释】

　　①《王》：指《王风》，《诗经·国风》的第六部分。王指周王朝的东都王城畿内之地，非国名。《王风》之列于国风，是因为周幽王遭犬戎之祸，西周灭亡。周平王东迁洛邑，王政不行于天下，周王室只相当于一个诸侯国，故王城的民歌也列为国风。

　　②思而不惧：宗周覆灭，偏处王城，故忧思。还有先王的遗风，故不惧。

　　③《郑》：指《郑风》，《诗经·国风》的第七部分。郑，国名。周宣王封母弟友于西都畿内，即郑桓公。周平王东迁，其子郑武公与晋文侯定平王于东都王城，郑武公自取虢、郐之地居之，其地即今河南新郑市一带。

　　④细：指政教烦琐细碎。

　　⑤《齐》：《齐风》，《诗经·国风》的第八部分。齐，国名。周武王灭商，封姜太公于齐。其地在今山东东部，都临淄。

⑥ 泱泱：宏大之貌。
⑦ 风：乐曲的通名。风指各地的民间乐曲。
⑧ 表东海：为东海的表率。齐地临东海。
⑨ 大公：指姜太公姜尚。
⑩ 量：估量。言其也许会复兴起来。
⑪《豳（bīn）》：指《豳风》，《诗经·国风》的第十五部分。豳，国名，在今陕西旬邑县、彬州市一带。
⑫ 荡：平易、平坦。
⑬ 周公之东：周公遭遇管、蔡的叛乱，东征三年，为周成王陈述后稷先公不敢荒淫从而成就王世的历史，以教导周成王。

【译文】

　　为他歌唱了《王风》，他说："美好啊！忧思却不畏惧，这大概是周王室东迁以后的歌曲吧！"为他歌唱了《郑风》，他说："华美啊！但它琐碎得太过分了，百姓承受不了，这大概会先灭亡吧！"为他歌唱《齐风》，他说："华美啊！宏大啊！这是大国的歌曲！作为东海的表率的，大概是姜太公的国家吧！这个国家的前程不可估量哩。"为他歌唱了《豳风》，他说："华美啊！平正啊！欢乐而不过度，大概是周公东征时的歌曲吧！"

　　为之歌《秦》①，曰："此之谓夏声②。夫能夏则大，大之至也，其周之旧乎③？"为之歌《魏》④，曰："美哉，沨沨乎⑤！大而婉，险而易行⑥，以德辅此，则明主也。"为之歌《唐》⑦，曰："思深哉！其有陶唐氏之遗民乎⑧？不然，何忧之远也？非令德之后，谁能若是？"为之歌《陈》⑨，曰："国无主⑩，其能久乎？"自《郐》以下无讥焉⑪。

【注释】

①《秦》：指《秦风》，《诗经·国风》的第十一部分。秦，国名，嬴姓。周孝王封伯翳之后非子为附庸，与之秦邑。秦襄公始立国，奄有今陕西省等地。

②夏声：古代中原地区的民间音乐。

③周之旧：秦本在西戎汧陇之西，至秦襄公佐周平王东迁，秦据有西周陕西故地，故曰周之旧。

④《魏》：指《魏风》，《诗经·国风》的第九部分。魏，国名，姬姓，在今山西芮城县。

⑤沨（fán）沨：形容乐声的婉转悠扬。

⑥险：艰险。一说，险当为俭字之误。俭约，指乐曲简易。

⑦《唐》：指《唐风》，《诗经·国风》的第十部分。唐，国名，周成王封弟叔虞于唐。今山西翼城县西有古唐城。

⑧陶唐氏：指帝尧。帝尧初封于陶，后封于唐，称唐侯。故唐为帝尧的故地。

⑨《陈》：指《陈风》，《诗经·国风》的第十二部分。陈，国名，妫姓。周初，封虞舜之后妫满于陈。地在今河南淮阳及安徽亳州市一带。

⑩国无主：淫声放荡，无所畏忌，故曰国无主。陈自陈胡公妫满之后，有陈幽公、陈灵公皆荒淫无度，国人作《宛丘》《株林》等诗以刺之。

⑪《郐（kuài）》以下：指《郐风》《曹风》，《诗经·国风》的第十三、十四部分。《诗经》十五国风，此时皆已具备，唯《豳风》《秦风》的次第与孔子删诗后的编次不同，足见《诗经》此时已基本定型。郐，今本《诗经》作"桧"，国名，相传为祝融之后，为郑武公所灭。地在今河南郑州市南。曹，国名，周武王封弟叔振铎于曹，地在今山东菏泽市、曹县一带。

左传

【译文】

为他歌唱了《秦风》，他说："这就叫作中原音乐。夏就是大，大到了极点了，这大概是周王朝原来的地方的歌曲吧？"为他歌唱了《魏风》，他说："华美啊！婉转悠扬啊！宏大而婉转，像魏国道路艰险而政令却易于执行，用德行来加以辅佐，就是贤明的君主了。"为他歌唱了《唐风》，他说："忧思深远啊！大概有陶唐氏的遗民吧？不这样，为什么忧思如此深远呢？不是美德之人的后代，哪个能够像这样呢？"为他歌唱了《陈风》，他说："国家没有贤明的君主，能够久远吗？"从《郐风》以下他就没批评了。

为之歌《小雅》①，曰："美哉！思而不贰②，怨而不言，其周德之衰乎③？犹有先王之遗民焉。"为之歌《大雅》④，曰："广哉，熙熙乎⑤！曲而有直体，其文王之德乎！"为之歌《颂》⑥，曰："至矣哉！直而不倨⑦，曲而不屈，迩而不逼，远而不携⑧，迁而不淫，复而不厌，哀而不愁，乐而不荒，用而不匮，广而不宣，施而不费，取而不贪，处而不底⑨，行而不流，五声和，八风平⑩，节有度，守有序，盛德之所同也。"

【注释】

①《小雅》：《诗经》"二雅"之一。大部分是西周后期及东周初期的贵族宴会的乐歌，小部分是批评当时朝政过失或抒发怨愤的民间乐歌。雅是正的意思，即当时朝廷的乐歌。《诗序》云："言天下之事，形四方之风，谓之雅。雅者，正也。……政有大小，故有《小雅》焉，有《大雅》焉。"

②思而不贰：谓思文、武之德，而无叛贰之心。

③周德之衰：指周厉王、周幽王以后。

④《大雅》：《诗经》"二雅"之二。多为西周初年的作品。
⑤熙熙：和乐之声。
⑥《颂》：《诗经》的第三部分，分为《周颂》《鲁颂》《商颂》三部分。颂，即用载歌载舞的形式，表现盛德来向神明报告成功。所以颂诗是宗庙乐歌。
⑦倨：傲慢。
⑧携：离，叛离。
⑨底：停滞。
⑩八风：八方之气。据《吕氏春秋·有始览》：东北曰炎风，东方曰滔风，东南曰薰风，南方曰巨风，西南曰凄风，西方曰飂风，西北曰厉风，北方曰寒风。

【译文】

为他歌唱了《小雅》，他说："华美啊！忧愁而没有二心，怨恨而不形于言辞，这大概是周王朝的德行衰落时的歌曲了吧？还有先王的遗民在呢。"为他歌唱了《大雅》，他说："宽广啊！和美啊！曲折而有端直的本体，这大概是周文王的德行吧！"为他歌唱了《颂诗》，他说："到了极限了！端直而不傲慢，曲折而不卑弱，亲近而不逼迫，远离而不携离，流动而不淫邪，反复而不令人厌倦，哀伤而不愁苦，欢乐而不荒淫，使用而不匮乏，宽广而不宣泄，施舍而不耗费，收取而不贪婪，居处而不停滞，行进而不流荡，五个音阶和谐，八方的风气平衡，节奏有尺度，音程有次序，这些盛大的德行都是颂诗所共有的。"

见舞《象箾》《南籥》者①，曰："美哉！犹有憾②。"见舞《大武》者③，曰："美哉！周之盛也，其若此乎？"见舞《韶濩》者④，曰："圣人之弘也，而犹有惭德⑤，圣人之难也。"见舞《大夏》者⑥，曰："美哉！勤而不德⑦，非禹其谁能修之？"见舞《韶箾》者⑧，曰："德至矣哉！大矣，如天之无不帱也⑨，如地之无不载也，虽甚盛德，其蔑以加于此矣⑩。观止矣！若有他乐，吾不敢请已！"

【注释】

①《象箾（shuò）》：周文王的舞曲名。箾，舞者所执的竿。《南籥（yuè）》：周文王的舞曲名。籥，舞者所执的道具。

②憾：谓周文王恨不及己致太平。

③《大武》：周武王的舞曲名。

④《韶濩（hù）》：商汤王的舞曲名。

⑤惭德：谓商汤以伐夏桀而取天下，不如尧、舜之禅让，故有惭德。

⑥《大夏》：夏禹王的舞曲名。

⑦勤：指致力于治水，以致手足胼胝。

⑧《韶箾》：虞舜帝的舞曲名。

⑨帱（dào）：覆盖。

⑩蔑：无。

【译文】

他看到表演《象箾》《南籥》的，说："华美啊！但还有遗憾。"他看了表演《大武》的，说："华美啊！周王朝的兴盛，大概就像这个样子了吧？"他看了表演《韶濩》的，说："圣人如此宏大，却还有惭愧的德行，做圣人真难啦！"他看了表演《大夏》的，说："华美啊！劳苦而不自以为德，不是大禹，谁能做到这个呢？"他看了表演《韶箾》的，说："德行达到顶点了！伟大啊，像上天一样没有不覆盖的，像大地一样没有不承载的，即使有非常盛大的德行，也不能比这个再增加了。观赏到这里就可以停止了。如果有其他乐曲，我不敢再请求表演了！"

其出聘也，通嗣君也①。故遂聘于齐，说晏平仲，谓之曰："子速纳邑与政②！无邑无政，乃免于难。齐国之政，将有所归，未获所归，难未歇也。"故晏子因陈桓子以纳政与邑，是以免于栾、高之难③。

聘于郑，见子产，如旧相识，与之缟带④，子产献纻衣焉⑤。谓子产曰："郑之执政侈⑥，难将至矣！政必及子。子为政，慎之以礼。不然，郑国将败。"

襄公

【注释】

① 通嗣君：当指吴子余祭。鲁襄公二十五年，吴子诸樊死，余祭嗣立，季札出使，即向各国通报余祭嗣立。此时余祭虽已死，但季札未得消息。一说，指吴子夷末。夷末继余祭嗣立。

② 纳：归之于公。

③ 栾、高之难：难在鲁昭公八年。

④ 缟带：绢制大带。缟，白色生绢。

⑤ 纻衣：苎麻制的衣服。纻，苎麻。

⑥ 执政：指伯有。伯有之位次于子展。此年子展死，故伯有执政。

【译文】

季札的出国聘问，是为了把新立的嗣君通报于各国。所以就到齐国去聘问，喜欢晏平仲，告诉他说："你赶快交还封邑和政权。没有封邑和政权，就能免除祸难。齐国的政权将会有所归属。没有得到归属的地方，祸难就不会停止。"所以晏子就凭借向陈桓子交还了封邑和政权，因此就免除栾氏、高氏的祸难。

季札到郑国去聘问，见到子产，就好像老朋友一样，送给他一条白绢大带，子产也奉献了一件苎麻布的衣服。他告诉子产说："郑国的主持国家政事的人很放肆，祸难将会来了！政权一定会到你手里。你当政，用礼制来谨慎从事，否则，郑国将会败亡。"

适卫，说蘧瑗、史狗、史鰌、公子荆、公叔发、公子朝①，曰："卫多君子，未有患也。"

自卫如晋，将宿于戚②。闻钟声焉，曰："异哉！吾闻之也：'辩而不德，必加于戮。'夫子获罪于君以在此③，惧犹不足，而又何乐？夫子之在此也，犹燕之巢于幕上。君又在殡④，而可以乐乎？"遂去之。文子闻之，终身不听琴瑟。

适晋，说赵文子、韩宣子、魏献子，曰："晋国其萃于三族乎！"说叔向，将行，谓叔向曰："吾子勉之！君侈而多良，大夫皆富，政将在家。吾子好直，必思自免于难。"

【注释】
① 蘧瑗：蘧伯玉。史狗：史朝之子文子。史鰌（qiū）：史鱼。公叔发：公叔文子。
② 戚：卫孙文子之邑。
③ 获罪于君以在此：鲁襄公二十六年，卫献公回国，孙林父以戚叛卫如晋，故居于此。
④ 君又在殡：指卫献公死，但尚未安葬。

【译文】
他到卫国去，喜欢蘧瑗、史狗、史鰌、公子荆、公叔发、公子朝，说："卫国多君子，不会有祸患。"

从卫国到晋国去，将在戚地住宿。季札听到钟声了，说："奇怪呀！我听说：'好争斗而没有德行，一定会受到惩罚。'这位先生得罪了君主而逃避到这里，恐惧还嫌不够，而又有什么快乐？这位先生在这里，如同燕子在帐篷上筑巢，君主又还在殡殓之中，哪里可以寻欢作乐呢？"就离开这里了。孙文子听到了此事，终身不听琴瑟之声。

他到了晋国，喜欢赵文子、韩宣子、魏献子，说："晋国的政权大概会集中在这三个家族吧！"喜欢叔向，将动身走，告诉叔向说："先生你努力啊！君主奢侈而多优秀臣下，大夫都富有，政权将归向大夫之家。先生你喜欢正直，一定要想出个自己免除祸难的办法。"

襄公

昭 公

昭公元年

郑徐吾犯之妹美①,公孙楚聘之矣②,公孙黑又使强委禽焉③。犯惧,告子产。子产曰:"是国无政,非子之患也。唯所欲与。"犯请于二子,请使女择焉。皆许之。子晳盛饰入④,布币而出⑤。子南戎服入,左右射,超乘而出。女自房观之,曰:"子晳信美矣,抑子南夫也⑥。夫夫妇妇,所谓顺也。"适子南氏。子晳怒。既而橐甲以见子南⑦,欲杀之而取其妻。子南知之,执戈逐之。及冲⑧,击之以戈。子晳伤而归,告大夫曰:"我好见之,不知其有异志也,故伤。"

【注释】

① 徐吾犯:郑大夫。
② 公孙楚:字子南,郑穆公孙。
③ 委禽:送致聘定的礼物。禽,雁,送聘礼用雁。
④ 子晳:公孙黑。
⑤ 币:指财礼。币,本为缯帛。古以束帛作为赠送的礼物。
⑥ 抑:表示转折的连词,相当于"则""然"。
⑦ 橐甲:犹言衷甲,把铠甲穿在外衣里面。
⑧ 冲:纵横相交的大道,犹言十字路口。

【译文】

　　郑国徐吾犯的妹妹很漂亮，公孙楚已经聘她为妻了，公孙黑又派人强行去下聘礼。徐吾犯害怕了，报告了子产。子产说："这是国家政治混乱，不是你的忧患。只看你妹妹想嫁给谁。"徐吾犯向子晳与子南二人请求，请求让妹妹挑选。他们两人都同意了。子晳的穿着非常鲜丽地进来，陈列财礼就出来。子南穿着军装进去，向左右开弓射箭，跳上兵车出来。徐吾犯之妹从房里观看他们，说："子晳的确漂亮，然而子南才是个男子汉。丈夫要像个丈夫，妻子要像个妻子，这就是所说的和顺。"她就嫁给了子南氏。子晳生气了。不久，他把铠甲穿在外衣里面去见子南，想要杀了他，夺取他的妻子。子南知道了这件事，拿着戈去追赶他。追到十字路口，用戈攻击他。子晳受了伤回去后，告诉大夫们说："我好意去见他，不知道他另有企图，所以受伤了。"

　　大夫皆谋之。子产曰："直钧，幼贱有罪。罪在楚也。"乃执子南而数之，曰："国之大节有五，女皆奸之。畏君之威，听其政，尊其贵，事其长，养其亲，五者所以为国也。今君国在，女用兵焉，不畏威也。奸国之纪，不听政也。子晳，上大夫，女，嬖大夫①，而弗下之，不尊贵也。幼而不忌，不事长也。兵其从兄②，不养亲也。君曰：'余不女忍杀③，宥女以远。'勉，速行乎，无重而罪！"五月庚辰，郑放游楚于吴，将行子南，子产咨于大叔。大叔曰："吉不能亢身④，焉能亢宗？彼，国政也，非私难也。子图郑国，利则行之，又何疑焉？周公杀管叔而蔡蔡叔⑤，夫岂不爱？王室故也。吉若获戾，子将行之，何有于诸游？"

【注释】

① 嬖大夫：下大夫的别称。

② 从兄：叔伯兄长。同一宗族而次于至亲的称"从"，如"从兄弟""从伯""从叔"等。

③ 不女忍杀："不忍杀女"的动宾倒置。

④ 亢：蔽，庇护。

⑤ 管叔、蔡叔：周公弟、周文王之子。他们监视殷民，却挟武庚以叛，周公讨平他们，杀了管叔，流放了蔡叔。上"蔡"字为动词，流放，放逐。

【译文】

大夫们都商议这件事。子产说："曲直是非相等，年幼的、卑贱的有罪过。罪过在游楚。"就拘捕了子南，责数他的罪状，说："国家的重大法度有五条，你都触犯了。畏惧君主的威仪，听从他的政令，尊敬尊贵的，侍奉年长的，奉养自己的亲属。这五条都是用来治理国家的原则。现在君主在国，你却动用兵器，这是不畏惧威仪；你触犯国家法纪，这是不听从政令；子晳是上大夫，你是下大夫，你却不肯居他之下，这是不尊敬尊贵的；你年纪轻却毫不忌惮，这是不侍奉年长的，杀伤你的叔伯兄长，这是不奉养亲属。君主说：'我不忍心杀你。宽恕你到远远的地方去。'你努力，快点逃走吧，不要加重你的罪过。"五月庚辰那一天，郑国放逐游楚到吴国，将要驱逐子南，子产向子太叔征求意见。子太叔说："我游吉不能庇护自身，怎么能庇护宗族？那是国家的政事，不是私下的祸难。你考虑郑国，有利就去执行它，又疑虑什么呢？周公杀了管叔，流放了蔡叔，他难道不爱护他们？这是为了周王室的缘故。我游吉如果犯了罪，你也会要驱逐我，对于那些游氏子弟又有什么妨碍呢？"

秦后子有宠于桓①，如二君于景。其母曰："弗去，惧选②。"癸卯，鍼适晋，其车千乘。书曰："秦伯之弟鍼出奔晋。"罪秦伯也③。

昭公

后子享晋侯，造舟于河④，十里舍车⑤，自雍及绛⑥。归取酬币⑦，终事八反⑧。司马侯问焉，曰："子之车，尽于此而已乎？"对曰："此之谓多矣！若能少此，吾何以得见？"女叔齐以告公⑨，且曰："秦公子必归。臣闻君子能知其过，必有令图。令图，天所赞也。"

【注释】

① 后子：秦桓公子，秦景公同母弟，名鍼。
② 选：通"算"，数，列数，谓数其罪而加以惩罚。
③ 罪秦伯：罪其失教。
④ 造舟：指并列船只作为浮桥。
⑤ 舍车：安置车。安置多少车，传未明言。杜预据下文"八反"，认为是舍车八乘。
⑥ 雍：秦国国都。绛：晋国国都。
⑦ 酬币：酬宾的财礼。古代礼仪，主客互相敬酒。主酌以敬宾叫献，宾还答叫酢，主复答叫酬，完成整个礼仪叫一献。主人在酬答时有财礼相送，这种财礼就叫酬币。
⑧ 八反：谓取酬币的车往返八次。后子这次享礼用的是最隆重的九献的礼仪。共要酬币九次。后子来时自带初献的酬币。以后每一献即有一批车运来酬币，故一共往返八次，才完成九献的礼仪。
⑨ 女叔齐：司马侯。

【译文】

秦国的后子在秦桓公那里得到宠信，在秦景公时又像是另一位君主。他母亲说："你不离去，恐怕会列举你的罪状。"癸卯那一天，铖就到晋国去，他的车有一千辆。《春秋》记载说："秦伯的弟弟铖出逃到了晋国。"这是归罪于秦景公。

后子设宴款待晋平公，在黄河上并列船只建造浮桥，每隔十里就安放八辆车，从雍都到绛都，回去取酬答的礼物，结束整个享礼回转了八趟。司马侯问他，说："你的车，全都在这里了吗？"后子回答说："这就叫很多了！如果能比这个少，我们怎么能在这里相见呢？"女叔齐告诉了晋平公，并且说："秦国公子一定会回去。臣下我听说君子能够了解自己的过错，一定会有好的打算。好的打算，是老天爷赞助的事。"

后子见赵孟。赵孟曰："吾子其曷归？"对曰："铖惧选于寡君，是以在此，将待嗣君。"赵孟曰："秦君何如？"对曰："无道。"赵孟曰："亡乎？"对曰："何为？一世无道，国未艾也①。国于天地，有与立焉②。不数世淫，弗能毙也。"赵孟曰："天乎③？"对曰："有焉。"赵孟曰："其几何？"对曰："铖闻之，国无道而年谷和熟，天赞之也。鲜不五稔④。"赵孟视荫⑤，曰："朝夕不相及，谁能待五？"后子出，而告人曰："赵孟将死矣。主民，玩岁而愒日⑥，其与几何？"

【注释】

①艾：绝，尽。犹言绝境。

②与：援助，辅助。

③天：阮元《校勘记》曰："《石经》作天乎，《汉书·五行志》引作天乎。钱大昕云：'与上文亡乎相对，谓国既不亡，国君当夭折也。'"

④ 五稔：五年。稔，谷物成熟。古代谷物一年一熟，因称年为稔。

⑤ 荫：日影。杜预注云："赵孟意衰，以日景自喻，故言朝夕不相及，谁能待五？"

⑥ 玩岁：轻视岁月。玩，轻视。愒（kài）日：荒废时日。愒，荒废。

【译文】

后子拜见赵孟。赵孟说："先生你何不回去？"后子回答说："我害怕被我们君主责数罪状，因此来到这里，将等待继位的君主。"赵孟说："秦君怎么样？"后子回答说："无道。"赵孟说："秦国会亡国吗？"后子回答说："为什么会亡国呢？一代君主无道，国家并没有走上绝路。国家在天地之间，必有人辅助它立国。没有几代君主的荒淫无度，是不能使它灭亡的。"赵孟说："他会早死吗？"后子回答说："有可能。"赵孟说："大概会有多久呢？"后子回答说："我听说，国君无道而粮食丰收，这是上天帮助它。少有不过五年的。"赵孟看了一下日影，说："早晨还到不了晚上，谁还能等待五年？"后子退了出来，告诉别人说："赵孟将要死了。做了百姓的主上，却轻视岁月，荒废时日，他还能活多久？"

郑为游楚乱故①，六月丁巳，郑伯及其大夫盟于公孙段氏，罕虎、公孙侨、公孙段、印段、游吉、驷带私盟于闺门之外②，实薰隧③。公孙黑强与于盟，使大史书其名，且曰七子④。子产弗讨⑤。

【注释】

① 游楚：指公孙楚，字子南。
② 闺门：郑都城门。

③ 薰隧：闱门外地名。
④ 且曰七子：欲自同于六卿，故曰七子。
⑤ 弗讨：子晳强，讨之恐乱国。

【译文】
郑国为了游楚的缘故，六月丁巳那一天，郑简公和他的大夫们在公孙段氏家盟誓，罕虎、公孙侨、公孙段、印段、游吉、驷带在闱门的外面私下盟誓，实际是在薰隧。公孙黑强行要参加盟誓，使太史记载着他的名字，并且说是七个人。子产不敢惩治他。

晋中行穆子败无终及群狄于大原①，崇卒也②。将战，魏舒曰："彼徒我车，所遇又阨③，以什共车必克。困诸阨，又克。请皆卒，自我始。"乃毁车以为行，五乘为三伍④。荀吴之嬖人不肯即卒，斩以徇。为五陈以相离⑤，两于前，伍于后，专为右角，参为左角，偏为前拒，以诱之。翟人笑之。未陈而薄之，大败之。

【注释】
① 无终：山戎国名，今天津市蓟州区有无终故城。大原：即太原，在今山西阳曲县。一说当在今宁夏固原市北界。
② 崇：推重，重视。
③ 阨：险要之地。言地险不便车战。
④ 五乘为三伍：兵车一乘三人，五乘共十五人。今去车为步兵，以五人为一伍，十五人共分三伍。
⑤ 五陈：指下文所说的两、伍、专、参、偏五种阵势。但为什么用这名称，每一种阵势有多少兵力，不可得知，杜预以为"皆临时处置之名"。

【译文】

　　晋国中行穆子在太原打败了山戎无终和那些狄人，这是因为他重视了步兵。将要开战，魏舒说："他们用步兵，我们用兵车，碰到的地方又很险要，用十个人当作一辆兵车，必定战胜。把他们窘困在险地，更可以取胜。请求都用步兵，从我开始。"他就丢弃兵车改为行伍，五辆兵车编为三个伍。荀吴的一个宠信的人不肯改编为步兵，魏舒杀了他示众。编成五种阵势而相隔一定距离，两在前面，伍在后面，专作为右角，参作为左角，偏作为前部，来引诱敌人。翟人耻笑他们，晋军趁敌军未列成阵势就追击他们，把他们打得大败。

　　莒展舆立，而夺群公子秩①。公子召去疾于齐。秋，齐公子钼纳去疾，展舆奔吴。

　　叔弓帅师疆郓田②，因莒乱也。于是莒务娄、瞀胡及公子灭明以大厖与常仪靡奔齐③。君子曰："莒展之不立，弃人也夫！人可弃乎？《诗》曰：'无竞维人④。'善矣。"

【注释】

　　① 秩：俸禄。
　　② 疆郓田：此春取郓，今正其疆界。
　　③ 务娄、瞀胡及公子灭明：三人皆展舆党羽。大厖（máng）与常仪靡：莒之二邑。
　　④ 无竞：竞。无，语首助词，无义。竞，强，强大。

【译文】

　　莒国展舆立为国君，夺去那些公子的俸禄。那些公子到齐国去召唤去疾。秋，齐国公子护送去疾回莒国，展舆逃往吴国。

　　叔弓率领军队去划定郓地疆界，是趁着莒国发生内乱。在这时，莒国务娄、瞀胡和公子灭明带着大厖和常仪靡两个都邑逃跑到齐国。君子说："莒国展舆不能立为国君，是因为他抛弃了贤人啊！贤人是可以抛弃的吗？《诗经》说：'强大靠的是贤才。'说得多好啊！"

　　晋侯有疾，郑伯使公孙侨如晋聘，且问疾。叔向问焉，曰："寡君之疾病，卜人曰：'实沈、台骀为祟。'史莫之知，敢问此何神也？"子产曰："昔高辛氏有二子①，伯曰阏伯，季曰实沈，居于旷林②，不相能也③。日寻干戈④，以相征讨。后帝不臧⑤，迁阏伯于商丘，主辰⑥。商人是因⑦，故辰为商星。迁实沈于大夏⑧，主参⑨。唐人是因⑩，以服事夏、商。其季世曰唐叔虞⑪。

【注释】

①高辛：帝喾之号，《史记·五帝本纪》作为五帝之一。
②旷林：地名，不详所在。一说，指广大的树林。
③能：亲善，和睦。
④寻：用。
⑤后帝：指帝尧。后，古代天子诸侯皆称后。
⑥辰：大火星，即心宿。
⑦商人：指商朝人。据《襄公九年》篇载，阏伯居商丘，祀大火。商之先祖相土因袭下来，所以商朝人主祀大火。
⑧大夏：地名，在今山西太原市。
⑨参：参宿，二十八宿之一。
⑩唐人：唐尧帝的后代。帝尧封唐侯。
⑪唐叔虞：此唐叔虞是唐国人的末代君主，不是周武王之子，晋国的始祖唐叔虞。

【译文】

　　晋平公有病,郑简公派公孙侨到晋国去聘问,并且问候晋平公的病。叔向问他,说:"我们君主的病很重,占卜的人说:'是实沈、台骀作祟。'太史没有人知道那个神,请问这是什么神灵?"子产说:"从前高辛氏有两个儿子,大儿子叫阏伯,小儿子叫实沈,居住在旷林,他们不能互相和睦相亲,每天动用武力,来互相讨伐。帝尧认为这样不好,就把阏伯迁徙到商丘,主持祭祀辰星,商朝人这就因袭下来,所以辰星就是商星。把实沈迁徙到大夏,主持祭祀参星。唐国人这就因袭下来,服从侍奉夏朝、商朝。他的末世君主叫唐叔虞。

　　"当武王邑姜方震大叔①,梦帝谓己:'余命而子曰虞,将与之唐,属诸参,而蕃育其子孙。'及生,有文在其手曰'虞',遂以命之。及成王灭唐而封大叔焉,故参为晋星②。由是观之,则实沈,参神也。昔金天氏有裔子曰昧③,为玄冥师④,生允格、台骀。台骀能业其官,宣汾、洮⑤,障大泽,以处大原。帝用嘉之⑥,封诸汾川。沈、姒、蓐、黄⑦,实守其祀。今晋主汾而灭之矣。由是观之,则台骀,汾神也。抑此二者,不及君身。山川之神,则水旱疠疫之灾⑧,于是乎禜之⑨。日月星辰之神,则雪霜风雨之不时,于是乎禜之。若君身,则亦出入饮食哀乐之事也。山川星辰之神,又何为焉?

【注释】

　　①邑姜:周武王之王后。震:通"娠",怀孕。大叔:指晋之始祖唐叔虞。

②晋星：叔虞封唐，至其子燮改国号为晋，故称晋星。
③金天氏：古帝少皞的称号。裔子：后代子孙。
④玄冥：水官之长。
⑤宣：泄，疏通。汾：汾水，黄河支流，源出山西宁武县管涔山，南流至曲沃县西折，在河津市入黄河。洮（táo）：水名，不知所在，当也是晋地之水，后世竭涸。
⑥帝：指帝颛顼，《史记·五帝本纪》作为五帝之一。
⑦沈、姒、蓐、黄：四国皆台骀之后。当皆在汾水流域。
⑧疠疫：瘟疫。
⑨禜（yíng）：禳除灾害的祭祀。

【译文】

"当周武王王后邑姜正怀着大叔的时候，梦见天帝告诉她说：'我给你的儿子取名叫虞，将给他唐国，把参星嘱托给他，来繁衍抚育他的子孙。'等到大叔出生，有文字在他手掌上叫虞，就把这个作为他的名。等到周成王灭了唐国，就把它封给大叔。所以参星就是晋星。由此看来，那么实沈就是参星了。从前金天氏有个后代子孙叫昧，他担任水官的首长，生了允格、台骀两个儿子。台骀能继续他父亲的官职，疏通了汾河、洮河，堵塞了大泽，就居住在太原。颛顼帝因此嘉奖他，封他在汾水流域。沈、姒、蓐、黄四国，就主持他的祭祀。现在晋国主持汾河的祭祀而灭掉了这四个国家。由此看来，那么台骀就是汾河神。然而这两个神灵，不会降病到君主身上。山川的神灵，水、旱、瘟疫等灾害，在这时去祭祀他们来消除灾害。日、月、星、辰的神灵，当风霜雨雪不合时令，在这时就去祭祀他们来禳除灾害。像君主本人，那是出入、饮食、哀乐方面的事故。山川星辰的神灵，又怎么能降病给他呢？

"侨闻之，君子有四时①：朝以听政，昼以访问，夕以修令，夜以安身。于是乎节宣其气，勿使有所壅闭湫底②，以露其体③。兹心不爽④，而昏乱百度⑤。今无乃壹之⑥，则生疾矣。侨又闻之，内官不及同姓⑦，其生不殖。美先尽矣⑧，则相生疾，君子是以恶之。故《志》曰：'买妾不知其姓，则卜之。'违此二者⑨，古之所慎也。男女辨姓，礼之大司也⑩。今君内实有四姬焉，其无乃是也乎？若由是二者，弗可为也已。四姬有省犹可⑪，无则必生疾矣。"叔向曰："善哉！肸未之闻也。此皆然矣。"

昭公

【注释】

① 四时：此指一天的四个时段。

② 湫底：凝滞，不通畅。

③ 露：败坏。

④ 兹：此。爽：明。

⑤ 百度：百事的节度。

⑥ 壹之：谓将一天四个时段看作一样。

⑦ 内官：指妃嫔姬妾。

⑧ 美先尽矣：古人已经知道同姓近亲结婚生育的子女不好，故禁止同姓结婚。但他们还不懂得其中的道理，认为："以其同姓，相与先美。今既为夫妻，又相宠爱，美之至极，在先尽矣，乃相厌患，而生疾病。"（孔颖达疏）

⑨ 二者：指壹四时、娶同姓。

⑩ 大司：犹言主要关键。

⑪ 省：减省。

【译文】

"国侨我听说，君子有四段时间，早晨用来治理政事，白天用来咨询访问，晚上用来研究政令，夜里用来安歇身体。在这时就调

335

节发散体气,不会使他有壅闭阻塞,使身体败坏。这心思不清爽,就会使各种事情昏聩混乱。现在恐怕把这四个时段看作一样,这就生病了。国侨我还要说,宫中的侍妾不能涉及同姓,他们的子孙不能蕃息。男女的优势事先就完了,就会生出疾病,君子因此憎恶这种婚姻。所以《志》上说:'买妾不知道她的姓,就为她占卜。'违背这四个时段和同姓不婚这两件事,是古人很谨慎的地方。男女辨别姓,这是礼制的重大关键。现在君主宫内实际有四个姬姓女子,大概就是这个原因了吧!如果是由于这两件事,那就不可以治疗了。四位姬姓女子有减省还可以,没有节制就一定要生病了。"叔向说:"说得好啊!我羊舌肸没有听说过这些,这说的都是这样的啊。"

叔向出,行人挥送之①。叔向问郑故焉,且问子晳。对曰:"其与几何?无礼而好陵人,怙富而卑其上,弗能久矣。"

晋侯闻子产之言,曰:"博物君子也。"重贿之。

【注释】

① 挥:公孙挥,字子羽。

【译文】

叔向出来,使者公孙挥送他。叔向询问郑国的事,并且询问子晳的情况。公孙挥回答说:"他还能有多久?他没有礼貌却喜欢凌驾人上,倚仗富有而卑视他的上司,不能够长久了。"

晋侯听到子产的话,说:"这是一位博古通今的君子。"重重地送了他一份财礼。

晋侯求医于秦。秦伯使医和视之,曰:"疾不可为也。是谓:'近女室,疾如蛊①。非鬼非食,惑以丧志。良臣将死，天命不佑。'"公曰："女不可近乎？"对曰："节之。先王之乐，所以节百事也，故有五节②，迟速本末以相及③，中声以降④，五降之后⑤，不容弹矣。于是有烦手淫声⑥，慆堙心耳⑦，乃忘平和，君子弗听也。物亦如之⑧，至于烦，乃舍也已，无以生疾。君子之近琴瑟⑨，以仪节也，非以慆心也。

昭公

【注释】

① 蛊：神志惑乱的病。

② 五节：谓五声的节制。

③ 迟速：指音乐节奏的快慢缓急。本末：指音乐节奏的主次轻重。相及：谓互相联结。

④ 中声：中和之声，古人认为的最雅正的音乐。降：罢退，停止。

⑤ 五降：谓五声停止。即五声既成，中和停止。

⑥ 烦手：变化复杂的弹奏技巧。淫声：郑、卫之音一类的淫靡乐曲。

⑦ 慆堙（tāoyīn）：享乐过度。

⑧ 物亦如之：谓百事皆如音乐，不可以使之失去节制。

⑨ 琴瑟：比喻夫妻和谐。

【译文】

晋平公到秦国寻找医生，秦景公派了一名名叫和的医生来给晋平公看病，说："病治不好了。这叫作'接近女色，得病好像迷惑。不是鬼神，不是饮食，迷惑了就丧失神志。好的臣下将会死去，上天不会保佑'。"晋平公说："女人不可以接近吗？"医和回答说："要有节制。先王的音乐，是用来节制各种事情的。所以有五声的节制，节奏的快慢轻重互相变换，达到中和之声就停止。在五声节制的中和之声停止以后，就不容许再弹了。在这时再弹就会有复杂的弹奏手法和郑、卫之音一类的浮靡的乐曲，使人心荡耳烦，就忘了平正和谐，君子不听这种音乐。事物都像这样，到了繁杂，就要舍弃，不要让他生病。君子的夫妻生活，是用来表示礼仪制度的，不是用来烦乱心神的。

"天有六气①，降生五味②，发为五色③，徵为五声，淫生六疾。六气曰阴、阳、风、雨、晦、明也。分为四时④，序为五节⑤。过则为灾，阴淫寒疾，阳淫热疾，风淫末疾⑥，雨淫腹疾，晦淫惑疾，明淫心疾。女，阳物而晦时，淫则生内热惑蛊之疾。今君不节不时，能无及此乎？"

【注释】

① 六气：指阴、阳、风、雨、晦、明。

② 五味：辛、酸、咸、苦、甘。

③ 五色：青、赤、黄、白、黑。

④ 四时：指上文"君子有四时"之四时，谓一天分为四段时间。一说，谓春夏秋冬四季。谓六气并行，无时止息，但气有温暑凉寒，分为四季。

⑤ 五节：指上文"故有五节"之五节，谓五声的节制。一说，指五行（金、木、水、火，土）之节。谓一年三百六十五日多一点，分配给五行，每行得七十二日多一点。金、木、水、火分主四时四方。只有土无定位，在每个季节分出十八天属土。

⑥ 末：指四肢。

【译文】

"天有六种气候，派生出五种味道，表现为五种颜色，应验为五种曲调，过度了就会产生六种疾病。六种气候是阴、阳、风、雨、晦、明。分为四个时段，按顺序变为五种曲调的节奏。超过了就成为灾祸，阴气超过就生寒病，阳气超过就生热病，吹风超过就生四肢病，淋雨超过就生腹病，阴暗超过就生惑病，光明超过就生心病。女人，是跟从男人的东西，而时间在暗夜里，过度了就会产生内热迷惑的病。现在君主没有节制，不分白天黑夜，能够不到这个地步吗？"

出，告赵孟。赵孟曰："谁当良臣？"对曰："主是谓矣！主相晋国，于今八年，晋国无乱，诸侯无阙，可谓良矣。和闻之，国之大臣，荣其宠禄，任其大节，有灾祸兴而无改焉，必受其咎。今君至于淫以生疾，将不能图恤社稷，祸孰大焉？主不能御，吾是以云也。"赵孟曰："何谓蛊？"对曰："淫溺惑乱之所生也。于文，皿虫为蛊，谷之飞亦为蛊①；在《周易》，女惑男，风落山，谓之蛊☷②。皆同物也。"赵孟曰："良医也。"厚其礼而归之。

【注释】

① 飞：指飞虫。杜预注云："谷久积则变为飞虫，名曰蛊。"

② 蛊☷：《周易》卦名，巽☴下艮☶上。巽为长女，为风；艮为少男，为山。少男爱悦长女，又不是正式夫妻，是被迷惑。山上树木被风吹拂，会被吹落。所以说蛊卦是"女惑男，风落山"之象。

【译文】

医和退了出来，告诉了赵孟。赵孟说："哪个该是好臣下呢？"医和回答说："大夫就是了。大夫辅佐晋国，到现在八年了，晋国没有动乱，诸侯没有缺失，可以说是很好了。医和我听说，国家的大臣，光荣地受到国家的宠信和得到爵禄，承担国家的重大节制，有灾祸发生而没有改变，一定要承受他的罪责。现在君主享乐过度而生了病痛，将不能图谋顾惜国家，哪种灾祸比这个更大的呢？大夫不能控制，我因此这样说。"赵孟说："什么叫蛊？"医和回答说："是沉溺惑乱所生发出来的。在文字方面，从皿从虫就是蛊字。谷物的飞虫也叫蛊。在《周易》里，女人迷惑男人，大风吹落山上树木，就叫蛊卦。都是同一类东西。"赵孟说："是好医生。"赠予他很重的礼物送他回去了。

昭公六年

六年春，王正月，杞文公卒，吊如同盟，礼也。大夫如秦，葬景公，礼也。

【译文】

六年春，周历正月，杞文公死了，鲁国吊唁他如同同盟国的君主，这是合乎礼制的。派大夫到秦国去，参加秦景公的葬礼，这是合乎礼制的。

三月，郑人铸刑书①。叔向使诒子产书②，曰："始吾有虞于子③，今则已矣。昔先王议事以制，不为刑辟，惧民之有争心也。犹不可禁御，是故闲之以义④，纠之以政，行之以礼，守之以信，奉之以仁，制为禄位以劝其从，严断刑罚以威其淫。惧其未也，故诲之以忠，耸之以行⑤，教之以务，使之以和，临之以敬，莅之以强，断之以刚。犹求圣哲之上⑥、明察之官⑦、忠信之长、慈惠之师，民于是乎可任使也，而不生祸乱。

昭公

【注释】

① 铸刑书：铸刑书于鼎以为国之常法。刑书，刑法的条文。
② 诒：给予。
③ 虞：此指希望、希冀。
④ 闲：防，防御。
⑤ 耸：惧。
⑥ 上：指公侯。
⑦ 官：指卿大夫。

【译文】

　　三月，郑国人把刑法条文铸在鼎上。叔向派人送给子产一封书信，说："起初我对你抱有希望，现在就完了。从前先王商议事件的轻重来判罪，不制定刑法，是惧怕百姓有争执的想法。这样还不能制止争端，因此用道义来防范，用政令来矫正，用礼制来推行，用诚信来保持，用仁爱来奉行，制成俸禄爵位来勉励听从的人，用刑罚严加判决来威胁放纵的人。还惧怕不能生效，所以用忠诚来教育他们，用行动来恐吓他们，用专业知识技艺来指导他们，用和颜悦色来使唤他们，用严肃来面对他们，用强硬的态度来指挥他们，用坚决的手段来判决他们。还要寻求圣明贤哲的公侯、精明仔细的卿大夫、忠诚信实的长官、慈祥和惠的老师，百姓在这时才可以任用使唤，而不产生祸乱。

　　"民知有辟，则不忌于上，并有争心，以征于书，而侥幸以成之，弗可为矣。夏有乱政而作《禹刑》，商有乱政而作《汤刑》，周有乱政而作《九刑》①，三辟之兴，皆叔世也②。今吾子相郑国，作封洫③，立谤政④，制参辟⑤，铸刑书,将以靖民,不亦难乎?《诗》曰:'仪式刑文王之德⑥,日靖四方。'又曰:'仪刑文王,万邦作孚⑦。'如是,何辟之有?民知争端矣,将弃礼而征于书。锥刀之末⑧,将尽争之。乱狱滋丰⑨,贿赂并行,终子之世,郑其败乎!肸闻之,国将亡,必多制,其此之谓乎?"复书曰:"若吾子之言,侨不才,不能及子孙,吾以救世也⑩。既不承命,敢忘大惠?"

【注释】

①《九刑》:刑书名。九刑,古以墨、劓(yì)、刖(yuè)、宫、大辟为五刑,加流、赎、鞭、扑四刑为九刑。

②叔世:末世,衰世。

③作封洫:子产使"田有封洫,庐井有伍",在鲁襄公三十年。

④立谤政:子产"作丘赋",在鲁昭公四年。因为"国人谤之",故称谤政。

⑤参辟:参,同"三"。谓夏、商、周三代末世的刑法。

⑥仪式刑:三字同义,皆效法之义。刑,同"型"。一说,仪,善;式,用;刑,法。言善用法文王之德。此二句诗见《诗经·周颂·我将》。

⑦孚:信服。此二句诗见《诗经·大雅·文王》。

⑧锥刀之末:极言其细小。锥,钻子。

⑨滋:益,更加。丰:多。

⑩救世:当时在位多非贤哲,察狱或失其实,断罪不得其中,至有以私乱公,以货枉法,其事不可复治。故公布刑书,使官民有所遵循。这是当时一项重大改革,是救世的良法。

【译文】

"百姓知道了有刑法,就对在上位的人不畏惧,并有争执的想法,从刑书上征引条文作为依据,侥幸实现他们的想法,这就没有法子治理了。夏朝有了混乱的政治就制定了《禹刑》，商朝有了混乱的局面就制定了《汤刑》，周朝有了动乱的形势就制定了《九刑》。这三部法典的制定，都是在衰世。现在先生你辅佐郑国，划定田界水沟，建立受毁谤的丘赋，制定像三代末世的刑法，把刑法条文铸在鼎上，打算用来安定百姓，不也太难了吗？《诗经》说：'效法周文王的德行，天天安定四方。'又说：'效法周文王，所有国家都信服。'像这样，为什么要有法律？百姓知道了争执的依据了，将会丢弃礼制而从刑法条文上引证，锥尖刀刃般的小事，都将争执，混乱还会更加多，贿赂会公开畅行，过完你的时代，郑国大概会衰败吧！我羊舌肸听说，国家将要灭亡，一定多出现法律。说的就是这种情况吧！"子产回了封信说："如果像先生你的话，国侨我没才干，不能想到子孙，我只能用来拯救这个时代。既然不能接受你的意见，又怎敢忘记你的大恩大德？"

昭公

士文伯曰："火见①，郑其火乎。火未出而作火以铸刑器②，藏争辟焉。火如象之，不火何为③？"

【注释】

① 火：大火星，即心宿。

② 刑器：指刑鼎。

③ 不火何为：孔颖达疏云："《周礼·司爟（guàn）》云：'季春出火，民咸从之；季秋内火，民亦如之。'郑玄云：'火所以用陶冶，民随国而为之。'是火星未出，不得用火。今郑火未出，而用火以铸鼎。及火星出，则相感以致灾。"

【译文】

士文伯说："大火星出现，郑国大概会有火灾吧！大火星还没有出现，却用火来铸造刑鼎，藏下引起争执的法律。大火星如果像铸鼎的火，为什么不发生火灾？"

343

·左传·

夏，季孙宿如晋，拜莒田也①。晋侯享之，有加笾②。武子退③，使行人告曰："小国之事大国也，苟免于讨，不敢求贶。得贶不过三献④。今豆有加，下臣弗堪，无乃戾也。"韩宣子曰："寡君以为欢也⑤。"对曰："寡君犹未敢，况下臣，君之隶也，敢闻加贶？"固请彻加而后卒事。晋人以为知礼，重其好货⑥。

【注释】

① 拜莒田：指拜谢去年鲁接受莒国牟夷带来的牟娄、防、兹三个邑，晋国没有讨伐鲁国。
② 有加笾：笾豆之数比常数多。
③ 武子：季武子，即季孙宿。
④ 三献：三种食品。《周礼》规定，卿五献，大夫三献。至春秋时，只有大国之卿五献，次国以下卿则从大夫之礼。鲁为次国，故季武子说他只能接受三献。
⑤ 骥：同"欢"，高兴。
⑥ 好货：表示友好的财礼。

【译文】

夏，季孙宿到晋国去，拜谢不讨伐接受莒国的田。晋侯设酒宴款待他，有多出常礼的笾豆。季武子退了出来，派外交人员报告说："小国侍奉大国，如果能免除讨伐，不敢要求赐予。得到的恩赐不过三种食品。现在笾豆有增加，下臣我不敢承受，恐怕这是罪过。"韩宣子回答说："这是我们君主用来表示高兴呢。"季武子回答说："我们君主尚且不敢当，何况下臣我，只是君主的卑隶，怎敢听到有增加的赏赐？"坚决请求撤去增加的恩赐，然后才结束享宴。晋国人认为他懂得礼仪，重重送给他一份表示友好的财礼。

昭公七年

七年春，王正月，暨齐平①，齐求之也。癸巳，齐侯次于虢②。燕人行成，曰："敝邑知罪，敢不听命？先君之敝器，请以谢罪。"公孙晳曰③："受服而退，俟衅而动，可也。"二月戊午，盟于濡上④。燕人归燕姬，赂以瑶瓮、玉椟、斝耳⑤，不克而还。

【注释】

①暨齐平：指北燕与齐讲和。去年十二月，齐伐北燕，此紧承去年传，故省主语。暨，及，与，介词。

②虢：燕地，在今河北任丘市西北。

③公孙晳：齐大夫。

④濡：水名，源出河北高阳县东北，至任丘市入易水。此指任丘市西北一带。

⑤瑶：玉。瓮：盛物器皿。本为陶制，此为玉制，故是珍贵物品。椟：柜子。斝（jiǎ）耳：有耳的玉制酒器。本为铜制，此为玉制，故珍贵。

【译文】

七年春，周历正月，北燕和齐国和解，这是齐国请求的。癸巳那一天，齐侯驻扎在虢地。燕国人来求和，说："我们国家已知道罪过了，怎敢不听从命令？我们先君一些破旧的器具，请用来谢罪。"公孙晳说："接受归服而退兵，等待衅隙而出动，这是可以的。"二月戊午那一天，在濡水边上结盟，燕国人嫁燕姬给齐景公，用玉瓮、玉柜、玉酒器作为财礼相赠，齐国没有战胜燕国就回国了。

左传

楚子之为令尹也，为王旌以田。芋尹无宇断之，曰："一国两君，其谁堪之？"及即位，为章华之宫①，纳亡人以实之。无宇之阍入焉。无宇执之，有司弗与，曰："执人于王宫，其罪大矣。"执而谒诸王②。王将饮酒，无宇辞曰："天子经略③，诸侯正封④，古之制也。封略之内，何非君土？食土之毛，谁非君臣？故《诗》曰：'普天之下，莫非王土；率土之滨⑤，莫非王臣。'天有十日⑥，人有十等⑦，下所以事上，上所以共神也。故王臣公，公臣大夫，大夫臣士，士臣皂，皂臣舆，舆臣隶，隶臣僚，僚臣仆，仆臣台。马有圉⑧，牛有牧⑨，以待百事。

【注释】

① 章华之宫：宫名，在今湖北监利市西北。

② 谒：进见，禀告。谓有司执无宇以禀告楚灵王。

③ 经略：筹划，治理。谓经营天下，略有四海。

④ 正封：封，指封地。古代诸侯受封地于天子，各有定分，谓之正封。

⑤ 率：循，沿。此四句诗见《诗经·小雅·北山》。

⑥ 十日：指以甲、乙、丙、丁、戊、己、庚、辛、壬、癸十天干所纪十日。

⑦ 十等：由王至台人的十个等级。孔颖达疏曰："王臣公者，谓上以下为臣，文同而意异也。公者，五等诸侯之总名。《环齐要略》云：自营为厶，背厶为公。言公正无私也。大夫者，夫之言扶也，大能扶成人也。士者，事也，言能理庶事也。服虔云，皂，造也，告成事也。舆，众也，佐皂举众事也。隶，隶属于吏也。僚，劳也，共劳事也。仆，仆竖，主藏者也。台，给台下，微名也。"

⑧ 圉：养马。

⑨ 牧：养牛。

【译文】

楚子在做令尹的时候，用楚王的旌旗去打猎。芊尹无宇砍断了旗子，说："一个国家有两位君主，谁能承受得了这种情况？"等到灵王即位做了楚王，建筑了章华宫，召集流亡在外的人来充实它。无宇的一个守门人逃入其中。无宇去拘捕他。主管的官员说："到王宫里来抓人，那罪过就大了。"就拘捕无宇去见楚灵王。楚灵王将要喝酒，无宇辩解说："天子经营管理天下，诸侯守住他的封疆，这是从古以来的制度。在封疆以内，何处不是君主的土地？吃这土地所生作物的人，哪个不是君主的臣下？所以《诗经》说：'整个天的下面，没有不是王的土地的；沿着领土的四边，没有不是王的臣下的。'天干有十个名称，人有十个等级，这是下位的人用来侍奉上位的人，上位的人用来供奉神灵的。所以王统治公，公统治大夫，大夫统治士，士统治皂，皂统治舆，舆统治隶，隶统治僚，僚统治仆，仆统治台，马有养马的，牛有养牛的，来对待各种事物。

"今有司曰：'女胡执人于王宫？'将焉执之？周文王之法曰，'有亡，荒阅①'，所以得天下也。吾先君文王②，作《仆区》之法③，曰：盗所隐器④，与盗同罪。所以封汝也⑤。若从有司，是无所执逃臣也。逃而舍之，是无陪台也⑥。王事无乃阙乎？昔武王数纣之罪，以告诸侯曰，纣为天下逋逃主，萃渊薮，故夫致死焉。君王始求诸侯而则纣，无乃不可乎？若以二文之法取之⑦，盗有所在矣。"王曰："取而臣以往，盗有宠⑧，未可得也。"遂赦之。

【注释】

① 荒阅：谓大搜其众。荒，大。阅，搜。

② 先君文王：指楚文王。

③《仆区》：刑书名。孔颖达疏云："名曰《仆区》，未知其义。服虔云，仆，隐也。区，匿也。为隐亡人之法也。"

④ 盗所隐器：谓隐藏盗贼所窃得的器物。

⑤ 封汝：谓扩大其封疆到汝水。汝，汝水，源出河南鲁山县大盂山，流经宝丰、襄城、郾城、上蔡、汝南，而注入淮河。

⑥ 陪台：臣之臣为陪。最末等的奴隶为台。陪台，犹言奴隶的奴隶。

⑦ 二文：周文王、楚文王。

⑧ 盗：楚灵王自谓。

【译文】

"现在主管的官员说：'你为什么在王宫里抓人？'不在王宫里抓将到哪里去抓他？周文王的法典说，'有逃跑的人，应当大加搜捕'，这就是周文王取得天下的原因。我们的先君楚文王，制定了《仆区》的法典，说：隐藏盗窃的器物，与盗窃同罪。这就是他扩展疆土到汝水流域的原因。如果听从主管官员的话，这就没有拘捕逃亡的臣仆的地方了。逃跑了就赦免他，这就会没有奴隶了。王室的事恐怕就要受到损害吧？从前周武王责数商纣的罪状，来报告诸侯说：'商纣是天下逃跑的人的主子，是聚集逃犯的深渊大泽。'所以大家拼死去讨伐他。君王开始寻求诸侯就效法商纣，恐怕不可以吧？如果用两位文王的法典去捉拿盗贼，这个盗贼就有所在了。"楚灵王说："捉拿你的臣仆走吧，那个盗贼正受恩宠，那是不可以抓到的。"就赦免了无宇。

楚子成章华之台，愿与诸侯落之①。大宰薳启强曰："臣能得鲁侯。"莲启强来召公，辞曰："昔先君成公②，命我先大夫婴齐曰③：'吾不忘先君之好，将使衡父照临楚国④，镇抚其社稷，以辑宁尔民。'婴齐受命于蜀⑤，奉承以来，弗敢失陨，而致诸宗祧⑥，曰，我先君共王⑦，引领北望，日月以冀。传序相授，于今四王矣⑧。嘉惠未至，唯襄公之辱临我丧⑨。孤与其二三臣，悼以失图，社稷之不皇，况能怀思君德？今君若步玉趾，辱见寡君，宠灵楚国，以信蜀之役，致君之嘉惠，是寡君既受贶矣，何蜀之敢望⑩？其先君鬼神，实嘉赖之，岂唯寡君？君若不来，使臣请问行期⑪，寡君将承质币而见于蜀，以请先君之贶。"

【注释】

① 落：宫室始建成时举行的祭礼。

② 成公：指鲁成公。

③ 婴齐：子重。

④ 衡父：公衡。

⑤ 受命于蜀：蜀之盟在鲁成公二年。楚子重率师侵卫，遂侵鲁，师于蜀。鲁成公及楚公子婴齐及诸侯之大夫盟于蜀。

⑥ 致诸宗祧：言奉鲁成公此语以告宗庙。

⑦ 共王：指楚共王。

⑧ 四王：指楚共王、楚康王、楚郏敖、楚灵王。

⑨ 襄公之辱临我丧：鲁襄公在二十八年去楚国参加楚康王的丧礼。

⑩ 何蜀之敢望："何敢望蜀"的动宾倒置。言不敢盼望像蜀之盟那样有人质。蜀之盟时鲁国以公衡为人质。

⑪ 行期：指出师伐鲁的出兵日期。

左传·

【译文】

　　楚子建成了章华台,希望跟诸侯一道举行落成典礼。太宰薳启强说:"臣下我能得到鲁侯。"薳启强就来鲁国召唤鲁昭公,致辞说:"从前贵国先君鲁成公,命令我国先大夫婴齐说:'我不忘记先君的友好,将要派衡父前往楚国,镇定安抚楚国的社神稷神,来和睦安定你们的百姓。'婴齐在蜀地接受这个命令以来,不敢丢失,而把它送到宗庙,说:我们的先君楚共王,伸长脖子向北盼望,每日每月都在希望。依次序相传授,到现在已有四位君王了。美好的恩惠还没有到来,只有鲁襄公屈尊光临我楚康王的丧葬。我们嗣王和他的几位大臣,内心悲伤,失于考虑,国家尚且没有闲暇照顾,何况是怀恋思念贵国君主的恩德?现在君主如果能迈动高贵的脚步,屈尊朝见我们君主,恩宠威灵楚国,以证实蜀地那次活动的确实可靠,表达君主美好的恩惠,这就是我们君主已经受到恩赐了,哪里还敢盼望像蜀地那次盟会一样?我们先君的神灵,确实会嘉奖仰赖它,难道只是我们君主?君主如果不来,那使臣我请问一下鲁国军事行动的日期,我们君主将捧着见面的财礼和您在蜀地相见,来请求一下先君的恩赐。"

　　公将往,梦襄公祖①。梓慎曰:"君不果行。襄公之适楚也,梦周公祖而行。今襄公实祖,君其不行。"子服惠伯曰:"行。先君未尝适楚,故周公祖以道之。襄公适楚矣,而祖以道君,不行,何之?"

　　三月,公如楚,郑伯劳于师之梁②。孟僖子为介③,不能相仪。及楚,不能答郊劳。

【注释】

　　① 祖:祭名。出行之前,祭祀路神叫祖。

② 师之梁：郑城门名。
③ 孟僖子：仲孙貜（jué）。

【译文】

鲁昭公准备前往楚国，梦见鲁襄公为他饯行。梓慎说："君主不会成行。鲁襄公到楚国去的时候，梦见周公饯行，他就去了。现在却是襄公饯行，君主大概不会成行。"子服惠伯说："会去的。先君从没有去过楚国，所以周公饯行来引导他。襄公到过楚国了，他来饯行并引导他，不去，去哪里呢？"

三月，鲁昭公到楚国去，郑伯在师之梁这座城门慰劳他。孟僖子担任副手，不能辅助礼仪。到达楚国，孟僖子又不能应对郊外的慰劳表示答谢的礼仪。

昭公十七年

冬，有星孛于大辰①，西及汉②。申须曰③："彗所以除旧布新也④。天事恒象⑤，今除于火⑥，火出必布焉⑦。诸侯其有火灾乎？"梓慎曰："往年吾见之，是其征也，火出而见。今兹火出而章，必火入而伏。其居火也久矣，其与不然乎？火出，于夏为三月⑧，于商为四月⑨，于周为五月⑩。

【注释】

① 孛（bèi）：彗星，俗称扫帚星。大辰：又名大火，即心宿二。
② 汉：天汉，即银河。谓彗星长尾光芒西及于银河。
③ 申须：鲁大夫。

④ 彗：扫帚。这里也指彗星。
⑤ 恒：常。恒象，谓常常象征吉凶。
⑥ 除：扫除。
⑦ 布：散布灾害。
⑧ 夏：指夏历。夏历以建寅之月为正月。谓夏历三月大火星出现。
⑨ 商：商历。商历以建丑之月为正月。商历四月即夏历三月。
⑩ 周：周历。周历以建子之月为正月。周历五月即夏历三月。

【译文】

　　冬，有彗星出现在大火星，光芒向西达到了天河。申须说："扫帚是用来扫除旧的布置新的工具。天象经常象征人事的吉凶。现在大火星被扫除，大火星出现一定散布灾祸。诸侯大概会有火灾吧？"梓慎说："去年我看到了彗星，这是它的征兆，大火星出现就能看得见。今年大火星出现，彗星却特别明亮，一定在大火星隐没时而随着消失。它住在大火星的位置已经很久了，难道不是这样吗？大火星出现，在夏历是三月，在商历是四月，在周历是五月。

　　"夏数得天①，若火作，其四国当之，在宋、卫、陈、郑乎？宋，大辰之虚也②；陈，大皞之虚也；郑，祝融之虚也，皆火房也③。星孛及汉，汉，水祥也④。卫，颛顼之虚也，故为帝丘⑤。其星为大水⑥，水，火之牡也⑦。其以丙子若壬午作乎⑧？水火所以合也⑨。若火入而伏，必以壬午，不过其见之月⑩。"郑裨灶言于子产曰："宋、卫、陈、郑将同日火，若我用瓘斝玉瓒⑪，郑必不火。"子产弗与。

【注释】

　　① 夏数得天：谓夏历与自然气象相适应。万物春生，夏长，秋

收，冬藏。而夏历以立春之月为岁首，与万物生长过程相合。数，历数，推算节气的度数。

②虚：旧居之处。此指分野。古代将星宿分为十二次，配属于各国，谓之分野。

③房：舍，止宿之地方。

④祥：征兆，预兆。

⑤帝丘：地名，即今河南濮阳县西南的颛顼城，相传颛顼所居。

⑥大水：室宿，又称营室。

⑦火之牡：言水火相配，火为雄，水为雌。

⑧若：或者。

⑨水火所以合：杜预注："丙午，火；壬子，水。水火合而相薄，水少而火多，故水不胜火。"

⑩其见之月：谓周历五月，大火星昏见。以上申须与梓慎之言皆将天象与人事牵强附会在一起，全无科学根据，不可解，也不必解。

⑪瓘（guàn）：玉名，即珪。瓒（zàn）：勺。谓用这些器物来禳除火灾。

【译文】

"夏朝的历数适合自然气象。如果火灾发生，大概是四个国家承受灾害，就是宋、卫、陈、郑四国吧？宋国是大火星的分野，陈国是太皞的旧居之处，郑国是祝融的旧居之处，都是大火星住宿的地方。彗星的尾光到达天河。天河是水的预兆。卫国是颛顼的旧居之处，所以叫作帝丘。他的分星是大水星，水是火的雄性配偶，大概在丙子日或者壬午日发生吧！水火是用来互相配合的东西。如果大火星消失而彗星也随之隐没，一定在壬午日，不会超过它出现的那一个月。"郑国裨灶向子产说："宋国、卫国、陈国、郑国将会在同一天发生火灾，如果我们用珪玉的酒器和玉石的酒勺去禳除灾害,郑国一定不会有火灾。"子产不肯给予。

吴伐楚。阳匄为令尹①,卜战,不吉。司马子鱼曰②:"我得上流,何故不吉?且楚故③,司马令龟,我请改卜。"令曰:"鲂也,以其属死之④,楚师继之,尚大克之⑤。"吉。战于长岸⑥。子鱼先死,楚师继之,大败吴师,获其乘舟余皇⑦。使随人与后至者守之,环而堑之,及泉,盈其隧炭,陈以待命。

【注释】

① 阳匄:楚穆王曾孙,令尹子瑕。据《世本》,楚穆王生王子扬,扬生尹,尹生令尹匄。

② 子鱼:公子鲂。

③ 故:旧,旧例。

④ 属:私属士卒,即家族的部队。

⑤ 尚:表示祈求的副词,希望的意思。

⑥ 长岸:在今安徽当涂县西南与和县南,有西梁山和东梁山夹长江相对,也叫天门山。

⑦ 余皇:舟名。

【译文】

吴国攻打楚国。阳匄担任令尹,占卜战事,不吉利。司马子鱼说:"我得到长江的上流,顺流而下,什么缘故不吉利?并且楚国的旧例,是司马向龟念祷告词告诉龟,我请求另行占卜。"他就祷告说:"我鲂,率领我的部属为战而死,楚军跟着前进,希望打个大胜仗。"很吉利,就在长岸开战。子鱼首先战死,楚军跟随着他,把吴军打得大败,缴获了吴军一条叫余皇的船。派随国人和后来赶到的人看守它,环绕着船挖了一条壕沟,挖到了泉水,在坑道里装满木炭，摆开阵势等候命令。

吴公子光请于其众①，曰："丧先王之乘舟，岂唯光之罪？众亦有焉。请藉取之，以救死。"众许之。使长鬣者三人，潜伏于舟侧，曰："我呼余皇，则对。"师夜从之。三呼，皆迭对②。楚人从而杀之，楚师乱，吴人大败之，取余皇以归。

【注释】
① 公子光：夷末之子。一说，诸樊之子。
② 迭：更。

【译文】
吴国公子光向他的部众请求说："丢了先王乘坐的船，难道只是我光的罪过？大家也都有份。我请求借大家的力量去把它夺取回来，来拯救死罪。"大家答应了他。派了三个长胡子的人，偷偷地潜伏在船的旁边，说："我呼唤余皇，你们就回答。"吴军在夜晚跟随着他们。吴军呼唤了三次，楚军中有人更相回答。楚国人随即就杀了呼应回答者，楚军乱了阵脚，吴国人把他们打得大败，夺取了余皇，带了它回去。

昭公二十三年

莒子庚舆虐而好剑①，苟铸剑，必试诸人。国人患之。又将叛齐②。乌存帅国人以逐之③。庚舆将出，闻乌存执殳而立于道左，俱将止死。苑羊牧之曰④："君过之，乌存以力闻可矣，何必以弑君成名？"遂来奔。齐人纳郊公⑤。

【注释】

① 庚舆：莒共公，莒著丘公弟，当立于鲁昭公十五年。
② 叛齐：去年与齐结盟。
③ 乌存：莒大夫。
④ 苑羊牧之：莒大夫。
⑤ 郊公：莒著丘公之子，鲁昭公十四年奔齐。

【译文】

莒子庚舆残暴而喜爱剑，如果铸了剑，一定用人来试它。国内的人都为此事担忧。他又打算背叛齐国。乌存率领国内的人们驱逐了他。庚舆将要出逃，听说乌存拿着殳站立在路的左侧，害怕将被留住杀死。苑羊牧之说："君主你从他身边经过好了，乌存凭力气闻名就可以了，何必凭杀死君主成就名声？"庚舆就进来鲁国。齐国人就送了郊公回到莒国。

吴人伐州来，楚薳越帅师及诸侯之师奔命救州来①。吴人御诸钟离②。子瑕卒③，楚师熸。吴公子光曰："诸侯从于楚者众，而皆小国也。畏楚而不获已，是以来。吾闻之曰，作事威克其爱，虽小必济。胡、沈之君幼而狂④，陈大夫啮壮而顽⑤，顿与许、蔡疾楚政。楚令尹死，其师熸，帅贱多宠，政令不壹。七国同役而不同心⑥，帅贱而不能整，无大威命，楚可败也。若分师先以犯胡、沈与陈，必先奔。三国败，诸侯之师乃摇心矣。诸侯乖乱，楚必大奔。请先者去备薄威⑦，后者敦陈整旅。"

【注释】

① 蔿越：楚司马。令尹阳匄以疾从戎，故蔿越摄其事。
② 钟离：地名，在今安徽凤阳县东北，淮水南岸。
③ 子瑕：指令尹阳匄。
④ 狂：急躁。
⑤ 顽：顽固，不通权变。
⑥ 七国：指楚、顿、胡、沈、蔡、陈、许七国。
⑦ 去备薄威：杜预注云："示之以不整以诱之。"

【译文】

吴国人攻打州来，楚国蔿越率军和诸侯的军队奉楚平王之命奔赴州来援救。吴国人在钟离抵御他们。子瑕死了，楚军士气涣散。吴国公子光说："诸侯跟随楚国的很多，却都是小国。害怕楚国而不能不来，因此来了。我听过有话说，做事情威严战胜慈爱，即使弱小，一定成功。胡国、沈国的君主年幼而急躁，陈国大夫啮年富力强却顽固不通权变，顿国和许国、蔡国痛恨楚国的政令。楚国令尹死了，它的军队士气低落。军帅地位低贱而很得宠信，政令不一致。七国一道作战却不同心，军帅卑贱而不能整顿军队，没有很有权威的命令，楚国可以打败。如果我们分兵先进犯胡国、沈国和陈国，他们必定率先逃跑。三国打败了，诸侯军队的军心就动摇了。诸侯不齐心，发生混乱，楚国一定大败逃跑。请求先头部队去掉戒备，削弱军威，后继部队加强阵势，整顿军旅。"

吴子从之。戊辰晦，战于鸡父①。吴子以罪人三千②，先犯胡、沈与陈。三国争之。吴为三军以系于后：中军从王③，光帅右，掩余率左④。吴之罪人或奔或止，三国乱⑤。吴师击之，三国败，获胡、沈之君及陈大夫。舍胡、沈之囚，使奔许与蔡、顿，曰："吾君死矣！"师噪而从之，三国奔。楚师大奔。书曰:"胡子髡、沈子逞灭,获陈夏啮。"君臣之辞也⑥。不言战,楚未陈也。

【注释】

① 鸡父:地名,在今河南固始县东南。
② 以罪人三千:杜预注云:"囚徒不习战,以示不整。"
③ 从王:从吴王。
④ 掩余:吴王寿梦子。
⑤ 三国:指许、蔡、顿三国。
⑥ 君臣之辞:杜预注云:"国君,社稷之主,与宗庙共其存亡者,故称灭。大夫轻,故曰获,获,得也。"

【译文】

吴子听从了他。戊辰那一天是这个月的最后一天,在鸡父交战。吴子用三千个罪人,首先进犯胡国、沈国与陈国。三国争抢俘虏。吴国分成三路队伍跟随在他们的后面:中军跟随吴王僚,公子光率领右路军,掩余率领左路军。吴国的那些罪人,有的奔逃,有的不动,三国的军队大乱。吴军攻击他们。三国战败,俘获了胡国、沈国的君主和陈国的大夫。吴国放走胡国、沈国的俘虏,让他们逃跑到许国和蔡国、顿国的军中,说:"我们的君主战死了。"吴军大声唤叫着跟随着他们,三国的军队奔逃了。楚军也拼命地奔逃。《春秋》记载说:"胡子髡、沈子逞被消灭,俘获了陈国的夏啮。"这是对国君和臣下使用的不同的文辞。没有说"战",是因为楚军没有摆开阵势就败逃了。

昭公二十五年

有鹳鹆来巢①,书所无也。师己曰②:"异哉,吾闻文、成之世③,童谣有之,曰:'鹳之鹆之,公出辱之。鹳鹆之羽,公在外野,往馈之马。鹳鹆跦跦④,公在乾侯⑤,征褰与襦⑥。鹳鹆之巢,远哉遥遥。稠父丧劳⑦,宋父以骄⑧。鹳鹆鹳鹆,往歌来哭⑨。'童谣有是,今鹳鹆来巢,其将及乎⑩?"

【注释】

① 鹳鹆:鸟名,即八哥。
② 师己:鲁大夫。
③ 文、成:指鲁文公、鲁宣公、鲁成公这段时期。
④ 跦(zhū)跦:跳行貌。
⑤ 乾侯:晋邑,在今河北成安县东南。
⑥ 征:求。褰(qiān):套裤。襦:短衣。
⑦ 稠父:指鲁昭公。鲁昭公名稠。父,对男子的通称,字亦作甫。丧劳:死于劳苦。鲁昭公死在外,故云。
⑧ 宋父:指鲁定公。鲁定公名宋。骄:代立,故骄。
⑨ 往歌来哭:杜预注:"昭公生出,歌;死还,哭。"
⑩ 及:及祸。

【译文】

有鹳鹆鸟来鲁国国都做巢,这是过去没有记载过的事情。师己说:"奇怪呀,我听说鲁文公到鲁成公的时代,有一首这样的儿歌,说'鹳呀鹆呀,国君出亡受羞辱。鹳鹆鸟的羽毛,国君待在远郊,前去把马送给他。鹳鹆鸟呀蹦蹦跳,国君住到乾侯去,向人求取短衣和套裤。鹎鸹鸟呀来筑巢，路途远呀远遥遥。稠父丧命在辛劳，宋父以此好心骄。鹎鸹鸟呀鹎鸹鸟，去时歌唱回时哭号。'儿歌有这样的说法，现在鹎鸹鸟来筑巢，祸乱恐怕就要来到了吧？"

秋，书再雩①，旱甚也。

初，季公鸟娶妻于齐鲍文子②，生甲。公鸟死，季公亥与公思展与公鸟之臣申夜姑相其室③。及季姒与饔人檀通④，而惧，乃使其妾抶己，以示秦遄之妻⑤，曰："公若欲使余⑥，余不可而抶余。"又诉于公甫⑦，曰："展与夜姑将要余⑧。"秦姬以告公之⑨，公之与公甫告平子。平子拘展于下而执夜姑⑩，将杀之。公若泣而哀之，曰："杀是，是杀余也。"将为之请。平子使竖勿内⑪，日中不得请。有司逆命⑫，公之使速杀之。故公若怨平子。

【注释】

① 书再雩（yú）：《春秋》书曰："秋七月上辛，大雩；季辛，又雩。"雩，古代为求雨而举行的一种祭祀。

② 季公鸟：季公亥之兄，季平子庶叔父。

③ 季公亥：季公若。公思展：季氏族。相：治，经营管理。

④ 季姒：季公鸟妻，鲍文子之女。饔人：食官，季氏家臣的主管饮食的官。

⑤ 秦遄：鲁大夫。其妻为季公鸟之妹秦姬。

⑥ 使：谓使侍寝。

⑦ 公甫：季平子之弟公甫靖。季孙纥共有三子：季孙意如（即季平子），公甫靖，公之。

⑧ 要：要挟。谓要挟她，要她与公若私通。

⑨ 公之：名䵍，季平子之弟。

⑩卞：邑名，在今山东泗水县东。
⑪竖：左右小吏。内：同"纳"，接纳。
⑫逆命：指拘捕申夜姑的主管官员请示处理申夜姑的命令。

【译文】

秋，《春秋》记载两次举行求雨的祭祀，是因为旱灾很严重。

当初，季公鸟从齐国鲍文子家娶了妻子，生了甲。公鸟死了，季公亥与公思展以及季公鸟的家臣申夜姑经营管理他的家产。等到季姒跟主管伙食的官名叫檀的私通，却害怕了，季姒就叫她的婢女扑打她，以此给秦遄的妻子看，说："季公若想叫我陪他睡觉，我不同意，他就打我。"她又向公甫控诉，说："公思展与申夜姑要挟我。"秦姬将此事告知公之，公之和公甫告诉了季平子。季平子把公思拘留在卞邑，拘捕了申夜姑，打算杀了他。公若哭泣着，同情申夜姑，说："杀了这个人，就等于是杀了我。"将要为他向季平子请求。季平子叫手下的小吏不要接纳他，等到了中午公若无法向季平子请求。拘捕申夜姑的主管官员请示处理申夜姑的命令，公之叫主管官吏赶快杀了他。所以公若怨恨季平子。

季、郈之鸡斗①。季氏介其鸡②，郈氏为之金距③。平子怒，益宫于郈氏，且让之。故郈昭伯亦怨平子。臧昭伯之从弟会④，为谗于臧氏，而逃于季氏，臧氏执旃⑤。平子怒，拘臧氏老⑥。将禘于襄公，万者二人⑦，其众万于季氏。臧孙曰："此之谓不能庸先君之庙。"大夫遂怨平子。

【注释】

①季：季平子。郈（hòu）：郈昭伯。二家相近，故其鸡斗。

②介：读作芥，谓捣芥子为粉末，播撒于鸡羽，以便迷住郈氏鸡之目。一说，介，甲。用作动词，为鸡披上甲。

昭公

③距：鸡爪子。鸡爪已很锋利，郈氏更为鸡安装上金属的假鸡爪，使之更锋利。

④臧昭伯：臧孙赐，臧为之子。会：臧顷伯，宣叔许之孙。

⑤执：捉拿。旃：之焉的合音词。

⑥老：大夫的家臣称老。

⑦万：舞名，用于宗庙祭祀的舞蹈。二人：按礼仪，祭鲁襄公当有三十六人。

【译文】

季氏、郈氏两家的鸡相斗，季氏家在鸡的羽毛上撒上芥子粉末，郈氏家为他家的鸡安装上金属的鸡爪子。季平子生气了，在郈氏的住宅上扩建自己的房屋，并且还责备他。所以郈昭伯也怨恨季平子。臧昭伯的叔伯弟弟臧会，在臧氏那里诬陷别人，逃到了季氏家，臧氏把他从季氏家抓了回来。季平子发怒了，拘捕了臧氏的家臣。将要在鲁襄公的庙里举行禘祭，跳万舞的只剩两个人，其余的许多人都到季氏家跳万舞去了。臧孙说："这就叫作不能在先君的庙里按礼仪祭祀了。"大夫也就怨恨季平子。

公若献弓于公为①，且与之出射于外，而谋去季氏。公为告公果、公贲②。公果、公贲使侍人僚柤告公③。公寝，将以戈击之，乃走。公曰："执之。"亦无命也④。惧而不出，数月不见，公不怒。又使言，公执戈以惧之，乃走。又使言，公曰："非小人之所及也。"公果自言，公以告臧孙，臧孙以难⑤。告郈孙，郈孙以可，劝。告子家懿伯⑥，懿伯曰："谗人以君侥幸⑦，事若不克，君受其名，不可为也。舍民数世⑧，以求克事，不可必也。且政在焉，其难图也。"公退之。辞曰："臣与闻命矣，言若泄，臣不获死⑨。"乃馆于公。

【注释】

① 公为：鲁昭公之子务人。
② 公果、公贲：皆公为之弟。
③ 僚柤：当是鲁昭公之侍者。
④ 无命：谓没有拘捕的旨令。
⑤ 难：谓难于成功。
⑥ 子家懿伯：子家羁，鲁庄公玄孙。
⑦ 以君侥幸：孔颖达疏云："谗人，谓公若、郈孙之徒谗季氏者。劝君伐季氏。以君侥天之幸，幸而得胜，则以为己功。不胜，则推君为恶，不可从也。"
⑧ 舍民数世：自鲁文公以来，政权不在公室，民心亦不在公室，故云。
⑨ 不获死：犹言不得死，谓不得善终。

【译文】

公若送了一张弓给公为，并且跟他到外面去射箭，却商议除掉季氏的办法。公为告诉了公果、公贲。公果、公贲叫鲁昭公的侍从僚柤告知鲁昭公。鲁昭公正在睡觉，打算用戈来打他，僚柤就跑掉。鲁昭公说："抓住他。"也没有下达正式的命令。僚柤害怕了，不敢出来。几个月没有去见鲁昭公，鲁昭公不生气。公果、公贲就又派僚柤去说，鲁昭公又拿起戈来恐吓他，就又跑掉了。又派他去说，鲁昭公说："这不是小人管得着的事。"公果就自己去说，鲁昭公将此事告知臧孙。臧孙认为难以成事。告诉了郈孙，郈孙认为可以，鼓励鲁昭公干。鲁昭公告诉了子家懿伯，懿伯说："奸邪的人拿君主来碰运气，事情如果不成功，君主您蒙受那坏名声，这事不可以干。公室丢弃百姓已经几代了，来谋求事情成功，一定是不可以的。并且政权在季氏的手中，那恐怕很难去算计他。"鲁昭公叫他退出去，他辞谢说："臣下我已经参与听到命令了，如果语言泄露出去，臣下我就会不得好死。"懿伯就住在鲁昭公那里。

363

左传

叔孙昭子如阚①，公居于长府②。九月戊戌，伐季氏，杀公之于门，遂入之。平子登台而请曰："君不察臣之罪，使有司讨臣以干戈，臣请待于沂上以察罪③。"弗许。请囚于费④，弗许。请以五乘亡，弗许。子家子曰："君其许之！政自之出久矣，隐民多取食焉⑤。为之徒者众矣，日入慝作，弗可知也。众怒不可蓄也。蓄而弗治，将蕴⑥。蕴蓄，民将生心；生心，同求将合⑦。君必悔之。"弗听。郈孙曰："必杀之。"公使郈孙逆孟懿子⑧。

【注释】

①阚（kàn）：鲁邑，在今山东汶上县西南。

②长府：府库名，收藏财货的地方。

③沂：水名，源出山东邹城市东北，西经曲阜，与洙水合，注入泗水。

④费：季氏采邑，今山东费县。

⑤隐民：穷人。隐，约，穷困。

⑥蕴：盛，一说，积。

⑦同求：谓与季氏同求叛乱的人。

⑧孟懿子：指仲孙何忌。

【译文】

叔孙昭子到阚地去了，鲁昭公住在长府。九月戊戌那一天，攻打季氏，在门口杀了公之，就攻入季氏家中。季平子登上高台请求说："君主没有查实臣下我的罪过，就派有关官员来讨伐臣下我，并动用武力，臣下我请求待在沂水边上，让国君查实我的罪过。"不同意。请求拘留在费邑，不同意。请求带五辆车子流亡，不同意。子家子说："君主还是答应他吧！政令从他那里发出已经很久了，穷困的百姓很多从他那里得到食物，做他党徒的人太多了。太阳一落山，奸邪的人出动，事情的结果就不可预料了。众人的愤怒不可以聚积。聚积了得不到解决，将会越闹越大。越来越大的愤怒聚积起来，百姓将会产生叛乱的想法。叛乱的想法产生了，有共同要求的人就将会纠合在一起。君主您一定会后悔的。"鲁昭公不听从。郈孙说："一定杀了他。"鲁昭公派郈孙去迎接孟懿子。

叔孙氏之司马鬷戾言于其众曰①："若之何？"莫对。又曰："我家臣也，不敢知国。凡有季氏与无，于我孰利？"皆曰："无季氏，是无叔孙氏也。"鬷戾曰："然则救诸。"帅徒以往，陷西北隅以入②。公徒释甲，执冰而踞③。遂逐之。孟氏使登西北隅，以望季氏。见叔孙氏之旌，以告。孟氏执郈昭伯，杀之于南门之西，遂伐公徒。子家子曰："诸臣伪劫君者，而负罪以出，君止。意如之事君也④，不敢不改。"公曰："余不忍也⑤。"与臧孙如墓谋，遂行。

【注释】

①鬷（zōng）戾：鲁国人。

②陷：攻破。西北隅：指由鲁昭公的徒众围在季氏家的包围圈的西北角。隅，角落。

③冰：通"掤"，箭筒的盖，可以临时用作饮器。杜预注："言无战心也。"

④意如：季孙意如，季平子之名。

⑤不忍：谓不能忍受季氏的僭越欺侮。

【译文】

叔孙氏的司马鬷戾向他的部众发问说："怎么办？"大家没有人回答。鬷戾又说："我是家臣，不敢了解国家大事。总的说有季氏和没有季氏，哪种情况对我们有利？"大家都说："没有了季氏，这就是没有我叔孙氏了。"䣰戾说："这样我们就去援救他。"䣰戾就率领手下人前往，攻破西北角的包围圈进入季氏家。鲁昭公的部队脱去铠甲，拿着箭筒盖，蹲在地上。䣰戾就赶走了他们。孟氏派人登上西北角，去瞻望季氏家的情况，看到了叔孙氏的旗帜，就将这一情况告知了孟懿子。孟氏就拘捕了郈昭伯，在南门的西侧杀了他，然后去攻打鲁昭公的部队。子家子说："臣下们假装是劫持了君主的人，蒙受着罪名逃亡出去，君主留了下来。季孙意如侍奉君主，不敢不改变态度。"鲁昭公说："我不能忍受他的欺侮。"就跟臧纥到墓地去商议逃亡的事并告别祖宗，就动身走了。

己亥，公孙于齐①，次于阳州②。齐侯将唁公于平阴③，公先至于野井④。齐侯曰："寡人之罪也。使有司待于平阴，为近故也。"书曰："公孙于齐，次于阳州，齐侯唁公于野井。"礼也。将求于人，则先下之，礼之善物也⑤。齐侯曰："自莒疆以西，请致千社⑥，以待君命⑦。寡人将帅敝赋以从执事，唯命是听。君之忧，寡人之忧也。"公喜。子家子曰："天禄不再，天若胙君⑧，不过周公⑨，以鲁足矣。失鲁，而以千社为臣⑩，谁与之立⑪？且齐君无信，不如早之晋。"弗从。

【注释】

①孙：读作逊，退避。杜预注："讳奔，故曰孙，若自孙让而去位者。"

②阳州：地名，在今山东东平县北。

③唁：对遭遇非常变故的人的慰问。平阴：地名，在今山东平阴县东北。

④野井：地名，在今山东东阿县东。谓鲁昭公越过平阴去迎接齐景公。

⑤物：事。

⑥社：二十五家为社。

⑦待君命：谓待君伐季氏之命。

⑧胙：福佑，保佑。

⑨周公：指鲁国。周公为鲁国受封的始祖。

⑩为臣：为齐臣。

⑪立：指复立为鲁君。一说，立，与位古文同，即位字。

【译文】

己亥那一天，鲁昭公退避到了齐国，驻扎在阳州。齐景公打算到平阴去慰问鲁昭公，鲁昭公先就到了野井。齐侯说："这是我的罪过。让有关官员在平阴等待，是为了就近的缘故。"《春秋》记载说："鲁昭公退避到了齐国，驻扎在阳州，齐侯到野井慰问鲁昭公。"这是合乎礼制的。将要向别人有请求，就先屈居于别人之下，这是合乎礼制的好事。齐侯说："从莒国的国境以西，请求奉送一千社，来等待君主讨伐季氏的命令。我将率领我国战斗力不强的兵力来跟随君主的随从人员，一切听从君主的命令。君主的忧患，也就是我的忧患。"鲁昭公很高兴。子家子说："上天不会第二次降给君主福禄，上天如果保佑君主，也不能超过周公，得到鲁国就足够了。失去鲁国，拿一千个社来做齐国的臣下，谁还会帮助您立为国君？并且齐君不讲信用，不如早一点到晋国去。"鲁昭公没有听从。

臧昭伯率从者将盟，载书曰："戮力壹心，好恶同之。信罪之有无①，缱绻从公②，无通外内。"以公命示子家子。子家子曰："如此，吾不可以盟。羁也不佞，不能与二三子同心，而以为皆有罪。或欲通外内，且欲去君。二三子好亡而恶定，焉可同也？陷君于难，罪孰大焉？通外内而去君，君将速入，弗通何为？而何守焉？"乃不与盟。

【注释】

① 信：明，审。
② 缱绻：犹今言坚决。

【译文】

臧昭伯率领跟随的人将举行盟誓，盟书说："我们合力同心，好恶一致，明确谁有罪，谁无罪，坚决跟随国君，不与内外的人沟通。"用鲁昭公的命令拿来给子家子看。子家子说："像这样，我不可以盟誓。羁我没有才能，不能跟你们几位一条心，我认为大家都有罪。有人想要沟通内外，并且想要离开君主。你们几位喜欢流亡、厌恶安定怎么可以同心呢？使君主陷入祸难，罪过哪一个比这还重大？沟通里里外外而离开君主，君主将会很快回国，不沟通干什么呢？又哪里可以死守呢？"就没有参与盟誓。

昭子自阚归，见平子。平子稽颡，曰："子若我何？"昭子曰："人谁不死？子以逐君成名，子孙不忘，不亦伤乎？将若子何？"平子曰："苟使意如得改事君，所谓生死而肉骨也。"昭子从公于齐，与公言。子家子命适公馆者执之。公与昭子言于幄内，曰："将安众而纳公①。"公徒将杀昭子，伏诸道。左师展告公②，公使昭子自铸归③。平子有异志④。冬十月辛酉，昭子齐于其寝⑤，使祝宗祈死，戊辰，卒。左师展将以公乘马而归，公徒执之。

【注释】

① 安众：昭子请归安众。
② 左师展：鲁大夫。
③ 铸：今山东肥城市南的铸乡。
④ 异志：谓不欲复纳公。
⑤ 齐：同"斋"，斋戒。

【译文】

叔孙昭子从阚地回国都，见了季孙。季平子叩了头，说："你要我怎么办？"叔孙昭子说："人哪个不死？你因为驱逐君主而构成恶名，子子孙孙都不能忘记，不也太可悲伤了吗？我又将把你怎么办？"季平子说："如果让我季孙意如能够改变态度侍奉君主，这就是所说的使死者复生、使白骨长肉的恩德。"叔孙昭子就追赶着鲁昭公到了齐国，和鲁昭公谈话。子家子命令到公馆来的人就拘捕他。鲁昭公跟叔孙昭子在帷幕里谈话，叔孙昭子说："打算先安定大众而后接君主回国。"鲁昭公的部下打算杀了叔孙昭子，埋伏在他经过的路上。左师展报告给鲁昭公，鲁昭公叫叔孙昭子从铸地回国。季平子有了别的念头。冬十月辛酉那一天，叔孙昭子在正寝里斋戒，派祝宗为他求死，戊辰那一天，昭子死了。左师展打算带着鲁昭公乘坐一辆马车回国去，鲁昭公的部下拘捕了他。

昭公二十七年

二十七年春，公如齐。公至自齐，处于郓，言在外也。

吴子欲因楚丧而伐之①。使公子掩余、公子烛庸帅师围潜②。使延州来季子聘于上国③，遂聘于晋，以观诸侯。楚莠尹然、工尹麇帅师救潜。左司马沈尹戌帅都君子与王马之属以济师④,与吴师遇于穷⑤。令尹子常以舟师及沙汭而还⑥。左尹郤宛、工尹寿帅师至于潜,吴师不能退。

吴公子光曰:"此时也,弗可失也。"告鱄设诸曰:"上国有言曰,不索何获?我,王嗣也⑦,吾欲求之。事若克,季子虽至⑧,不吾废也。"鱄设诸曰:"王可弑也。母老子弱,是无若我何。"光曰:"我,尔身也。"

【注释】

① 楚丧:鲁昭公二十六年九月,楚平王卒。

② 公子掩余、公子烛庸:二人皆吴王僚母弟。一说,寿梦之子。潜:楚地,在今安徽霍山县东北。

③ 延州来季子:季子本封延陵,后复封州来,故曰延州来。上国:吴国对中原诸国的称呼。

④ 都君子:从都邑征发来的楚王的亲军。王马之属:王的养马的属官。济师:增援部队。

⑤ 穷:地名,在今安徽霍邱县西南。

⑥ 沙汭(ruì):地名,在今安徽怀远县东北。沙,水名。汭,河流汇合或弯曲处,泛指水边。

⑦ 王嗣:公子光为吴王诸樊之子。吴王寿梦有四子:诸樊、余祭、余昧、季札。季札贤,欲立之,季子不可。乃兄弟以次继位,余昧死,季札不肯立,乃立其子吴王僚。公子光认为季札不立,王位当返回诸樊之子即他自己。一说,公子光也是余昧之子,吴王僚是其庶兄。余昧废光而立僚。

⑧ 至:谓聘上国还。

【译文】

二十七年春,鲁昭公到齐国去。鲁昭公从齐国回来,住在郓地，这是说他住在国都之外。

吴子想趁着楚国的丧事去攻打它，派公子掩余、公子烛庸率领军队包围了潜地。派延州来季子到中原各国去聘问，遂到晋国去聘问，来视察诸侯的动静。楚国薳尹然、工尹麇率军援救潜地。左司马沈尹戌率领都邑亲兵和王马的属官作为增援部队，跟吴军在穷地相遇。令尹子常率领水军到达沙汭就撤军回来。左尹郤宛、工尹寿率领军队到达潜地，吴师不能后退了。

吴国公子光说："这是时机来了，不可以失去了。"他告诉鱄设诸说："中原地区的国家有句话说：'不去追求，哪里能够得到？'我是正式的王位继承人，我想追求它。事情如果成功，季子即使回来了，也不会废了我。"鱄设诸说："吴王是可以杀掉的，但是我母亲年老，儿子年幼，我拿他们没有办法。"公子光说："我就是你本人一样。"

夏四月，光伏甲于堀室而享王①。王使甲坐于道，及其门。门阶户席，皆王亲也，夹之以铍②。羞者献体改服于门外③。执羞者坐行而入④，执铍者夹承之，及体以相授也。光伪足疾，入于堀室。鱄设诸置剑于鱼中以进。抽剑刺王，铍交于胸，遂弑王。阖庐以其子为卿⑤。

季子至，曰："苟先君无废祀，民人无废主，社稷有奉，国家无倾，乃吾君也。吾谁敢怨？哀死事生，以待天命。非我生乱，立者从之，先人之道也。"复命哭墓⑥，复位而待⑦。吴公子掩余奔徐，公子烛庸奔钟吾⑧。楚师闻吴乱而还。

【注释】

① 堀室：犹今地下室。
② 铍（pī）：剑一类的兵器，形如刀而两边有刃。

③ 羞：进食。献：呈露。
④ 坐行：膝行，跪着走。
⑤ 阖庐：指公子光。
⑥ 复命哭墓：复使命于僚墓而哭之。
⑦ 复位而待：复其本位以待完命。
⑧ 钟吾：小国，在今江苏宿迁市东北。

【译文】

夏四月，公子光在地下室里埋伏下甲士，就设酒宴款待吴王僚。吴王派甲士坐在路上，一直到达他的大门口。大门、台阶、里门、座席，都是吴王的亲兵，拿着短剑护卫在吴王的左右。进菜肴的人要在门外呈露肉体更换衣服，拿着菜肴的人要膝行进去，手持短剑的人拿剑在两旁抵住他，剑刃触到身体，去把菜肴献给吴王。公子光假称脚有毛病，进入地下室去了。鲟设诸把剑放在鱼里拿着进去。抽出剑来刺杀吴王，短剑交叉刺进了鲟设诸的胸膛，就杀了吴王。阖庐任用他的儿子做了卿。

季子回来，说："如果没有废弃先君的祭祀，人民百姓没有废弃国主，土神谷神有人供奉，国家家族没有颠覆，他就是我的君主。我还敢怨恨哪一个？哀悼死去的，侍奉活着的，来等待天命。不是我制造祸乱，立为国君的人就服从他，这是先人的做法。"就在墓前哭着回复了使命，回到原来官位等待命令。吴国公子掩余逃跑到了徐国，公子烛庸逃跑到了钟吾。楚师听说吴国发生动乱就撤军回国了。

郤宛直而和，国人说之。鄢将师为右领①，与费无极比而恶之。令尹子常赂而信谗。无极谮郤宛焉，谓子常曰："子恶欲饮子酒②。"又谓子恶："令尹欲饮酒于子氏。"子恶曰："我，贱人也，不足以辱令尹。令尹将必来辱，为惠已甚。吾无以酬之，若何？"无极曰："令尹好甲兵，子出之，吾择焉。"取五甲五兵。曰："置诸门，令尹至，必观之，而从以酬之。"

昭公

【注释】
① 右领：官名。
② 子恶：郤宛。

【译文】
　　郤宛正直而温和，国内的人们都喜欢他。鄢将师担任右领，跟费无极勾结而憎恨郤宛。令尹子常贪图财货并且听信谗言。费无极就诬陷郤宛，告诉子常说："子恶想请你喝酒。"又告诉子恶说："令尹想到你们家来喝酒。"子恶说："我是个卑贱的人，不值得令尹屈尊前来。令尹如果一定要屈尊前来，给我的恩惠就太大了。我没有什么用来酬谢他，怎么办？"费无极说："令尹喜欢铠甲兵器，你拿出来，我来挑选几件。"就选取五套铠甲、五件兵器，说："把它们放在门口，令尹来了，一定看到它们，你跟着就用来酬谢他。"

　　及飨日，帷诸门左，无极谓令尹曰："吾几祸子。子恶将为子不利，甲在门矣，子必无往。且此役也，吴可以得志，子恶取赂焉而还，又误群帅，使退其师，曰：'乘乱不祥。'吴乘我丧，我乘其乱，不亦可乎？"令尹使视郤氏，则有甲焉。不往，召鄢将师而告之。将师退，遂令攻郤氏，且焚之。子恶闻之，遂自杀也。国人弗爇。令曰："不爇郤氏，与之同罪。"或取一编菅焉①，或取一秉秆焉②，国人投之，遂弗爇也。令尹炮之③。尽灭郤氏之族党，杀阳令终与其弟完及佗与晋陈及其子弟④。晋陈之族呼于国曰⑤："鄢氏、费氏自以为王，专祸楚国，弱寡王室，蒙王与令尹以自利也⑥。令尹尽信之矣，国将如何？"令尹病之。

【注释】

①编菅：指用菅草编的绳子。菅，草本植物，茎可做绳织履，茎叶之细者可以盖屋顶。

②秉：把。秆：禾茎。

③炮：烧。

④阳令终：阳匄之子。

⑤晋陈：楚大夫。皆郤氏之党。

⑥蒙：蒙蔽，欺骗。

【译文】

等到了酒宴那一天，郤宛把那些铠甲兵器用布围着放在门的左侧，费无极告诉令尹说："我差一点害了你，子恶打算对你不利，甲士已经埋伏在门口了，你一定不要去了。并且这次跟楚国的战役，本来可以打败吴国而达到我们的目的，子恶从吴国得到财货就撤了回来，又贻误了其他将帅，使他们的军队撤退，说：'利用别人的动乱不吉祥。'吴国利用我们丧事，我们利用他们的动乱，不也是可以的吗？"令尹派人到郤氏家去看，就的确看到有铠甲在那儿。令尹就不去了，召来鄢将师告诉他这件事。鄢将师退了出来，就下令攻打郤氏，并且放火焚烧。子恶听到这些情况，就自杀了。国都的人不肯放火焚烧，鄢将师下令说："不放火烧郤氏的，跟他同罪。"有人就拿一根菅草编的绳子，有人就拿一把禾秆，国都的人把它们扔在地上，没有去烧。鄢将师命令里尹放火去烧。就全部灭掉了郤氏的家族和党羽，杀了阳令终和他的弟弟完和佗以及晋陈和他的子弟。晋陈的族人在国都呼叫说："鄢氏、费氏自己认为是国王，专一危害楚国，削弱孤立王室，蒙骗君王和令尹来为自己谋求私利。令尹全都听信他们的，国家将怎么办？"令尹很为此事发愁。

昭公三十年

吴子使徐人执掩余,使钟吾人执烛庸①。二公子奔楚,楚子大封②,而定其徙③。使监马尹大心逆吴公子④,使居养⑤。莠尹然、左司马沈尹戌城之,取于城父与胡田以与之⑥。将以害吴也。子西谏曰:"吴光新得国,而亲其民。视民如子,辛苦同之,将用之也。若好吴边疆⑦,使柔服焉,犹惧其至。吾又强其仇以重怒之⑧,无乃不可乎。吴,周之胄裔也⑨,而弃在海滨,不与姬通。今而始大,比于诸华,光又甚文⑩,将自同于先王⑪。不知天将以为虐乎,使剪丧吴国而封大异姓乎⑫,其抑亦将卒以祚吴乎?其终不远矣。我盍姑亿吾鬼神⑬,而宁吾族姓,以待其归,将焉用自播扬焉⑭。"王弗听。

【注释】

①执掩余、执烛庸:掩余、烛庸二人在鲁昭公二十七年逃跑到徐国与钟吾。

②大封:谓给予土田。

③定其徙:谓确定他们徙居的地方。

④吴公子:指掩余、烛庸,二人皆吴王僚同母弟,故称公子。

⑤养:在今河南沈丘县东南。

⑥城父:在今安徽亳州。其田在养的东北。胡:在今安徽阜阳市。胡田在养东南。

⑦好:用作动词,修好,结好。

⑧仇:指两位公子。

⑨胄裔:犹言苗裔,远代子孙。吴为周太王之子泰伯所居之

地，吴王即其后代子孙。

⑩ 文：谓有知识。

⑪ 先王：谓太王，王季。

⑫ 封大：大。用作使动词，扩大。

⑬ 亿：安。

⑭ 播扬：犹劳动。

【译文】

吴子使徐国人拘捕掩余，使钟吾人拘捕烛庸。这两位吴国公子逃跑到楚国，楚子大大地封给他们土地，安定他们徙居的地方。派监马尹大心去迎接吴国公子，让他们居住在养地，莠尹然、左司马沈尹戍给他们修筑城墙，割取城父和胡地的田土，拿来赐予他们，打算利用他们来危害吴国。子西劝阻说："吴国的公子光刚刚得到吴国，亲近他的百姓，把百姓看待得如同自己的子女，跟百姓同艰共苦，这是打算要使用他们了。如果同吴国边疆建立友好关系，让他们怀柔归服我们，还害怕他们来进攻我们，我们又加强他的仇人来加重他的愤怒，这恐怕不可以吧！吴国是周民族的远代子孙，被丢弃到海边，不跟姬姓国家交往。现在才开始强大起来，可以和那些中原华夏各诸侯国相并列，公子光又很有知识，将自己跟他的先王相等同。不知道是上天将要用他来作为残暴君主，使他来灭亡吴国来扩大异姓之国呢，还是将要用他来最终保佑吴国呢？那结果不会太远了。我们为什么不姑且安定我们的鬼神，宁静我们的宗族姓氏，来等待他的结局，哪里用得着来劳动我们自己呢？"楚昭王不听从。

吴子怒，冬十一月，吴子执钟吾子，遂伐徐，防山以水之①。己卯，灭徐。徐子章禹断其发，携其夫人，以逆吴子。吴子唁而送之，使其迹臣从之，遂奔楚。楚沈尹戍帅师救徐，弗及，遂城夷②，使徐子处之。

【注释】

① 防：堤防。用作动词，堵塞。水：用作动词，用水灌城。
② 夷：指上文城父。

【译文】

吴子生气了，冬十一月，吴子拘捕了钟吾国国君，就攻打徐国，沿山修筑堤防用水来浸灌徐国。己卯那一天，灭掉了徐国。徐国国君章禹剪短头发，偕同他的夫人，来迎接吴子。吴子慰问了他们，并送走了他们，使他的近臣跟随他，他们就逃跑到楚国去了。楚国沈尹戌率领军队去援救徐国，没有赶上，就修筑夷地城墙，使徐子住在那里。

吴子问于伍员曰："初而言伐楚，余知其可也，而恐其使余往也，又恶人之有余之功也。今余将自有之矣，伐楚何如？"对曰："楚执政众而乖①，莫适任患。若为三师以肄焉②，一师至，彼必皆出。彼出则归，彼归则出，楚必道敝。亟肄以罢之，多方以误之，既罢而后以三军继之，必大克之。"阖庐从之，楚于是乎始病。

【注释】

① 乖：乖戾，违戾。
② 肄：劳。

【译文】

吴子询问伍员说："当初你说过攻打楚国，我知道是可以的，我那时恐怕吴王像要派我前去，我又憎恶别人占有我的功劳。现在我将自己占有它了,怎么样去攻打楚国?"伍员回答说:"楚国掌权的人多而互相猜忌,没有人对患难承担主要责任。如果我们组建三支军队轮番进攻来劳苦他们,一支军队前去进攻,他们一定全军出动。他们出动,我们就撤回;他们回去,我们就出动,楚军一定会在道路上疲于奔命。用各种方法来贻误他们,他们已经疲敝了,然后用全军随即进攻他们,一定会大大地战胜他们。"吴王阖庐听从了他的意见,楚国从这时候开始就困苦疲敝了。

昭公三十一年

秋,吴人侵楚。伐夷,侵潜、六①。楚沈尹戌帅师救潜,吴师还。楚师迁潜于南冈而还②。吴师围弦③。左司马戌、右司马稽帅师救弦,及豫章。吴师还。始用子胥之谋也。

【注释】

① 潜:在今安徽霍山县东北。六:在今安徽六安市北。
② 南冈:在今安徽霍山县北。
③ 弦:在今河南息县南。

【译文】

秋,吴国人侵袭楚国,攻打夷地,侵袭潜地、六地。楚国沈尹戌领兵援救潜地,吴军回去了。楚军把潜地人迁徙到南冈,也撤军回去了。吴军包围了弦地。左司马戌、右司马稽领兵援救弦地,到达豫章。吴军撤回去了。吴国开始采用伍子胥的计谋。

冬，邾黑肱以滥来奔①，贱而书名，重地故也。君子曰："名之不可不慎也如是。夫有所有名②，而不如其已。以地叛，虽贱，必书地，以名其人，终为不义，弗可灭已。是故君子动则思礼，行则思义，不为利回③，不为义疚。或求名而不得，或欲盖而名章，惩不义也。齐豹为卫司寇，守嗣大夫④，作而不义，其书为'盗'⑤。邾庶其、莒牟夷、邾黑肱以土地出⑥，求食而已，不求其名，贱而必书。

昭公

【注释】

①黑肱：邾大夫。滥：在今山东滕州市东南。黑肱非命卿，故曰贱。

②有所：谓有地。一说，谓有时。

③回：违，谓违礼。

④守嗣大夫：谓世袭的大夫。

⑤其书为"盗"：鲁昭公二十年，卫国齐豹作乱，杀卫侯之兄公孟，《春秋》书曰"盗杀卫侯之兄絷"。此为求名而不得名。

⑥邾庶其：事详见《襄公二十一年》篇。莒牟夷：事见《昭公五年》篇。

【译文】

冬，邾国黑肱带了滥地逃来鲁国。他地位低贱，《春秋》却记载他的名，是因为看重土地的缘故。君子说："名的不可以不谨慎就像这样。有地有名，还不如没有名。带着土地背叛，即使地位低贱，《春秋》一定记载土地，而记载那个人的名，使他终究有不义之名，再也不可以去掉。因此君子一举一动，都要想到礼教，有所作为就要想到道义，不为私利而违背礼，不为义而感到内疚。有的人想求名却得不到，有的人想掩盖却名更显明，这是惩罚不义之人。齐豹担任卫国司寇，是世袭的卿大夫，其作为不合道义，他就被

379

《春秋》记载为盗。邾国的庶其、莒国的牟夷、邾国的黑肱带着土地出逃，只是为了谋求混口饭吃而已，不是谋求出名，地位低下而《春秋》一定也记载他们的名。

此二物者①，所以惩肆而去贪也②。若艰难其身③，以险危大人，而有名章彻④，攻难之士⑤，将奔走之⑥。若窃邑叛君，以微大利而无名⑦，贪冒之民⑧，将置力焉⑨。是以《春秋》书齐豹曰'盗'，三叛人名，以惩不义，数恶无礼，其善志也。故曰，《春秋》之称：微而显，婉而辨。上之人能使昭明，善人劝焉，淫人惧焉，是以君子贵之。"

【注释】

① 二物：指上述齐豹与邾庶其、莒牟夷、邾黑肱两类不同性质的事。
② 惩肆：指齐豹言。去贪：指邾庶其等三人。
③ 艰难其身：谓身处艰难。
④ 彻：明。章彻为同义复合词。
⑤ 攻难：作难，发动祸难。
⑥ 奔走：犹赴趣，钻营。
⑦ 无名：谓不书其人名以彰显之。
⑧ 贪冒：犹言贪墨，贪婪。
⑨ 置力：致力，尽力。

【译文】

这两种不同情况的事，是用来惩罚那些肆无忌惮的人和除去贪婪的人的办法。如果身处艰难，来危害在上位的大人物，却能有名望显著的机会，那些发动叛乱的人士，就会为此而钻营冒险。如果偷窃城邑背叛君主，来追求巨大私利却不记下他的名，那些贪婪的民众，就会尽力去干。因此《春秋》记载齐豹把他叫作盗，三个背叛的人却记下他们的名，是用来惩罚不义，责难憎恨无礼的人，这真是最好的记述呢。所以说，《春秋》的记述，文辞很少而大义彰明，言辞委婉而主旨明辨。在上位的人能够发扬《春秋》大义，就会使善良的人得到鼓励，邪恶的人感到害怕，因此君子很看重它。"

十二月辛亥朔，日有食之。是夜也，赵简子梦童子臝而转以歌①。旦占诸史墨，曰："吾梦如是，今而日食，何也？"对曰："六年及此月也，吴其入郢乎②！终亦弗克。入郢，必以庚辰。日月在辰尾，庚午之日，日始有谪③。火胜金，故弗克。"

【注释】

① 臝：同"裸"，赤身露体。转：婉转，指舞蹈的姿态。
② 郢：楚国国都，故址在今湖北江陵县西北。
③ 谪：指云气变化。

【译文】

十二月辛亥初一那一天，有日食。这天晚上，赵简子梦见一个小孩光着身子，婉转地舞蹈歌唱。第二天早晨就叫史墨占梦，说："我做了个这样的梦，今天却发生日食，为什么？"史墨回答说："六年以后的这一个月，吴国大概会攻入楚国郢都，但最终也还是不能战胜它。攻入郢都，一定在庚辰那一天。那时太阳月亮都在苍龙七宿的尾宿，庚午的那一天，太阳开始有变故。火能战胜金，所以楚国不能被战胜。"

定 公

定公三年

三年春二月辛卯，邾子在门台①，临廷②。阍以缾水沃廷③。邾子望见之，怒。阍曰："夷射姑旋焉④。"命执之。弗得，滋怒，自投于床，废于炉炭⑤，烂，遂卒。先葬以车五乘，殉五人。庄公卞急而好洁⑥，故及是。

【注释】

① 门台：门上之台，即门楼。
② 廷：指庭院。
③ 阍（hūn）：守门人。缾：指瓶子。
④ 旋：小便。
⑤ 废：堕。
⑥ 卞急：急躁。

【译文】

三年春二月辛卯那一天，邾子在门楼上，面对着庭院。守门人用瓶子装着水在浇灌庭院。邾子望见了他，生气了。守门人说："夷射姑在这里撒了小便。"邾庄公下令去拘捕他，没抓着，更加生气，自己从床上跳下来，掉在炉子里的炭火上，烧坏了，就死了。先埋葬下五辆车，用五个人陪葬。邾庄公性情急躁而癖好洁净，所以才弄到这个地步。

秋九月，鲜虞人败晋师于平中①，获晋观虎，恃其勇也。
冬，盟于郯②，修郯好也。

【注释】

① 鲜虞：国名，白狄族的一支，在今河北新乐市西。平中：当在今河北唐县西北。

② 盟于郯（tán）：《春秋》记载说："冬，仲孙何忌及郯子盟于拔。"杜预注："郯即拔也。"郯，在今山东郯城县西南。

【译文】

秋九月，鲜虞人在平中打败了晋国军队，俘获了晋国观虎，这是他自恃勇敢的结果。

冬，鲁国仲孙何忌和郯子在郯地结盟，这是重修和郯国的友好。

蔡昭侯为两佩与两裘①，以如楚，献一佩一裘于昭王。昭王服之，以享蔡侯。蔡侯亦服其一。子常欲之，弗与。三年止之②。唐成公如楚③，有两肃爽马④，子常欲之，弗与，亦三年止之。唐人或相与谋，请代先从者，许之⑤。饮先从者酒，醉之，窃马而献之子常。子常归唐侯。自拘于司败⑥，曰："君以弄马之故⑦，隐君身⑧，弃国家，群臣请相夫人以偿马，必如之。"唐侯曰："寡人之过也，二三子无辱。"皆赏之。

【注释】

① 佩：佩玉。

② 三年止之：犹言止之三年。

③唐成公：唐惠侯之后。
④肃爽马：骏马名。
⑤许之：言楚人许之。
⑥自拘：窃马者自拘。司败：司寇，主管刑狱的官。
⑦弄：玩。
⑧隐：穷困，此即被拘捕的意思。

【译文】

蔡昭侯制作了两块佩玉和两件皮衣，带着到楚国去，进献了一块佩玉、一件皮衣给楚昭王。楚昭王佩戴和穿上它们，来设酒宴款待蔡昭侯。蔡昭侯亦佩戴了另一块佩玉并穿上另一件皮衣。子常想得到它们，蔡昭侯不肯给，就扣他三年。唐成公到楚国去。有两匹肃爽马，子常想得到它们，唐成公不肯给，子常也扣留他三年。唐国人有人一起商议，请求代替先前跟随唐成公的人，楚国人同意了。他们让原先跟随的人喝酒，灌醉了他们，就偷了马献给子常，子常就让唐侯回国了。偷马的人自己囚禁了自己，到司败那里投案自首，说："君主因为玩弄马的缘故，使其自身遭遇困境，丢弃了国家，臣下们请求帮助养马人寻找好马来赔偿君主，一定像原先的马一样。"唐侯说："这是我的过错，你们几位不必受辱。"都赏赐了他们。

蔡人闻之，固请而献佩于子常。子常朝，见蔡侯之徒，命有司曰："蔡君之久也，官不共也。明日，礼不毕，将死。"蔡侯归，及汉，执玉而沉，曰："余所有济汉而南者，有若大川。"蔡侯如晋，以其子元与其大夫之子为质焉，而请伐楚。

【译文】

蔡国人听到此事，坚决请求把玉佩献给子常。子常上朝，见到蔡昭侯的手下人，命令有关主管的官员说："蔡侯长时间留在楚国，都是由于主管官员不能供给赠别的礼物。明天，赠别的礼仪不能完成，你们将有死罪。"蔡侯回国，到达汉水，拿着玉投进水中，说："我如果还渡过汉水而往南走，有这大河为证。"蔡侯到晋国去，用他的儿子元和大夫的儿子做人质，请求晋国攻打楚国。

定公四年

楚之杀郤宛也[①]，伯氏之族出[②]。伯州犁之孙嚭，为吴大宰以谋楚。楚自昭王即位，无岁不有吴师。蔡侯因之，以其子乾与其大夫之子为质于吴。

【注释】

① 杀郤宛：在鲁昭公二十七年。
② 伯氏：郤宛党。

【译文】

楚国杀郤宛的时候，伯氏的族人出逃。伯州犁的孙子伯嚭，做了吴国的太宰来谋划对付楚国。楚国从楚昭王即位以来，没有哪一年没有吴军来攻打。蔡昭侯就倚仗它，把他的儿子乾和大夫的儿子送到吴国做人质。

冬，蔡侯、吴子、唐侯伐楚。舍舟于淮汭，自豫章与楚夹汉。左司马戌谓子常曰："子沿汉而与之上下。我悉方城

左传·

外以毁其舟，还塞大隧、直辕、冥阨①，子济汉而伐之，我自后击之，必大败之。"既谋而行。武城黑谓子常曰②："吴用木也，我用革也，不可久也。不如速战。"史皇谓子常③："楚人恶子而好司马④，若司马毁吴舟于淮，塞城口而入⑤，是独克吴也。子必速战，不然不免。"乃济汉而陈，自小别至于大别⑥。三战，子常知不可，欲奔。史皇曰："安求其事，难而逃之，将何所入？子必死之，初罪必尽说。"

【注释】

① 大隧、直辕、冥阨：杜预注："三者汉东之隧道。"杨伯峻《春秋左传注》："今豫、鄂交界三关，东为九里关，即古之大隧；中为武胜关，即直辕；西为平靖关，即冥阨。冥阨有大小石门。凿山通道，极为险隘。"

② 武城：地名，在今河南信阳市东北。黑：楚武城大夫。

③ 史皇：楚大夫。

④ 司马：沈尹戌。

⑤ 城口：三隘道之总名。

⑥ 小别：山名，在今河南光山县与湖北黄冈市之间。大别：山名，即今安徽霍邱县西南的安阳山。今湖北英山县有大别山，亦此山脉之峰。

【译文】

冬，蔡昭侯、吴王阖庐、唐成侯攻打楚国。在淮水边弃船上岸，自豫章与楚军夹着汉水列阵。左司马戌告诉子常说："你沿着汉水和吴军上下对阵，我全部出动方城以外的兵力去毁掉他们的船只。回师堵塞大隧、直辕、冥阨这些隘道，你渡过汉水去攻打他们，我从后面攻打他们，一定把他们打得大败。"已经商议好了就出发。武城黑告诉子常说："吴国用纯木制战车，我们用皮革蒙着的战车,皮革蒙着的战车不能耐久,不如快点开战。"史皇告诉子常说:"楚国人痛恨你却喜欢司马,如果司马在淮水毁掉吴国船只,堵塞城口而攻入吴军,这是他独自一个人战胜了吴国。你一定要尽快开战,不这样就不能免除灾祸。"他就渡过汉水列成阵势,从小别山到大别山,作战三次,子常知道不可以战胜,想要逃跑。史皇说:"安定时要求执掌政权,危难时就逃跑开,打算逃到哪里去?你一定要为国战死,原先的罪过一定全都开脱免除。"

十一月庚午,二师陈于柏举①。阖庐之弟夫概王,晨请于阖庐曰:"楚瓦不仁②,其臣莫有死志,先伐之,其卒必奔。而后大师继之,必克。"弗许。夫概王曰:"所谓臣义而行,不待命者,其此之谓也。今日我死,楚可入也。"以其属五千,先击子常之卒。子常之卒奔,楚师乱,吴师大败之。子常奔郑。史皇以其乘广死。

【注释】

① 二师:指吴、楚之师。柏举:楚地,在今湖北麻城市东北。
② 瓦:囊瓦,子常名。

【译文】

十一月庚午那一天,两国军队在柏举摆开阵势。吴王阖庐的弟弟夫概王,早晨向吴王阖庐请求说:"楚国囊瓦不仁爱,他的臣下没有人有拼死战斗的决心,先攻击他,他的部卒一定逃跑。然后大军跟着上去,一定战胜。"吴王阖庐不同意。夫概王说:"所说的臣下只要合乎道义就去行动,不必等待命令,说的就是今天这种情况。今天我死了,楚国国都就可以攻进去了。"他率领他的部下五千人,率先攻击子常的部卒,子常的部卒逃跑,楚军乱了,吴军大大地打败了它。子常逃跑到郑国。史皇率领他的兵车战死了。

定公

左传·

吴从楚师,及清发①,将击之。夫概王曰:"困兽犹斗,况人乎?若知不免而致死,必败我。若使先济者知免,后者慕之,蔑有斗心矣。半济而后可击也。"从之。又败之。楚人为食,吴人及之,奔,食而从之。败诸雍澨②,五战及郢。己卯,楚子取其妹季芈畀我以出,涉睢③。针尹固与王同舟,王使执燧象以奔吴师④。庚辰,吴入郢,以班处宫⑤。子山处令尹之宫⑥,夫概王欲攻之,惧而去之,夫概王入之。

【注释】

①清发:水名,在今湖北安陆市。

②雍澨:水名,今湖北京山市西南有三澨水,雍澨即其一。

③睢:水名,即沮水,出湖北保康县西南,东南流与漳水合,又经江陵县西,入江。此当在湖北枝江市东北。

④燧象:火烧燧系象尾,使赴吴师。

⑤班:尊卑班次。宫:楚王宫室。

⑥子山:吴王子。

【译文】

吴军追击楚军,到达清发,将要进攻楚军。夫概王说:"被困的野兽还要争斗,何况是人?如果他们知道不免一死而向我们拼命,一定打败我们。如果让先过河的人知道可以免于一死,后面的人羡慕他们,就没有战斗意志了。让他们渡过一半,然后才可以进攻。"吴王阖庐听从了他的意见,又打败了他们。楚国人煮好了饭食,吴国人追上了他们,他们逃跑了,吴军吃了他们做好的饭食,而后去追击他们,在雍澨又打败了他们。经过五次战斗就到达郢都。己卯那一天,楚昭王带着他的小妹妹芈畀我逃出郢都,渡过睢水。针尹固跟楚昭王同坐一条船,楚昭王派他带着将烧着的火把系在尾巴上的象群去冲击吴军。庚辰那一天,吴军进入郢都,根据尊卑的班次来居住楚国的宫室。子山居住在令尹的宫室里,夫概王打算去攻打他,他害怕就离开了,夫概王就进入令尹宫中。

定公

左司马戌及息而还①,败吴师于雍澨,伤。初,司马臣阖庐,故耻为禽焉。谓其臣曰:"谁能免吾首?"吴句卑曰:"臣贱,可乎?"司马曰:"我实失子②,可哉。"三战皆伤,曰:"吾不可用也已。"句卑布裳,刭而裹之,藏其身而以其首免。

【注释】

① 息:地名,在今河南息县西南。
② 失子:谓失不知贤。

【译文】

左司马戌到达息地就撤军回来,在雍澨打败了吴军,受了伤。起初,司马是吴王阖庐的臣下,所以耻于被他活捉,告诉他的部下说:"谁能保护我的头免被吴军得到?"吴句卑说:"臣下我卑贱,可以吗?"司马说:"实在是我错失了你,可以呢。"战斗三次都受伤了,说:"我没有用了呢。"句卑铺开裙子,割下他的脑袋包裹好,藏好他的身躯,带走他的头免被吴军得到。

楚子涉睢,济江,入于云中①。王寝,盗攻之,以戈击王。王孙由于以背受之,中肩。王奔郧②,钟建负季芈以从③,由于徐苏而从④。郧公辛之弟怀将弑王⑤,曰:"平王杀吾父,我杀其子,不亦可乎?"辛曰:"君讨臣,谁敢仇之?君命,天也,若死天命,将谁仇?《诗》曰:'柔亦不

389

茹⑥，刚亦不吐。不侮矜寡⑦，不畏强御。'唯仁者能之。违强凌弱，非勇也。乘人之约⑧，非仁也。灭宗废祀，非孝也。动无令名，非知也。必犯是，余将杀女。"

【注释】

① 云：云梦泽。云梦泽跨大江南北，此为江南的云梦。
② 郧：在今湖北京山市、安陆市一带。
③ 钟建：楚大夫。
④ 苏：苏醒。
⑤ 辛：蔓成然之子斗辛。鲁昭公十四年，楚平王杀成然。
⑥ 茹：食。
⑦ 矜：同"鳏"，老而无妻曰鳏。此四句诗见《诗经·大雅·烝民》。
⑧ 约：穷困，指楚昭王正处困境。

【译文】

楚昭王渡过睢水，渡过长江，进入到云梦泽中。楚昭王正在睡觉，有盗贼来攻击他，用戈击打楚昭王。王孙由于他的背去承受这一击，打中了肩膀。楚昭王逃跑到郧地，钟建背着季芈跟随着，由于慢慢地苏醒之后也跟了上来。郧公辛的弟弟斗怀打算杀了楚昭王，说："楚平王杀了我们的父亲，我们杀了他的儿子，不也是可以的吗？"斗辛说："君主惩治臣下，哪个敢跟他结仇？君主的命令，就是上天的命令。如果死于天命，那你跟谁去结仇？《诗经》说：'柔软的我也不吃下，刚硬的我也不吐掉。不欺侮鳏夫寡妇，不惧怕强梁霸道。'这只有仁爱的人才能做到这样。避开刚强欺侮弱小，就不是勇敢。趁着别人的困境去危害他，这不是仁爱。灭掉宗族，废弃祭祀，这不是孝道。行动没有好名声，这不是智慧。一定要触犯这些，我就要杀了你。"

斗辛与其弟巢以王奔随①。吴人从之，谓随人曰："周之子孙在汉川者，楚实尽之。天诱其衷，致罚于楚，而君又窜之②，周室何罪？君若顾报周室，施及寡人，以奖天衷③，君之惠也。汉阳之田，君实有之。"楚子在公宫之北，吴人在其南。子期似王④，逃王⑤，而己为王，曰："以我与之，王必免。"随人卜与之，不吉。乃辞吴曰："以随之辟小而密迩于楚⑥，楚实存之，世有盟誓，至于今未改。若难而弃之，何以事君？执事之患，不唯一人。若鸠楚竟⑦，敢不听命？"吴人乃退。鐱金初宦于子期氏，实与随人要言⑧。王使见⑨，辞，曰："不敢以约为利。"王割子期之心⑩，以与随人盟。

定公

【注释】

① 随：在今湖北随县南。

② 窜：逃窜，隐藏。

③ 奖：成，助成。

④ 子期：楚昭王兄公子结。

⑤ 逃王：使王逃。一说，逃于王，逃至王所。

⑥ 辟：同"僻"，偏僻。

⑦ 鸠：安定。

⑧ 要：约。约言无以楚王与吴，并想救子期逃脱。

⑨ 王使见：楚昭王喜其意，欲见之令比王臣，并欲使盟随人。

⑩ 割子期之心：谓当心割取其血以盟，示其至诚。

【译文】

斗辛跟他的弟弟斗巢带着楚昭王逃跑到随国。吴国人追击他，告诉随国人说："在汉水流域的周王室的子孙，楚国确实全都灭掉了他们。上天显露他的内心想法，降下惩罚给楚国，可它的君主又逃跑了。周室有何罪过？君主如果顾念报答周王室，延伸到我，来辅助上天的内心想法，这是君主的恩惠。汉水以北的田地，君主确实可以全都拥有它了。"楚昭王在随君宫室的北面，吴国人在它的南面。子期长相像楚昭王，他叫楚昭王逃跑，而自己扮作楚昭王，说："把我交给他们，王一定免祸。"随国人占卜是否把楚国人交出去，结果不吉利，就辞谢吴国人说："因为随国偏僻狭小而紧紧地靠近楚国，实在是楚国保全了我们，世世代代有盟誓，到现在没有改变。如果遇到祸难就抛弃它，凭什么来侍奉君主？您的办事人员的忧患，不只在楚王一个人。如果安定了楚国全境，我们怎敢不听从命令？"吴国人就撤退了。镱金起初在子期氏家做家臣，实际是他跟随国人约定保护楚昭王和子期。楚昭王叫他觐见，他辞谢，说："不敢利用楚王的困境来谋取私利。"楚昭王割取子期胸口的血，用来跟随国人结盟。

　　初，伍员与申包胥友①。其亡也，谓申包胥曰："我必复楚国②。"申包胥曰："勉之。子能复之，我必能兴之。"及昭王在随，申包胥如秦乞师，曰："吴为封豕、长蛇，以荐食上国③。虐始于楚，寡君失守社稷，越在草莽。使下臣告急，曰，夷德无厌，若邻于君，疆场之患也。逮吴之未定，君其取分焉④。若楚之遂亡，君之土也。若以君灵抚之，世以事君。"秦伯使辞焉，曰："寡人闻命矣，子姑就馆，将图而告。"对曰："寡君越在草莽，未获所伏⑤。下臣何敢即安？"立，依于庭墙而哭，日夜不绝声，勺饮不入口七日。秦哀公为之赋《无衣》⑥，九顿首而坐，秦师乃出。

【注释】

① 申包胥：楚大夫。
② 复：报复。一说，同"覆"，颠覆。
③ 荐：数，再。上国：指中原各诸侯国。
④ 取分：谓与吴共分楚地。
⑤ 伏：居处，藏匿。
⑥ 《无衣》：《诗经·秦风》篇名。取其"王于兴师，修我戈矛，与子同仇""与子偕作""与子偕行"。表示愿意出兵。

【译文】

起初，伍员跟申包胥是朋友，伍员逃亡的时候，告诉申包胥说："我一定要颠覆楚国。"申包胥说："努力吧！你能颠覆它，我一定能振兴它。"等到楚昭王在随国，申包胥到秦国去求救兵，说："吴国是大猪长蛇，一再吞食中原各国。残暴从楚国开始，我们君主失去了保守国家的地位，远逃在野草丛中，派在下位的臣子我来报告危急。他说，夷狄的德行是没有满足的，如果吴国跟君主做邻国，这是边境的忧患。趁着吴国没有站稳脚跟，君主去夺取来分得一份。如果楚国灭亡了，那就是君主的土地了。如果凭借君主威灵安抚了它，那就世世代代侍奉君主。"秦哀公派人告诉申包胥，说："我听到命令了。你姑且住到客馆去，我将要考虑一下才能告诉你。"申包胥回答说："我们君主颠簸在草丛之中，没有一个安身的处所，臣下我怎么敢于去休息？"他站着，靠着庭院的墙壁哭泣着，白天黑夜哭个不停，七天七夜一勺水也没进口。秦哀公为他朗诵了《无衣》这首诗，申包胥叩了九个头坐着，秦军就出动了。

定公五年

五年春，王人杀子朝于楚。

夏，归粟于蔡①，以周亟②，矜无资③。

越入吴，吴在楚也。

【注释】

①归：同"馈"，赠送。杜预注云："蔡为楚所围，饥乏，故鲁归之粟。"

②周：周济，救济。亟：急，急难。

③矜：怜惜，怜悯。

【译文】

五年春，周王室的人在楚国杀了子朝。

夏，鲁国向蔡国赠送粮食，来救济急难，怜惜他们没有粮食。

越国攻入吴国，因为吴国人正在楚国。

六月，季平子行东野①，还，未至，丙申，卒于房②。阳虎将以玙璠敛③，仲梁怀弗与④，曰："改步改玉⑤。"阳虎欲逐之，告公山不狃⑥。不狃曰："彼为君也，子何怨焉？"既葬，桓子行东野，及费。子泄为费宰，逆劳于郊，桓子敬之。劳仲梁怀，仲梁怀弗敬。子泄怒，谓阳虎："子行之乎⑦？"

【注释】

①行：巡行，视察。东野：季氏邑，近费之地。

②房：防，地名，在今山东曲阜市东。

③ 玙璠（yúfán）：鲁之宝玉，君所佩。
④ 仲梁怀：亦季氏家臣。
⑤ 改步改玉：杜预注云："昭公之出，季孙行君事，佩玙璠，祭宗庙，今定公立，复臣位，改君步，则亦当去玙璠。"
⑥ 公山不狃：季氏臣费宰子泄。
⑦ 行：用作使动词，使行，驱逐的意思。

【译文】

六月，季平子巡视东野，回国都，还没有到达，丙申那一天，在房地死了。阳虎将要用玙璠殡敛，仲梁怀不给，说："改变了行走的步履，也就要改变佩玉。"阳虎想要驱逐他，告诉公山不狃。公山不狃说："他是为主子不背僭越的罪名，你为什么怨恨他呢？"已经安葬了，季桓子巡视东野，到达费邑。子泄做费邑宰，在郊外迎接慰劳，季桓子很敬重他。子泄慰劳仲梁怀，仲梁怀不敬重他。子泄生气了，告诉阳虎说："你驱逐他吗？"

申包胥以秦师至，秦子蒲、子虎帅车五百乘以救楚。子蒲曰："吾未知吴道①。"使楚人先与吴人战，而自稷会之②，大败夫概王于沂③。吴人获薳射于柏举④。其子帅奔徒以从子西⑤，败吴师于军祥⑥。

秋七月，子期、子蒲灭唐。九月，夫概王归，自立也，以与王战而败，奔楚，为堂谿氏⑦。

【注释】

① 道：法术，指战略战术。
② 稷：当在今河南桐柏县境。
③ 沂：在今河南正阳县境。
④ 薳射：楚大夫。

⑤奔徒：楚溃散的士卒。
⑥军祥：在今湖北随县西南。
⑦堂谿：地名，在今河南遂平县西北。居堂谿，故以为氏。

【译文】

申包胥率领秦兵到达楚国，秦国子蒲、子虎率领兵车五百辆援救楚国。子蒲说："我们不知道吴国的战术。"叫楚国人先跟吴国人交战，而从稷地跟他们会合，在沂地大大地打败了夫概王。吴国人在柏举俘获了薳射。他的儿子率领收集的楚国溃散的士兵，跟从子西，在军祥打败了吴军。

秋七月，子期、子蒲灭了唐国。九月，夫概王回国，自立为吴王，与吴王阖庐交战，战败了，逃跑到楚国，成为堂谿氏。

吴师败楚师于雍澨，秦师又败吴师。吴师居麇①，子期将焚之，子西曰："父兄亲暴骨焉，不能收，又焚之，不可。"子期曰："国亡矣！死者若有知也，可以歆旧祀，岂惮焚之？"焚之，而又战，吴师败。又战于公婿之溪②，吴师大败，吴子乃归。囚阇舆罢③。阇舆罢请先，遂逃归。叶公诸梁之弟后臧从其母于吴④，不待而归。叶公终不正视。

【注释】

①麇：地名，当在雍澨附近，为吴、楚苦战之地。
②公婿之溪：楚地名，当今白河入汉水处，在今湖北襄阳市东。
③阇舆罢：楚大夫。
④叶：楚邑，即今河南叶县。诸梁：司马沈尹戌之子，字子高，食采于叶，因以为氏。

【译文】

吴军在雍澨打败楚军,秦军又打败吴军。吴军居住在麇地,子期打算焚烧麇,子西说:"父老兄弟亲自战死在那里,不能收埋他们的骸骨,又去焚烧他们,不可以。"子期说:"国家灭亡了。死的人如果有知觉,可以享用原有的祭祀,难道还害怕焚烧掉?"就烧了麇地,又交战,吴军战败。又在公壻之豁交战,吴军打了大败仗。吴王阖庐就回国了。囚禁了闉舆罢。闉舆罢请求先行,就逃了回来。叶公诸梁的弟弟后臧跟随他母亲到了吴国,不等待他母亲就逃了回来,叶公始终不肯正面看他一眼。

乙亥,阳虎囚季桓子及公父文伯①,而逐仲梁怀。

冬十月丁亥,杀公何藐②。己丑,盟桓子于稷门之内③。庚寅,大诅,逐公父歜及秦遄④,皆奔齐。

【注释】

① 公父文伯:季桓子的从父兄弟。阳虎欲为乱,恐二人不从,故囚之。
② 公何藐:季氏族。
③ 稷门:鲁南城门。
④ 公父歜:公父文伯。秦遄:季平子姑婿。

【译文】

乙亥那一天,阳虎囚禁了季桓子和公父文伯,驱逐了仲梁怀。

冬十月丁亥那一天,杀了公何藐。己丑那一天,在稷门的里面跟季桓子盟誓。庚寅那一天,狠狠地诅咒,就驱逐了公父歜和秦遄,他们俩都逃往齐国。

楚子入于郢。初,斗辛闻吴人之争宫也,曰:"吾闻之,不让则不和，不和不可以远征。吴争于楚，必有乱。有乱则必归，焉能定楚？"王之奔随也，将涉于成臼①，蓝尹亹涉其帑②，不与王舟。及宁，王欲杀之。子西曰："子常唯思旧怨以败，君何效焉？"王曰："善。使复其所，吾以志前恶。"王赏斗辛、王孙由于、王孙圉、钟建、斗巢、申包胥、王孙贾、宋木、斗怀。子西曰："请舍怀也③。"王曰："大德灭小怨④，道也。"申包胥曰："吾为君也，非为身也。君既定矣，又何求？且吾尤子旗⑤，其又为诸？"遂逃赏。王将嫁季芈，季芈辞曰："所以为女子，远丈夫也。钟建负我矣。"以妻钟建，以为乐尹⑥。

【注释】

① 成臼：白成河，源出湖北京山市聊屈山，原西南流入沔水，今已改道。楚昭王渡河处，疑即今湖北钟祥市南的旧口。

② 蓝尹亹（wěi）：楚大夫。帑（nú）：妻子儿女。

③ 怀：斗怀。初谋弑王。

④ 大德：指终从其兄，免王于大难。

⑤ 尤：批评，指责。子旗：蔓成然，以有德于楚平王，求欲无厌，被楚平王杀掉，事见《昭公十四年》篇。

⑥ 乐尹：司乐大夫。

【译文】

　　楚昭王进入到郢都。当初，斗辛听到吴国人争夺宫室，就说："我听说，不谦让就不和睦，不和睦就不可以远出征战。吴国在楚国来争夺，一定会有动乱。有动乱就一定回国，怎么能安定楚国？"楚昭王逃跑到随国的时候，准备从成臼渡过汉水，蓝尹亹要渡他的妻子儿女，不肯把船给楚昭王。等到安定下来，楚昭王想要杀了他。子西说："子常只想到旧的怨恨，因而失败，君主何必效法他呢？"楚昭王说："说得好。叫他回到原来的职位，我用这来记住从前的过失。"楚昭王赏赐斗辛、王孙由于、王孙圉、钟建、斗巢、申包胥、王孙贾、宋木、斗怀。子西说："请求去掉斗怀。"楚昭王说："大的恩德掩盖小的怨恨，这是合乎常道的。"申包胥说："我是为了君主，不是为了自身。君主已经安定了，又还追求什么？并且我批评过子旗，难道我又要照他的去做吗？"他就逃避赏赐。楚昭王将要出嫁季芈，季芈辞谢说："做女人的原则就是远离男人，钟建背过我了。"楚昭王就把她嫁给钟建，用钟建做乐尹。

王之在随也，子西为王舆服以保路①，国于脾泄②。闻王所在，而后从王。王使由于城麇，复命，子西问高厚焉，弗知。子西曰："不能，如辞。城不知高厚，小大何知？"对曰："固辞不能，子使余也。人各有能有不能。王遇盗于云中，余受其戈，其所犹在。"袒而示之背，曰，"此余所能也，脾泄之事，余亦弗能也。"

晋士鞅围鲜虞，报观虎之役也③。

【注释】

① 保路：保护安集路上的难民。
② 脾泄：当在今湖北江陵县附近。
③ 观虎之役：鲁定公三年，鲜虞人败晋师于平中，获晋观虎。

【译文】

楚昭王在随国的时候，子西仿制了楚王的车子和服饰来保护与安集流离道路的难民，在脾泄建立了国都。听到楚昭王在的地方，然后去追随他。楚昭王派王孙由于去修筑麇地的城墙，回复楚王的使命，子西向他询问城墙高度厚度，王孙由于不知道。子西说：

"你不能干，就应该推辞。筑城不知道它的高度厚度，那城的小大又哪里能知道？"王孙由于回答说："我坚决推辞我干不了，是您叫我去的。人各自有能干的事，有不能干的事。君王在云梦泽中遇到盗贼，我承受了他们击来的戈，那受伤的地方还在。"就脱去上衣给他看，说："这就是我能干的事。您在脾泄冒称君王的事，我也是干不出来。"

晋国的士鞅包围了鲜虞，来报复鲜虞人俘获观虎的那次战役。

定公九年

秋，齐侯伐晋夷仪①。敝无存之父将室之②，辞，以与其弟，曰："此役也，不死，反，必娶于高、国。"先登，求自门出，死于霤下③。东郭书让登④，犁弥从之，曰："子让而左，我让而右，使登者绝而后下⑤。"书左，弥先下。书与王猛息⑥。猛曰："我先登。"书敛甲，曰："曩者之难⑦，今又难焉。"猛笑曰："吾从子如骖之靳⑧。"

【注释】

① 夷仪：在今河北邢台市西。
② 敝无存：齐国人。室之：为之娶妻。
③ 霤：屋檐流水之处。
④ 让登：抢登。让，借为攘。一说，谓让众在后，而己先登。
⑤ 绝：尽，谓全都登上城墙。
⑥ 王猛：犁弥。
⑦ 难：谓为难我。
⑧ 靳：驾车时，两旁的马为骖，中间驾辕的马为服，搭在服身

上的革制游环称为靳。御者的缰绳通过靳操纵四匹马，使得骖马紧随服马。

【译文】

秋，齐侯攻打晋国的夷仪。敝无存的父亲将要给他娶妻，他辞谢，给了他的弟弟，说："这次战役不死，回来，一定从高氏、国氏家娶妻。"他最先登上城墙，寻找从城门冲出去的路，死在屋檐之下。东郭书抢先登城，犁弥紧跟着他，说："你从左边抢登，我从右边抢登，让登城的人全都登上，然后向下。"东郭书向左，犁弥先下城。东郭书和王猛战后休息。王猛说："我先登上。"东郭书收起甲胄，说："先前你为难我，现在你又为难我。"王猛笑着说："我跟随你就如同骖马跟随着服马。"

晋车千乘在中牟①。卫侯将如五氏②，卜过之③，龟焦。卫侯曰："可也。卫车当其半，寡人当其半，敌矣。"乃过中牟。中牟人欲伐之，卫褚师圃亡在中牟，曰："卫虽小，其君在焉，未可胜也。齐师克城而骄④，其帅又贱，遇，必败之，不如从齐。"乃伐齐师，败之。齐侯致禚、媚、杏于卫⑤。齐侯赏犁弥，犁弥辞，曰："有先登者，臣从之。皙帻而衣狸制⑥。"公使视东郭书，曰："乃夫子也，吾贶子。"公赏东郭书，辞，曰："彼，宾旅也⑦。"乃赏犁弥。

【注释】

① 中牟：在今河南汤阴县西。一说，在河北邢台市与邯郸市之间。

② 五氏：在今河北邯郸市西。

③ 过之：指过中牟。

④ 城：指夷仪。

⑤ 禚（zhuó）：疑在今山东济南市长清区境。媚：在今山东禹城市。杏：当在今山东聊城市茌平区南。杜预注云："三邑皆齐西界，以答谢卫意。"

⑥ 皙：白。帻（zé）：包头巾。制：斗篷。一说，裘。

⑦ 宾旅：言彼与我如同宾主相让，一同进退。一说，犹言羁旅之臣，即他国之人初仕于齐的。

【译文】

晋国有战车千辆在中牟。卫侯打算到五氏去会见齐侯，占卜经过中牟，龟甲烧焦了。卫灵公说："可以的，卫国五百辆兵车抵挡它的一半，我本人抵挡它的一半，势力相等了。"就经过中牟。中牟人想要攻打他。卫国褚师圃逃亡在中牟，说："卫国虽然小，它的君主在那里，未必可以战胜。齐军攻克了夷仪城而骄傲，它的军帅又卑贱，两军相遇，一定打败他们，不如去迎战齐军。"就去攻打齐军，打败了他们。齐侯向卫国致送禚、媚、杏三个邑。齐侯赏赐犁弥，犁弥辞谢，说："有最先登上的人，戴着白头巾，披着狸皮斗篷，我跟随着他。"齐景公派人去看东郭书，说："就是这位先生。我赏赐你。"齐景公赏赐东郭书，东郭书辞谢，说："那是和我像宾主一样一同进退的人。"就赏给了犁弥。

齐师之在夷仪也，齐侯谓夷仪人曰："得敝无存者，以五家免①。"乃得其尸。公三禭之②；与之犀轩与直盖③，而先归之；坐引者④，以师哭之，亲推之三。

【注释】

① 免：谓免除役事。
② 禭：给死人穿衣。

③ 犀轩：以犀皮为饰的卿乘坐的车。直盖：高盖，长柄伞。
④ 引者：拉丧车的人。

【译文】

齐军在夷仪的时候，齐侯告诉夷仪人说："得到敝无存的人，免除五家的劳役。"就找到了他的尸体。齐景公三次给他加衣，给了他犀皮装饰的车和高柄伞，先送他回国，使拉车的人坐在地上，带领全军为他哭丧，亲自给他推车三次。

定公十三年

秋七月，范氏、中行氏伐赵氏之宫①，赵鞅奔晋阳。晋人围之。范皋夷无宠于范吉射②，而欲为乱于范氏。梁婴父嬖于知文子③，文子欲以为卿。韩简子与中行文子相恶④，魏襄子亦与范昭子相恶⑤。故五子谋⑥，将逐荀寅而以梁婴父代之，逐范吉射，而以范皋夷代之。荀跞言于晋侯曰："君命大臣，始祸者死，载书在河⑦。今三臣始祸⑧，而独逐鞅，刑已不钧矣。请皆逐之。"

【注释】

① 范氏：士吉射。中行氏：荀寅。
② 范皋夷：范氏侧室子。
③ 梁婴父：晋大夫。知文子：荀跞。
④ 韩简子：韩不信。中行文子：荀寅。
⑤ 魏襄子：魏侈。范昭子：士吉射。
⑥ 五子：指范皋夷、梁婴父、知文子、韩简子、魏襄子。

⑦ 在河：谓盟书沉在黄河里。
⑧ 三臣：范氏、中行氏、赵氏。

【译文】

秋七月，范氏、中行氏攻打赵氏的宫室，赵鞅逃跑到晋阳。晋国人包围了晋阳。范皋夷没有得到范吉射的宠信，想要在范氏家制造动乱。梁婴父得到知文子宠爱，知文子想用他做卿。韩简子跟中行文子互相仇恨，魏襄子也跟范昭子互相仇恨。所以他们五人谋划，打算驱逐荀寅而用梁婴父取代他，驱逐范吉射，而用范皋夷取代他。荀跞跟晋定公说道："君主命令大臣，最先发动祸乱的人处以死刑，盟书还沉在黄河里。现在三个大臣最先发动祸乱，却只驱逐赵鞅，刑罚已经不公平了。请都驱逐他们。"

冬十一月，荀跞、韩不信、魏曼多奉公以伐范氏、中行氏，弗克。二子将伐公①，齐高强曰②："三折肱知为良医。唯伐君为不可，民弗与也。我以伐君在此矣。三家未睦③，可尽克也。克之，君将谁与？若先伐君，是使睦也。"弗听，遂伐公。国人助公，二子败，从而伐之。丁未，荀寅、士吉射奔朝歌。韩、魏以赵氏为请。十二月辛未，赵鞅入于绛，盟于公宫。

【注释】

① 二子：范氏、中行氏。
② 高强：齐子尾之子，鲁昭公十年，逃到鲁国，又来晋国。
③ 三家：知氏、魏氏、韩氏。

【译文】

冬十一月，荀跞、韩不信、魏曼多拥戴晋定公去攻打范氏、中行氏，没有取胜。他们二人打算攻打晋定公，齐国的高强说："三次折断手臂就知道做个好医生。只有攻打君主的事不可以做，百姓不会帮助你。我因为攻打君主逃在这里了。知、魏、韩三家还不和睦，可以全都战胜他们。战胜了他们，国君还去亲附谁？如果先攻打君主，这是促使他们和睦。"范氏、中行氏没有听从，就攻打晋定公。国都的人帮助晋定公，他们二人战败了，紧跟着就进攻他们。丁未那一天，荀寅、士吉射逃跑到朝歌。魏氏、韩氏为赵氏请求。十二月辛未那一天，赵鞅进入绛都，在晋定公的宫中结盟。

初，卫公叔文子朝而请享灵公①，退，见史鳅而告之②。史鳅曰："子必祸矣，子富而君贪，其及子乎。"文子曰："然。吾不先告子，是吾罪也。君既许我矣，其若之何？"史鳅曰："无害。子臣③，可以免。富而能臣，必免于难，上下同之。戌也骄④，其亡乎。富而不骄者鲜，吾唯子之见。骄而不亡者，未之有也。戌必与焉。"及文子卒，卫侯始恶于公叔戌，以其富也。公叔戌又将去夫人之党⑤，夫人愬之曰："戌将为乱。"

【注释】

①请享灵公：请卫灵公到他家里去。
②史鳅：史鱼。
③子臣：谓执臣礼。
④戌：公叔文子之子。
⑤夫人：卫灵公夫人，南子。党：宋朝之徒。

【译文】

当初，卫国公叔文子朝见卫灵公，请卫灵公到他家里去参加

定公

酒宴，退了出来，见到史鰌，将请卫灵公的事告知了他。史鰌说："你一定会遭受祸害。你富裕而君主贪婪，罪过大概会来到你身上啊。"公叔文子说："是这样。我没有事先告诉你，这是我的过错。君主已经答应我了，该怎么办呢？"史鰌说："没有妨碍。你谨守为臣之道，就可以免祸。富裕却能守为臣之道，一定能免于祸难，上位下位的人都是一样的。戌很骄傲，大概他会逃亡。富裕而不骄傲的人少有，我只见到过你。骄纵而不逃亡的人，是从来没有过的事。戌一定会遭遇祸害的。"等到公叔文子死了，卫侯开始讨厌公叔戌，因为他富有。公叔戌又打算去掉卫灵公夫人南子的党羽，夫人控诉他说："戌打算制造动乱。"

定公十四年

吴伐越①。越子勾践御之，陈于槜李②。勾践患吴之整也，使死士再禽焉③，不动。使罪人三行，属剑于颈④，而辞曰："二君有治⑤，臣奸旗鼓⑥，不敏于君之行前，不敢逃刑，敢归死。"遂自刭也。师属之目，越子因而伐之，大败之。灵姑浮以戈击阖庐⑦，阖庐伤将指⑧，取其一屦。还，卒于陉，去槜李七里。夫差使人立于庭⑨，苟出入，必谓己曰："夫差，而忘越王之杀而父乎？"则对曰："唯⑩，不敢忘！"三年，乃报越。

【注释】

① 吴伐越：报复鲁定公五年越入吴之役。
② 槜（zuì）李：在今浙江嘉兴市南。

③ 死士：勇战之士，敢死队。禽：指擒拿吴军。一说，被吴军擒获。

④ 属（zhǔ）：注（目）。

⑤ 治：治军旅，指作战。

⑥ 奸旗鼓：犯军令。旗鼓皆军中号令的标志，故代指军令。

⑦ 灵姑浮：越大夫。

⑧ 将指：指足大趾。

⑨ 夫差：吴王阖庐子。

⑩ 唯（wěi）：答应声。

【译文】

吴国攻打越国。越子勾践抵御它，在槜李摆开阵势。勾践担忧吴军的严整，派敢死队两次冲击擒获吴军，吴军不动。派罪人排成三行，把剑放在脖子上，上前说道："两国君主有战事，我们触犯军令，在君主的行列之前表现无能，不敢逃避刑罚，谨自首而死。"就自杀了。吴军正瞪着眼睛看呆了，越子趁机攻打他们，把吴军打得大败。灵姑浮用戈打击吴王阖庐，阖庐被打伤了大足趾，夺去了他的一只鞋。回军途中死在陉地，距离槜李只有七里路。吴王的儿子夫差派人站在庭院里，如果他进出，一定叫那人对他自己说："夫差，你忘记了越王杀死你的父亲了吗？"夫差就回答说："是，不敢忘记。"三年以后他就报了越王的杀父之仇。

哀 公

哀公元年

元年春，楚子围蔡，报柏举也①。里而栽②，广丈，高倍。夫屯昼夜九日③，如子西之素④。蔡人男女以辨⑤，使疆于江、汝之间而还。蔡于是乎请迁于吴。

【注释】

①报柏举：鲁定公四年，蔡侯、吴子、唐侯伐楚，楚国差一点亡了国。

②里：一里路，指离蔡都一里路。栽：设版筑为堡垒。

③夫：役夫。

④素：预定计划。

⑤辨：别。谓男女分别绑缚出降。

【译文】

元年春，楚昭王包围了蔡国，报复柏举的那次战役。距蔡国国都一里地，设版筑修筑堡垒，宽一丈，高为宽的一倍。役夫屯聚了九个日夜，如同子西预定的计划一样。蔡国人将男女分别绑缚，作为礼物出城投降，楚昭王让他们在长江、汝水之间自定疆界就撤军回国了。蔡国在这种情况下请求迁徙到吴国去。

吴王夫差败越于夫椒①，报槜李也②。遂入越。越子以甲楯五千，保于会稽③。使大夫种因吴大宰嚭以行成④，吴子将许之。伍员曰："不可。臣闻之树德莫如滋，去疾莫如尽。昔有过浇杀斟灌以伐斟鄩⑤，灭夏后相⑥。后缗方娠⑦，逃出自窦⑧，归于有仍⑨，生少康焉⑩，为仍牧正⑪。惎浇⑫，能戒之。

哀公

【注释】

① 夫椒：越地，当在今浙江绍兴市北。

② 报槜李：鲁定公十四年，越败吴于槜李，吴王阖庐伤将指而死。

③ 会稽：会稽山在今浙江绍兴市东南。

④ 大夫种：大夫，官名。文，其氏；种，其名；字禽，楚国南郢人。

⑤ 有过：国名。有，词头，无义。过，故址在今山东莱州市北。浇：寒浞（zhuó）子，封于过，故称有过浇。斟灌：夏同姓诸侯。故城在今山东寿光市东。斟鄩：夏同姓诸侯，地在今山东潍坊市西南。

⑥ 夏后相：夏启孙。夏后相失国，依于二斟，又被浇灭掉。

⑦ 后缗：夏后相妻。

⑧ 窦：洞。

⑨ 有仍：国名，故址在今山东济宁市。后缗为有仍氏女，故归于有仍。

⑩ 少康：后相遗腹子，后灭寒浞而中兴夏朝，即位为帝王。

⑪ 牧正：牧官之长。

⑫ 惎：憎恨。

【译文】

吴王夫差在夫椒打败了越国，报复槜李那次战役。就进入越国国都。越王勾践率领披甲执盾的士卒五千人，退守会稽山。他派大

左传

夫种凭借吴国太宰嚭来求和，吴王夫差打算答应他。伍员说："不可以。臣下我听说，树立恩德最好是不断增加，除去坏事最好是铲除干净。从前过国的浇杀斟灌国君并攻斟鄩国，消灭了夏朝君主相。帝后缗刚好怀孕了，从下水道口出逃，回到有仍国，生了少康，做了有仍国的牧正。少康憎恨浇，能够警惕浇。

"浇使椒求之①，逃奔有虞②，为之庖正③，以除其害。虞思于是妻之以二姚④，而邑诸纶⑤。有田一成⑥，有众一旅⑦，能布其德，而兆其谋⑧，以收夏众，抚其官职。使女艾谍浇⑨，使季杼诱豷⑩，遂灭过、戈⑪，复禹之绩。祀夏配天，不失旧物。

【注释】

① 椒：浇臣。
② 有虞：国名，故址在今河南虞城县西南。
③ 庖正：掌管饮食的官。
④ 思：有虞君主名。二姚：二女。虞姚姓，故称二姚。
⑤ 纶：在今河南虞城县东南。
⑥ 成：方十里为成。
⑦ 旅：五百人为旅。
⑧ 兆：始。
⑨ 女艾：少康臣。
⑩ 季杼：少康之子。豷（yì）：浇弟。
⑪ 过：浇国。戈：豷国。

【译文】

"浇派了椒来寻找他，他逃到有虞国，做了有虞国国君的庖正，来逃避浇的危害。虞君思这时将两个姚姓女儿嫁给少康，而把他封

410

在纶邑。拥有田土十里见方，拥有兵众五百人。他能广施恩德，而开始他的谋划，来收集夏朝的民众，安抚他们的官职。派女艾去侦察浇，派季杼去引诱豷，就灭掉了过国和戈国，恢复了夏禹的业绩。祭祀夏朝的祖先，配享天帝，不失去原有的事物。

"今吴不如过，而越大于少康，或将丰之①，不亦难乎？勾践能亲而务施，施不失人，亲不弃劳，与我同壤而世为仇雠，于是乎克而弗取，将又存之，违天而长寇仇，后虽悔之，不可食已②。姬之衰也，日可俟也。介在蛮夷，而长寇仇，以是求伯，必不行矣。"弗听。退而告人曰："越十年生聚③，而十年教训，二十年之外，吴其为沼乎！"三月，越及吴平。吴入越，不书，吴不告庆，越不告败也。

【注释】

① 丰：用作动词，丰大，壮大。
② 不可食：吃不下，对付不了。
③ 生聚：生民聚财富。

【译文】

"现在吴国不如过国，而越国比少康强大，也许上天打算壮大越国，想不受其危害不也太难了吗？勾践能亲近人而致力于施舍，施舍不错过一个人，亲近不丢弃劳绩，跟我们同属一个地区，却世世代代是仇敌，在这时战胜了它却不夺取它，打算还要保存它，违背天意而助长仇敌，将来即使后悔，那也不可以吃下它了。姬姓国家的衰落，日子可以等待了。夹在蛮夷中间，助长仇敌，用这种方法来谋求称霸，一定行不通的。"吴王没有听从。伍员退出来告诉别人说："越国经过十年的繁衍聚积、十年的教导训练，二十年以后，吴国大概会要成为沼泽地了。"三月，越国跟吴国讲和。吴国攻入越

哀公

国,《春秋》不加记载,是因为吴国不来鲁国通报战胜,越国不来鲁国通报失败。

夏四月,齐侯、卫侯救邯郸①,围五鹿②。

【注释】

①救邯郸:赵稷以邯郸叛。赵稷是范氏、中行氏的党羽。
②五鹿:晋邑,在今河北大名县东。

【译文】

夏四月,齐侯、卫侯援救邯郸,包围了五鹿。

吴之入楚也①,使召陈怀公。怀公朝国人而问焉,曰:"欲与楚者右,欲与吴者左。"陈人从田,无田从党②。逢滑当公而进③,曰:"臣闻国之兴也以福,其亡也以祸。今吴未有福,楚未有祸。楚未可弃,吴未可从。而晋,盟主也,若以晋辞吴,若何?"公曰:"国胜君亡,非祸而何?"对曰:"国之有是多矣,何必不复?小国犹复,况大国乎?臣闻国之兴也,视民如伤,是其福也。其亡也,以民为土芥④,是其祸也。楚虽无德,亦不艾杀其民⑤。吴日敝于兵⑥,暴骨如莽⑦,而未见德焉。天其或者正训楚也!祸之适吴,其何日之有?"陈侯从之。及夫差克越,及修先君之怨⑧。

秋八月,吴侵陈,修旧怨也。

【注释】

①吴之入楚:在鲁定公四年。
②党:亲族。谓陈国人不知跟随谁,就根据他们田土的方位,

田在东方的站在左边，田在西方的站在右边，没有田土的就跟随他们的亲族。

③ 当：对。言不左不右，直对着。
④ 芥：草。
⑤ 艾：同"刈"，杀。
⑥ 敝：同"弊"，疲敝。
⑦ 莽：草莽，言其多。
⑧ 先君：指吴王阖庐。召陈侯者为吴王阖庐。

哀公

【译文】

吴国攻入楚国的时候，派人去召唤陈怀公。陈怀公召集国都的人来询问他们的意见，说："想要亲附楚国的人站在右边，想要亲近吴国的人站在左边。"陈国人就跟随田土的方位而左右，没有田土的人就跟随亲族左右。逢滑直走上前对陈怀公说："臣下我听说国家的兴盛是由于福泽，国家的败亡是由于祸患。现在吴国没有福泽，楚国没有祸乱。楚国不可以丢弃，吴国不可以追从。晋国是盟主，如果拿晋国来辞谢吴国，怎么样？"陈怀公说："国家被战胜，君主逃亡在外，不是祸难又是什么？"逢滑回答说："国家有这种情况的多着呢，为什么一定不能恢复？小国家还能恢复，何况是大国呢？臣下我听说国家的兴盛，看待百姓如同照顾受伤的人，这就是福泽；国家的败亡，把百姓当作粪土小草，这就是祸难。楚国即使没有恩德，也不会残杀它的百姓；吴国一天天疲敝于战争，暴露在外的尸骨如同野草，却看不到恩德。上天大概是正在教训楚国。祸难去到吴国，那还能有多少时日？"陈侯听从了他的意见。等到吴王夫差战胜越国，就清算先君的旧怨。

秋八月，吴国侵袭陈国，这是为了清算旧有的怨恨。

齐侯、卫侯会于乾侯，救范氏也，师及齐师、卫孔圉、

413

鲜虞人伐晋①，取棘蒲②。

【注释】

① 孔圉：卫国大夫，又称孔文子。
② 棘蒲：今河北赵县县治。

【译文】

齐侯、卫侯在乾侯会见，这是为援救范氏。鲁军和齐军、卫国孔圉、鲜虞人攻打晋国，夺取了棘蒲。

吴师在陈，楚大夫皆惧，曰："阖庐惟能用其民，以败我于柏举。今闻其嗣又甚焉。将若之何？"子西曰："二三子恤不相睦，无患吴矣。昔阖庐食不二味，居不重席①，室不崇坛②，器不彤镂③，宫室不观④，舟车不饰，衣服财用⑤，择不取费⑥。在国，天有灾疠，亲巡孤寡，而共其乏困。在军，熟食者分而后敢食。其所尝者，卒乘与焉。勤恤其民而与之劳逸，是以民不罢劳，死知不旷⑦。吾先大夫子常易之，所以败我也。今闻夫差次有台榭陂池焉，宿有妃嫱嫔御焉⑧。一日之行，所欲必成，玩好必从。珍异是聚，观乐是务，视民如仇，而用之日新。夫先自败也已，安能败我？"

【注释】

① 居：坐。
② 坛：用土筑的高台。贵族建房，必先筑台，然后在台上建屋。阖庐平地建屋，不起坛，言其节俭。
③ 彤：用作动词，涂饰红色。镂：雕刻花纹。
④ 观（guàn）：台榭。用作动词，修建台榭。

⑤财：通"才"，副词，仅，只。
⑥择：谓择其坚厚。费：耗费，谓精美。
⑦旷：空。言不白死，必有抚恤。
⑧妃嫱嫔御：杜预注："妃嫱，贵者；嫔御，贱者。皆内官。"

【译文】

　　吴军在陈国，楚国大夫都恐惧，说："阖庐只因为能使用他的百姓，在柏举就打败我国。现在听说他的继承人又更加厉害，打算怎么办？"子西说："你们几位担心不能相互和睦，不要担心吴国了。从前吴王阖庐吃的不用两样菜肴，坐的不用两层座席，宫室不修筑高台，器用不涂饰红色和雕刻花纹，宫室不建筑台榭，船只车辆不加装饰，衣服只求适用，选择坚厚不求浪费。在国内，上天有灾害瘟疫，阖庐亲自巡视孤儿寡妇，供给他们的困乏。在军中，熟食的东西大家都吃到了，然后他才敢自己吃。他吃到新鲜的食物，步兵车兵都可以吃到。劳苦地体恤他的百姓而跟他们同艰共苦，因此百姓不疲敝劳动，死了知道不会白白地死去。我们的先大夫子常恰恰和他相反，这是他们打败我们的原因。现在听说夫差居住有楼台池沼，住宿有妃嫔宫女。一天的出行，想要的东西一定得到，玩赏喜好的东西一定跟随，聚积珍宝奇异，专心游观娱乐，看待百姓如同仇敌，使用他们一天天花样翻新。这就是先使自己失败了，哪里还能打败我们？"

哀公八年

　　八年春，宋公伐曹，将还，褚师子肥殿①。曹人诟之②，不行。师待之。公闻之，怒，命反之。遂灭曹。执曹伯及司城强以归，杀之。

【注释】

① 子肥：宋大夫。

② 诟：詈骂侮辱。

【译文】

八年春，宋景公攻打曹国，将要撤军回国，褚师子肥殿后，曹国人谩骂他，他不走了。曹军也停下等待他。宋景公听到曹人谩骂这件事，生气了，命令返回曹国，就灭了曹国。宋军拘捕了曹伯阳和公孙强，带了回去，杀了他们。

吴为邾故，将伐鲁，问于叔孙辄①。叔孙辄对曰："鲁有名而无情，伐之，必得志焉。"退而告公山不狃。公山不狃曰："非礼也。君子违②，不适仇国，未臣而有伐之③，奔命焉，死之可也。所托也则隐④。且夫人之行也，不以所恶废乡。今子以小恶而欲覆宗国⑤，不亦难乎？若使子率，子必辞，王将使我。"子张疾之⑥。王问于子泄，对曰："鲁虽无与立，必有与毙。诸侯将救之，未可以得志焉。晋与齐、楚辅之，是四仇也。夫鲁，齐、晋之唇，唇亡齿寒，君所知也。不救何为？"三月，吴伐我，子泄率，故道险，从武城。

【注释】

①叔孙辄：原鲁国人，鲁定公十二年，与公山不狃率费人袭鲁，兵败，奔齐，自齐奔吴。

②违：离开。

③未臣：谓于吴未称臣。有：同"又"。一说，谓如有人去攻打自己的国家。

④所托：谓依托的国家。隐：逃避，隐讳。
⑤宗国：叔孙辄乃鲁国公族，故谓之宗国。
⑥子张：叔孙辄。

哀公

【译文】

吴国因为邾国的缘故，将要攻打鲁国，去问叔孙辄。叔孙辄回答说："鲁国有强大的名声而无强大的实际，攻打它，一定能满足愿望。"退出来，他告诉了公山不狃。公山不狃说："这是不合礼制的。君子离开本国，不到仇敌的国家去，没有向所在的国家称臣，而又要攻打自己国家的人，奔赴应命，跟他拼死都是可以的。对所依托的国家就为它隐讳。并且一个人的行为，不因为有怨恨就丢弃家乡。现在你因为一点小怨恨就想要颠覆宗主的国家，不也很难吗？如果他们叫你当向导，你一定要推辞，吴王将会派我去。"子张很悔恨他自己说错了话。吴王又问子泄，子泄回答说："鲁国平时虽然没有人与它站在一起，危急时刻一定有人跟它一道去死。诸侯将会援救它，君主不可能达到目的。晋国、齐国和楚国辅助它，这对吴国就是四个仇敌。鲁国是齐国、晋国的嘴唇，嘴唇没有了，牙齿就要挨冻，这是君主知道的事。不去援救干什么呢？"三月，吴国攻打我鲁国，子泄当向导，故意走险路，从武城经过。

初，武城人或有因于吴竟田焉，拘鄫人之沤菅者①，曰："何故使吾水滋②？"及吴师至，拘者道之，以伐武城，克之。王犯尝为之宰③，澹台子羽之父好焉④。国人惧。懿子谓景伯："若之何？"对曰："吴师来，斯与之战，何患焉？且召之而至⑤，又何求焉？"吴师克东阳而进⑥，舍于五梧⑦，明日，舍于蚕室⑧。公宾庚、公甲叔子与战于夷⑨，获叔子与析朱锄⑩。献于王，王曰："此同车，必使能，国

417

未可望也。"明日，舍于庚宗⑪，遂次于泗上。微虎欲宵攻王舍⑫，私属徒七百人，三踊于幕庭。卒三百人，有若与焉⑬，及稷门之内。或谓季孙曰："不足以害吴，而多杀国士，不如已也。"乃止之。

【注释】

① 沤：浸泡。
② 滋：此同"涬"，混浊，污黑。
③ 王犯：吴大夫，尝奔鲁，为武城宰。
④ 澹台子羽：武城人，孔子弟子。
⑤ 召之而至：杜预注："言犯盟伐邦，所以召吴。"
⑥ 东阳：在今山东费县西南。一说，当在今山东平邑县南。
⑦ 五梧：在今山东平邑县西。
⑧ 蚕室：在今山东平邑县境。
⑨ 庚：在今山东泗水县境。
⑩ 析朱鉏：杜预注云："公宾庚、公甲叔子并析朱鉏为三人，皆同车。传互言之。"
⑪ 庚宗：在今山东泗水县东。
⑫ 微虎：鲁大夫。
⑬ 有若：孔子弟子。

【译文】

当初，武城有人在吴国边境上种田，拘捕了鄫地的浸泡菅茅的人，说："什么缘故使我的水变浑浊？"等到吴军来了，被拘捕的那个人引导他们，来攻打武城，把武城攻克下来。王犯曾经做过武城的地方长官，澹台子羽的父亲跟他很友好。鲁国国都的人害怕了，孟懿子告诉景伯说："怎么办？"景伯回答说："吴军来了，就跟他们战斗，担忧什么呢？并且你们召唤他们，他们就来了，你们又还要求什么？"吴军攻克东阳，向前推进，在五梧住宿了一晚，第二天，在蚕室住一晚。公宾庚、公甲叔子在夷地跟吴军交战，吴军俘获了公甲叔子与析朱钼，把他们的尸体献给吴王。吴王夫差说："他们同坐一辆车，鲁国一定能任用能人，鲁国还不可以觊觎呢。"第二天，在庚宗住宿一晚，遂驻扎在泗水边上。微虎想要在夜晚攻击吴王住处，私下嘱咐他的部属七百人，在张挂帷幕的庭院里每人向上跳三次。最后选定三百人，有若也参与其中，到达稷门之内。有人告诉季孙说："这不足以危害吴国，却杀死许多国内有用的人才，不如制止的好。"季孙就制止了他们。

哀公

吴子闻之，一夕三迁。吴人行成，将盟。景伯曰："楚人围宋①，易子而食，析骸而爨，犹无城下之盟②。我未及亏，而有城下之盟，是弃国也。吴轻而远，不能久，将归矣。请少待之③。"弗从。景伯负载④，造于莱门⑤，及请释子服何于吴⑥，吴人许之。以王子姑曹当之⑦，而后止⑧。吴人盟而还。

【注释】

① 楚人围宋：在鲁宣公十五年。
② 城下之盟：敌人兵临城下，被迫签订的屈辱和约。
③ 少：副词，稍。
④ 载：载书，即盟书。
⑤ 莱门：鲁郭门。
⑥ 释：舍，留下。子服何：子服景伯。
⑦ 当：抵偿。谓鲁复求吴王之子以相抵偿。
⑧ 止：谓双方停止交换人质。

【译文】

吴子听到这个消息,一个晚上迁徙三次。吴国人求和,将要结盟。景伯说:"楚国人包围宋国,宋国人交换儿子来吃,劈开尸骨做柴烧,还不接受城下之盟。我们还没有损耗到这个程度,却有城下之盟,这是丢弃国家。吴国轻率而远离本国,不能持久,将要回国了,请稍微等待一会儿。"季孙不听从,景伯背着草拟的盟约,去到莱门,鲁国就请求把子服何留在吴国,吴国人同意了。鲁国要求用王子姑曹作为抵押,然后双方就停止交换人质。吴国人订立了盟约就回国去了。

哀公十一年

十一年春,齐为鄎故①,国书、高无㔻帅师伐我②,及清③。季孙谓其宰冉求曰④:"齐师在清,必鲁故也。若之何?"求曰:"一子守,二子从公御诸竟。"季孙曰:"不能。"求曰:"居封疆之间⑤。"季孙告二子⑥,二子不可。求曰:"若不可,则君无出。一子帅师,背城而战。不属者⑦,非鲁人也。鲁之群室⑧,众于齐之兵车。一室敌车,优矣。子何患焉?二子之不欲战也宜,政在季氏。当子之身,齐人伐鲁而不能战,子之耻也。大不列于诸侯矣。"

【注释】

① 为鄎(xī)故:鲁哀公十年,公会吴伐齐,师于鄎。
② 国书:国夏子。高无㔻:高张子。
③ 清:在今山东济南市长清区东南。一说,在今山东东阿县。

④冉求：鲁人，孔子弟子，字子有，故也称冉有、有子。
⑤封疆之间：境内近郊地。谓在境内近郊抵御齐军。
⑥二子：指孟孙、叔孙。
⑦属：臣属。一说，会合，参加。
⑧群室：指国都的卿大夫之家。

【译文】

　　十一年春，齐国为了鄎地那次战役的缘故，国书、高无丕率领齐军攻打我鲁国，到达清地。季孙对他的家臣总管冉求说："齐军驻扎在清地，一定为了鲁国的缘故，怎么办？"冉求说："你们三人中一人留守，两人跟随国君到边境去抵御他们。"季孙说："我不能使唤他们。"冉求说："那就在境内近郊抵御。"季孙告诉孟孙、叔孙二人，他们两人不同意。冉求说："如果不同意，那么君主就不出动，你一人率领军队，靠近城墙交战，不参加的，就不是鲁国人。鲁国卿大夫各家，比齐国的兵车还多。一家对付一辆车，还占有优势呢，你担忧什么呢？他们两人不想作战也是应该的，政权在你季氏手中。在你当权的时候，齐国人攻打鲁国却不能出战，这是你的耻辱，这就大大地不能跟诸侯并列了。"

　　季孙使从于朝，俟于党氏之沟。武叔呼而问战焉①。对曰："君子有远虑，小人何知？"懿子强问之，对曰："小人虑材而言，量力而共者也。"武叔曰："是谓我不成丈夫也。"退而蒐乘，孟孺子泄帅右师②，颜羽御，邴泄为右③；冉求帅左师，管周父御，樊迟为右④。季孙曰："须也弱。"有子曰："就用命焉。"季氏之甲七千，冉有以武城人三百为己徒卒。老幼守宫，次于雩门之外⑤。五日，右师从之。公叔务人见保者而泣⑥，曰："事充政重⑦，上不能谋，士不能死，

哀公

何以治民？吾既言之矣，敢不勉乎！"

【注释】

① 武叔：叔孙武叔，即叔孙州仇。
② 孟孺子泄：孟懿子之子，名彘，字泄，谥武伯。
③ 颜羽、邴泄：二人皆孟氏臣。
④ 樊迟：鲁人，名须，孔子弟子。
⑤ 雩门：南城门。
⑥ 公叔务人：公为，鲁昭公子。保者：守城者。
⑦ 事充：徭役烦。政重：指赋税多。政，即"征"。

【译文】

　　季孙叫冉求跟随他去上朝，在党氏和鲁宫室的界沟边等待。武叔呼唤他，询问备战情况。冉求说："君子有深远的考虑，我辈小人知道什么？"孟懿子坚持要问他，冉求回答说："小人是考虑了才能才说话，估量了力量才出力的。"武叔说："这是说我们不是一个男子汉。"退朝回家就检阅兵车，孟孺子泄率领右路军，颜羽驾车，邴泄做车右；冉求率领左路军，管周父驾车，樊迟做车右。季孙说："樊须太年轻了。"有子说："看中他能服从命令。"季氏的甲士七千人，冉有率领三百个武城人作为自己的精兵，老的小的守住宫室，驻扎在雩门的外面。五天之后，右路军才跟随上来。公叔务人看见守城的人就流下了眼泪，说："徭役沉重，赋税繁多，上位的人不能谋划，战士不能拼命，用什么来治理百姓？我已经这样说了，怎敢不努力呢？"

　　师及齐师战于郊，齐师自稷曲①。师不逾沟。樊迟曰："非不能也，不信子也。请三刻而逾之②。"如之，众从之。师入齐军，右师奔，齐人从之，陈瓘、陈庄涉泗③。孟之侧后入以为殿④,抽矢策其马,曰:"马不进也。"林不狃之伍曰:"走乎?"不狃曰:"谁不如?"曰:"然则止乎?"不狃曰:"恶贤?"徐步而死。师获甲首八十,齐人不能师。宵,谍曰:"齐人遁。"冉有请从之三,季孙弗许。孟孺子语人曰:"我不如颜羽,而贤于邴泄。子羽锐敏⑤,我不欲战而能默。泄曰:'驱之。'"公为与其嬖僮汪锜乘,皆死,皆殡。孔子曰:"能执干戈以卫社稷,可无殇也⑥。"冉有用矛于齐师,故能入其军。孔子曰:"义也。"

【注释】

① 稷曲:郊地名。

② 刻:戒约。谓申明号令。

③ 陈瓘、陈庄:二人皆齐大夫。

④ 孟之侧:孟氏族人,字反。

⑤ 子羽:颜羽。

⑥ 殇:未成人而死,其丧服比成人低。

【译文】

鲁军和齐军在鲁国郊外接战,齐军从稷曲进攻,鲁军不敢越过沟去迎战,樊迟说:"不是不能够,是不信任您。请您把号令申明三次,然后带领他们过沟。"冉求照他的话做了,众人跟随着冉有,鲁军攻入齐军。鲁军右路军奔逃,齐国人追击他们,陈瓘、陈庄渡过了泗水。孟之侧最后入城来担当殿后,他抽出箭来鞭打马匹说:"马不肯前进。"林不狃的行伍说:"我们逃跑吗?"不狃说:"我们比不上哪一个?"行伍说:"那么留下来吗?"不狃说:"那算什么贤能?"他慢慢地往前走,就被杀死了。鲁军俘获甲士的首级八十颗,齐国人不能整顿军队。夜晚,侦察人员报告说:"齐国人逃跑了。"

冉求三次请求追击他们，季孙不允许。孟孺子告诉别人说："我们不如颜羽，却比邴泄高明。颜羽锐利敏捷，我不想作战却能保持沉默。邴泄却说：'赶马快逃跑。'"公为和他宠爱的小僮汪锜同乘一车，都战死，都殡殓了。孔子说："能够拿起武器来保卫国家，可以不作为早夭来对待。"冉有在齐军中使用长矛，所以能攻入他们的军中，孔夫子说："这是合乎道义的。"

夏，陈辕颇出奔郑。初，辕颇为司徒，赋封田以嫁公女①。有余，以为己大器②。国人逐之，故出。道渴，其族辕咺进稻醴、粱糗、腶脯焉③。喜曰："何其给也？"对曰："器成而具。"曰："何不吾谏？"对曰："惧先行。"

【注释】

① 封田：封邑内的田土。
② 大器：钟鼎之属。
③ 糗：干饭。腶（duàn）：加有姜桂的干肉。

【译文】

夏，陈国辕颇出逃到郑国。当初，辕颇做司徒，征收封邑内田土的赋税用来出嫁陈哀公的女儿。有多余的，就用来为自己铸造大铜器。国都的人驱逐他，所以出逃。在路上口渴了，他的部属辕咺进献稻米甜酒、小米干粮、姜桂腌肉干。他高兴地说："为什么这么丰盛？"辕咺回答说："器物铸成就准备好了。"辕颇说："为什么不劝阻我？"辕咺回答说："我害怕先就被你赶走。"

为郊战故，公会吴子伐齐。五月克博①，壬申，至于嬴②。中军从王③。胥门巢将上军，王子姑曹将下军，展如将右军④。齐国书将中军，高无㔻将上军，宗楼将下军。陈僖子谓其弟书⑤："尔死，我必得志。"宗子阳与闾丘明相厉也⑥。桑掩胥御国子⑦。公孙夏曰："二子必死⑧。"

【注释】

① 博：在今山东泰安市东南。
② 嬴：在今山东济南市莱芜区西北。
③ 中军：吴中军。王：吴王夫差。
④ 胥门巢、王子姑曹、展如：三将皆吴大夫。
⑤ 书：陈书，字子占。
⑥ 宗子阳：即宗楼。厉：同"励"，激励。
⑦ 国子：国书。
⑧ 二子：指桑掩胥与国书。

【译文】

因为之前齐国伐鲁在郊外作战的缘故，鲁哀公会合吴子攻打齐国。五月攻克博地，壬申那一天，到达嬴。吴国中军跟随吴王夫差。胥门巢统率上军，王子姑曹统率下军，展如统率右路军。齐国国书统率中军，高无丕统率上军，宗楼统率下军。陈僖子告诉他的弟弟陈书说："你战死，我一定会在齐国得志。"宗子阳跟闾丘明互相激励。桑掩胥给国子驾车。公孙夏说："他们两人必定战死。"

将战，公孙夏命其徒歌《虞殡》①。陈子行命其徒具含玉②。公孙挥命其徒曰："人寻约③，吴发短。"东郭书曰："三战必死，于此三矣。"使问弦多以琴④，曰："吾不复见子矣。"陈书曰："此行也。吾闻鼓而已，不闻金矣⑤。"

【注释】

①《虞殡》：送葬的挽歌，唱此以示必死。

哀公

② 陈子行：陈逆。含玉：以示必死。

③ 寻：八尺曰寻。约：绳。

④ 问：馈赠礼物问好。弦多：齐人，鲁哀公六年奔鲁。

⑤ 金：指钲，一种乐器，军中鸣钲以示收兵。不闻钲，言将战死。杜预注云："传言吴师强，齐人皆自知将败。"

【译文】

将要开战，公孙夏命令他的部下唱挽歌《虞殡》。陈子行命令他的部属都含着玉。公孙挥命令他的部属说："每人准备一根八尺长的绳子，吴国人头发短。"东郭书说："作战三次必定战死，我参加这次战争就是三次了。"他派人拿琴作为礼物去向弦多问好，说："我不会再见到你了。"陈书说："这次出动，我只听到进攻的鼓声罢了，听不到收兵的钲声了。"

甲戌，战于艾陵①，展如败高子，国子败胥门巢。王卒助之，大败齐师。获国书、公孙夏、闾丘明、陈书、东郭书，革车八百乘，甲首三千，以献于公。将战，吴子呼叔孙②，曰："而事何也？"对曰："从司马。"王赐之甲、剑铍，曰："奉尔君事，敬无废命。"叔孙未能对，卫赐进③，曰："州仇奉甲从君。"而拜。公使大史固归国子之元④，置之新箧，裹之以玄纁⑤，加组带焉。置书于其上，曰："天若不识不衷⑥，何以使下国？"

【注释】

① 艾陵：在今山东泰安市南。一说，在山东莱芜东境。

② 叔孙：叔孙州仇。

③ 卫赐：子贡，孔子弟子，卫国人，故称卫赐。

④元：首。

⑤鞎：衬垫。玄纁：指黑红色与浅红色的帛。

⑥衷：正。

【译文】

甲戌那一天，在艾陵交战，展如打败了高子，国子打败了胥门巢。吴王率领的部队援助胥门巢，把齐军打得大败，俘获了国书、公孙夏、闾丘明、陈书、东郭书，兵车八百辆，甲士的首级三千颗，用来进献给鲁哀公。将要开战，吴子呼唤叔孙，说："你担任什么职位？"叔孙回答说："担任司马。"吴王夫差赐给他铠甲、长剑和短剑，说："奉行你君主给你的任务，谨慎严肃，不要废弃命令。"叔孙不知道怎么回答，卫赐上前，说："州仇我捧着铠甲，听从君命，拜谢赏赐。"鲁哀公派太史固送回国子的脑袋给齐国，放置在一个新的箱子里，用黑红色和浅红的帛衬垫着，加上丝带，放了一封信在箱子上，说："上天如果不了解你们君主行为不正，凭什么让我国打败你们？"

吴将伐齐。越子率其众以朝焉①，王及列士，皆有馈赂。吴人皆喜，唯子胥惧，曰："是豢吴也夫②！"谏曰："越在我，心腹之疾也。壤地同，而有欲于我。夫其柔服，求济其欲也，不如早从事焉。得志于齐，犹获石田也，无所用之。越不为沼，吴其泯矣。使医除疾，而曰'必遗类焉'者，未之有也。《盘庚》之诰曰：'其有颠越不共③，则劓殄无遗育④，无俾易种于兹邑⑤。'是商所以兴也。今君易之，将以求大，不亦难乎？"弗听。

【注释】

① 越子：越王勾践。
② 豢：养。杜预注："若人养牺牲，非爱之，将杀之。"
③ 共：同"恭"，恭敬。
④ 翦：割。殄：绝。育：胄，后代。
⑤ 此引文引自《尚书·盘庚》，但有省略。

【译文】

吴国将要攻打齐国，越子率领他的部下去朝见吴王，吴王和卿大夫士都有赠送的财礼。吴国人都很高兴，只有伍子胥害怕，说："这是在豢养我们吴国啊！"他劝阻吴王说："越国对我们来说，是心腹大患。我们处的地域相同，对我们存有欲望。它的柔顺服从，是求得成就它的欲望，我们不如早点动手对付它。在齐国满足我们的欲望，如同获得一块石板田，没有什么用处。越国不成为沼泽，吴国就要被灭掉呢。让医生治疗疾病，却说'一定要留下一点病根'，这是从来没有的事。《盘庚》的诰命说：'如果有强横不奉行命令的人，就斩尽杀绝，不要让他留下逆种，不要使他在这片土地上延续他的种类。'这是商代兴盛的原因。现在君主改变这种做法，打算用这种办法来谋求强大，不也太难了吗？"吴王夫差没有听从。

使于齐，属其子于鲍氏，为王孙氏。反役①，王闻之，使赐之属镂以死②。将死，曰："树吾墓槚③，槚可材也，吴其亡乎！三年，其始弱矣。盈必毁，天之道也。"

秋，季孙命修守备，曰："小胜大，祸也。齐至无日矣。"

【注释】

① 役：指艾陵之役。

②属镂：剑名。
③槚(jiǎ)：木名，即楸，落叶乔木。

【译文】

伍子胥出使到齐国，把他的儿子嘱托给鲍氏，叫作王孙氏。从艾陵战役回国，吴王听到了这件事，就派人赐给伍子胥属镂剑，让他自杀。将要自杀，他说："在我的坟墓上种上槚树，槚树可以用作木材，吴国大概就要亡国了啊！三年，它就要开始衰弱了。事物盈满了就要毁坏，这是上天的规律。"

秋，季孙命令修缮防守设备，说："小国战胜大国，这是祸害。齐国的到来，没有几天了。"

哀公十二年

吴征会于卫。初，卫人杀吴行人且姚而惧，谋于行人子羽。子羽曰①："吴方无道，无乃辱吾君，不如止也。"子木曰②："吴方无道，国无道，必弃疾于人③。吴虽无道，犹足以患卫。往也，长木之毙，无不摽也④；国狗之瘈⑤，无不噬也。而况大国乎？"

秋，卫侯会吴于郧。公及卫侯、宋皇瑗盟，而卒辞吴盟。吴人藩卫侯之舍⑥。子服景伯谓子贡曰："夫诸侯之会，事既毕矣，侯伯致礼⑦，地主归饩，以相辞也。今吴不行礼于卫，而藩其君舍以难之，子盍见大宰？"乃请束锦以行。

【注释】

① 子羽：卫大夫。
② 子木：卫大夫。
③ 弃疾：犹言加害。
④ 摽（biào）：击。
⑤ 国狗：一国的名狗。瘈（zhì）：疯，狂。
⑥ 藩：犹围。
⑦ 侯伯：谓盟主，此指吴。

【译文】

吴国征召卫国参加诸侯会见。起初，卫国人因杀了吴国的使者且姚而害怕，跟外交人员子羽商议。子羽说："吴正在不讲道理的时候，恐怕会侮辱我们君主，不如不去。"子木说："吴国正在不讲道理的时候，国家不讲道理，一定加害别人。吴国即使不讲道理，还足够用来危害卫国。去吧，高大树木的倒下，没有不打坏人的；一国的名狗疯了，没有不咬人的。何况是一个大国？"

秋，卫侯在郧地会见吴国人，鲁哀公、卫出公及宋国皇瑗结盟，却终于辞谢和吴国结盟。吴国人用篱笆围住卫出公的住处。子服景伯告诉子贡说："诸侯会见，事情已经完毕，主盟的诸侯就要设酒宴宴请与会诸侯，当地的主人要馈送食物，来互相告辞。现在吴国对卫国不行礼请，却用篱笆围住君主的住来为难他，你为什么不去会见太宰？"子贡请求一束锦缎就出发了。

语及卫故，大宰嚭曰："寡军愿事卫君，卫君之来也缓，寡君惧，故将止之。"子贡曰："卫君之来，必谋于其众。其众或欲或否，是以缓来。其欲来者，子之党也；其不欲来者，子之仇也。若执卫君，是堕党而崇仇也①。夫堕子者得其志矣！且合诸侯而执卫君，谁敢不惧？堕党崇仇，而惧诸侯，或者难以霸乎。"大宰嚭说，乃舍卫侯。卫侯归，效夷言②。子之尚幼③，曰："君必不免，其死于夷乎！执焉，而又说其言，从之固矣。"

哀公

【注释】

① 堕：同"隳"，毁坏。
② 夷言：指吴语。
③ 子之：公孙弥牟，卫灵公孙，谥文子。

【译文】

他们谈话谈到卫国的事，太宰嚭说："我们君主愿意侍奉卫国君主，卫国君主来得迟，我们君主害怕了，因此留住了他。"子贡说："卫君来的时候，一定跟大伙商议。他的部下有的想要他来，有的不想要他来，因此来迟了。那些想要他来的人，是你们的党羽；那些不想要他来的人，是你们的仇敌。如果拘留了他们的君主，这是毁了党羽而抬高了仇敌。毁坏你们的人满足了他们的愿望了！并且会合诸侯而拘留了卫国君主，哪个敢不害怕？毁坏党羽、抬高仇敌，而使诸侯害怕，这恐怕难以成为霸主吧。"太宰嚭高兴了，就释放卫出公。卫出公回国，效仿吴语。子之还年幼，说："君主一定不能免于祸难，恐怕他就会死在夷人那里啊！被拘留了，却又喜欢上了他们的语言，要跟随他们是必定的了。"

冬十二月，螽①。季孙问诸仲尼，仲尼曰："丘闻之，火伏而后蛰者毕②。今火犹西流，司历过也。"

【注释】

① 螽（zhōng）：蝗灾。
② 火：大火星，即心宿二。心宿二一般夏正十月即不见于天

431

空。此时天气已冷，昆虫蛰伏。

【译文】

冬十二月，蝗虫成灾。季孙向孔夫子询问这件事。孔夫子说："我孔丘听说，大火星消失不见，然后蛰伏完毕。现在大火星还在向西沉，这是主管历算的官搞错了。"

宋郑之间有隙地焉①，曰弥作、顷丘、玉畅、嵒、戈、锡②。子产与宋人为成，曰："勿有是。"及宋平、元之族自萧奔郑③，郑人为之城嵒、戈、锡。九月，宋向巢伐郑，取锡，杀元公之孙，遂围嵒。十二月，郑罕达救嵒，丙申，围宋师。

【注释】

① 隙地：闲田，空地。
② 弥作、顷丘、玉畅、嵒（yán）、戈、锡：在今河南杞县、通许县与开封市祥符区陈留镇的三角地区。
③ 自萧奔郑：鲁定公十四年，宋景公之弟公子辰自萧奔鲁，十五年郑罕达败宋师于老丘，以处公子地。

【译文】

宋国和郑国之间有块空地，叫作弥作、顷丘、玉畅、嵒、戈、锡。子产和宋国人达成协议，说："大家都不占有这块地。"等到宋平公、宋文公的族人从萧地逃跑来郑国，郑国人为他们修筑了嵒、戈、锡三地的城邑。九月，宋国向巢攻打郑国，夺取了锡地，杀了宋元公的孙子，就包围了嵒地。十二月，郑国罕达援救嵒地。丙申那一天，包围了宋军。

哀公十三年

十三年春，宋向魋救其师①。郑子剩使徇曰："得桓魋者有赏。"魋也逃归，遂取宋师于嵒，获成、郜延②。以六邑为虚。

夏，公会单平公、晋定公、吴夫差于黄池③。

【注释】

① 救其师：救鲁哀公十二年围嵒之师。
② 成、郜延：二人皆宋大夫。
③ 单平公：周卿士。黄池：在今河南封丘县南。

【译文】

十三年春，宋国向魋去援救他们的军队。郑国子剩派人巡行宣示军中说："抓到桓魋的人有奖赏。"桓魋就逃了回去，郑人就在嵒地全部歼灭了宋军，俘虏了成、郜延。把六座城邑作为空地。

夏，鲁哀公在黄池会见单平公、晋定公、吴王夫差。

六月丙子，越子伐吴，为二隧。畴无余、讴阳自南方①，先及郊②。吴大子友、王子地、王孙弥庸、寿于姚自泓上观之③。弥庸见姑蔑之旗④，曰："吾父之旗也⑤。不可以见仇而弗杀也。"大子曰："战而不克，将亡国。请待之。"弥庸不可，属徒五千⑥，王子地助之。乙酉，战，弥庸获畴无余，地获讴阳。越子至，王子地守。丙戌，复战，大败吴师。获大子友、王孙弥庸、寿于姚。丁亥，入吴。吴人告败于王，王恶其闻也，自刭七人于幕下。

【注释】

① 畴无余、讴阳：二人皆越大夫。
② 郊：指吴国都郊区。
③ 泓：水名，吴地之水。一说，泓即横山，在今江苏苏州市吴中区西南。
④ 姑蔑：故城在今浙江衢州市龙游县之北。
⑤ 吾父之旗：弥庸父为越所获，故姑蔑人得其旌旗。
⑥ 属：会，集合。

【译文】

六月丙子那一天，越王勾践攻打吴国，兵分两路。畴无余、讴阳从南边走，最先到达吴都郊外。吴国太子友、王子地、王孙弥庸、寿于姚从泓水岸上观察他们。弥庸见到姑蔑人的旗帜，说："那是我父亲的旗帜。不可以见到仇人而不去杀他。"太子说："交战而不能战胜，将会亡国。请等待一会儿。"弥庸不同意，集合他的部下五千人，王子地帮助他。乙酉那一天，交战，弥庸俘虏了畴无余，王子地俘虏了讴阳。越王勾践来到，王子地守城。丙戌那一天，再开战，吴军打得大败，俘虏了太子友、王孙弥庸、寿于姚。丁亥那一天，攻入吴都。吴国人向吴王夫差报告战败。吴王夫差不喜欢诸侯听到这个消息，亲自在帐幕下杀了七个人。

秋七月辛丑，盟，吴、晋争先①。吴人曰："于周室，我为长②。"晋人曰："于姬姓，我为伯③。"赵鞅呼司马寅曰④："日旰矣⑤，大事未成⑥，二臣之罪也⑦。建鼓整列，二臣死之，长幼必可知也。"对曰："请姑视之。"反，曰："肉食者无墨⑧。今吴王有墨，国胜乎⑨？大子死乎？且夷德轻，不忍久，请少待之。"乃先晋人。

【注释】

① 争先：争歃血的先后。

② 我为长：吴为泰伯之后。泰伯为古父亶父长子、王季之长兄、周文王之大伯父，故为长。

③ 伯：侯伯，霸主。晋自晋文公以后，晋襄公、晋悼公、晋平公皆称霸。

④ 寅：晋大夫。

⑤ 旰（gàn）：晚。

⑥ 大事：指结盟。

⑦ 二臣：指赵鞅与司马寅。

⑧ 墨：黑色，气色不好。

⑨ 国胜：国为敌所胜。

【译文】

秋七月辛丑那一天，结盟，吴国和晋国争着要先歃血。吴国人说："在周王室中，我们是长行。"晋国人说："在姬姓国家中，我们是霸主。"赵鞅呼唤司马寅说："时间很晚了，结盟大事尚未成功，这是我们两人的罪过。敲起战鼓，整顿队伍，我们两个臣下为此而死，长幼就可以知道了。"司马寅回答说："请姑且看看情况。"他观察后回来，说："当官吃肉的人不会气色灰沉沉的。现在吴王气色灰暗，是他的国家被敌国战胜了吗？太子死了吗？并且夷狄的德行轻率，不能忍耐很久，请稍微等待一下。"吴国人就让晋国人先歃血。

吴人将以公见晋侯，子服景伯对使者曰："王合诸侯，则伯帅侯牧以见于王①；伯合诸侯，则侯帅子男以见于伯。自王以下，朝聘玉帛不同。故敝邑之职贡于吴，有丰于晋，无不及焉，以为伯也。今诸侯会，而君将以寡君见晋君，则晋成为伯矣，敝邑将改职贡。鲁赋于吴八百乘。若为子男，则将半邾以属于吴，而如邾以事晋。且执事以伯召诸侯，而以侯终之，何利之有焉？"

【注释】

① 侯牧：方伯。

【译文】

吴国人将要带领鲁哀公去见晋定公，子服景伯对使者说："天王会合诸侯，那霸主就率领各方诸侯的头目去朝见天王；霸主会合诸侯，那侯就率领子男去朝见霸主。从王以下，朝见聘问所带的玉帛等礼品也不相同。所以我们国家进贡给吴国的贡品，比给晋国的丰厚，而没有不如给晋国的，这是因为我们认为吴国是霸主。现在诸侯会见，而贵国君主打算带领我们君主去朝见晋国君主，那么晋国就成为霸主了，我们国家也将要改变贡赋的数额。鲁国对吴国是按八百辆兵车的侯国交纳贡赋。如果是子男，那将是邾国的一半交给吴国而像邾国一样去侍奉晋国。并且贵国君主以霸主召集诸侯，而以诸侯的身份结束，有什么好处呢？"

吴人乃止，既而悔之，将囚景伯。景伯曰："何也立后于鲁矣。将以二乘与六人从，迟速唯命。"遂囚以还。及户牖①，谓大宰曰："鲁将以十月上辛，有事于上帝先王，季辛而毕。何世有职焉②，自襄以来③，未之改也。若不会，祝宗将曰：'吴实然④。'且谓鲁不共，而执其贱者七人，何损焉？"大宰嚭言于王曰："无损于鲁，而只为名⑤，不如归之。"乃归景伯。

【注释】

① 户牖（yǒu）：在今河南兰考县东北。

② 有职：有职于祭祀。

③ 襄：指鲁襄公。

④ 吴实然：言鲁宗祝将告神曰：景伯不会，坐为吴所囚。吴人信鬼，故以是恐之。

⑤ 只为名：只为恶名。

【译文】

　　吴国人就停止了。不久吴国又后悔，打算拘捕景伯。景伯说："我子服何已经在鲁国立了后人了。将用两辆车子和六个人跟随我，早走晚走就听你们的命令。"吴国人就拘禁他，把他带了回去。到达户牖，景伯告诉太宰说："鲁国将在十月第一个辛日，对上帝先王有祭祀活动，直到十月的第三个辛日才结束。我子服何世世代代对祭祀有职务，从襄公以来，从未改变过。如果不去参加，祝宗将会对神说：'实在是吴国使我们这样。'并且认为鲁国不恭敬，只拘捕了他的七个地位卑贱的人，对鲁国有什么损害呢？"太宰嚭对吴王夫差说道："对鲁国没有损害，而只是造成坏的名声，不如送他们回去。"就送景伯回国了。

　　吴申叔仪乞粮于公孙有山氏①，曰："佩玉繠兮②，余无所系之。旨酒一盛兮③，余与褐之父睨之④。"对曰："粱则无矣⑤，粗则有之。若登首山以呼曰：'庚癸乎⑥。'则诺。"王欲伐宋⑦，杀其丈夫而囚其妇人。大宰嚭曰："可胜也，而弗能居也。"乃归。

　　冬，吴及越平。

【注释】

① 甲叔仪：吴大夫。公孙有山：鲁大夫。二人是旧相识。
② 蕤（ruǐ）：下垂貌。
③ 盛：盛器。一盛，犹言一杯。
④ 褐之父：穿着褐衣的老头。褐，粗麻布短衣，贱者之服。睨：斜视。
⑤ 粱：精细小米。
⑥ 庚癸：庚西方，主谷；癸北方，主水。
⑦ 伐宋：以宋不会黄池故。

【译文】

吴国申叔仪向鲁国公孙有山氏家乞求粮食，说："玉佩下垂啊，我没有地方系它。美酒一杯啊，我和穿粗麻布短衣的老头瞧着它。"公孙有山氏回答说："精粮没有了，粗粮还有些。如果你登上首山呼唤说：'庚癸啊。'我就回答说好。"吴王想要攻打宋国，杀掉它的男人，囚禁它的女人。大宰嚭说："可以战胜，但不能停在那里。"就回国去了。

冬，吴国和越国媾和。